普/通/高/等/学/校/电/子/商/务/专/业/教/材

企业电子商务管理

QIYE DIANZI SHANGWU GUANLI

杨学成/编著

经济管理出版社
ECONOMY & MANAGEMENT PUBLISHING HOUSE

图书在版编目（CIP）数据

企业电子商务管理/杨学成编著. —北京：经济管理
出版社，2010.5（2021.1 重印）
ISBN 978-7-5096-0994-1

Ⅰ.①企… Ⅱ.①杨… Ⅲ.①企业管理—电子商务
Ⅳ.①F274-39

中国版本图书馆 CIP 数据核字（2010）第 090505 号

出版发行：**经济管理出版社**

北京市海淀区北蜂窝 8 号中雅大厦 11 层

电话：(010)51915602　　　　邮编：100038

印刷：北京虎彩文化传播有限公司　　　　经销：新华书店

组稿编辑：勇　生　　　　责任编辑：勇　生　张瑞军
技术编辑：杨国强　　　　责任校对：郭　佳

787mm×1092mm/16　　　　　20 印张　　　450 千字
2010 年 5 月第 1 版　　　　2021 年 1 月第 6 次印刷

定价：39.00 元

书号：ISBN 978-7-5096-0994-1

前　言

本书是根据教育部高等学校电子商务专业教学指导委员会所编写的"普通高等学校电子商务本科专业知识体系"中对"电子商务管理"这一知识模块的知识与技能要求，专门为大专院校电子商务专业的学生而编写的教科书。

在人类社会走向信息社会的今天，电子商务作为一种全新的商务模式，已经成为国家与国家、国家与企业、企业与企业、企业与个人之间的重要的经贸方式和沟通手段。本书在编写过程中，广泛收集了国内外企业电子商务管理的最新成果，调查研究了国内外著名企业电子商务管理的成功案例，力求科学、系统地阐述企业电子商务管理的基本理论、基本知识、基本方法和最新进展，重在培养学生的思维能力和实践能力。

根据不断变化的电子商务理念和电子商务技术，本书重点突出了企业电子商务管理的体系完整性与知识创新，并讨论了移动电子商务、物联网、泛在网络等前沿领域，尤其强调电子商务环境下企业的战略、组织、人力资源、营销、供应链、客户关系、环境、物流、财务等方面的管理。

全书知识框架的搭建和实际编写工作由杨学成主持完成。在编写过程中，北京邮电大学经济管理学院院长吕廷杰教授，电子商务中心主任胡桃副教授以及何瑛、张翼、张晓航、石文华、王琦、王霞等同事为本书的编写提出了积极的建议，在此一并表示感谢！

初稿完成后，中国人民大学商学院郭国庆教授，中国社会科学院财贸经济研究所刘彦平博士，北京林业大学经济管理学院陈凯博士，北京中医药大学管理学院李祺博士、汪晓凡博士，对外经济贸易大学国际商学院吴剑峰副教授，中华女子学院市场营销系任锡源博士等对书稿进行了审阅并提出了若干宝贵意见，使得本书更加科学严谨。

在本书编写过程中，我们直接或间接地受益于诸多国内外同行专家，他们的研究工作和研究成果让我们颇受启发。本书引用和参考的所有文献成果，我们都鼓励读者去阅读原作，这些文献成果必定会比我们在书中的简短阐述更为精彩。

感谢那些帮助收集案例素材、统计数据、翻译资料的研究生和本科生们，他们是：中国人民大学商学院研究生徐平平、宋钰和葛超，北京邮电大学经济管理学院研究生杜瑜和万鋆，北京邮电大学经济管理学院本科生刘畅、孙奕文和王黔豫，北京邮电大学国际学院本科生吴桐、程成和隋越。

经济管理出版社的杨世伟副社长和勇生主任为本书的格式规范和文字润色付出了辛苦的劳动，使本书的内容编排增色不少。编写过程中，经济管理出版社还负责安排了多次讨论会，保证了本书的编写质量。对为本书出版提供帮助的所有专家、学者及有关单位领导在此一并表示衷心感谢。

需要指出的是，本书的完成还得益于作者主持研究的1项北京市哲学社会科学"十一五"规划项目、1项国家工业和信息化部通信软科学研究项目、1项中央高校基本科研业务费资助项目和1项北京市科技计划软科学研究项目。书中不少观点和数据直接来自于上述科研项目的研究成果。因此，我还要对北京市哲学社会科学规划办公室、工业和信息化部通信发展司、教育部、北京市科学技术委员会的大力支持和资助表示最衷心的感谢。

由于作者水平有限，书中难免会有不当之处，敬请专家、读者不吝指正。

杨学成

2010 年 4 月 30 日于北京

目　录

第一章 企业电子商务概述

本章要点
- 理解企业管理的概念
- 掌握电子商务概念
- 掌握电子商务管理内涵和内容
- 了解电子商务对企业管理的影响

开篇案例：电子商务小故事

故事一：李小姐这几天很高兴，因为她上周末从卓越网上订购了一套自己最喜欢的歌手——林俊杰的最新CD专辑《陆》，仅仅花了3元，而且还是送货到家里，并且在这个网上商城，最近一段时间，无论消费者买几样东西，送货费都是1元钱。"网上商城真的又便宜又方便，以后我再买类似的书、CD等东西，肯定先去网上转转。"王小姐高兴地说。

故事二：从2003年10月11~15日，包括本报记者在内的3名年轻人，在北京开展了一场"100小时无线网络生活挑战"活动。有意思的是，参加者在某知名网站上订了一份丰盛的套餐，送到现场后，面对记者提出的"网上支付"要求，送餐员的回答却是："我们只接受货到付款"，于是，只得眼看着到手的午餐惨遭退回！中华美食网、永和大王等打出"网上订餐"招牌的多数网站，"支付手段"大多只接受"货到付款"。

故事三：2003年10月16日，卓越网正式对外公布了融资成功的消息。来自美国老虎基金属下的老虎科技基金，斥资5200万元注入了被誉为"中国电子商务第一品牌"的卓越网，一举跻身卓越网的三大股东之列。卓越网这次进行国际融资并获得成功，正值中国的互联网产业经历冬天之后而复苏步伐加快之际。中国的电子商务领域又前所未有地凸显出来了广阔的前景和巨大的潜力，尤其是突如其来的SARS危机，更是把网上交易的种种好处放大，从事网络零售的企业收入迅速增长成了历史的必然。

讨论题：
1. 你是否有过类似的电子商务行为或经历？
2. 电子商务对消费者及企业产生了什么样的影响？它还有哪些不足？

第一节 电子商务概述

在数字化、网络化与信息化的今天，电子商务作为一种新的沟通方式和商贸方式，正在全世界范围内迅猛发展。随着信息技术的发展，电子商务的内涵和外延也在不断充实和扩展，并不断被赋予新的含义，开拓出更广阔的应用空间。电子商务作为一种新型的商务手段，相对于传统商务模式，具有便捷、高效的特点与优点。它不仅改变了贸易形态，而且也正在改变人们的生活方式和思想观念，它的迅速发展对全球经济和社会生活都产生了巨大影响。

一、电子商务定义

"电子商务"是从英文翻译过来的，但中文的"电子商务"却对应着两个不同的英文概念。电子商务原是英文 Electronic Commerce（EC）的意译，后来美国又出现 Electronic Business（EB）的概念，中文也多译作"电子商务"（少数译作"电子业务"）。

那么，Electronic Commerce 和 Electronic Business 究竟有何不同？应该说国内学者把 Electronic Commerce 和 Electronic Business 都译为电子商务，不是非常合适，至少从概念上要有所区别。Electronic Commerce 强调的是在网络环境下的商业化应用，是把买家、卖家、厂商和合作伙伴在互联网（Internet）、企业内部网（Intranet）和企业外部网（Extranet）结合起来的应用，特别是网上电子贸易；而 Electronic Business 不仅仅是网上贸易，也不限于商业化应用，而是电脑网络在社会各个领域的全面应用。所以，从 Electronic Commerce 到 Electronic Business 的变化，反映了互联网的应用领域拓宽对社会经济影响的加深。因此对电子商务的理解应当宽广一些，以利于社会各方面对互联网应用的探索。对电子商务的影响考虑要充分一些，有利于合理制定区域经济规划和企业发展战略，减少重复决策的成本。

电子商务在概念上有广义与狭义之分。广义的电子商务，就是运用电子化信息技术手段展开的商务活动的方式，由 Electronic Commerce 的全部和 Electronic Business 中的有偿服务部分组成。在 20 世纪 70 年代早期，广义的电子商务就以电子资金传输（EFT）和电子数据交换（EDI）等方式开始应用了。狭义的电子商务，一般是指通过互联网来实现的商品、服务、信息的购买、销售和交换，由 Electronic Business 的全部内容（包括电子政务和企业内部业务联系的电子化、网络化）组成。狭义与广义电子商务的区别在于前者是有偿的、交易性质的；后者则在前者的基础上增加了无偿的、服务性质的业务。

电子商务的具体定义有很多，不同的国家、企业对电子商务的理解有所不同。按照美国政府"全球电子商务纲要"的定义：电子商务是通过 Internet 进行的各项商务活动，包括：广告、交易、支付、服务等。IBM 公司的电子商务（E-business）概念包括三个部分：企业内部网（Intranet）、企业外部网（Extranet）、电子商务（E-commerce）。它所强调的是在网络计算环境下的商业化应用，不仅仅是硬件和软件的结合，也不仅仅是通常强调交易的电子商务（E-commerce），而是把买方、卖方、厂商及其合作伙伴在互联网（Internet）、企业内部网（Intranet）和企业外部网（Extranet）结合起来的应用。

对于电子商务，不同的学者也从不同的角度给出定义。以下是拉维卡·拉科塔（Ravi Kalakota）和安德鲁·温斯顿（Andrew B.Whinston）从几个不同的角度定义的电子商务：

（1）从通信角度定义，电子商务是指在计算机网络上或借助其他电子媒介进行商品、服务与信息的递送或支付。

（2）从在线角度定义，电子商务提供在互联网上购买与销售商品和信息的能力或其他在线服务。

（3）从业务流程角度定义，电子商务是指技术在商业交易和工作流自动化中的应用。

（4）从服务角度定义，电子商务是设法达成企业、消费者与管理层在改善客户服务水平和提高交付速度的同时削减服务成本愿望的一种工具。

小贴士：电子商务的动态性内涵

曼纽尔·卡斯特在书中这样写道："信息技术革命简短但变化剧烈的历史，最近这些年已经说过太多次了……此外随着变革步骤的加快，任何这类说法都会随即显得陈旧过时。"[①] 这就像科学的发展变化一样，电子商务也经历了从传统电子商务到现代电子商务的变革历程。曾有人对电子商务的发展方向进行了预言："一般地讲，今天的电子商务通过计算机网络将买方和卖方的信息、产品和服务联系起来，而未来的电子商务则通过构成信息高速公路的无数计算机网络中的一条将买方和卖方联系起来。"[②] 因此，随着电子商务的不断发展，其含义必然不断地变化，这也是我们在学习、研究电子商务定义时，应首先遵从的原则。

资料来源：
[1] 曼纽尔·卡斯特.网络社会的崛起 [M].北京：社会科学文献出版社，2001.8
[2] 晏维龙，应晓昆等.电子商务 ABC [M].南京：江苏人民出版社，2000.5

二、电子商务分类

1. 按参加主体

按参加主体，电子商务可分为企业与消费者之间的电子商务、企业与企业之间的电子商务、企业与政府之间的电子商务、消费者与消费者之间的电子商务、企业内部电子商务、企业与员工之间的电子商务等。

（1）企业与消费者之间的电子商务（Business to Consumer，B2C）。这类电子商务是消费者利用互联网直接参与经济活动的形式，类同于商业电子化的零售商务。随着万维网（www）的出现，网上销售迅速地发展起来。

（2）企业与企业之间的电子商务（Business to Business，B2B）。这类电子商务是电子商务应用最重要和最受企业重视的形式。企业可以使用 Internet 或其他网络对每笔交易寻找最佳合作伙伴，完成从订购到结算的全部交易行为，以及在商务过程中发生的其他问题。此类电子商务在 EDI 商务成功的基础上发展得最快。

（3）企业与政府之间的电子商务（Business to Government，B2G）。这类电子商务覆盖企业与政府组织间的各项事务，成为政府机关政务公开的手段和方法。

（4）消费者与消费者之间的电子商务（Consumer to Consumer，C2C）。这类电子商务是指消费者与消费者之间的电子商务或网上事物合作活动。它借助一些特殊网站，在个人之间开展事务合作或商业交易。此类电子商务是近来电子商务发展的一个热点。

（5）企业内部电子商务（Intra-business）。这类电子商务是指组织内部的所有互动，包括商品、服务和信息等在组织内各部门及个人之间的交换。

（6）企业与员工间的电子商务（Business to Employee，B2E）。这类电子商务是组织向员工传递服务、信息或产品。

这几类电子商务的分类将在第二章电子商务模式中重点进行讨论。

2. 按使用网络的类型

按照使用网络的类型，电子商务目前主要分为：基于 EDI 网络的电子商务、基于 Internet 的电子商务、基于 Intranet（企业内部网）网络的电子商务。

（1）基于 EDI 网络的电子商务是指将交易双方的往来信息按照一个公认的标准，形成结构化的事务处理或文档数据格式，利用专用的计算机网络在交易伙伴的计算机网络系统之间进行数据交换和自动处理。

（2）基于 Internet 的电子商务是一种采用 TCP/IP 协议和 WWW 技术组织起来的网络开展的电子商务，信息传递可以通过多媒体方式进行，无须专用的固定格式。

（3）基于 Intranet 网络的电子商务是利用 Internet 的技术标准，在原有的局域网上附加一些特定的软件，将局域网与互联网连接起来。

3. 按商务活动功能目标

按商务活动功能目标，电子商务可以分为内容型电子商务、协同型电子商务、交易型电子商务。

（1）内容型电子商务，反映了企业主要依赖于提高网站的内容制作与管理水平，提高本企业电子商务系统的竞争力，完成企业电子商务的目标。例如，中央电视台开展的收费 IPTV 频道、瑞星的在线杀毒系统、律师事务所的网上服务系统。

（2）协同型电子商务，反映了企业主要依赖于提高企业业务部门的协作水平和细化规范交易流程，提高本企业电子商务系统的竞争力，完成企业电子商务的目标。例如，戴尔公司的网络直销系统、海尔公司的 B2B 系统等。

（3）交易型电子商务，反映了企业主要依赖于提高企业交易或服务平台的服务质量、稳定性、应用方便性等方面，提高本企业电子商务系统的竞争力，完成企业电子商务的目标。例如，中国工商银行的网络银行系统、搜狐网的收费电子邮箱服务系统等。

> **小贴士：e-Bay**
>
> 　　1995 年，e-Bay 创始人、现任 CEO 的皮埃尔·阿梅迪艾从未婚妻喜欢收藏旧物得到启发，在他卧室的一台服务器上创办了世界上第一个"网上跳蚤市场"。经过几年的发展，e-Bay 成为互联网上最大的个人物品拍卖网点。
>
> 　　作为第一家网上经营个人拍卖的公司，e-Bay 自 1995 年开张以来，已有 2300 万件商品通过它完成了在线交易。今天 e-Bay 的网站上展示了 2900 多个门类的 290 多万件商品，而且每天还有 75 万件新商品供用户挑选，网站的日访问量高达 5000 万次。在 e-Bay 提供的 2900 多个门类的商品中，有古董、体育纪念品、电脑、玩具、布娃娃、杂志、陶器、珠宝，等等，堪称五花八门。网络空间里还没有哪家公司拥有如此庞大的规模。
>
> 　　e-Bay 成功的一个重要原因是借助网络经营优势，实行规模化经营，是传统的拍卖公司无法比拟的，同时 e-Bay 让买卖双方直接见面，e-Bay 通过收取物品上网发布费和交易提成赚钱，自己并不接触商品，也不参与货币转手，减少了中间环节，节约了经营成本。
>
> 　　e-Bay 兴旺的另外一个重要原因就是善待买卖双方，给每一位买主和卖主应有的信任和尊严，营造一种轻松、友善的社团气氛，而且使浏览和交易过程充满娱乐、教益。
>
> **资料来源：**
>
> 谢克群. 国内外电子商务成功案例 [J]. 经验交流，2000.4

三、电子商务的特点

从与传统交易比较来看，电子商务具有以下四个主要特点：

（1）数字化。在电子商务中，传统交易中有形的现金、支票、报告、面对面的会议等都转变为二进制的 0 和 1 这两个数字，在光纤中高速流动。有形的商品可以转化为无形的商品，如图书、唱片、计算机软件等以数字产品的形式提供给消费者。数字产品的交易没有具体的物理载体。

（2）部门协作化。电子商务是协作经济，电子商务需要企业内部各部门、生产商、批发商、零售商、银行、配送中心、技术部门等多个单位（部门）的通力协作。企业应该集中于自己的核心业务，把自己不具备竞争优势的业务外包出去，通过协作来提高竞争力。

（3）服务个性化。电子商务阶段，企业可以进行市场细分，针对特定的市场生产不同的产品，为消费者提供个性化的服务。这种个性化主要体现在信息、产品、服务。个性化的信息主要是指企业可以根据客户的需求和爱好，有针对性地提供商品信息，也指消费者可以根据自己的需求有目的地检索信息；个性化的产品主要是指企业可以根据消费者的个性化需求来定制产品；个性化的服务则包括服务定制与企业提供的针对性服务信息，这种情况的出现一方面是因为消费者已经产生了个性化的需求，另一方面是因为通过互联网企业可以系统地收集客户的个性化需求信息，并通过智能系统自动处理这些信息。

（4）便捷化。电子商务大大简化了商品流通环节，劳务的提供更加便捷，提高了交易效率，降低了交易费用。在电子商务的环境中，客户不出门即可享受到各种消费和服务，使传统商务受时间和空间限制的框框被打破，企业也无须受规模等因素的限制，只要一台电脑、一根电话线、一只"猫"，就可跨越地区和国家进行交易。总之，电子商务为消费者提供了一种方便、迅捷的购物途径，为企业提供了一个良好的营销环境和遍布世界的巨大的消费群体。

四、电子商务的优势

电子商务的迅速发展，给企业带来了一系列的竞争优势，成为企业竞争取胜的有力武器，具体优势如下：

（1）快速树立企业的良好形象。良好的企业形象能给企业带来大量潜在的顾客，对企业市场的拓展发挥了重要作用，因而增加了企业在竞争中的优势。企业在互联网上建立自己的网站，通过网站可以把企业自身及产品、服务的优势充分展示出来，把企业好的管理、经营理念和策略向公众很好地进行宣传，并通过网络与大众形成良好的沟通渠道，随时了解公众需求，及时调整自己的产品及企业的经营战略，为顾客提供满意的产品和服务，从而树立起企业良好的外部形象。

（2）增加企业成本优势。对于一个企业来说，采取各种办法降低成本是提高企业竞争力的重要策略，电子商务对于企业降低成本是行之有效的途径。在具体应用中，企业利用电子商务，通过降低企业采购成本、实现无库存生产、降低企业营销成本、降低企业的管理费用等方式达到降低成本优势的目的。

（3）提高顾客的满意度与对顾客的服务水平。电子商务能够满足顾客的个性化服务，它以消费者为导向：①电子商务下企业与顾客的互动性增强，可以实现全程营销。在电子商务下，企业可以凭借网络，以电子邮件、BBS 等方式，以极低的成本在营销的过程中与顾客进行双向互动，使消费者也参与进来，从根本上提高消费者的满意度。②满足消费者购物的方便性，提高购物效率。在电子商务下，消费者在网上就可以购买到自己称心如意的商品，无须到很远的商场去购物，提高了购物效率。

（4）提供更有效的售后服务。企业可以利用互联网进行售后服务，在网站上进行产品的日常维护介绍、技术支持、常见问题解答等。软件生产企业还可以进行在线软件升级等。对于应用电子商务的企业来说，售后服务不再是负担，而是提高市场占有率的一种手段。

五、我国电子商务发展现状

1. 我国电子商务的发展历程

表 1-1 我国电子商务的发展历程

时间	电子商务发展概况
1998 年	8848、阿里巴巴网站出现
2001 年	互联网泡沫出现，电子商务的诸多网站相继倒闭
2003 年	"非典"催化了网购市场的发展，中国电子商务市场开始复苏
2008 年	我国网民数量已达 2.9 亿，按用户数量计算，成功地超过美国而成为全球最大的互联网市场，其中，手机网民数已超过 5040 万人。网络市场购物成交额达到 590 亿元

2. 我国电子商务存在的问题

（1）网络基础设施薄弱。近几年我国的计算机信息网络发展虽快，但从电子商务的要求看，无论是网络技术、网络管理、信息内容、技术标准、资费水平、通信速度、安全和保密条件等各方面都存在较大差距，影响了网络的继续扩大和已上网用户得到的服务质量的提高。

（2）缺乏健全的信用机制。目前中国的市场还很不成熟，社会化信用体系很不健全。市场上假冒伪劣商品屡禁不止，坑蒙拐骗时有发生，交易行为缺乏必要的自律和严厉的社会监督。无论是企业还是个人，还未普遍建立完善的信用体系，也没有统一的信用认证机构，现金交易占主导地位。不健全的市场信用机制是阻碍我国电子商务发展的"瓶颈"。要发展电子商务，必须加速培育市场，创造比较成熟和规范的社会信用环境，以利于传统商务向电子商务的顺利转变。

（3）物流配送体系不够完备。表现在如下方面：一是物流是跨部门、跨行业的复合型产业，而我国物流管理体制分散，政出多门，缺乏统筹规划和整体协调；二是由于缺乏现代物流理念，物流企业普遍发展较慢，很难提供一体化的物流服务；三是物流信息化、标准化程度较低，很难实现物流多功能、一体化运作，也难以与国际物流活动接轨。物流配送体系的不完善，严重制约了我国电子商务的快速发展。

（4）缺乏电子商务发展的法律环境。目前我国的信息化政策，特别是与发展电子商务有关的政策还不够明确，修订有关传统商业贸易的法律法规工作进展缓慢，相应的标准、法律法规很不健全。

3. 我国电子商务的应对措施

（1）加强基础设施建设。电子商务是基于信息网络的商务活动，需要建设必要的信息基础设施和采取相关手段，包括各种信息传输网络的建设、信息传输设备的研制、信息技术的开发等，使电子商务的发展奠定在坚实的环境建设基础上。要构建一个值得信赖，并能够保证信息的完整性和安全性的、多层次的、开放的网络体系，加强基础网络的建设，改善国内用户环境。

（2）建设完善的社会信用体系。信用是市场经济的基础。网上支付结算首先要解决电子商务活动中的信用问题，尽快建立个人与企业的信用制度。由政府牵头，各商业银行、中介机构和社会各界积极参与和响应，提倡实名交易、诚信交易，并借鉴发达国家经验，建立一套适合中国国情的信用体系，如个人与企业信用实行计算机联网查询系统，并由此建立起整个社会范围内的以信用制度为基础的交易、信贷和结算体系。这是市场经济条件下开展经济活动和商品流通活动的基础，也是开展网上结算制度最基本的前提。

（3）健全电子商务配送体系。即使信息化程度高度发达，单纯依靠网络也无法完成商务活动的全过程。这就要求商务网站一方面在各主要城市建立自己的产品配送和售后服务中心，另一方面同产品厂家的营销网点或商场建立联营，在全国范围内全方位地配送和建立售后服务网点，为消费者消除后顾之忧。网络发展将促进邮政业务的民营化和产品配送的专业化。竞争性的邮寄和配送体系，将成为网络时代的庞大产业。

（4）加强领导，创造良好的金融和法制环境。要使电子商务健康、有序、快速发展，必须提供一个公平规范的法律环境。政府部门应积极制定电子商务的法律法规，组织银行、税务、法律等有关部门解决电子支付、安全保密、法律认可等问题，建立监督和协调我国电子商务发展的机构等。

第二节　电子商务管理概述

20 世纪 90 年代以来，随着 Internet 的普及，电子商务以一种崭新的商务模式为世界经济带来前所未有的发展机遇，同时也给各国政府和企业界带来了巨大的挑战。电子商务无论是从广度上还是深度上都强烈地影响着传统的管理模式，这必将引起经营管理思想、行为模式以及管理理论和方法的深刻变革。面对严峻的挑战，政府和企业如何顺应管理变革的潮流和趋势，实现管理理论与方法的创新，以促进电子商务更快更好地发展是亟待研究解决的问题。也就是说，电子商务的发展离不开管理的协调与推动，电子商务管理随着电子商务的发展而成为业界和学术界人士关注的重要领域。为了促进电子商务更加健康快速地发展，各国政府、学术界和企业界都在加强对电子商务管理的理论与应用研究，以尽快形成一套较为完善、崭新、成熟的电子商务管理理论，来有效指导电子商务实践活动。从一定意义上讲，对电子商务管理的研究不仅是电子商务技术方面的重要研究课题，更是管理界亟待解决的问题，同时也是关系我国管理科学学科发展和建设的关键问题。

> **小贴士：企业与企业管理定义**
>
> 一般而言，企业是以营利为目的的，综合运用资本、技术、人才、信息和知识等各种资源，专门从事商品或服务的生产和流通等经济活动，依法自主经营、自负盈

亏，并具有独立法人资格的经济组织。

管理科学发展的若干年间，学者们对管理的内涵进行了长期的探索，形成了不同的观点，其中比较有代表性的是"管理是通过计划、组织、控制、激励和领导等环节来协调人力、物力和财力资源，以期更好地达成组织目标的过程"。顾名思义，企业管理是指对企业的管理。

一、电子商务管理定义

管理是指一定组织中的管理者，通过实施计划、组织、人员配备、指导与领导控制等职能来协调他人的活动，使他人同自己一起实现既定目标的活动过程。

步入电子商务时代，"管理"结合电子商务的有关特性，形成了一种全新的管理模式——电子商务管理。电子商务管理是指从事电子商务的各个实体为了有效地实现预期的目标，遵循一定的原则，运用一定的方法，利用计算机技术、网络技术、通信技术和计划、组织、领导、控制等基本功能，针对企业电子商务活动组织中物流、商流、信息流、资金流等进行管理，使以电子商务企业为代表的社会各个企业得到更为有效率的产出，以取得最佳经济效益的一系列活动的总称。

首先，上述定义强调了电子商务管理的计划、组织、领导和控制职能，说明电子商务管理是对企业管理人员而言的，并且是企业中一个综合的管理职能。在具体企业中，可能有专门的电子商务管理部门，也可能没有专门的电子商务管理部门而是由多个部门共同履行电子商务的一般管理职能。同时，电子商务管理也有着不同的层次管理职能。目前，企业电子商务管理已不仅是运作层面的管理，更重要的是战略层面的管理。其次，上述定义强调了计算机技术、网络技术和通信技术等技术在电子商务管理中的应用。电子商务本身就是商务与相关技术的融合，这也是现代电子商务管理区别于传统电子商务管理的地方。最后，上述定义强调了对电子商务活动中"四流"的管理。电子商务"四流"管理的协同是电子商务管理的重要方面，也是电子商务管理的重要特点。

二、电子商务管理内涵

电子商务管理既包括技术层面与运作层面的管理，也包括战略层面的管理。无论哪个层面的管理都包括技术和商业两个方面，并且都强调创新理念。因此，电子商务管理的内涵包含三个层次，即电子商务技术管理、电子商务运作管理和电子商务战略管理。

1. 电子商务技术管理

电子商务技术管理，就是对电子商务中运用到的各种技术进行管理，包括技术选择、技术应用和技术创新。技术选择就是针对各种具体的计算机技术、通信技术、信息技术和安全认证技术，根据企业和组织的需要选择合适的技术来创建企业和组织的电子商务，使企业和组织能够在激烈的全球化竞争中依靠电子商务获得竞争优势。技术应用指的是企业和组织在作电子商务相关技术选择后，将相关技术应用、实施到企业日常的电子商务管理中。电子商务技术应用贯穿在电子商务创建、实施和评价的各个过程中；技术创新指的是相关技术应用到电子商务中，还要根据企业和组织的实际情况，与时俱进地进行技术创新，以符合企业和组织未来发展的需要。

我们不妨来看一个国外成功的案例：Toysmart 公司建立之初以速度灵活性和迅速推出产品为中心，建立自己的电子商务框架。他们卖掉了公司原来的小型计算机系统，改用一个由英特尔架构服务器/客户机和基于 WindowsNT 的应用程序所构成的通用平台。现在 Toysmart 站点使用了 30 多个采用负载平衡技术的集群服务器。Toysmart 采用了微软组件对象模式 COM 在应用软件之间建立链接。除了后端 Oracle 数据库，所有 Toysmart 的后端系统都符合 COM 标准。当公司需要更新设置或增加新的功能时，只需在受到影响的组件中编写新的 COM 接口即可。公司采用 SQL7.0 来支持基于互联网的应用程序，大部分应用程序都运行于 INTER 体系结构之上。Toysmart 用 Yantra Fulfillment Server 来管理仓库和订货发运方面的事务，并通过 Great Plains Software Enterprise 及以前为 C/S+ 来管理开发票赊购和支付的处理。紧密结合的系统，使 Toysmart 能够极大地加速客户交易的进程。大卫·罗德说，从一开始下达订单到最新的发运信息回到互联网，完成整个循环过程的时间通常只需 15 分钟。实际上，公司设置了 90 分钟的订单延迟时间，以便客户能够有机会取消订单。

2. 电子商务运作管理

电子商务运作管理是对电子商务的具体活动和流程进行管理。对一个处于生产领域的商品生产企业来讲，它的传统商务过程大致可以描述为：需求调查→材料采购→生产→商品销售→收款→货币结算→商品交割。引入电子商务使这个过程可以描述为：以电子查询的形式来进行需求调查→以电子单证的形式调查原材料信息并确定采购方案→生产→通过电子广告促进商品销售→以电子货币的形式进行资金接收→同电子银行进行货币结算→商品交割。对一个处于流通领域的商贸企业来讲，由于它没有生产环节，电子商务活动几乎覆盖了全部的企业经营管理活动。通过电子商务运作管理，商贸企业可以更及时、准确地获取消费者信息，从而准确订货、减少库存，并通过网络促进销售，提高了效率，降低了成本，获取更大的利益。

3. 电子商务战略管理

电子商务战略管理将电子商务的管理应用上升到战略层次。电子商务战略管理是企业和组织在电子商务环境下，确定组织的使命，根据组织外部环境和内部条件设定企业的战略目标，并为保证目标的正确落实和实现进行谋划，最终依靠企业内部能力将这种谋划和政策付诸实施，以及在实施过程中进行控制的一个动态过程。战略管理的第一个特点是动态管理，这是一种崭新的管理思想和管理方式；第二个特点是具有全局性，战略管理是以企业的全局为对象，根据企业总体发展的需要而制定的；第三个特点是涉及企业大量资源的配置问题；第四个特点是具有长远性，战略管理中的战略决策对企业来说是指在较长时期内就企业如何生存和发展等问题进行统筹规划。电子商务战略管理实际上是由 Internet 信息技术构成的企业集成模式，也就是说，Internet 的迅速发展实际上为企业战略管理提供了先决条件。

三、电子商务管理职能

和传统的管理一样，电子商务管理仍然具有计划、决策、组织、领导、控制、创新等职能。

1. 计划

一般来说，计划是指人们为了实现某种目的而对未来的行动所作的设想和部署，它是人们在多领域、多层次上使用的一种自觉的行为。在任何领域、任何层次上的完整计划都必须具备目标、时限和主题三大要素。计划是管理的一项重要职能，也是管理的一种重要手段。由于计划职能反映了管理者的决策意图，决定着管理行为的方向，制约和决定着其他管理职能，因而被人们视为经济管理的首要职能。在电子商务时代，计划仍是管理的一般职能，是一个广泛、中性的概念，它普遍存在于不同社会制度和不同管理体制的国家之中，因而有无计划不是区别社会制度和经济社会属性的标准。

2. 决策

决策是指"管理者识别并解决问题以及利用机会的过程"（Lewis，1998）。管理者在决策时离不开信息，信息的数量和质量直接影响决策水平。这要求管理者在决策之前以及决策过程中尽可能地通过多种渠道收集信息，以作为决策的依据，但这并不是说管理者要不计成本地收集各方面的信息。在传统管理中，决策者往往要考虑可行性和经济性，因此只能获取"适量"的信息。而在电子商务管理的决策中，决策者可以通过基于全球计算机信息网络的决策软件进行信息收集、市场调查、数据整理等来进行决策，这相对于传统的管理来说是一个大的进步。

3. 组织

组织是指"确定所要完成的任务、由谁来完成任务以及如何管理和协调这些任务的过程"（Lewis，1998）。组织职能的实现包括组织设计、人力资源管理、组织变革与组织文化几个方面的内容。管理者必须把工作小组和组织中的成员组织起来，以便使信息、资源和任务能够在组织内舒畅流动。组织文化和人力资源管理对上述职能至关重要，管理者必须根据组织的战略目标和经营目标来设计组织结构、配备人员和整合组织力量，以提高组织的应变力。在组织活动中，组织者可以通过决策目标将适当的人员安排在适当的岗位上，用制度规定各个成员的职责和上下左右的相互关系，形成一个有机的组织结构，使整个组织协调地运转。随着电子商务的不断发展，出现了更多的非实体性质的虚拟组织，因此，对虚拟和联合企业进行有效的组织活动就显得更加重要。当然，电子商务也引发了传统组织手段的变革。通过企业内网、企业外网和 Internet 等网络环境，企业组织内部和企业间能实现更广泛的信息共享，并通过信息共享发布支柱命令，促进电子商务环境下组织手段的创新。

4. 领导

所谓"领导"是指激励和引导组织成员，以使它们为实现组织目标做贡献。领导既可以是一种类型的管理人员，也可以是作用于被领导者的一种活动。可见，领导和管理有着密切的关系。同时，它们也有本质的区别。管理是建立在合法的、有报酬的和强制性权力基础上的对下属命令的行为；而领导则既可能建立在合法的、有报酬的和强制性的权力基础上，也可能更多的是建立在个人影响力、专长权以及模范作用的基础上。在领导过程中，管理者通过指导人们的行为，沟通人们之间的信息，增强相互的理解，统一人们的思想和行动，激励每个成员自觉地为实现组织目标共同努力。管理者必须具备领导其工作小组成员朝着组织目标努力的能力。为了使领导工作卓有成效，管理者必须了解个人和组织行为的动态特征，激励员工，以及进行有效的沟通。在当今的经营环境中，有效的领导者还必须是富有想象力的——能够预见未来，使他人也具有这种想象力以及授权员工去使想象变为现实。只有通过卓有成效的领导，组织的目标才有可能实现。

在电子商务环境下，市场环境瞬息万变，竞争对手不断涌现。因此，作为肩负企业和组织领导职能的管理层更要通过网络手段在纷繁复杂的信息中寻找有利信息，切实完成"领导"的职能功能。

5. 控制

控制是指根据计划的要求，设立衡量绩效的标准，然后把实际工作结果与预定标准相比较，以确定组织活动中出现的偏差及其严重程度，在此基础上有针对性地采取必要的纠正措施，以确保组织资源的有效利用和组织目标的圆满实现。控制的过程包括三个基本环节，即确定标准、衡量效绩、纠正偏差。

在电子商务管理活动中，管理者通过计算机信息网络控制系统使实践活动符合于计划。控制是电子商务管理过程中不可或缺的一种职能，有了它的存在，才可以确保组织朝其目标迈进。

6. 创新

组织、领导与控制从某种意义上来说同属于管理的"维持职能"，其任务是保证系统按预定的方向和规则运行。但是管理在动态环境中，仅有维持是不够的，电子商务管理尤其如此，必须不断调整系统活动的内容和目标，以适应环境变化的要求，这就是电子商务管理的"创新职能"。

所谓创新，就是改变现状。电子商务的出现，本身就是创新的结果。电子商务活动中的创新包括目标创新、技术创新、制度创新、组织机构和结构创新、环境创新等，其中的技术创新是电子商务管理中最突出的一个职能。电子商务的基础技术发展是与计算机技术、软件技术、网络技术的开发、研制和创新分不开的。新兴的标准，处理、存储和数据资源不断提高的要求以及电子商务的发展，都要求技术不断推陈出新。

上述几种管理职能是相互联系、互为补充的。计划、决策、组织、领导、控制构成了一项完整的管理活动，但每一个环节都离不开创新职能的融合，而计划又直接或间接地出现在组织、领导、控制和创新活动当中。所以说，管理的各项职能既相互独立又紧密关联。

四、电子商务管理内容

电子商务管理内容是电子商务管理研究的核心，应从电子商务管理的原理、电子商务管理的内容、电子商务管理的方法三大方面来构建。即电子商务管理内容应包括电子商务管理原理篇、电子商务管理内容篇和电子商务管理方法篇。

1. 电子商务管理原理

电子商务管理的原理主要从电子商务管理的研究对象、职能、构成与定义来探讨电子商务组织的管理机制、组织结构、运营模式、运作流程，认清电子商务组织管理的内涵和规范要求。电子商务管理原理应包括如下内容：

（1）电子商务管理的对象与职能。电子商务管理的对象与职能主要包括电子商务管理的构成、电子商务活动组织、电子商务活动、电子商务活动的范围与任务、电子商务管理的对象、电子商务管理的职能等内容。

（2）电子商务组织的管理体制。在电子商务管理组织的基础上，分析电子商务组织管理体制与传统企业组织管理体制的联系与区别，确立电子商务组织的管理机制以及与管理机制相统一的管理制度。电子商务组织的管理体制主要包括：电子商务组织与管理体制的关系、电子商务组织与管理体制的意义、电子商务组织与管理体制的优化标准；电子商务的趋势变革、电子商务组织结构的设计思想、电子商务组织结构模式与组织发展；企业电子商务组织的管理机制、电子商务的人事管理制度、电子商务的财务管理制度、电子商务的生产与物流管理制度、电子商务的营销管理制度等。

（3）电子商务的运营模式。电子商务的运营模式是电子商务活动的组织规则。要从电子商务活动的系统结构来研究其活动组织要素及其组织设计原理。电子商务的运营模式主要包括电子商务活动系统结构、电子商务系统模型、电子商务系统与社会电子商务系统的连接工具、电子商务系统内部运营模式、电子商务系统外部的运营与连接、电子商务系统分散网络化运营模式、电子商务系统运营方案等内容。

（4）电子商务运作流程。电子商务运作流程是电子商务活动的程序规范。要从电子商务活动的各个环节来探讨各环节中的运行平台、操作技巧，实现运行管理的科学规范要求。电子商务运作流程主要包括信息流网络平台、知识流网络平台、资金流网络平台、物流网络平台、契约网络平台、电子商务网络运作模型外模式、电子商务网络运作模型模式、电子商务网络运作模型内模式、企业流程重组含义及其内容等。

2. 电子商务管理内容

电子商务管理内容是电子商务管理研究的核心，它主要包括与从事电子商务活动的组织有关的人、财、物、时间、信息、技术、环境、客户等要素系统组成的信息流、资金流、物流的资源管理等内容。电子商务管理的内容篇主要包括如下内容：

（1）电子商务经营战略。电子商务经营战略是电子商务活动管理的宏观层面，要认识战略目标、战略方案、战略行动的管理地位，从而实现管理战略素质的培养。电子商务经营战略主要包括电子商务经营战略分析、电子商务经营战略环境、电子商务经营战略目标、电子商务经营战略方法等。

（2）电子商务资源管理。电子商务活动离不开资源，对资源的优化配置及其管理是企业电子商务管理的主要内容之一。因此，要从人力、物力、财力以及无形资产等资源的构成及其利用，来认识各类资源的特征，各类资源组织管理的方式方法。电子商务资源管理主要包括电子商务人力资源管理的含义、人力资源构成、电子商务人力资源管理实践、电子商务人力资源管理制度、电子商务物力资源管理、电子商务无形资产管理、电子商务运营资本含义与特征、企业资本运营原则与方式、企业资本运营案例分析等。

（3）电子商务信息流管理。信息流是电子商务活动的血液，是电子商务管理的核心。要通过认识信息源的形成来探讨信息收集、处理、存储、检索、利用的方式方法。电子商务信息流管理主要包括企业信息化的含义、企业信息化过程、企业信息化目标、信息源的概念、信息源的属性、信息源的类型、信息收集与处理、信息存储与检索、企业电子商务信息流、企业电子商务信息流管理系统、企业电子商务信息管理系统运行等。

（4）电子商务物流管理。电子商务物流是支撑电子商务活动的运动基础，是物质实体从供应者向需求者的物理流动过程。对这一过程的管理是电子商务管理的基本内容。因此，要认识物流的组成与作用，了解物流的运动过程，学习物流运动过程中的管理模式方法。电子商务物流管理主要包括物流的内容及其地位作用、第三方物流业、企业自营物流、企业物流运作方式、企业物流运作内容与原则、企业物流运作理念与目标、企业物流运作的主要方法等。

（5）电子商务资金流管理。资金是企业生产与经营不可缺少的条件，也是企业电子商务活动的支柱。对资金的综合管理是电子商务活动管理的本质内容。因此，要从认识资金流在企业电子商务活动中的地位来探讨资金流的运行过程及网上运行形式、资金流的运行程序及规范。电子商务资金流管理主要包括企业资金流的构成、网络经济对资金流管理的影响、企业资金流管理体系建设、现代资金流管理系统的发展、MRPⅡ系统的资金流管理、ERP系统的资金管理等。

3. 电子商务管理方法研究

电子商务管理方法是实现企业电子商务活动有效管理的重要工具与手段。因此，我们要从电子商务活动的核心内容来探讨电子商务管理的系统方法：从资源管理角度来认识和运用ERP管理系统；从电子商务活动整体角度来认识和运用供应链管理系统；从电子商务活动整体角度来认识和运用客户关系管理系统方法；并在此基础上整体评价电子商务活动成效，以达到深化电子商务活动组织管理的目的。

电子商务管理的方法主要包括如下内容：

（1）ERP系统方法。ERP是一种科学管理思想的计算机实现，它强调对产品研发与设计、作业控制、生产计划、产品采购、市场营销、销售、库存（投入品、半成品、成品）、财务和人事等方面进行集成优化的管理。ERP系统方法主要包括ERP系统方法的形成与发展、ERP的模块结构、生产控制（计划、制造）、物流管理（分销、采购、库存管理）和财务管理（会计核算、财务管理）、ERP的功能与局限等。从整个国际上的情况来看，据美国权威市场预测研究机构AMR Research宣布，全球ERP市场在未来五年内将以年综合增幅37%的速度发展。1998年全球ERP市场总收入达148亿美元，到2002年这一数字增至520亿美元。

（2）供应链管理（SCM）方法。供应链管理是指在生产及流通过程中，为了将货物或服务提供给最终消费者，联结上游与下游企业创造价值而形成的组织网络，是对商品、信息和资金在由供应商、制造商、分销商和顾客组成的网络中的流动的管理。对公司内和公司间的商品、信息、资金的流动进行协调和集成是供应链有效管理的关键。供应链管理方法主要包括供应链的组成、供应链的特点与作用、供应链管理含义、供应链管理层次、供应链管理原则、供应链管理步骤与技术支持等。

（3）客户关系管理（CRM）方法。客户关系管理是以客户需求为中心来组织推动整个企业的经营，其主要功能是记录客户与企业的交往和交易，并将有可能改变客户购买行为的信息加以整理和分析，同时进行商业情报分析，了解竞争对手、市场和行业动态。客户关系管理方法主要包括客户类型、客户满意与客户忠诚度衡量、客户关系管理作用、客户关系管理系统结构、客户关系管理系统功能、客户关系管理系统实现技术等。

（4）电子商务系统评价。电子商务系统评价既是电子商务研究的主要课题，又是构建电子商务系统的一项必不可少的工作。建立科学、合理的评估标准和指标体系，对电子商务的应用和发展有着很重要的意义。电子商务系统评价主要包括企业电子商务系统评价类型、企业电子商务系统评价原则、企业电子商务系统评价内容、企业电子商务系统评价方法、系统性能指标、与直接经济效益有关的指标、与间接经济效益有关的指标等。

第三节　电子商务对企业管理的影响

在高新技术企业的创业阶段，最重要的是技术专家的作用。但是到了高速发展时期，如果没有规范化、现代化的管理是绝对不行的。电子商务的飞速发展，以及其特殊的经营模式，必然将改变我们传统的管理理念和管理模式。无论电子商务将走向何方，至少其在管理上会对我们造成巨大的影响。

一、电子商务的变革

随着日新月异的电脑技术和电信技术不断整合，产生了电子商务这一以前沿高科技为基础的商务手段。电子商务的发展可分为三个阶段：第一阶段（1994~1997 年），电子商务出现；第二阶段（1997~2000 年），电子商务发展的重点是网上交易，也就是 B2B、B2C 和 C2C；第三阶段（2000 年至今），电子商务进入 P2P 阶段。

1. 第一阶段的电子商务——基于 EDI 的电子商务

电子数据交换（Electronic Date Interchange，EDI），是借助于计算机技术和网络技术，将贸易过程中的票证单据，按统一格式在网上传输的技术。它的优点是可以减少直至最终消除贸易过程中的纸面单证，提高了贸易运作效率，降低了成本。

从技术的角度来看，人类利用电子通信的方式进行贸易活动已有几十年的历史了。

早在 20 世纪 60 年代，人们就开始了用电报报文发送商务文件的工作；20 世纪 70 年代，人们又普遍采用方便、快捷的传真机来替代电报，但是由于传真文件是通过纸面打印来传递和管理信息的，不能将信息直接转入到信息系统中，因此人们开始采用 EDI 作为企业间电子商务的应用技术，这也就是电子商务的雏形。贸易过程中票据单证的标准化和通信网络的不断建设使 EDI 得到了广泛的应用，也标志着电子商务时代的到来。EDI 的高效性得到了人们的高度认可。

2. 第二阶段的电子商务——基于网上交易的电子商务

随着网络的普及和成熟，Internet 逐渐成为全球通信与交易的媒体，全球上网用户呈级数增长趋势，快捷、安全、低成本的特点为电子商务的发展提供了应用条件。在这一阶段，电子商务按照交易的对象分成了我们熟知的四类：B2B、B2C、B2G、C2G。它们的共同的特点就是依托于网站进行各种交易。

电子商务的发展，一定程度上颠覆了人们所熟悉的交易模式，足不出户就可以完成日常生活所需。电子商务的发展空间是基于其能提供企业虚拟局部的或全球性的贸易环境，为跨国或跨地区贸易提供了一个交易平台，使其能够不只局限于现实生活中的交易环境，为交易主体提供了一个更为广阔的交易舞台，使全球的资源与信息在最短时间内最大限度地得到共享，实现了全天候的服务。然而，我们应该清醒地看到这种 E-commerce 只是改变了交易模式或者说在传统的交易方法上增加了一种新的模式。单就其作用来说，由于多种其他的原因诸如网络交易的安全性、诚信度、交易平台等，它并没有取代传统的交易模式并提高盈利水平，即便是全球最大的网上书店亚马逊书店亦是如此。因此，未来发展电子商务的目的应着眼于 E-business，即通过电子商务来整合企业资源，改善效率，降低成本，提高竞争力。这就是 P2P 的电子商务。

3. 第三阶段的电子商务——P2P 的电子商务

B2B 和 B2C 这两种交易模式从根本上说仅是电子商务的基本功能的简单体现。而电子商务的要点是发现与创造新的盈利模式。因此，只有 P2P（Path to Profitability），即通过建立在互联网为基础的电子商务来实现企业的利润增长才是电子商务的未来。

美国《商业周刊》是这样描述 P2P 的，"Forget B2B or B2C，E-business is about P2P"，就是说通过 E-business 来实现企业的资源配置，降低成本，密切客户关系，发现新的盈利模式。目前，电子商务在企业中的应用已从过去的 E-commerce 向 E-business 过渡发展。有的企业通过电子商务实现了企业的供应链系统（Supply Chain Management，SCM）与资源计划（Enterprise Resources Planning，ERP）系统和客户关系管理系统（Customer Relationship Management，CRM）的整合，最有效地利用资源，降低成本，在满足客户需求的同时实现利润增长。

P2P 的电子商务为未来商务企业的发展点燃了一盏明灯，企业关注的焦点应是发现和满足客户的新需求，提供给用户价格可接受的产品与服务，从而创造新的电子商务盈利模式，而不是单纯地在形式上追求新的模式。

我们可以看到，在电子与商务、电子商务与传统商务的关系上，先后经历了三个时期。第一个时期是"技术为本"的时期，许多人笃信电子商务技术可以"点石成金"。

无论是什么样的商务活动，只要用了电子商务技术，就实现了电子商务，就能提高效率和效益。这种做法的不成功是必然的。第二个时期是"鼠标加水泥"的时期，开始重视电子与商务的结合，开始追求将电子商务与传统商务相结合，这是一个进步。但是，"鼠标加水泥"只是一种简单相加，所强调的还不是与电子商务技术有效融合的商务模式的创新，还没有达到电子与商务、电子商务与传统有效融合的阶段。第三个时期的标志将是"商务进化"。在"商务进化"时期，电子商务技术与商务模式将有效融合，电子商务模式将有质的创新和变革，一个基于计算机网络技术的电子商务时代将由此到来。

4. 发展的新动向——"4S+1"整合模式

2009 年夏末，PT37 推出的"4S+1"整合（SNS、SAAS、SOA、SIR + 电子政府）新模式电子商务平台上线运营后，深受市场的青睐，在网络上引发了一股"PT37 热"，"PT37"像电流一样迅速地在网络上流传开。波特 PT37 运营总监白建平介绍，中国电子商务市场竞争异常激烈，平均每天有 2 个以上的电子商务网站推出，规模大小不一，良莠不齐，各具特色。有关资料显示，到 2008 年年底，国内 75%以上的老一代电子商务网站退出了市场，或者被专业电子商务平台收购。这个事实也反映了现在电子商务活动专业、专一、全面、深入、清晰、高效的新需求，于是我们更需要新一代的电子商务模式来帮我们实现网络交易。

PT37 这个独立完善的电子网上网下交易体系，堪称"中国电子商务 Windows"。它以电子+商务+行业全新理念经营，把生产、消费、投资、创业多项结合，形成可以进行网上网下虚实结合的购物平台。它将电子商务与电子政务进行有机的结合，让所有注册的会员进行网上税务登记、工商管理等，打造了更安全、更诚信的电子商务交易平台：通过"4S+1"整合理念解决传统电子商务出现的问题，把电子商务推向另一个领域；通过 WEB 2.0 的核心——SNS 的社区理念，更有效地增加了商家与商家之间、商家与顾客之间的互动关系，最终形成了一个 B2B2C2C2B 的循环营销关系。

二、电子商务影响下企业管理的变革

电子商务对企业的经营环境产生影响，使企业的整个生存环境产生变化，这就要求企业作出相应的整体战略和策略上的调整，以适应企业经营环境的变化。所以，电子商务对企业管理的影响是深远的。

1. 组织结构

电子商务给传统的企业组织形式带来了猛烈的冲击。它打破了传统职能部门依赖于分工与协作完成整个任务的过程，而形成了并行工程的思想。在电子商务的构架里，除了市场部与销售部和客户打交道外，其他职能部门也可以通过电子商务网络与客户频繁接触。原有各工作单元之间的界限被打破，重新组合成了一个直接为客户服务的工作组。这个组直接与市场接轨，并以市场的最终效果来衡量流程的组织状况。企业间的业务单元不再是封闭似的金字塔式层次结构，而是网络状的相互沟通、相互学习的网状结构。这种结构使业务单元广开信息交流渠道，共享信息资源，增加利润，减少摩擦。

在电子商务的模式下，企业的经营活动打破了时间和空间的限制，出现了一种类似于无边界的新型企业——虚拟企业。它打破了企业之间、产业之间、地域之间的一切界限，把现有资源组合成为一种超越时空、利用电子手段传输信息的经营实体。虚拟企业可以是企业内部几个要素的组合，也可以是不同企业之间的要素组合。其管理由原来的相互控制转向相互支持，由监视转向激励，由命令转向指导。

2. 管理模式

在电子商务构架下，企业组织信息传递的方式由单向的"一对多"到双向的"多对多"转换，信息无须经过中间环节就可以到达沟通的双方，工作效率明显提高。这种组织结构的管理模式叫"第五代模式"，这是21世纪的管理模式——信息模式。信息模式下的企业管理有三个主要特点：①企业内部构造了内部网（Intranet）、数据库。所有的业务单元可以通过内部网快捷地交流，管理人员之间沟通的机会大大增加，组织结构分布化和网络化。②中间管理人员获得更多直接信息，他们在企业管理决策中发挥的作用更大，使整个组织架构趋向扁平化。③企业管理由集权制向分权制转换。

电子商务的推行，使企业过去高度集中的决策中心组织改变为分散的多中心决策组织。单一决策下的许多缺点（官僚主义、低效率、结构僵化、沟通壁垒），都在多中心的组织模式下消失了。企业决策由跨部门、跨职能的多功能型的组织单元来制定。这种多组织单元共同参与、共担责任、共享利益的决策过程，增强了员工的参与感和决策能力，调动了员工的积极性，提高了企业决策的科学水平。

3. 生产经营

电子商务对企业生产经营的影响主要表现在以下几个方面：

（1）降低企业的交易成本。首先，电子商务降低企业的促销成本。据国际数据公司的调查：利用互联网做广告媒体，进行网上促销活动，结果使销售额增加10倍，而费用只是传统广告费用的1/10。其次，电子商务降低采购成本。利用电子商务采购系统，企业可以加强与供应商之间的合作，将原材料采购与产品制造有机地结合起来，形成一体化信息传递和处理系统。通用电气发言人说："自从采用电子商务采购系统后，公司的采购费用降低了40%（人工成本降低了20%，原材料成本降低了20%）。"

（2）减少企业库存。IBM个人系统集团从1996年开始应用电子商务高级计划系统。通过该系统，生产商可以准确地依据销售商的需求来生产，这样就提高了库存周转率，使库存总量保持在适当的水平，从而把库存成本降到最低。

（3）缩短企业的生产周期。网络技术的飞速发展为产品的开发与设计提供了快捷的方式：第一，开发者可以利用网络快速地调研市场，了解最新的需求；第二，开发者可以利用信息的传播速度，迅速收到产品的市场反馈，随时对开发中的产品再改良；第三，开发者可以利用网络了解竞争对手的最新情况，从而适当调整自己的产品。

（4）增加企业交易机会。网络的开放性和全球性使得电子商务不受时空的限制。企业必须连续不断地为世界各地的客户提供技术支持和销售服务。不间断地运作给企业增添了许多交易机会。

电子商务的出现刺激了企业的生产管理，改变了企业的营销管理，并导致了企业业务国际化和竞争平等化，可以说电子商务的发展促进了企业管理的不断创新。

本章小结

本章从企业的概念出发，介绍了企业的一般定义，并从不同的分类角度介绍了企业的组织形式。企业作为人类社会最基本的"经济细胞"，对整个社会经济的发展起着重要的作用。管理包含计划、组织、领导、控制和创新五大职能。企业管理作为管理的一个具体的实践，经历了经验管理阶段、科学管理阶段、文化管理阶段，具体可以划分为人力资源管理、财务管理、生产管理、采购管理、营销管理等几大分支。企业管理模式可以总结为金字塔型管理模式、学习型组织管理模式及智慧型组织管理模式三种。本章还介绍了几个经典企业管理法则。

本章介绍了目前电子商务的几种较为完善的定义，并且从参加主体、使用网络的类型、商务活动功能三个角度对电子商务进行了分类说明。介绍了电子商务数字化、部门协作化、服务个性化、便捷化这四个特点以及电子商务独有的：快速树立企业的良好形象、增加企业成本优势、提高顾客的满意度与对顾客的服务水平、提供更有效的售后服务的优势应对措施。最后，从基本情况、存在问题、应对措施三个角度阐述了我国电子商务的发展现状。

本章将电子商务管理是在一般的企业管理的基础上重新定义并提出了电子商务环境下管理的内容与职能。具体内容包括电子商务技术管理、电子商务运作管理、电子商务战略管理。此外本章介绍了电子商务变革所经历的三个阶段，并从组织结构、管理模式、生产经营三个方面分析了电子商务对企业管理的影响。

【案例讨论】海尔案例一——电子商务使海尔集团赢得竞争优势

海尔是我国企业全面应用电子商务的典型，网络技术不仅应用于客户服务，而且也充分应用于企业内部管理及海尔与其供销商之间的商务合作。

1. 海尔开展电子商务的基本策略

（1）建立一个有鲜明个性的垂直网站，以通过电子商务手段更进一步增强海尔在家电领域的竞争优势。海尔不依靠价格而依靠服务与创新来竞争。目前海尔提供服务的主要内容就是通过网站为客户提供更多的便利与个性化服务。

（2）通过电子商务技术优化供应链，外包本公司的部分制造业务，变推动销售的模式为拉动销售的模式，提高新经济下的企业的核心竞争力。

2. 海尔开展电子商务的主要模式

海尔电子商务在两个重要的方面促进了新经济的模式运作的变化：一是电子商务实现了企业与消费者的零距离交流，这种交流全方位提升了企业的品牌价值；二是电子商务完成了和供销商的高效合作，同时实现了销售商定制服务。

3. 海尔的电子商务模式：对消费者的电子商务（B2C）

2000年海尔集团投资1000万元成立了电子商务公司，研发筹建企业电子商务平台。于 2000 年 4 月 18 日开通了 B2C 交易平台，每年投资上百万元用于扶持该项目建设。目前已经建成功能较全的海尔网上商城（http: //www.ehaier.com/）并且运行良好。海尔开展 B2C 电子商务的主要目的就是利用网络技术缩短海尔与顾客之间的距离，为顾客提供个性化的产品与服务，提高顾客对海尔的满意度与忠诚度，提高海尔的竞争力。B2C 主要面向国内的个体消费者，也包括大宗购件的客户，其平台提供了产品浏览、订购和支付等功能。

海尔通过开展 B2B 电子商务促使外部供应链取代自己的部分制造业务，B2B 电子商务不但实现了与供货商的高效合作，而且实现了订货商定制等服务。

4. 海尔电子商务的特点

海尔在实施 B2B 电子商务时采用自己搭建网站网上商城（http: //www.ehaier.com/）。其主要目的侧重于宣传产品，满足用户个性化需求，给用户提供更多的购买渠道，且海尔充分利用网络及电子化手段收集、整理、分析用户需求信息，并利用网络良好的互动优势与顾客直接沟通。

海尔在实施 B2C 电子商务时采用自己搭建网站海尔物流（http: //www.ihaier.com/）B2B 采购平台。其原因除了海尔自身的产品种类和采购规模，海尔的技术，资金实力外，更重要的是出于海尔供应链管理整体战略的考虑。选择合作伙伴只是供应链管理的起始，确定合作伙伴后，如何与合作者紧密协同满足客户需要是供应链管理的核心。

与 B2C 网上商城相比，海尔集团的 B2B 电子商务平台相对比较成熟。目前海尔集团所有的采购订单及分销商的产品订单均是 100% 通过 B2B 电子商务平台实现的。

参考文献：

黄建康. 电子商务使海尔集团赢得竞争优势 [J]. 审计与经济研究，2000 年第 6 期

案例讨论题：

1. 海尔在哪些方面开展了电子商务？
2. 海尔是如何利用电子商务取得竞争优势的？

思考题

1. 什么是电子商务？
2. 电子商务具有哪些特点及优势？
3. 电子商务管理的职能包括哪些？
4. 简述电子商务影响下企业的变革。

第二章 企业电子商务的商业模式

本章要点

- 了解商务模式的概念
- 了解商务模式的分类及特点
- 掌握企业电子商务模式的内涵及分类
- 掌握企业电子商务模式的设计原理及方法

开篇案例：百度建立 C2C 电子商务平台

2008 年 10 月 28 日：百度电子商务网站"有啊"正式上线。百度网络交易平台是 C2C 的个人交易网上平台。

经营口号：要购物，先百度。

经营宗旨：让买家得实惠，让商家赚到钱。

主要经营商品：家用电器、相机、电话、闪存 U 盘、电脑设备、手机、办公器材、游戏电玩、男女装、书籍、床上用品、食材、酒、运动休闲用品等，几乎包含人们的所有生活用品。

"有啊"还包括以下特色服务：

百度搬家助理：百度公司推出的一款帮助商家快速批量上传商品的工具。可以导入其他任何平台备份出来的 CSV 文件。为商家节约大量的时间。

百付宝（http://www.baifubao.com）：百度在 2008 年 9 月 25 日晚 8 点正式推出的 C2C 支付平台。

百度 Hi （http://im.baidu.com）：百度公司推出的一款集文字消息、音视频通话、文件传输等功能的即时通信软件，您可以通过它方便地找到志同道合的朋友，并随时与好友联络感情。在百度交易平台的交易过程中聊天记录可以作为交易证据。

百度 Hi 是打通和整合百度社区产品的通行证。用户能从百度空间页面上添加好友到百度 IM；在贴吧、空间、知道等页面上向百度好友发起的即时通话；贴吧的吧主可建立属于该贴吧的百度 IM 群；用户可在群里向贴吧"图片库"上传图片；与百度音乐掌门人结合，可在好友列表里实时显示出好友发布的专辑；建立基于 IM 的社区聊天室。会员注册之后百度交易平台和百度 Hi 的会员名将通用，可与店主及时地发送、接收消息。可以了解对方信用情况等，具备个人信息、头像、多方聊天等一般及时聊天工具的功能。

> **讨论题:**
>
> 1. 列举电子商务市场中几个主要的 C2C 网站, 并总结归纳各自的产品类型及交易流程。
>
> 2. 相对于其他 C2C 电子商务网站, 百度 "有啊" 有哪些特点和优势?

第一节　电子商务商业模式概述

随着网络和信息技术的不断发展, 网络贸易趋于高效率、低成本, 电子商务逐渐成了企业进行信息交换媒介与价值实现的主要场所。同时, 电子商务也创造出了新型的商业模式和经济活动。

电子商务的商业模式在生产过程中, 整合了商务活动中的信息流、资金流与商务流, 通过信息流减少物流, 协调价值链上的业务活动, 消除了传统商务活动中信息的顺序传递。旧的不产生价值的商业模式逐渐被新型的商业模式所替代。

一、电子商务商业模式的概念

所谓 "商业模式" 是指一个企业从事某一领域经营的市场定位和赢利目标, 以及为了满足目标顾客主体需要所采取的一系列的、整体的战略组合。

Paul Timmers 在 2000 年指出, 商业模式是指企业提供产品、服务及信息流通的组织方式, 同时也是供应商、消费者取得收入和利益的来源。将这一定义应用于网络之中, 就可以称为电子商务的商业模式。

二、电子商务模式的分类

如果把电子商务参与主体的角色粗略地分成供应商 (生产者) 以及消费者 (客户), 电子商务可以分成几个类别: 企业对企业 (B2B)、企业对消费者 (B2C)、企业对员工 (B2E)、企业对政府 (B2G)、政府对企业 (G2B)、政府对政府 (G2G)、政府对公民 (G2C)、消费者对消费者 (C2C)、消费者对企业 (C2B)。

值得注意的是, 在这几类模型中很少有自下而上的连接模式, 如由员工、消费者、公民出发的模型。

下面几节我们重点对 B2B、B2C 以及 C2C 等商业模式进行阐述。

> **扩展阅读: 电子商务模式的其他分类**
>
> 1. 目前国内外最常采用的分类
>
> 电子商店 (E-shops)、电子贸易 (E-commerce)、电子采购 (E-procurement)、网

上商城（E-malls）、电子拍卖（E-auctions）、虚拟社区（Virtual Communities）、合作平台（Collaboration Platforms）、第三方市场（Third-party Marketplaces）、价值链整合（Value-chain Integrators）、价值链服务提供商（Value-chain Service Providers）、信息中介（Information Brokerage）、远程通信（Telecommunication）。

2. 美国"网络就绪组织"的分类

（1）电子商店作为电子经济中买卖发生的场所，从传统的市场渠道中夺取价值。

（2）信息中介是内容、信息、知识及经验的代理商，能够为某一特定电子商务领域增加价值，也称为内容集成商。

（3）信用中介是在买卖双方建立信用的机构。

（4）电子商务实施者，特点是为其他电子商店或信息中介提供组件、功能及相关服务，使得电子商务得以进行或者进行得更好。

（5）基础设施供应商/商务社区作为由跨越不同领域（如产品、内容及服务）机构，由于共同的兴趣，通过一个共同的基础设施组织到一起的商业集合体。

3. 根据市场控制方的角色进行分类

麦肯锡管理咨询公司认为存在三种新兴电子商务模式，即销售方控制的商业模式、购买方控制的商业模式、中立的第三方控制的商业模式。销售方控制的商业模式只提供信息的卖主网站，可通过网络订货的卖主网站；购买方控制的商业模式是通过网络发布采购信息，是采购代理人和采购信息收集者偏好的模式；中立的第三方控制的商业模式提供特定产业或产品的搜索工具，包括众多卖主的店面在内的企业广场和拍卖场。

4. 细分的电子商务各模式

（1）网络经纪模式：指企业作为市场中介商，通过虚拟的网络平台将买卖双方的供求信息聚集在一起，协调其供求关系，从中收取交易费用的商业运作模式。

（2）网络广告模式：指网站的所有者提供了一些内容和服务来吸引访问者，通过向在其网站上加入标志、按钮或使用其他获得访问者信息的方式的广告客户收取广告费用来获取利润的商务运作模式。例如，我们熟悉的门户网站就是通过这种方式盈利。

（3）内容提供商模式：指企业在网上通过第三方制造和提供数字化形式的产品而获得利润的商业运作模式。如美国在线、时代华纳公司等，提供的数字化产品包括信息、软件、音乐、电影等。

（4）网络销售模式：在线销售模式，指批发商或零售商通过互联网销售他们的货物和服务的商业运作模式。

（5）网络生产商模式：直销模式，指生产商通过互联网直接接触最终用户而不是通过批发商或零售商的商业运作模式。

第二节　B2C 电子商务模式

企业对消费者（B2C）模式的电子商务是指"以 Internet 为手段实现公众消费及提供服务"，也就是通常说的商业零售，直接面向消费者销售产品和服务。这种模式基本等同于网上商店或称在线零售商店，主要借助于 Internet 开展在线销售活动，这是消费者最为熟悉的电子商务模式，也是我国最早产生的电子商务模式。

它提供售前售后服务（产品服务说明、使用技术指南、回答顾客意见和要求）、销售（询价、下订单）、使用各种电子支付工具付款。主要商品有书籍、软件、鲜花、计算机、汽车和各种消费品。当当网、卓越网、线上的沃尔玛、京东商城，凡客诚品都属于这一类型。

一、B2C 电子商务分类

电子零售商务模式分类方法有很多。例如，有的按交易商品范围（一般商品还是特殊商品）分类，有的按销售覆盖的区域（全球还是地方）分类，还有的按照销售渠道将电子零售商务模式划分为以下四类：

1. 纯网络型零售企业

纯网络型零售企业指的是没有自己的实体销售场所，企业、商家完全利用电子商城提供的网络基础设施、支付平台、安全平台、管理平台等共享资源，有效地、低成本地开展自己的商业活动。也就是说，企业通过互联网为消费者提供一个新型的购物环境——网上商店，同时，消费者通过网络在网上购物、进行支付，配合线下的实体物流完成整个零售过程。

网上商店是这种类型中推广力度最大的交易形式之一。这些虚拟的店面通过精心编制的图片和文字来描述其所提供的商品，进行促销活动。商店销售的大部分是有形商品或服务类商品，提供可直接下单的购物车系统和在线支付系统。所销售的商品大多便于运送。

采用这种交易方式的 B2C 零售企业主要是以新型的互联网企业为主体，亚马逊是最知名的虚拟零售商，从 1995 年就开始在网上销售图书，同时提供一种更快、更方便的方式进行商品与价格对比，并进行在线支付。生产厂家与这类 B2C 网站的关系类似于传统市场上的企业与零售商的关系，借助于网上销售，生产企业可以规避经营风险，同时又可以将自己的产品通过网络直接销售给最终用户。

阅读材料：亚马逊案例－——亚马逊网络零售企业

亚马逊最初是一家通过互联网售卖图书的网上书店，就在几乎谁都没有搞清它的店面在哪里的时候，它在短短的两年间一举超过无数成名已久的百年老店而成为世界上最大的书店，其市值更是远远超过了售书业务的本身。通过亚马逊的 WEB 网站，用户在购书时可以享受到很大的便利，比如要在 100 万种书中查找一本书，传统的方法可能要跑上几个书店，花费很多的时间，但在亚马逊，用户可以通过检索功能，只需点击几下鼠标，不久就会有人把用户想要的书送到家里来。亚马逊另一个吸引人的方面是提供了很多的增值服务，包括提供了众多的书籍评论和介绍。而在传统销售方式下，这些增值服务会变得非常昂贵。在"成功"地将自己发展成超越传统书店的世界最大规模书店之后，今天亚马逊的业务已扩展到音像制品、软件、各类日用消费品等多个领域，成为美国也是全世界最大的电子商务网站公司。但它的这个"成功"现在还是画引号的，人们质疑它在建立起自己的规模和客户群的同时，给投资人所留下的巨额亏损。人们在反思亚马逊的亏损原因时意识到，也许不应该将建立起电子商务时代 B2C 的任务全都寄托于这些白手起家的网站上，传统行业自觉的互联网和电子商务革命也许会更经济，更实惠，也更必要，不至于给投资人、给股民带去那么多的压力和担忧。也许，只有当这两股力量都齐齐奔向同一个山顶时，这样的电子商务世界才更精彩，真正的电子商务时代也才会更快一些到来。如图 2-1 所示是亚马逊网站首页（www.amazon.com）。

图 2-1　亚马逊网站首页

2. 网络直销制造商

像戴尔、耐克和索尼等公司通过公司网站直接将产品销售给不同客户。其中大多数制造商使用"鼠标加水泥"的经营方式，在网络直销同时，也通过自营商店或零售代理销售产品。即不通过分销商直接销售给消费者。

网上直销同传统的直销方式一样，是以减少流通环节并提供满意产品为主旨，向更能体现顾客价值的趋势发展，通过 DIY 接受订单，采用 OEM 虚拟经营，贯彻 6 原则，采用 C2P（公司对个人）或 P2P（个人对个人）的服务模式不断丰富直销的内涵。戴尔公司、Cisco 公司等企业都已经开始实施网上直销。

但是，据美国的统计研究，企业要独立构建一个网上直销的网站，投资一般在 100 万美元以上，而且每年的维护费用高达 30 万美元以上，而且，企业经营规模过小的话，可能通过直销增加的收入和节约的成本不足以弥补费用。另外，直销以个人顾客的网上订单为依据，有很强的个性化，企业必须调整生产经营方式，由原来的小批次大批量生产变成多批次少批量生产，及逐渐转变为弹性生产方式。所以，对于小型企业和一般企业，很难进行这种方式的转变。

3. "鼠标加水泥"零售商

"鼠标加水泥"零售商是在原有的实体经营的基础上增加网络销售的传统销售商。在当今数字经济时代，"鼠标加水泥"零售商经历了实体商店销售、人工电话销售、互联网交易网站销售、通过移动通信设备销售几个发展阶段。"鼠标加水泥"是一个传统企业电子化，或者是一个纯互联网公司实体化的趋同过程。

所谓的"鼠标加水泥"就是指将先进的互联网技术与传统优势资源相结合，利用先进的信息技术提高传统业务的效率和竞争力，实现真正的商业利润的一种电子商务运作模式。"鼠标加水泥"是一个传统企业电子化和互联网公司实体化的趋同过程。"鼠标加水泥"的方式是电子商务发展的趋势。

传统业务的运作模式存在着效率低、成本高、对市场的反应速度慢、市场覆盖面有局限等缺点。通过实施企业的电子化、网络化管理，可以全面监控下游客户每日的进、销、存情况，及时进行补货，让上游的供应商及时知道企业原料的库存情况，及时补充，将存货量保持在最低水平；可以为企业提供新的业务增值，提升客户的满意度与忠诚度，更好地服务于利润率最高的客户，吸引新客户。从本质上讲，通过实施电子商务，无论新、老客户都会从企业建立的电子商务服务活动中得到利益，产生新的业务增值，降低成本，企业与客户及服务提供商可形成良性循环。

尽管虚拟销售可能具有管理成本较低等实际优势，但是也存在许多缺陷。因此很多专家认为，多数市场的最终胜出者是使用"鼠标加水泥"方式，取得两种销售最佳平衡的公司。

4. 网上商城（第三方平台）

网上商城包含许多独立电子商店。在服务功效的网上商城中，消费者能够查找、订购和购买所需商品，同时选择送货方式。

B2C 网上商城的典型代表有红孩子、E5102 商城、E 眼镜网、温州名购商城、当当网、卓越、新蛋、巨蛋网、京东、爵代商城、天悦商城，主要是从事零售业务。

网上商城是在为个人用户和企业用户提供人性化的全方位服务，努力为用户创造亲切、轻松和愉悦的购物环境，不断丰富产品结构，最大化地满足消费者日趋多样的购物需求，并凭借更具竞争力的价格和逐渐完善的物流配送体系等各项优势，赢得市场占有率、多年稳居行业首位的骄人成绩，也是时代发展的趋势。

网上商城与"鼠标加水泥"的方式还有一点很大的不同，网上商城由网站起家，并集合多个网上商店及产品种类，较难发展起自有品牌的产品及实业，因此它们更像是一个百货商店。当然与百货商店最不同的就是百货商店是用户上门的，而网上商城是送货上门的，而由传统企业改造而来的 B2C 即"鼠标加水泥"的电子商务网站更可能像是一个专卖店，专营自己品牌的产品，与传统专卖店不同的是：这里用户和厂商互动性更强，可以量身定做，同时由于省去了建实体店的开销，成本可能会降低。

二、B2C 发展现状

根据权威调查数据，截至 2009 年 12 月，我国 B2C 电子商务网站数超过了 9400 家，同比猛增 43.79%。同时，B2C 网站的访客数达到了 2.46 亿，占所有电子商务网站访客数的 92.01%。在 B2C 网站中，不仅有商品种类齐全的综合类网上购物商城，也有许多销售某类产品的网上专卖店，这些商品种类主要集中在计算机软硬件、图书、音像制品、家用电器、通讯器材、礼品、服装服饰等。

总体来看，我国 B2C 电子商务具有如下特点：

一是网民参与热情高涨。根据调查，总体上有 87% 的网民对网上购物有一定的认知度，而且在没有网上购物经历的网民中，16% 的人明确表示在近期会尝试网上购物。随着多家领先的 B2C 网站陆续开展以"秒杀"为代表的大规模促销活动，相信 B2C 网站访客数仍会持续增加。根据易观国际对中国在线 B2C 电子商务市场的研究，2011 年中国线上 B2C 市场规模将达到 136 亿元。

二是物流配送环境日益成熟。根据调查，75% 的公司承诺在订单确认后 24 小时内送货，配送环境的改善正在大力促进 B2C 的发展。预计不远的将来，网上购物 8 小时内甚至 1 小时内送货的时代将会到来。

三是在线支付技术日趋完善。本世纪初，在线支付还只是一个概念和构想，很少有公司能够支持在线支付。但经过短短几年的发展，现在所有 B2C 网站都能接受消费者的在线支付，并且能够接受多方形式的在线支付，这使得 B2C 电子商务方便、快捷的优势得以体现。

四是售后服务系统更加健全。几乎所有的 B2C 网站都可以根据不同情况为客户办理退换货，并设立服务热线接受客户咨询，建立呼叫中心负责处理客户投诉事件等。虽然目前售后服务方面仍然存在手续繁锁、反应慢、处理不及时等问题，但相比以往，显然已经健全了很多。

第三节　B2B 电子商务模式

一、B2B 电子商务模式的概述

B2B 的电子商务指的是企业与企业之间依托互联网等现代信息技术手段进行的交易、信息、服务等商务活动。包括企业与供应商之间的采购，企业与产品批发商、零售商之间的供货，企业与仓储、物流公司的业务协调等。

B2B 就是企业对企业的电子商务，除了在线交易和产品展示，B2B 的业务更重要的意义在于，将企业内部网，通过 B2B 网站与客户紧密结合起来，通过网络的快速反应，为客户提供更好的服务，从而促进企业的业务发展。

传统的企业间的交易往往要耗费企业的大量资源和时间，无论是销售、分销还是采购都要占用产品成本。通过 B2B 的交易方式买卖双方能够在网上完成整个业务流程，从建立最初印象，到货比三家，再到讨价还价、签单和交货，最后到客户服务。B2B 使企业之间的交易减少许多事务性的工作流程和管理费用，降低了企业经营成本。网络的便利及延伸性使企业扩大了活动范围，企业发展跨地区、跨国界更方便，成本更低廉。

B2B 不仅仅是建立一个网上的买卖者群体，它也为企业之间战略合作提供了基础。任何一家企业，不论它具有多强的技术实力或多好的经营战略，要想单独实现 B2B 是完全不可能的。单打独斗的时代已经过去，企业间建立合作联盟逐渐成为发展趋势。网络使得信息通行无阻，企业之间可以通过网络在市场、产品或经营等方面建立互补互惠的合作，形成水平或垂直形式的业务整合，以更大的规模、更强的实力、更经济的运作真正达到全球运筹管理的模式。

二、B2B 的两种模式

目前企业采用的 B2B 可以分为以下两种模式：

1. 面向制造业或面向商业的垂直 B2B（又可以称为行业 B2B）

垂直 B2B 可以分为两个方向，即上游和下游。生产商或商业零售商可以与上游的供应商之间形成供货关系，比如戴尔电脑公司与上游的芯片和主板制造商就是通过这种方式进行合作的。生产商与下游的经销商可以形成销货关系，比如 Cisco 公司与其分销商之间进行的交易。其中以中华网为首的网盛旗下网站成为行业 B2B 的代表网站，将垂直搜索的概念重新诠释，让更多生意人习惯用搜索模式来做生意，找客户。垂直 B2B 成本相对要低很多，因为垂直 B2B 面对的多是某一个行业内的从业者，所以，他们的客户相对比较集中而且有限。类似的网站有阿里巴巴、中国网库等。

小贴士：海尔——垂直 B2B 电子商务网站概览

图 2-2　海尔采购网站首页

图 2-3　海尔采购系统平台首页

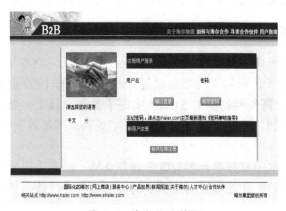

图 2-4　海尔物流首页

图2-5 海尔销售首页

2. 面向中间交易市场的 B2B（又可以称为区域性 B2B）

这种交易模式是水平 B2B，它是将各个行业中相近的交易过程集中到一个场所，为企业的采购方和供应方提供了一个交易的机会，像阿里巴巴、慧聪网、中国制造网、瀛商网、环球资源网、中国网库等。

水平 B2B 有以下几个特点：

（1）买者与卖者的选择非常多。随着水平 B2B 网站的规模不断扩大，市场逐渐趋于全球化，这使得水平 B2B 网站能够给买方和卖方提供的机会和选择非常多。

（2）动态更新的市场。相比于过去占有一定的市场比例的目录式销售和黄页式销售，水平 B2B 市场能够提供实时更新的交易信息，这不仅仅将最新的交易需求第一时间公布于虚拟市场，也为买卖双方创造更多的交易机会。

（3）有效的交易方式大大缩短了处理业务的时间。B2B 水平市场对于交易流程的优化是相对于一般交易方式的又一大优势。在水平 B2B 市场中，交易流程趋于电子化、规范化，交易双方能够实现随时随地的沟通和反馈，交易时间及成本被大大缩短。

三、B2B 网站的利润来源

据《中国行业电子商务网站调查报告》显示，从 2002~2006 年，国内行业电子商务网站数量持续高速增长，每年平均增速超过 15%。目前有 1800 多家的行业电子商务网站。2006 年行业电子商务网站中的 51.22% 实现了盈利。其中，45.75% 的行业电子商务网站实现了 1 年的盈利，5.19% 的网站已持续 6 年盈利。网站盈利主要方式如下：

1. 会员费

企业通过第三方电子商务平台参与电子商务交易，必须注册为 B2B 网站的会员，每年要交纳一定的会员费，才能享受网站提供的各种服务。目前会员费已成为我国 B2B 网站最主要的收入来源。

2. 广告费

网络广告是门户网站的主要盈利来源，同时也是 B2B 电子商务网站的主要收入来源。阿里巴巴网站的广告根据其在首页的位置及广告类型来收费。中国化工网有弹出广告、漂浮广告、BANNER广告、文字广告等多种表现形式可供用户选择。

3. 竞价排名

企业为了促进产品的销售，都希望在B2B网站的信息搜索中将自己的排名靠前，而网站在确保信息准确的基础上，根据会员交费的不同对排名顺序作相应的调整。阿里巴巴的竞价排名是诚信通会员专享的搜索排名服务，当买家在阿里巴巴搜索供应信息时，竞价企业的信息将排在搜索结果的前三位，被买家第一时间找到。中国化工网的化工搜索是建立在全球最大的化工网站ChemNet.Com上的化工专业搜索平台，对全球近20万个化工及化工相关网站进行搜索，搜录的网页总数达5000万个，同时采用搜索竞价排名方式，确定企业排名顺序。

4. 交易费

这类费用主要是卖方为每次交易支付的佣金。收费方式有多种：最常见的是按总销售额的一定比例来收取，根据买一笔交易的金额收费，如果交易额太大，有时还规定一个最低或最高收费标准，如房地产交易等；还有向每笔交易收取固定费用，如折扣代理交易等；还可以使用两种方式的组合。卖方可能会反对收取交易费，尤其是在和老顾客进行再次交易时，为了吸引买家，网上交易市场只能向每次交易征收最低的交易费。因此，网上交易费市场必须有足够大的交易量才能弥补其开支。

5. 服务费

这类费用不是由卖方支付的佣金，而是由买方为其受到的增值服务支付的费用。

四、B2B电子商务发展现状及未来趋势

由于市场认为B2B具有比B2C模式更现实的盈利前景，导致商务网站由B2C向B2B转型成为一种全球性趋势。造成这个现象的原因在于B2C企业建立品牌和消费者忠诚度的过程非常艰辛且非常昂贵，许多公司达不到所需的规模，使B2C成为高风险的投资领域。虽然它们如果获得成功将会获利丰厚，但仅有5%或10%的这类企业可以成功。由于互联网汰弱留强情况已经出现，加上为B2C公司而设的创业基金亦逐渐干涸，资本市场已开始排斥这类企业，令其生存更加困难。而B2B商务网站具有的客户忠诚度一般都高于B2C网站，而且由于其服务的对象为企业，使得在流通过程中收取费用变得更为可能，具有较为稳定的收入来源，因此我们认为，B2B商业运作模式会在近一段时期内代表电子商务发展的重点和方向。

尽管B2B市场发展势头良好，但B2B市场还是存在发育不成熟的一面。这种不成熟表现在B2B交易的许多先天性交易优势，比如在线价格协商和在线协作等还没有充分发挥出来。

波士顿咨询集团的调查报告是对260家网上交易方做深度采访的基础上得出的。波士顿咨询集团的副总裁吉姆·安德鲁认为，在近期，B2B的这种浅层次的交易模式还不能完全模拟传统的买卖模式，差不多一半的被调查对象的在线交易需要传统的网下沟通的配合，才能完善整个交易。

报告还指出，随着 B2B 交易的成熟和价格对比机制的完善，卖方市场面临的压力将增大。调查发现，25%的卖方已经感受到价格对比所带来的沉重压力，另外 50%的被调查者声称，这种价格对比将在近期给他们带来压力。

这份报告提出了另外一个有价值的分析，即 B2B 市场的进化趋势。报告指出，B2B 交易双方都期望在每个交易领域的 B2B 交易市场的简单化，不希望出现交易平台多样化的局面。而作为交易平台自身也希望整合，不希望有太多的竞争对手。

第四节　C2C 电子商务模式

一、C2C 电子商务模式概述

消费者模式（C2C）是指买卖双方（主要指个人用户），通过由网络中介服务商提供的有偿或无偿使用在线交易平台，使卖方可以主动提供商品上网拍卖，而买方可以进行选择商品进行竞价拍卖。C2C 购物网站主要指的是为消费者个人与个人之间进行买卖提供交易平台的网站；在中国主要有淘宝网、拍拍网、TOM、易趣网。C2C 电子商务公司的角色是搭建电子商务交易平台。

C2C 是指消费者与消费者之间的互动交易行为，这种交易方式是多变的。例如针对某一物品消费者可同在某一竞标网站或拍卖网站中，共同在线上出价而由价高者得标。或由消费者自行在网络新闻论坛或 BBS 上张贴布告以出售二手货品，甚至是新品。诸如此类因消费者间的互动而完成的交易，这些都属于 C2C 的交易。

目前竞标拍卖已经成为决定稀有物价格最有效率的方法之一，举凡古董、名人物品、稀有邮票，只要需求面大于供给面的物品，就可以使用拍卖的模式决定最佳市场价格。拍卖会商品的价格因为欲购者的彼此竞价较而逐渐升高，最后由最想买到商品的买家用最高价买到商品，而卖家则以市场所能接受的最高价格卖掉商品，这就是传统的 C2C 竞标模式。

C2C 竞标网站，竞标物品是多样化而毫无限制，商品提供者可以是邻家的小孩，也可能是顶尖跨国大企业；货品可是自制的糕饼，也可能是毕加索的真迹名画。且 C2C 并不局限于物品与货币的交易，在这虚拟的网站中，买卖双方可选择以物易物，或以人力资源交换商品。例如，一位家庭主妇已准备一桌筵席的服务，换取心理医生一段心灵澄静之旅，这就是参加网络竞标交易的魅力。网站经营者不负责物流，而是协助市场资讯的汇集，以及建立信用评级等制度。买卖两方消费者谈妥，自行商量交货和付款方式，每个人都可以创造一笔惊奇的交易。

二、C2C 的基本业务流程

1. 买方

在 C2C 交易模式中，买方消费者经历了查找、竞价、商谈联系、邮购和付款一系列流程。用户根据自己的需要在第三方平台的网站查找自己需要的商品，并同卖方进行竞价谈判，确定交易之后，用户通过邮寄拿到商品并完成付款。如图 2-6 所示。

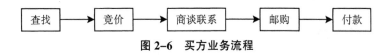

图 2-6　买方业务流程

2. 卖方

与买方的业务流程相对应，卖方在第三方平台上销售自己的商品，首先要注册商店，并上传自己商品的图片，标明价格。完成以上步骤，卖方就可以等待消费者前来购买。在与消费者谈妥之后，就可以通过物流公司向消费者邮寄商品。图 2-7 为卖方业务流程。

图 2-7　卖方业务流程

三、C2C 的几种模式

1. C2C 拍卖

在许多国家，网上拍卖正在爆炸式地发展。许多拍卖都是通过中介（比如易趣）来实现的。个人用户可以选择易趣、淘宝及其他专门的网站进行买卖。此外，许多个人还通过使用专业化软件来实现他们的拍卖。

2. 分类广告

人们每天可以通过分类广告来与其他人进行交易。基于互联网的分类广告与报纸上的相比有许多优势。因为互联网可以提供远远超过本地的、更为广阔的、全国范围的效应。这使得商品和服务的提供大大增加，也使得潜在购买者的数量大大增加。基于互联网的分类广告能够为一些私人组织免费提供，还能够进行简单编辑或修改。而更多情况下还能把卖出的产品的照片放置到网上。

3. 个性化服务

在互联网上可以找到许多个性化服务。一些可以在分类广告中看到，而另外的则罗列在特殊化的 Web 站点和目录中。有的是免费的，有的是收费的。

4. C2C 交易

C2C 交易有几种形式。实物交易在 C2C 中是产品或者服务在没有金钱参与的情况下的交易。或是用户交易模式，即买卖双方通过 C2C 找到对方并当面进行协商和交易。另

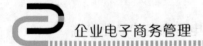

外一种模式是用户相互交换产品信息。

5. 虚拟资产销售

在亚洲，尤其是在我国，成百万的网络游戏玩家正在买卖网络虚拟资产。

6. C2C 的支持服务

当个人之间通过网络来购买产品或服务的时候，通常都是与陌生人打交道。质量、收货支付、欺骗预防等问题都关系到 C2C 的成败。对 C2C 有帮助的一项服务是由中介公司提供的支付服务，如美国的 PayPal。

四、C2C 模式的发展现状

C2C 这种模式的产生以 1998 年易趣成立为标志。目前采用 C2C 模式的主要有 e-Bay 易趣、淘宝、拍拍等公司。C2C 电子商务模式是一种个人对个人的网上交易行为，目前 C2C 电子商务企业采用的运作模式是通过为买卖双方搭建拍卖平台，按比例收取交易费用，或者提供平台方便个人在上面开店铺，以会员制的方式收费。

虽然我国网民数量已经突破了 1 亿，市场规模巨大，但由于受一些条件的制约，我国的 C2C 电子商务仍然处于融资烧钱、聚集用户阶段，并未形成成熟的盈利模式。零售电子商务的三个基本要素是信息流、物流与资金流，C2C 已经基本解决。目前真正的难点在于交易信用与风险控制。互联网突破了地域的局限，把全球变成一个巨大的"地摊"，而互联网的虚拟性决定了 C2C 的交易风险更加难以控制。这时，交易集市的提供者必须处于主导地位，必须建立起一套合理的交易机制，一套有利于交易在线达成的机制。

e-Bay 在美国能够发展得如此快，除了 PayPal 这套支付工具外，与美国社会完善的信用体系是分不开的。在美国的 C2C 交易中，PayPal 既扮演着收单商家，又扮演着银行的角色，这种双重角色使得 PayPal 聚拢了买方与卖方的大量资金，掌握着买卖双方的交易与信用状况。我国电子商务网站推出的"支付宝"、"安付通"等支付工具以及赔付制度在很大程度上改善了这种购买信任危机，但 C2C 市场要想彻底突破这些制约仍需要较长时间的培育过程。

本章小结

本章从电子商务商业模式的基本定义出发，介绍了目前研究领域对于电子商务模式的几种分类方式，包括分别从根据市场控制方的角色、参与主体的角色等方面进行分类。此外，还介绍了美国"网络就绪组织"提出的分类方式，以及电子商务各模式的常见和细分情况。此后章节，主要是从被业界一直认可的 B2C、B2B 和 C2C 三个方面对电子商务模式进行了详细的介绍。

B2C 电子商务模式是目前最为常见成功的电子商务模式。企业对消费者（B2C）模式的电子商务是指"以 Internet 为手段实现公众消费及提供服务"，也就是通常说的商业零售，直接面向消费者销售产品和服务。这种模式基本等同于网上商店或称在线零售商店，主要借助于 Internet 开展在线销售活动，这是消费者最为熟悉的电子商务模式，也是我国最早产生的电子商务模式。B2C 电子商务包括纯网络型零售企业、网络直销制造商、"鼠标加水泥"零售商、网上商城四种形式，每一个形式都有利有弊，最后介绍了目前 B2C 在国内外市场的发展现状。

B2B 的电子商务指的是企业与企业之间依托互联网等现代信息技术手段进行的交易、信息、服务等商务活动。包括企业与供应商之间的采购，企业与产品批发、零售商之间的供货，企业与仓储、物流公司的业务协调等。B2B 电子商务平台分为两种：面向制造业或面向商业的垂直 B2B（又可以称为行业 B2B）；面向中间交易市场的 B2B（又可以称为区域性 B2B）。后者有买者与卖者的选择非常多、动态更新的市场、有效的交易方式、大大缩短了处理业务的时间的特点。B2B 网站的利润来源于会员费、广告费、竞价排名、交易费、服务费五个方面。最后，本书还介绍了 B2B 电子商务发展现状及未来趋势。

C2C 电子商务模式消费者对消费者（C2C）模式是指买卖双方（主要指个人用户），通过由网络中介服务商提供的有偿或无偿使用在线交易平台，使卖方可以主动提供商品上网拍卖，而买方可以进行选择商品进行竞价拍卖。C2C 网站主要是买卖双方的电子商务交易平台，买卖双方有各自 C2C 不同的基本业务流程。在我国，C2C 网站快速发展，但是在发展中也暴露了一些问题。

【案例讨论】中农网的 B2B 电子商务模式

中农网是依托传统农业建立起来的国内最大的农业 B2B 网站，它依托行业优势、整合股东资源，利用网络技术建成以有形市场为依托、无形市场与有形市场相结合、信息服务与电子商务相配套的大型涉农电子商务平台，并根据行业客户的信息化需求提供完整的解决方案，推进中国农业信息化的发展。

1. 中农网的发展历程

农产品公司创建的"中农网"自 2001 年 9 月正式运行，现已成为国内农业信息化的领军平台，迄今已为各地政府、企业建设了 100 多家农业信息网站，并使之互联互通，实现了网上交易。目前，中农网拥有企业会员 8000 多个，每天为全国 300 多个农产品批发市场报价。

中农网电子商务平台与深圳海关、华为、神州数码、中冠等单位一起，被评为深圳市 20 个信息化应用示范工程项目之一。一个成立不久的"鼠标+大白菜"电子商务平台，之所以能获此荣誉，是因为它取得了非凡的成绩：拥有 140 家门店、1000 多个供应商的民润超市，其果菜等大部分货品由中农网网上平台撮合、配送；2006 年，通过中农网达成的交易额超过 5 亿元。

2. 中农网的电子商务盈利模式及取得的成就

中农网的"鼠标+大白菜"的商业模式是成功的，它采用的是务实的电子商务模式。即针对企业产销历史形成的客户关系，对现有农副产品业务流程中易于采用电子商务模式的部分进行改造和提升从而降低交易成本。

（1）创新务实电子商务模式：①"节日团购"活动。2006年12月下旬，为方便本市企事业单位在元旦、春节期间的农副产品大宗采购，中农网新开农副产品"节日团购"活动，客户只需在网上提交采购商品订单，市场将及时按要求送货上门。消息一出，咨询电话络绎不绝。罗湖某酒店当即确认其所有烟、酒、菜等全部通过中农网"节日团购"来采购。②"阳光采购"计划。此前中农网推出的"阳光采购"，反响同样强烈。长城计算机、鹏基、中兴通讯、观澜高尔夫球会等近十家知名企业通过中农网选择自己的农副产品配送供应商。短短一个月，网上成交额超过200万元。

（2）"网上布吉"做大农批。布吉农批是国内农批市场的重量级企业，2006年交易额达120亿元，批发商行超过900家。从空间扩张角度讲，布吉农批已渐趋饱和。未来10年，农产品批发市场的发展方向之一就是在更大范围内实现信息交换和共享。布吉农批再扩大场地规模，已是"不可能的任务"。唯有在业务创新上想办法。

中农网的创建为"网上布吉农批"开拓了农批市场空间。随着场内商户和消费者注册中农网的数量越来越多，商品信息查询等交易前期工作逐渐移至网上进行，扩展了布吉农批的交易空间。布吉农批与中农网联合开通"网上批发市场"。市场内有实力的经营户，在网上有了自己的门店，不受地域、时间的限制，使更多的生产商、经销商、消费者能与其更方便地联系。对于采购方来说，也不用辛苦跑腿，只要上网，就能浏览到布吉市场600多家商户的5万多件商品，既可比较价格，也可发送订单要求送货上门。中农网将可以说是做大做强布吉农批的一大利器。

（3）提供农业咨询信息。中农网在探索农产品电子商务的同时，还充分发挥其股东农业部信息中心的资源优势，借助于农产品公司控股的布吉农批、福田农批、南昌农批、上海农批、民润超市等市场的辐射力，为行业信息化提供解决方案，编织农业信息化大网。

目前，全国农产品最需解决的就是农民的"卖难"问题。中农网借助"大网"，开展了丰富多彩的"网上+网下"的牵线搭桥服务。如与曲靖农产品信息网联姻，在中农网开设《珠江源农产品》专栏，与曲靖市政府联办农产品深圳产销见面会，30家曲靖生产加工企业带着百余个产品，与深圳50余家经销商直接见面洽谈，达成了价值5000多万元的供货合同。中农网建设的河南封丘县"金银花网"，建成后30天内就收到网上订单达3000多万元，预约订单达12笔，当地领导亲笔来信表示衷心感谢。

中农网还为全国大型批发市场建设开发相关的应用软件系统，如布吉农批管理综合信息系统是目前国内传统批发市场信息化建设的第一个专业应用系统；福田农批拍卖系统开创了国内农产品拍卖市场网络化、电子化之先河。

此外，中农网为上海浦东农产品批发市场建设的中央结算系统，使该市场的生猪从检验、过磅、交易到结算全部实现了电子化，大大降低了成本。

案例讨论题：

1. 中农网属于 B2B 电子商务模式的哪种类型？

2. 概括中农网的盈利模式。

3. 根据中农网案例，总结 B2B 电子商务模式成功的几点因素。

思考题

1. 电子商务模式可以分成哪些类型？

2. 简述 B2B、B2C、C2C 模式的概念。

3. 简述 B2C 电子商务模式的几种分类。

4. B2B 网站的利润来源有哪些？

5. 简述 C2C 的基本业务流程。

第三章　电子商务的价值管理

本章要点

- 理解价值创造的概念
- 理解价值链的定义
- 掌握电子商务对价值链的影响
- 了解电子商务企业的价值链管理

开篇案例：戴尔案例——戴尔公司供应商价值链的管理

　　戴尔公司的零部件大都靠外包（价值链分解外包）完成，因此这些零部件供应的敏捷性直接影响戴尔公司的后续经营乃至整体生产运营。戴尔公司寻找供应商有几个关键要素：追求共同品质，"弹性"可成长；利用"供应商记分卡"查核供应商的表现；评估供应商产品的成本、运送速度、科技含量、库存周转速度，考察其对戴尔公司全球营运的支持度；通过网络做生意，打造与供应商的强势联盟；把供应商导入自己的业务体系，为双方共同的成功进行投资。为此，戴尔公司减少了供应商的数量，快速把顾客的信息提供给供应商，供应商尽快调整产品和服务，改善自己库存的效率和周转速度。戴尔公司的物料采购采用第三方物流模式，其实施关键是供应商管理库存（VMI）和信息共享。在中国，戴尔公司的第三方供应物流企业是伯灵顿全球有限公司。戴尔公司先和供应商签订合同，要求每个供应商都必须按照它的生产计划将物料放在由伯灵顿管理的仓库里。戴尔公司确认客户订单后，系统会自动生成一个采购订单给伯灵顿，伯灵顿在90分钟内迅速将零部件运送到戴尔公司的装配厂（客户服务中心），最后由供应商根据伯灵顿提供的送货单与戴尔公司结账。为了使自己和供应商的库存都尽可能降到最低，戴尔公司和供应商所有交易数据都在互联网上不断往返，实现"以信息代替库存"。通过敏捷的供应物流，戴尔公司的零部件库存期一直维持在4天以内，远低于行业30~40天的平均水平。零部件库存的减少使戴尔公司增加了利润，也规避了因IT行业零部件和产成品更新过快而导致的贬值风险。

资料来源：

　　田冠军.价值链管理和信息化策略——对戴尔模式的分析.中国管理信息化（财会版），2009（13）

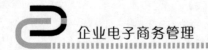

讨论题:
1. 戴尔公司为何要采用零部件外包的方式?
2. 戴尔公司采用何种方式使自己和供应商的库存都尽可能降到最低?
3. 简述戴尔公司的价值链管理方式。

第一节　价值创造

第二章介绍了企业应用电子商务的商业模式。商业模式要实现盈利的前提是企业要能为客户创造价值。构建商务模式的关键就是要分析该模式能够给客户带来什么样的价值,然后采取相应的战略来实现这些价值并长期获利。由此我们可以看到,企业商业模式的关键是价值模式。本章先从价值创造入手,然后探讨电子商务环境下的企业价值管理。

一、价值创造的内涵

对于企业来说,只有比竞争对手创造更多的价值才有机会获得更多的收益。下面,我们就从以下几个方面理解价值和价值创造的内涵:

从经济学的角度看,经济价值等于消费者剩余和生产者剩余之和。价值创造是指消费者从给定的商品中得到的收益与企业为生产商品所花费的成本之差。

从竞争的角度看,产品价值是买方愿意为企业提供给他们的产品所支付的价格。企业的价值用总收入来衡量。价值创造就是要提高企业的总收入,与此同时为买方创造出大于成本的价值。

从发展的角度看,企业价值是企业现有的获利能力价值与潜在的获利机会价值之和。价值创造就是要把潜在的获利机会转变为现实的能力。

从客户的角度看,客户价值是企业为客户所提供产品和服务的价值。"竞争优势归根结底产生于企业所能为客户创造的价值。"(迈克尔·波特,《竞争优势》)

二、价值创造的驱动力

1. 企业间关系的协调

由于机会主义行为、信息不对称等因素导致企业间交易成本、协调成本的产生。如何降低企业间的各种交易成本和协调成本,就需要对企业间关系进行协调,以期获得协同效应,构建发展合理的价值创造系统。

2. 企业核心要素的打造

对核心企业来讲,重点应该关注其技术标准、品牌、商誉、客户关系、市场地位等核心要素的巩固和发展;非核心企业则应关注区位、资源、劳动力、资本等核心要素的打造。非核心企业的优势需要同核心企业的优势结合起来,才能够获得更多的生产者剩余。核心企业需要通过外包、价值链重构等手段将资源集中在自己的核心要素打造上，巩固自己的市场地位，提供更优质的产品或服务。

3. 顾客的沟通

顾客的感受和评价决定着产品的价值，顾客的需求又是多种多样的，企业生产的产品式服务需要同顾客的需求紧密结合起来。企业需要与顾客进行良好的沟通，了解顾客的需求，需求决定供应，根据顾客需求进行产品定制或者企业提供准产成品。准产成品的特点就在于给予顾客对产品进行进一步加工的空间，提升顾客的参与积极性，更好地满足个性化的需求。

4. 快速高效的信息系统

快速高效的信息系统应该具备两个基本特点：一是尽可能的信息对称；二是信息的快速传递。充分有效的信息可以降低企业的选择成本和物流成本。信息系统的建立需要大量的资金，对于处于非核心地位的中小企业而言成本巨大，所以核心企业需要发挥主导作用。核心企业出资建立一套信息系统，负责信息的发布和系统的维护，非核心企业为系统支付使用费，减轻中小企业的负担。

三、电子商务企业的价值来源

众所周知，电子商务通过利用互联网、计算机及网络技术，为企业和客户创造了新的价值，价值从何而来？我们可以从以下几个方面来考虑：

1. 注意力经济

在信息技术快速发展的今天，注意力成了一种稀缺的资源，特别是对于信息的供给。电子商务利用信息的优化整合功能，通过吸引注意力而产生电子商务价值。

2. 直接经济

电子商务将商务链中的大部分中间环节取消，缩短了生产者与消费者的距离，这不仅使经营成本下降了，也有效地拓展了商务活动的时间和空间。例如，戴尔公司的销售模式，就很好地反映了这一价值来源。

3. 服务水平的提高

电子商务提供了六种改善客户服务的能力：交互式的个性化的客户沟通；迅速而精确；增强的跟踪和测量能力；全天候沟通；客户驱动的商务模式；及时客户沟通。这不仅使客户的满意度大幅度提高，而且将客户服务这一传统企业的"包袱"变成了电子商务企业的价值新来源。

4. 延展性的增强

延展性是指企业在新市场中连接潜在客户的能力。在电子商务的帮助下，企业的影响范围可以扩大到全球市场。这也可使企业在多个不同的行业中利用其现有品牌。

四、电子商务企业的价值创造方式

不同的电子商务企业创造和体现的价值是不同的，这就决定了创造和体现价值的方式也不同。例如，搜狐网和卓越网都在实施电子商务，但这两个网站创造价值的方式却各不相同。搜狐网作为门户网站，包含虚拟社区、电子商店等多种商业模式，是多种商业模式的集合体。而卓越网通过书评、图书比价、小组等形式为个人提供服务，与此同时，卓越网在用户购买图书的过程中与书店实现了利润的分成，使自己的价值和利益得到了实现。

挪威管理学者认为，经济活动中的价值创造结构有以下三种基本类型：

（1）价值链。价值链的概念是迈克尔·波特在《竞争优势》中首次提出的。他认为每个企业都是在设计、生产、销售、配送产品和辅助其产品生产等过程中进行种种活动的集合体，"价值链"就是指企业对这些活动的组合。关于这一概念将在本章后续内容中详细介绍。

（2）价值商店。价值商店是一种以集中技术为基础的价值机构，价值商店试图寻求客户的真实需求，并找到一种方法满足他。例如，携程网是国内著名的旅游服务代理商。当它收到来自客户的服务请求后，必须首先确定客户的需求是什么。例如目的地、运输手段、服务需求等。只有这样，携程网才能提供最能满足其需求的方案。

（3）价值网络。价值网络是由适用于中介服务领域的中介技术构成的。所谓中介技术，就是一种能够使两个及以上需求交易的客户之间取得联系的技术。例如淘宝网，它将买方和卖方结合到一起，并从中收取少量的佣金。

第二节　价值链的管理

一、价值链的定义

迈克尔·波特把价值活动分为内部物流、生产作业、外部物流、市场和营销以及售后服务五种基本活动及采购、技术开发、人力资源管理和企业基础设施四种辅助活动（见图 3-1）。

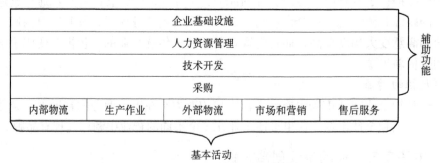

图 3-1　企业价值链结构

根据我国学者的理解，价值链管理系统所要解决的主要问题是"怎样将企业的生产、营销、财务、人力资源等方方面面有机地整合起来，做好计划、协调、监督和控制等各个环节的工作，使它们形成相互关联的整体，真正按照'链'的特征实施企业的业务流程，使得各个环节既相互关联，又具有处理资金流、物流和信息流的自组织和自适应能力，使企业的供、产、销系统形成一条珍珠般项链——价值链"。企业的价值链结构如图3-1所示。

上述价值链不能作为分析任何企业的通用标准，企业应该根据自己的实际情况与特定目标来建立自己的价值链。每个企业价值链中各项的活动在整个价值链中是相互联系的，因此整个价值链的协调比其中各项活动之和更重要。有效地协调价值链可给企业带来持续发展。

价值链不仅包括企业内部的价值活动，还应包括企业与企业、企业与客户之间的纵向价值联系，即企业与外部环境所构成的产业价值链（见图3-2）。

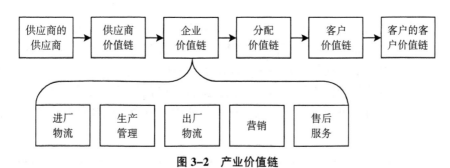

图3-2 产业价值链

通过对产业价值链的分析，得出企业在整个产业价值创造中的地位，确定企业在整个产业价值创造中的份额，从而可以分析企业在产业内部的角色和整体竞争力的状况。

二、电子商务对价值链的影响

随着互联网的出现，价值链理论被赋予了新的含义，运用互联网管理可以为企业创造价值或开辟新的市场。电子商务和计算机技术使得企业内的和产业价值链中的各方能够及时联络，将分散的业务数据集中起来，看清各个业务环节，控制相互衔接的活动，优化企业价值链。

1. 缩短企业价值链环节

电子商务使得买卖双方可以更紧密地结合在一起，市场不再有形，成为无形的市场，即市场无形地扩大到全世界。电子商务的发展导致价值链中不再需要的机能消失。例如，中间商和贸易商都会因为电子商务的兴起而逐渐消失。而增值的中间商会兴起，如专业行销公司、专业物流公司等。当企业采用传统的营销方式进行商务活动时，商品必须通过批发商、分销商等多种中间渠道才能到达顾客手中，这一过程在整个商务活动中形成了一个价值链，共同分享了商务活动中产生的利润。但Internet上的交易已打破了这种价值链的局限。例如，戴尔公司应用互联网将在线订购和供应链中的创新连接起来，降低了仓储成本和PC机定制化带来的装配成本。

2. 价值链的解构与整合

电子商务环境下，许多非信息密集活动在不少企业中已经外包出去，如索尼公司在日本进行产品设计，但它的产品加工和装配则外包给像中国这样劳动力价格低廉的国家，这类活动就属于价值链的解构。由于价值链的解构现象，市场上出现了相对独立的具有一定比较优势的增值环节，这些增值环节一旦独立出来，就未必只对应于某个特定的价值链。于是，企业可以通过设计一条新的价值链，将市场中最优的环节联结起来，创造出新的价值链，这就是价值链的整合。

价值链的结构与整合已成为企业价值链管理的必然趋势。几家不同领域的企业存在于一个完整的价值链中，各自选取能发挥自己最大优势的环节，并肩合作，完成价值链的全过程，从而实现最高的增值效益。企业经营的目的就是用最小的投入换取最大的利益，价值链的分解与整合能够确保企业做到这一点。

3. 价值链的聚合

在电子商务的推动下，不同行业间的价值链联结到一起的现象称为价值链的聚合，例如，过去 MP4 等移动多媒体设备无法顺利接收电视广播信号，但现在随着 CMMB 技术的推广，许多电视节目均可在移动多媒体设备上进行收看。

聚合技术使企业管理发生了根本的变化，这就要求企业既要重视传统的价值链，也要留意相邻的、平行的价值链。在未来的许多行业中，将会看到各种各样的相互联结的价值链。

扩展阅读：电子商务对传统旅游价值链的影响

电子商务环境下，由于信息传递和数据处理的快速性及存储数据的方便性，使得顾客对市场的需求复杂多变，企业间的竞争更加激烈；同时，信息流动畅通无阻，效率更高。电子商务对传统旅游价值链的影响主要表现为如何利用信息手段革新企业内部组织结构和重构产业价值链，以适应瞬息万变的外部经济环境。

1. 电子商务对传统旅游企业价值链的影响

（1）企业内部组织结构出现再造趋势。由于传统旅游企业价值链是面向职能部门的，职能部门之间的分工使得信息传递效率降低，加上企业的管理层次较多，使得企业对市场变化反应不敏感。电子商务技术的应用可以使企业以顾客需求为中心，建立一条计划/开发、采购、生产（经营）、销售、售后服务等部门之间信息沟通顺畅的链条。电子商务环境下旅游企业通过业务流程重组可以使组织结构和价值链变得更具灵活性且柔性化，从而提高了对市场变化的反应速度。

（2）信息流成为重要的价值来源。信息流在传统的旅游价值链中只是被看做一系列价值链增值活动的一种支持性服务，其本身不是价值的来源。在以电子商务和信息化为基础的旅游价值链中，企业通过对信息的利用、开发、组织和分配可产生新的价值。在电子商务的推动下，旅游企业的主要精力也将从尽可能扩大企业本身的价值转移到尽可能扩大企业信息化的附加值上。

（3）旅游企业内部信息化成为必然的选择。在实施信息化的旅游企业，信息技术正渗透到价值链的每一个节点上。旅游产品的设计组合可以由旅游消费者在线进行个性定制，产品的销售、费用的支付、企业的营销活动和售前售后服务都可以在线进行。旅游企业还可以通过"电脑专家智能系统"的建设来提高企业的决策能力和提供其他管理辅助功能。这一切都将依赖于企业完善的信息化建设。而对旅游企业而言，信息化基础的技术开发比以往任何时候都显得更为重要。

2. 电子商务对传统旅游产业价值链的影响

（1）"直接经济"的挑战与多种市场结构同时并存。在电子商务条件下，信息沟通的优势使得旅游供应商能够通过互联网络便捷地与客源地旅游者直接沟通，这时供应商可能考虑通过网络直接向旅游者销售产品，从而形成新的旅游产业价值链结构。面对"直接经济"的挑战，传统旅游中间商也在进行信息化改造。另外，电子商务还催生了各种电子旅游中间商。至此，旅游市场结构呈现出多种产业价值链结构并存的局面。

（2）技术优势成为企业获得竞争优势的重要手段。电子商务促使旅游产业价值链成员力量的重新调整。传统经济下，由于信息不畅通，具有庞大销售网络的国有大型旅行社（批发商）主导着整个旅游价值链。而在网络经济下，拥有更强的电子商务技术和更多信息资源的电子商务中间商（如携程旅行网、e龙旅行网）已经成为我国旅游电子商务市场的主角。虽然不少旅游企业都建立了自己的网站，但信息化、电子商务并不是只建立一个网站那么简单。旅游企业只有对内加强信息化建设，对外加强互联网应用，强化自身企业的网站建设，才能真正适应电子商务发展的需要，赢得新经济下的竞争优势。携程旅行网和e龙旅行网的兴起告诉人们，技术创新已成为获取竞争优势或保持竞争优势的重要保证。

（3）品牌优势显得更为重要。网络经济是一种虚拟经济，在电子商务环境下，企业与旅游者之间互不见面的交易方式如何才能取信于顾客，是我国旅游电子商务取得突破性发展所必须要解决的问题。电子商务环境下的信息公开性与对称性使那些不注重品牌形象，甚至不讲诚信、抱一次性经营思想的企业无生存之地。相反，具有良好品牌形象的旅游企业将可以因此而降低顾客决策成本，提升形象价值而成为旅游电子商务市场的赢利者和优胜者。

（4）新的市场垄断初现端倪。"赢者通吃"是网络经济的重要特征，在一个领域里做到"第一"、"第二"才有生存空间，谁占了先机谁就成为该行业的获胜者。"大吃小，赢者通吃"的网络经济规则开始在旅游电子商务市场上呈现。例如，旅游酒店和机票的网上预订市场逐步被携程、e龙等少数几个网站垄断，而在旅游线路的网上分销市场上，春秋国旅、华夏旅游网依托传统旅行社正在做大做强。

资料来源：
杨路明等. 电子商务对传统旅游价值链的影响. 中国流通经济, 2008（4）

三、电子商务企业的价值链管理

企业管理不仅需要把生产前的市场调研、生产过程的实时调整和售后服务的安排等各个环节相互连接，更需要转换管理理念和思维方式，能够根据市场的需求变化实现有机的灵活互动。为此，企业的生产经营活动必须围绕客户的满意度和价值观而进行连接。这种从产、供、销到用户之间都以顾客的价值观为核心而进行有机互动的管理就称为价值链管理。

电子商务改变了传统企业的价值链之间的关系，而且对价值体系内的价值环节进行了重新组合。另外，传统企业一般都是在有形世界中来完成这些环节，形成有形价值链。电子商务企业可以通过对互联网的使用，形成一条虚拟价值链来替代有形价值链。

我们可以从以下三个角度了解电子商务企业价值链管理。

1. 运用媒体技术进行管理

现代企业的利益是和客户、供应商、合作伙伴紧密联系在一起的，企业通过提供产品、服务与社会交换，从而实现其自身的价值。随着电子商务的到来，客户和供应商及其伙伴关系，更加深入地渗透到企业"价值链"中，企业的许多决策和决定更大程度上取决于他们的参与，从最终用户那里获得的信息也会更加有用。通过对最终用户需求的了解，使得产品更具实用性和创新性。例如，一些软件开发公司在产品发行之前先发行其试用版软件，让用户添加修改其中不必要的、错误的内容，然后再发行其正式版本，这样使得公司产品的实用性增强。另外电子商务消除了地理范围的局限，使得地区性公司无须将组织机构扩展到全国就可以向区域外的客户服务。亚马逊公司正是因为互联网的出现才使得其经销范围得以迅速膨胀。但如果不注重媒体技术对产业的不利影响，企业极容易失去自己的市场。例如华纳和索尼等一些大的唱片公司如果不通过反盗版的数字水印技术来控制其产品的传播，那么其致力产品获取利润的能力将大大降低。了解、熟悉媒体技术的特性有利于公司企业的拓展及业务的创新。

2. 虚拟价值链的管理

在电子商务时代，物理的市场地域转变为虚拟的市场空间。虚拟市场以信息为基础，被信息所控制，它的出现弱化了生产者必须通过市场地域获得资源、进行生产的限制，改变了消费者必须通过市场地域使用或享受产品/服务的状况。1995 年，哈佛商学院的两位教授 Jefferu F. Rayport 和 John J. Sviokla 提出了虚拟价值链的观点，他们认为，现今企业在两个世界即由资源组成的物质世界和由信息组成的虚拟世界中进行竞争。与传统的在市场场所中利用物质资源不同，在市场空间中，企业通过对信息的加工和利用来为顾客创造无形价值。物质增值活动构成了传统价值链，与此相对应的信息增值活动则独立出来构成虚拟价值链。

企业通过虚拟价值链创造财富，即通过信息的收集、组织、筛选、综合与发布这五个环节来增加原始信息的价值（见图 3-3）。虚拟价值链与实物价值链的不同表现是实物价值链依托于一系列线性连续的活动，而虚拟价值链则是非线性、具有潜在输入输出点、呈矩形分布的活动。虚拟价值链作用于实物价值链的每一个环节，为其提供相应信息等，水平方向上增值原有价值。如图 3-3 所示为虚拟价值链模型。

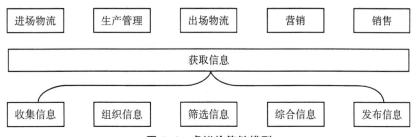

图 3-3 虚拟价值链模型

3. 价值链的协同管理

协同效应，是指企业在战略管理的支配下，企业内部实现整体协调后，由企业内部各活动的功能耦合而成的企业整体性功能。企业整体协调后所产生的整体功能的增强，即为协同效应。价值链管理的核心是使企业形成竞争优势，但竞争优势的来源是企业内部的协同效应。

在协同效应下，公司的整体价值大于各部分的价值之和，正是这种隐性的、不易被识别的价值增值，为企业带来了竞争优势。海尔总裁张瑞敏把海尔的管理经验总结为"海尔管理模式=日本管理（团队精神和吃苦精神）+美国管理（个性发展和创新）+中国传统文化中的管理精髓"。然而海尔的管理绝对不是这三者的简单相加，而三者各占多大比例以及怎样融合在一起是很难被量化的，这就是协同的魅力所在。企业核心能力来源于企业价值链管理的协同效应及企业价值系统的整合协调管理，它们的培养应来自企业内部整体资源的协同和企业利益相关者的创造，只有它们相互协调，步调一致，才能使成本不断降低，创新不断出现，使企业处于长期竞争优势。

小贴士：虚拟价值链对 B2B 电子商务企业的作用

在 B2B 电子商务环境下，虚拟价值链是给企业带来竞争优势的关键。

具体而言，虚拟价值链的作用主要表现在以下三个方面：

（1）对物理价值链各环节进行协调管理，从而取得协同效应。根据 Porter 的竞争优势理论，企业各项活动的集成度是决定竞争能力的重要因素，集成度越高，协调性越强，效率就越高。如美国的弗雷德—雷公司，该公司的信息系统不仅联结了市场营销、制造、后勤、财务等环节，而且还能为管理人员提供有关供应商、顾客和竞争者的信息。公司的所有现场工作人员每天收集全国各地各家商店的关于产品销售信息、竞争产品的销售和促销信息，以及竞争对手推出新产品的信息，然后用电子传递的方式发给公司。管理人员利用这些实地数据和来自物理价值链每个环节的信息，决定公司内部的原材料供应，分派生产活动，制定更有效的运输路线等。

（2）为企业建立起两条平行的价值链。物理价值链的任何价值增值环节都可以在

虚拟空间实现，并具有物理价值链不可比拟的优势。例如，将物理价值链的研发设计放在虚拟价值链上进行，借助于互联网技术，在数据资料共享的条件下，可以超越时空限制，积聚世界各地优秀的设计师，每天24小时不间断地工作，从而大大提高了工作效率。另外，还可以邀请供应商和买方参与到设计工作过程中。供应商参与设计，可以使供应商及时了解企业所需，并主动对提供的商品进行改进；买方参与设计，可以使企业直接设计出市场上最具有吸引力的商品，而不必经过一次次的市场试验和试销，从而降低了新产品开发成本。由于数据资源的非损耗性，企业大大降低了研发成本。

（3）提高价值链的快速反应能力。Porter 认为，竞争优势的获取和保持，不仅取决于对价值链的管理，还取决于对整个价值系统的适应。供应商的产品特点以及它与企业价值链的其他接触点，能够明显地影响企业的成本和标新立异，为增强企业竞争优势提供了机会，而虚拟价值链为供需双方的有效结合提供了基础。例如，宝洁公司和沃尔玛公司通过一种复杂的电子交换连接系统，将双方已经建立的虚拟价值链有效连接，沃尔玛的有关宝洁商品销售的信息会自动传给宝洁公司。如果宝洁的商品出现缺货，宝洁的系统会自动生成订单，在经过确认之后就可以自动补货。完成交易循环后，只需使用电子发票和电子转账。由于整个"订购/支付"循环的速度极快，因此，沃尔玛在货物卖给消费者之后，很快就可以向宝洁付款。自动补货系统意味着宝洁产品已经卖给了消费者，而不是变成了存货，而沃尔玛也因此既减少了宝洁产品的存货，也使产品脱销的可能性下降。通过合作，双方实现了共赢。所有这些，都离不开虚拟价值链的建立和管理。

资料来源：
胡林荣等. B2B 电子商务企业价值链研究. 企业经济，2008 （11）

第三节　电子商务中的顾客价值管理

电子商务如何为顾客创造价值和赢得有价值的顾客已经成为新的竞争焦点。开展电子商务的企业应当进行一系列的"以顾客为中心"的顾客价值管理活动，通过对顾客需求和偏好的分析和理解，来调整和安排电子商务的业务流程，以有效地为顾客提供能满足其需求的产品和服务，最终营造电子商务的持续的竞争优势，达到企业和顾客都满意的目的。

一、电子商务中的顾客及其特征

电子商务中的顾客是指通过电子商务活动进行产品购买和消费的直接有关的个人或组织，在企业开展电子商务经营活动中十分重要，是企业开展有效电子商务活动的前提，是电子商务创造价值的源泉。由于电子商务是企业与顾客通过计算机和某种形式的计算机互联网络进行商务活动的过程，它以数字化电子为手段，实现整个商务活动的各个环节。包括商业信息的发布与检索、电子广告、电子合同签署、电子货币支付和售前售后服务等一系列过程。顾客和企业是背靠背进行的，因此在电子商务中所面对的顾客与传统营销所面对的顾客有着其自身的主要特征。

1. 顾客需求明朗并积极主动

电子商务顾客的商务环境是一种信息非常丰富的网络环境，顾客可以利用互联网资源和信息技术手段探索"自我实现新的需求"的途径，满足自己深层次的需求，使自己变成很理性的消费者。众所周知，传统的商务活动中顾客只能被动地接受企业提供的有限的产品或服务信息，而电子商务活动中，由于商务媒体是十分开放和资源高度共享的国际互联网，所以，顾客完全可能了解到所购产品的全部信息，以及该产品的相关企业和技术信息。由于这些信息是顾客主动去索取的，因而顾客会认为可信度高，必将影响其购买行为，加强其消费选择能力，在选择企业和产品时将会变得更加主动和积极。互联网也是一种很好的学习和获取知识的途径，顾客能在浏览商务网页的过程中获得信息，开阔视野，接触新知识和技能，从而进一步促使其需求的明朗化，并起到主动的作用。

2. 顾客消费理性并选择灵活

如果说现代化商场、超市的产品种类丰富多样，已经提供了让顾客购买选择的余地较大，那么，电子商务依托的全球互联网空间则使顾客获得了近乎无限制的广泛选择的便利。在电子商务环境下，顾客的购物行为变得更加冷静，更加成熟和理性。随着电子商务所能提供的产品和服务种类不断增多，只需多按几下鼠标便可能进一步刺激顾客对广泛灵活选择的追求，通过货比多家使消费者得到更大的需求满足。同时，消费者的消费行为将变得更加理智，对商品的价格可以精心比较，不再因为不了解行情而上当受骗。

3. 顾客购物现实并导致忠诚度下降

由于电子商务顾客对自己需求的认识更加深入细致，并能获得互联网提供的更多的信息和灵活的选择机会，所以在电子商务活动中顾客购物反而会变得更加现实，注重实惠。顾客将会更关注自己所需要产品的效用价值，而传统的品牌、包装等方面的产品差异可能受到一定的忽视。同时，顾客追求新产品、新时尚的能力和购买冲动都会加强。而且互联网使用成本越来越低，导致了顾客实现转换购买的成本也将大大降低，忠诚度下降。因此，越来越多的顾客从传统渠道迅速转向电子商务渠道。产品更新加快，经济生命周期缩短，同类产品彼此差异的不断缩小，不同企业间产品相互替代的可能性越来越大，这也必然使顾客的选择容易变动，忠诚度也会逐渐下降。

4. 女性顾客上网将成主流

根据中国互联网络信息中心（CNNIC）的调查，有迹象表明在不久的将来，在使用互联网的人群中，女性将成为多数。有研究报告表明，在美国新入网的人群中，58%是女性。报告说，按这一速度，在短期内，女性将在未来入网人数中占60%，并且她们在家中联网，购买的商品超过了男性。女性的经济地位和经济基础、综合素质和整体生活质量都在逐渐提高，让女性享有充分的社会保障和合法权益也是和谐社会的客观要求，多数女性当家做主购买消费品已是不争的事实。从网上购物的妇女在不远的将来追上，甚至超过男性就成为必然。

5. 顾客年轻化并注重个性消费

来自 CNNIC 的报告，我国网民特征结构方面呈现出几大发展趋势：网民进一步年轻化；受教育程度在提高；高收入网民的数量在持续增加。随着人们收入的增加，越来越多的人开始崇尚富于个性化的消费理念，让自己的空间能在日常生活中得到充分保护，而电子商务较容易达到个性化消费的要求，因而电子商务已成为个性化消费的主战场。顾客在电子商务购买活动中能够实现追求时尚、寻求自尊、张扬个性，获得别人的羡慕甚至崇拜，满足日趋强烈的需求和欲望。个性化消费者可直接通过互联网的互动功能参与产品设计和指导生产，向提供商主动表达自己对某种产品的欲望，定制化生产将变得越来越普遍。

二、电子商务中的顾客价值与顾客价值管理的内涵

伍德洛夫（Woodruff）从顾客的角度对顾客价值定义如下：顾客价值是顾客对产品属性、属性效能以及使用结果的感知偏好和评价。根据这个定义，如果电子商务的顾客通过电子商务网络中获得的产品或服务的收益大于所支付的成本，则认为企业开展电子商务活动提供的产品或服务是能够为其顾客创造价值的。如果电子商务为顾客创造的价值远远高于传统商务为顾客创造的价值，无疑可以赢得大量的电子商务顾客，从而为企业开展电子商务营造了超凡的竞争优势。也就是说，如果企业能够利用电子商务创造非凡的顾客价值，就拥有了维持长期开展电子商务并能受益的基础，这就是顾客价值对开展电子商务而形成竞争优势的贡献。

顾客价值管理的内涵，汤普森（Thompson）和斯通（Stone）给出了一个精辟的总结：顾客价值管理是为了获得具有营利性的战略竞争地位、实现企业能力和价值链之间协调统一的一套系统方法，其目的在于确保当前的或未来的目标顾客能够从企业提供的服务过程或关系中获得最大化的利益满足。对于开展电子商务的企业来说，实施电子商务的顾客价值管理是一项艰巨的任务，而成功的顾客价值管理无疑可以为企业开展电子商务营造新的竞争优势。在企业开展电子商务活动中，顾客价值管理有着重要的指导意义。例如，在顾客价值管理过程中可以利用定量定性分析模型来分析顾客从交换中获得的利益大小；企业通过电子商务从顾客那里获得的利益大小来反映电子商务为顾客所创造和传递的、与产品和服务相关的、随着顾客期望和顾客感知的变化而变化的一系列利益和好处，这为了解顾客满意度、提高顾客忠诚度、形成企业开展电子商务的核心能力和竞争优势、实现顾客和企业的"双赢"打下良好的基础，同时也是有力保证。

三、电子商务中的顾客价值管理的内容

基于对电子商务的顾客价值的理解，其顾客价值管理应着眼于稳定、扩大顾客的管

理，提高顾客满意的管理。

1. 以顾客价值为中心，进行电子商务活动创新，稳定、扩大顾客的管理

企业开展电子商务的关键是选择比竞争者更多的顾客价值为优先目标，电子商务活动创新应该是顾客导向和竞争者导向。顾客导向意味着以顾客为中心，竞争导向意味着企业必须完全了解竞争者的产品、服务和能力，及其为顾客开发有卓越价值的策略，从而比竞争者创造更多的顾客价值来稳定、扩大顾客。而顾客价值是不断变化的，顾客价值的变化就要求电子商务必须根据不断变化的顾客价值来不断进行创新。所以衡量顾客对企业的价值以及分析、挖掘顾客价值变化规律，提出适宜顾客价值变化的电子商务创新方案，稳定、扩大顾客是顾客价值管理的主要内容。

2. 以顾客价值为中心，着眼顾客满意度的管理

企业开展电子商务活动必须以顾客价值为中心，以战略环节为重点，以竞争者水平为基准，才能提高顾客满意度和忠诚度，提升企业核心能力。只有比竞争者创造更多的顾客价值，才能提高顾客满意度，才能创造竞争优势。企业要利用现代信息技术和手段，通过对顾客的观察、接触、倾听，深刻地了解顾客的需求、满意度、忠诚度，向顾客提供全新的价值，从而改变竞争规则。所以，树立一种把顾客利益放在首位，在使顾客受益、让顾客完全满意的同时使企业从开展电子商务中获利，达到顾客、企业"双赢"的目的而进行的顾客满意度分析、顾客忠诚管理等一系列工作是顾客价值管理的重要内容。

四、电子商务中的顾客价值管理体系构建

1. 树立以顾客价值最大化为核心的电子商务文化理念

电子商务文化是通过电子商务网站的主页及其提供的产品和服务体现出来的商务观念、服务态度、购物方式以及电子商务规范、电子商务活力等的总和，既是一种客观存在，又是对眼球吸引力、顾客保持率和消费率的综合反映。其目的是树立以顾客价值最大化为核心来提高企业的竞争力，使企业在开展电子商务活动中取得发展和壮大。讲求顾客价值是电子商务文化的基本内容，电子商务归根结底是搞好商务，商务的关键在于顾客，只有树立电子商务的良好形象，建立独特的电子商务文化，才能增强顾客的满意度和忠诚度，强化以顾客价值最大化为核心的电子商务文化理念，使企业、顾客按着"双赢"的理念共同努力，才能在激烈的竞争中立于不败之地。

2. 建立起符合顾客价值管理的电子商务网站

按照电子商务文化的要求，结合顾客价值管理的需求规划设计其网站，并且按照其顾客特征开展有效的商务活动，必须做到：

（1）明确目的，精心策划。首先确定电子商务需要传达的主要信息、体现的文化精神；然后仔细斟酌，把所有意念合情合理地组织起来；之后是设计一个页面式样，试用一段时间，接着重复修订，务求尽善尽美。永远不要忘记，企业建立电子商务网站，是为顾客服务的，为顾客提供产品、服务是最重要的。

（2）提高被浏览的机会。在 HTML 代码中加入适当的语法，并把网页登录到世界各

大引擎和分类目录中，才能使你的电子商务网站能被访问到，才能发挥网站的商务功能和效益。安排将自己的网址列在所有相关的网址目录、索引、查找程序和 Whats new 页面上。尽量将网址传播开去，使之出现在 Internet 和所有传统媒体上，例如书刊广告、公关文件、宣传品等。

（3）保持网页的朴素。一个好的电子商务网站最重要的一点就是界面的简单、朴素。请不要陷入这样一个陷阱：把所有可能用到的网页技巧，例如，框架、表格、字体、GIF动画等都用上，这样会让顾客眼花缭乱，不知所措，也不会给他们留下很深的印象。

（4）了解你的商务种类和顾客特征。你越了解你的商务种类和顾客特征，你的电子商务网站影响力就会越大。你的顾客是否喜欢浏览网页？那你最好应当特别地注意网页的大小；他们希望听到音乐片段，你就要想想网页上的音乐格式。电子商务网站的定义：通过典雅的风格设计，提供给潜在顾客高质量的信息，然后慢慢使其喜欢你的网站，购买你的产品，成为你忠诚的顾客。

（5）企业在电子商务网站上按照其顾客特征开展有效的商务活动。通过电子商务网站，你可以轻易地把业务和服务推向全世界。电子商务网站已成为企业交易的主要平台。相当于建立一个永久的交易大厅，开展一个永不落幕的交易会，可以做到一天 24 小时、一年 365 天、面向国内外所有顾客全方位地宣传自己的产品，开展电子商务活动，并能提高企业形象，优化企业经营模式，增加获得，提升效率，降低成本，强化顾客关系。

3. 建立顾客价值管理信息系统

（1）顾客信息资源管理系统。该系统包括顾客资料管理、细分管理、互动管理系统。开展电子商务活动时可以利用多种方法和手段收集、整合顾客资料信息，建立顾客数据资料库，实现顾客资料的科学管理。按照顾客特征和有关地理、人文、心理、行为因素等细分变量，对顾客进行分类，强化电子商务的营销能力，突出对最有价值顾客进行重点管理，进一步挖掘顾客的潜在价值。为保证电子商务交易过程的各个环节，如顾客信息的上传下载、开具发票、包装运输、售后服务、记录顾客数据等均不出现问题，建立互动管理系统来支持电子商务的活动过程，支持资料的整合、加工、分类、预测及分析，提供顾客反馈的记录为企业和顾客提供更精确、更实时的信息，实现对具体业务的跟踪管理，以维持顾客的忠诚度。

（2）顾客价值分析管理系统。为了掌握管理顾客价值，通过翔实有效的顾客资料数据库来追踪顾客的交易情况，并利用数据库技术和商务智能技术开展广泛的统计、分析和数据挖掘。对顾客交易的形成和组织，顾客满意度及忠诚度等进行分析和评估，结合测评结果，有针对性地对典型和重点顾客开展深层次价值分析和商务活动。

阅读材料：电子商务价值过程中的知识管理

电子商务价值过程中的知识管理不仅包括传统商务运作中的信息管理（即将公司的有关顾客、供应商、竞争对手及市场行情的信息融入知识库），更重要的是加强企业的业务流程活动，客户关系以及战略联盟的知识管理。

1. 业务流程的知识管理

由于电子商务的实施，企业实施的全部商业过程都会由于网络技术而产生根本性的改变。电子商务的根本特征是依托网络，使企业可以快捷、直接地面对用户和供应商，并实现企业内部高效的管理。但是如果电子商务不能充分利用这个本质特征，即通过业务重组，把传统商业流程改造，那它就只能停留在传统业务的表面，难以达到预期的目的。所有这些无不涉及企业业务流程的重构以及知识在新业务中的作用。知识管理是对业务流程的新知识以及有用的其他知识进行系统化管理，实现知识共享和再利用，以提高业务水平和效率。

2. 客户关系的知识管理

企业从大规模生产时代到定制营销时代，直到发展到今天的电子商务时代，最好的企业已经不再是以产品和营销为中心，而是以客户为中心。首先，企业要知道客户需要什么，了解客户的需求，然后很快地设计和生产需求产品，或者通过其他的外包渠道来得到这种产品；其次，在最合适的时间，最合适的渠道销售出去；最后，通过客户的服务和营销来获得更多的交叉销售和潜在销售的机会，从而完成一个企业和客户价值实现的闭合的循环过程。所以企业在实施电子商务的过程中不仅要重视技术和信息化的问题，更要把创造客户价值和重视客户体验摆上日程。客户已成为企业至关重要的商业资源，对客户关系的建立、维持和培育必须受到企业的高度重视。企业实施电子商务后，传统的客户资源与知识资源发生了变化，只有将两者整合，才能实现企业与客户价值利益上的"双赢"，使企业真正获得电子商务的竞争优势。企业发展离不开外部知识的利用，如客户信息、竞争对手的情况、第三方的市场调查报告等。这些信息主要包括销售记录、用户数据、各个竞争对手的比较信息，但是这些信息都是分散的。企业要做的就是把这些信息转换成所需要的知识，通过这些知识预测客户行为，开发更有竞争力的产品，促进销售。企业通过这种方式来获取客户知识，可以在市场、竞争和客户关系上使企业有很清晰的认识，从而来决定自己企业产品的市场定位。然而，市场定位的不同决定了企业生命力的长短，所以对企业来说，对客户关系进行知识管理也是电子商务实施的关键。企业可以根据自身的需求，对客户关系的知识进行分类，抓住电子商务实施的特点，采取相应的管理策略和手段，实现知识的发掘、收集与检索。

3. 战略联盟的知识管理

在电子商务新的市场环境下，不同行业服务和产品之间的界限越来越模糊，生产者与生产者、生产者与消费者、消费者与消费者交互更加频繁。这促使市场上不同生产领域、不同生产环节的企业努力保持各自价值链上的定位与企业群体的一致。产品与服务都以价值链的形式而存在，不同企业会以不同的角色存在于这条价值链上，这种价值形式使得不同企业交互比以往更加频繁，会促进企业间结成联盟。企业也可通过不同企业价值链上相同价值活动的整合或者不同价值活动的共享来实现新价值链的最优化。众多的企业价值链组合到一起构成了一个价值网，每个企业既是这个价值网的节点，又是电子商务驱动战略联盟的受益者。

资料来源：

蒋晓，杨琦峰.论电子商务价值过程的知识管理.特区经济，2005（4）

本章小结

本章以价值创造的概念为出发点，介绍了价值创造的一般定义，对价值创造的驱动力进行了阐述，并从企业电子商务角度介绍了电子商务的价值来源与价值创造方式。

本章介绍了价值链的相关概念，并由此引出电子商务对价值链的影响。最后介绍了在信息科技高速发展的今天，电子商务企业管理企业的方式。

本章将电子商务管理与价值管理紧密地结合起来，从价值链管理的角度对电子商务管理进行了较为详细的阐述。

【案例讨论】 沃尔玛对价值链的信息化管理

美国沃尔玛零售连锁集团像一个商业神话。当《财富》杂志 1955 年开始评选 500 强时，它还不存在。1962 年它从阿肯色州本特维尔镇一家小杂货店起家。美国最新一期《财富》杂志公布了美国最大的 500 家公司最新排名榜，沃尔玛公司连续四年位居榜首。沃尔玛的全球采购战略、配送系统、商品管理、电子数据系统、天天平价战略在业界都是可圈可点的经典案例。可以说，所有的成功主要是建立在两个方面：一是以提升顾客价值为目标，建立面向顾客的价值链管理；二是利用信息技术整合优势资源，实现信息技术战略与零售业整合。

1. 面向顾客的价值链管理

沃尔玛在激烈的市场竞争中快速发展，主要依靠两个看家本领：削减开支和薄利多销。几十年来，沃尔玛因给顾客带来经济实惠的折扣店、平价店而誉满美国。然而，就商家而言，使用"削减开支和薄利多销"的策略并非新鲜事。

沃尔玛的独特优势究竟在哪里呢？对此，李斯阁总裁兼首席执行官试着用一句话概括——"对每一个人的尊重"，包括：①尊重顾客，理解顾客赚到每一分钱都不容易，因此要使他们买到的每一件商品物有所值；②尊重雇员，使在沃尔玛工作的每一个人都能成长和有发展的机会；③尊重供应商，给产品以合理的价格，按时付款；④尊重政府，沃尔玛在任何地方都是合格的公民，是合法的纳税人；⑤尊重社区，对沃尔玛所在的社区给予回报，建立孤儿院或救助贫困的家庭。而山姆·沃尔顿的回答则更为直接，"答案很简单：因为我们珍视每 1 美元的价值。我们的存在是为顾客提供价值，这意味着除了提供优质服务之外，我们还必须为他们省钱。如果沃尔玛公司愚蠢地浪费掉 1 美元，那都是出自我们顾客的钱包。每当我们为顾客节约了 1 美元时，那就使我们自己在竞争中领先了一步，这就是我们永远打算做的"。

沃尔玛的低价，不是降低商品的质量；沃尔玛的增效，不以损害雇员为代价。他们靠调动起所有员工的工作热情和聪明才智，靠改进管理和服务系统，最大限度地降低成本，提高效益，让顾客花出的每一分钱物有所值，这恐怕才是沃尔玛成功的真正秘诀。或者可以这么说，沃尔玛之所以能取得成功，就在于建立了以面向顾客的价值链管理。

2. 信息化管理

在信息技术的支持下，沃尔玛能够以最低的成本、最优质的服务、最快速的管理反应进行全球运作。在1985~1987年间，沃尔玛安装了公司专用的卫星通信系统。该系统的应用使得总部、分销中心和各商店之间可以实现双向的声音和数据传输，全球4000家沃尔玛分店也都能够通过自己的终端与总部进行实时的联系。这一切的优势都来自于沃尔玛积极地应用最新的技术成果。通过采用最新的信息技术，员工可以更有效地做好工作，更好地作出决策以提高生产率和降低成本。

在沃尔玛的管理信息系统中，最重要的一环就是它的配送管理。20世纪90年代沃尔玛提出了新的零售业配送理论：集中管理的配送中心向各商店提供货源，而不是直接将货品运送到商店。其独特的配送体系，大大降低了成本。加速了存货周转，形成了沃尔玛的核心竞争力。建立并完善的信息化管理，将使企业能够及时获取信息、分析信息并迅速作出决策。这种灵活性不仅表现在企业的经营活动上，还表现在企业发展战略和企业的组织结构上，灵活的战略管理和柔性化的组织设计都直接依赖于企业信息化管理水平的提高。

信息化管理能够提高企业的协作性。完善的信息化管理使信息流在企业之间畅行无阻，提高了各部门之间的协作能力，各个部门不再是一个个的"信息孤岛"，而是成了一个有机的整体。信息化管理整合了企业的价值链。传统企业的信息流往往只是在企业内部流动，而对于企业外部是封闭的。完善的信息化管理拓展了企业的信息流，使信息流遍布价值链的各个角落，使整条价值链成为一个有机的整体。企业和供应商、企业和客户之间共享商业信息，最终实现零库存管理。

3. 沃尔玛的经验对我们的借鉴

（1）降低顾客成本，实现企业的价值。许多企业已经意识到培养忠诚顾客的重要性，但做法往往不得要领。培养忠诚顾客或使顾客满意，最有效的方法是降低顾客自身所致的成本。顾客成本指的是顾客在交易中的各种费用和付出，包括金钱、时间、精力等。企业应该通过提高服务的质量，来培养忠诚顾客或使顾客满意，而不是降低或牺牲自己的利益。如果企业在顾客成本最小化方面比竞争对手更胜一筹，则一定能成功避开"价格大战"的陷阱，获得更大利润。企业要培养自己的忠实顾客，首先要对顾客的关键需求进行评估，然后开始改变公司的作业流程，设法消除过程中影响最大的顾客成本，尽量避免如交货不及时、手续烦琐和文件过多等问题的出现。

（2）彻底了解顾客。价值链管理所提倡的"顾客导向"与时下流行的CRM（客户关系管理）是一致的。顾客导向实施价值链管理的企业认为，顾客是最宝贵的资源。企业必须像管理其他资源一样对顾客进行管理，做到像了解公司商品一样了解顾客，像了解库存变化一样去了解顾客的变化。清晰地识别顾客非常重要，因为顾客的需求推动了业务流再建。业务流程往往包括顾客能够参与的、所有的企业工作活动，通过业务流经理或业务流小组关注所有顾客需求，为满足顾客提供了最大的机会。业务流程创造了一个致力于顾客的、唯一的服务企业形象，致力于为顾客服务的思想也是业务流再建的基石。我们可能犯的一个错误是将根本不同的顾客混在一起。例如，购买汽车的顾客和销售汽车的商人是汽车生产商的两个不同业务流程上的"顾客"。为使最终顾客和商人都满意，对不同的业务流程要区别对待。这有助于使企业每一业务流程的受益最大化。

（3）内部顾客也是"上帝"。顾客的购买行为是一个消费中寻求尊重的过程，而员工在经营中的参与程度和积极性，很大程度上影响着顾客满意度。无法想象一个连内部顾客都不满意的企业，能够提供令人满意的服务给外部顾客。一些跨国公司在它们顾客服务的研究中，清楚地发现员工满意度与公司利润之间的关系也非常密切，两者之间是一个"价值链"关系：

①利润和增长主要是由顾客的忠诚度刺激的；

②忠诚是顾客满意的直接结果；

③满意在很大程度上受到提供给顾客服务价值的影响；

④价值是由满意、忠诚和有效率的员工创造的；

⑤员工满意主要来自公司高质量的支持和制度。与外部顾客一样，内部顾客的愿望也应被分析，并在企业业务流程和组织结构再建时，充分满足这些愿望。

资料来源：

卢丽芳.面向顾客价值链的信息化管理——沃尔玛成功案例启示［J］.闽西职业技术学院学报，2007（3）

案例讨论题：

1. 沃尔玛通过哪些方法降低企业成本？

2. 试从电子商务价值链管理的角度，评价沃尔玛的价值链管理，并给出发展建议。

思考题

1. 什么是价值创造？

2. 电子商务的价值来源有哪些？

3. 企业价值链与产业价值链有何区别？

4. 简述虚拟价值链的管理方式。

第四章　电子商务战略管理

本章要点

- 了解企业战略管理
- 理解电子商务应用战略
- 掌握企业电子商务战略的实施

开篇案例：

捷蓝公司是一家低票价、低成本的航空公司，1998 年在特拉华州成立。2000 年，公司在纽约的约翰·肯尼迪国际机场开始运营服务。其在航空行业的地位越来越高，在新的市场上乘客不断增加，市场进一步扩大。例如，目前它正在向纽约大型的枢纽地区——纽瓦克自由国际机场方向发展。

2004 年，捷蓝航空公司 75.4% 的收入来自公司网站，另外 22.9% 的收入来自公司自己的预订。捷蓝航空公司认为电子商务是一个非常重要的节省成本的途径，同时还通过与顾客更多的互动活动来建立品牌的忠诚度。

捷蓝航空公司为那些通过公司网站预订机票的乘客提供了 TrueBlue points（www.jetblue.com）。里程奖赏计划（TrueBlue Flight Gratitude）是一项网上在线活动，目的在于汇报和识别公司的顾客。这一项目为客户提供了许多刺激性奖励。会员根据每次单程行程的距离获得相应的积分。每个会员的积分有效期为一年。当他们在连续 12 个月的积分达到 100 分的时候，他们可以得到到达捷蓝航空公司任意目的地全程免费的奖励。截至 2004 年年底，共有 88000 个旅游奖项，其中的 20000 项已经用完。捷蓝航空公司同时也与运通公司签有协议，允许运通持卡人把他们的会员奖励分数转化成捷蓝 TrueBlue 的积分。

讨论题：

1. 你认为电子商务在捷蓝公司的运营中起到了哪些作用？是如何增加该公司收入的？

2. 你认为捷蓝公司的这种结合电子商务的低票价、低成本的战略将会持续多长时间？

3. 捷蓝航空公司打算收购加拿大和墨西哥航线，你认为哪条航线最适合捷蓝航空公司收购？

4. 结合电子商务的特点及优势，为捷蓝航空公司的高层管理团队准备一份三年的战略发展计划。

第一节 企业战略管理概述

一、企业战略管理概述

1. 战略的含义

"战略"一词最早起源于军事活动，从发展历史来看，其渊源可以追溯到古希腊时期。克劳塞维茨在其著作《战争论》中将战略定义为"战略是为了达到战争的目的而对战斗的运用"。毛泽东在《中国革命战争的战略问题》中提出，"战略问题是研究战争全局的规律的东西"，"凡属带有要照顾各方面和各阶段性质的，都是战争的全局。研究带有全局性的战争指导规律，是战略学的任务"。在通常情况下，人们认为战略是在对抗条件下，克敌制胜的智慧和艺术。

现在，"战略"一词已经开始泛化，除军事领域之外，战略的价值同样适用于政治、经济等领域。政治领域的，例如我国提出的三步走战略和可持续发展战略；经济领域的，如我国 2001 年制定的新的"十五"发展规划。很多企业借鉴了战略的思想，广泛地运用于企业领域，如海尔的名牌战略、多元化战略和国际化战略，TCL 的名牌化战略，跨国公司 IBM、HP 的全球化战略等。目前企业战略的确定与执行已经成为决定企业竞争成败的关键性因素。因此，战略可以概括为：战略往往是有竞争倾向的双方为达到某一目标采取的计策或行动。

2. 企业战略的定义

许多学者对企业战略下了定义，可以说是众说纷纭，莫衷一是。

钱德勒在《战略与结构》一书中认为：战略是决定企业的基本长期目标，以及为实现这些目标采取的行动和分配资源。该定义被认为是最早用于商业领域里的战略。

迈克尔·波特是企业战略传统定义的典型代表。他认为，战略是公司为之奋斗的一些重点与公司为达到它们而寻求的途径的结合物。其定义概括了 20 世纪 60 年代和 70 年代对企业战略的普遍认识。

安索夫把企业决策分为战略决策、管理决策和义务决策三类。其中，战略决策是企业为了适应外部环境，对目前从事的和将来要从事的经营活动而进行的战略决策，即战略是一条贯穿于企业活动与产品、市场之间的"连线"，涉及了产品、市场范围、增长向量、竞争优势与协同作用。

明茨伯格认为以计划为基点，将企业战略视为理性计划的产物是不正确的，企业中许多成功战略是在事先无计划的情况下产生的。他将战略定义为"一系列或整套的决策或行动方式"，这套方式包括可以安排的（或计划性）战略和任何临时出现的（或非计划性）战略。企业战略是由"5P"组成的，即战略是一种计划（Plan）、战略是一种策略/手法（Ploy）、战略是一种行为方式/模式（Pattern）、战略是一种定位（Position）、战略是一种期望（Perspective）。

可见，战略是一个明确而具体的内涵，涉及企业具体从事的经营范围选择、资源配置的取向、经营网络的建构等。根据理论界和企业界多数人的意见，企业战略可定义为：企业战略是企业在考虑各种资源的情况下，根据企业的目标、目的而制定实现这些目标、目的的方式。简而言之，企业战略是企业发展的长期性和全局性的谋划。

3. 企业战略的基本内容

一般将企业战略的基本内容概括为以下 5 个方面：

（1）企业的远景目标。远景目标勾画出了企业未来的蓝图，体现了企业的经营宗旨。它把企业的未来收进现在的视野之内，可以使企业成员更关心企业的长期发展，并要求企业领导者在实现手段上表现出高度灵活且富有弹性的创造力。同时，设定远景目标可以帮助企业领导者认清目前资源条件与远景目标之间的差距，这个目标已经确定，企业领导者就必须系统地考虑如何缩小这种差距，以便在企业的资源与外部环境之间建立起适应关系。另外，设定远景目标本身就是一个积极的管理过程，这一过程包括：将企业成员的注意力集中到成功的关键要素上；企业成员在经营哲学的基础上相互沟通，并从中受到激励。

（2）市场定位。在企业与外部环境的关系中，企业选择哪些客户作为目标客户，提供什么样的产品来满足目标客户的需求，是一个根本性的问题。所谓市场定位，就是要明确企业的目标客户，认清他们的需求，确定企业能够从哪些方面来满足这些需求。企业只有充分考虑到目标客户的特点，针对他们的某种需求不断推出新产品或服务，才可能形成自己的经营特色，在未来的竞争中立于不败之地。把市场定位作为企业战略的一项内容，意味着必须坚持客户导向，把客户利益贯穿于全部生产经营活动之中。

（3）创造价值的方式。从市场竞争角度看，新产品一旦叩开市场之门，就不免会引起其他厂商的追随模仿，它们越是受到客户的欢迎，追随者希望占有相同市场机会的要求就越强烈。一项成功的产品不只为企业发展带来了良好的开端，同时也带来了激烈竞争的潜在威胁。因此，企业战略中的另一个重要而又难解的问题是确定创造价值的方式，即企业通过哪些生产经营活动创造出能够满足顾客需求的产品。这些活动将由自己承担还是委托给其他企业，企业能否以更高的效率或与众不同的做法来完成这些活动，等等，在大多数情况下，这些活动将成为竞争优势的直接来源。

（4）关键性资源的扩充途径。企业在创造价值过程中投入的资源，有相当一部分需要从外部获取。常见的方式包括向银行借款；购买技术专利；获准使用其他企业的品牌等。但从长远来看，使用外部资源固然可以取得事半功倍的效果，但企业却很难利用这些资源构筑起持久的竞争优势。原因显而易见，外部资源不可能为企业所独占，它们可以带给其他企业相同的优势。在决定持久竞争优势的各种因素中，外部资源才是根本。企业要实现远景目标，必须把竞争优势构筑在内部资源的基础上，特别是要不断扩充那些对竞争优势有着决定影响的关键性资源。企业战略应该对这些资源的开发、继续、整合等工作作出合理的安排，并研究管理机制的变革方向，因为内部的权责关系、协调机制、解决问题的方式等都会影响到资源扩充的效率。

（5）实现远景目标的具体计划。企业要从目前状态走向远景目标，还要周密地计划各项工作。远景目标需要被展开为一组阶段性目标，再被分解为部门乃至具体岗位的工作目标，这样员工才能看清当前的工作与企业战略之间的关系。没有阶段性目标，远景目标就变成了空洞的设想。在编制计划的过程中，将各种可行的方案进行相互比较，把不切实际的设想抛弃。另外，战略决策通常是在信息不充分的情况下制定的，企业的外部环境中包含相当一部分不确定因素，而通过编制和落实计划，这些因素的影响将被限制在最小范围内。

4. 战略管理的概念

关于企业战略管理的定义很多，最初是由安索夫在其 1976 年出版的《从战略计划趋向战略管理》一书中首先提出来的。他认为，企业战略管理，是指将企业日常运营决策同长期计划决策相结合而形成的一系列管理业务。美国学者斯坦纳在其 1982 年出版的《企业决策与战略》一书中则认为，战略管理是确定企业使命，根据企业外部环境和内部经营要素确定企业目标，保证目标的正确落实并使企业使命最终得以实现的一个动态过程。

总结众多学者对战略管理所下的定义，战略管理有广义和狭义之分。广义的战略管理是指运用战略管理思想对整个企业进行管理；狭义的战略管理是指对企业战略的制定、实施和控制进行管理。狭义的战略管理可以分为三大块，即战略分析与制定、战略选择及评价和战略实施及控制。

通常将企业战略和战略管理混为一谈，但可以认为战略管理是对企业各战略的一种宏观系统的管理。战略管理是对企业战略的管理，它包括企业战略的制定和实施的一个全过程管理，强调的是一种对战略的管理过程。

综合国内外学者对企业战略的解释和理解，把战略管理定义为"是企业为实现战略目标，制定战略决策，实施战略方案，控制战略绩效的一个动态管理过程"。战略管理是一种崭新的管理思想和管理方式。这种管理方式的特点是指导企业全部活动的，是企业战略，全部管理活动的重点在于制定战略和实施战略。而制定战略和实施战略的关键在于对企业外部环境的变化进行分析，对企业的内部条件和素质进行审核，并以此为前提确定企业的战略目标。战略管理的任务在于通过战略的制定、战略实施和日常管理，在保持这种动态平衡的条件下，实现企业的战略目标。

二、企业战略模型

战略管理包括 4 个要素：环境扫描、战略制定、战略实施以及战略评估和控制。

1. 环境扫描

环境扫描是指公司内的关键人员监视、评价、分解来自外部和内部环境的信息。其目的是找到战略型要素，即那些决定企业未来的内部、外部要素。进行环境扫描最简单的方法是 SWOT 分析。

公司的外部环境包括存在于组织外部的各种变量（机会和威胁），这些变量在短期内不受组织高层管理人员的控制。这些变量构成了组织存在的基础。这些变量中有些是一般性因素或趋势，它们构成了总体社会环境；还有一些是特殊因素，它们形成了组织特定的任务环境，即所谓的产业环境。公司的内部环境包括存在于组织内部的变量（优势和劣势），这些变量短期内一般可以由组织高层管理部门控制。内部变量构成了组织开展工作的基础。内部环境包括组织结构、文化和资源。组织的关键是构成了可以用来获得竞争优势的专长。

2. 战略制定

战略制定是根据公司的优势和劣势制定有效的管理环境机会和威胁的长期计划。战略制定包括公司使命、明确需要达到的目标、制定战略、规定政策导向。

3. 战略实施

战略实施是通过规划、预算和程序将战略和政策付诸行动的过程。这一过程可能还包括对整个组织的文化、结构、管理系统的改变。但是，除非这种彻底的改变是必不可少的，战略实施一般由中层和低层经理领导，高层经理进行检查。战略实施有时又称为运营计划，所以还包括有关资源分配的日常决策。

4. 战略评估和控制

战略评估和控制是对公司的活动和业绩结果进行监视的过程。通过战略评估和控制，可以将实际的业绩与期望的业绩进行对比。企业各个层次的管理人员都根据结果信息来采取纠正行动，并解决存在的问题。虽然战略评估和控制是战略管理的最后一步，但它可以指出先前实施的战略计划的弱点所在，使整个战略管理过程得以重新开始。

业绩是活动的最终结果，它包括战略管理过程的实际结果，一般用利润和投资回报率表示。企业将根据其改善组织业绩的能力来调整战略管理实践。为了使战略评估和控制更加有效，管理人员必须从其下属处获得清晰、及时、正确的信息。管理人员利用这些信息确定各个战略制定阶段的计划要求与实际状况的差距。

业绩评价和控制是战略管理模型的最后一步。根据业绩结果，管理部门或许需要对战略制定和战略实施进行调整。

三、企业战略的运作实施

企业战略方案已经选定，管理者的工作重心就要转到战略实施上来。战略实施是贯彻执行既定战略规划所必需的各项活动的总称，也是战略管理过程的一个重要部分。在战略管理中，战略实施是战略制定的后续工作，即企业选定了战略以后，必须将战略的构思转化成战略的行动。在这个转化过程中，企业应当首先考虑战略制定与战略实施的关系，两者配合得越好，战略管理越容易获得成功。显而易见，如果精心选择的战略不能很好地实施，或不认真地组织实施，则以前的努力将会付诸东流；反之，如果战略得以很好地实施，不但可以保证战略的成功实现，还可以克服原定战略方案中的不足。通过在实施过程中的不断完善，使目标结果最大化得以实现和完成。

为了保持经营活动朝着既定战略目标与方向不断前进，战略实施阶段的主要工作包括计划、组织、领导和控制四种管理职能的活动。其一，将企业的总体战略方案从空间上和时间上进行分解，形成企业各层次、各子系统的具体战略或政策，在企业各部门之间分配资源，制定职能战略和计划。其二，对企业的组织机构进行调整，以使调整后的机构能够适应所采取的战略，为战略实施提供一个有利的环境。新战略的实施往往需要对现有的组织进行变革，变革总会遇到阻力，所以对变革的领导是很重要的。这包括培育支持战略实施的企业文化和激励系统，从而克服变革阻力等。其三，要使领导者的素质及能力与所执行的战略相匹配，即挑选合适的企业高层管理者来贯彻既定的战略方案。

在战略的具体化和实施过程中，为了实现既定的战略目标，必须对战略的实施过程进行控制。战略控制是战略管理过程中的一个重要环节，它伴随战略实施的整个过程。管理人员应及时将反馈回来的实际成效与预定战略目标进行比较，以便及时发现排查，适时采取措施进行调整，确保战略方案的顺利实施。如果战略实施过程中，企业外部环境或内部条件发生了重大变化，也要求对原战略目标或方案做出相应的调整，甚至重新审视环境，制定新的战略方案，进行新一轮的战略管理过程。

1. 战略实施的阶段

战略实施是一个自上而下的动态管理过程。所谓"自上而下"主要指战略目标在公司高层达成一致后，再向中下层传达，并在各项工作中得以分解、落实。所谓"动态"主要是指在战略实施的过程中，常常需要在"分析—决策—执行—反馈—再分析—再决策—再执行"的不断循环中达到战略目标。

参照企业战略模型，在整体战略的基础上，战略实施的过程可以被进一步细分，包括四个相互联系的阶段：战略发动阶段、战略计划阶段、战略运作阶段、战略控制与评估阶段。这里不再赘述，请读者参照前面的内容进行学习。

2. 企业战略实施的主要内容

（1）企业资源配置。企业的资源战略是企业经营总战略在资源配置方面更为细致的战略，属于企业的职能战略或经营战略。现代企业的资源除了人、财、物等传统资源概念以外，信息在现代企业资源中扮演了日益重要的角色。因此，现代企业的资源战略应该包括采购战略、财务战略、人才战略和信息资源战略。

（2）组织结构调整。企业组织调整是战略实施的一项重要工具，企业战略需要通过与其相适应的组织结构去完成才能起作用。企业组织结构是随着战略而定的，它必须按照战略目标的变化及时调整。在战略运作中，采取何种组织结构，主要取决于企业决策者和执行者对组织战略结构含义的理解，取决于企业自身的条件和战略类型，也取决于对组织适应战略发展的标准的认识和关键性人物的选择。

（3）企业文化建设。所谓企业文化，就是企业信奉并付诸实践的价值理念。具体地讲，就是企业全体员工在长期的创业和发展过程中，培育形成并共同遵守的最高目标、价值标准、基本信念和行为规范。企业文化有广义和狭义之分：广义企业文化包括企业精神文化、行为文化、物质文化；狭义企业文化是指以企业价值观为核心的企业意识形态。

在具体考虑企业文化对企业战略实现的作用时，需要综合考虑这两种企业文化的本质。

①企业制度建设。制度是企业管理的重点。要建设以战略为导向的企业制度体系，掌握制度建设的一般性原则，同时提高企业制度的规范性要求。

②企业核心竞争力构建。经济全球化的竞争日趋激烈。对于企业来说，所面临的挑战是在这种日益激烈的竞争中如何利用新资源，开拓新市场，以在全球化进程中立于不败之地。从长远的发展观点来看，构建并提高自身的核心竞争能力应该成为其首选，已是必然选择。

第二节 企业电子商务战略

电子商务是指利用互联网开展商业交易。布茨—阿兰，汉密尔顿和经济学家情报组织于 1999 年进行了一项调查，被调查对象是来自于各个行业的 525 名高级管理人员。调查结果显示，互联网改变了国际市场，在今后的许多年中，它还将继续促进这样的变化。互联网不仅在改变客户、供应商、企业的交往方式，还在改变企业内部的工作方式。

自从互联网引进后，短短几年的时间，就已经极大地影响了许多产业的竞争基础。互联网将竞争基础由传统的集中于产品特征和策划内容转变到了更有战略性的水平，在这个水平上，传统产业的价值链发生了彻底改变。AMR 研究组织的 1999 年报告显示，产业领袖正处于将其 60%~100% 的 B2B 交易转移到互联网上的过程。网上的 B2B 市场包括：①交易平台，如 VerticalNet 和 i2 技术的 TradeMatrix，为多个市场上的交易社区提供支持；②产业资助的交易场所，如由一家主要轿车制造商建立的交易所；③网上市场活动者，如 e-Steel、NECX、BuildPoint，它们集中于某一特定的产业价值链或某一业务流程，为企业间多种交易提供中介。

一、企业电子商务战略概念

有什么样的环境，才会有什么样的战略。企业电子商务战略，从本质上来说是企业依据对电子商务环境的分析和对未来环境的预见，而作出的战略性方向选择。因此，考虑企业电子商务战略的一个根本条件，是看它能否与环境相适应。面对电子商务新形势下出现的变化，企业电子商务战略必须根据环境的变化进行适当的调整。

以互联网为基础的电子商务正在改变着每个企业的经营方式、工作流程、组织框架和战略思想。面对网络经济的严峻挑战，企业如何迅速作出反应，制定自己的网络经济的"制高点"，成为在全球化和信息化竞争中立于不败之地的关键。

电子商务的出现使企业的内、外部经营环境出现了巨大的变化，某些方面甚至是革命性的变化。这些环境变化从根本上动摇了企业制定经营战略的基础。因此，企业必须依据电子商务的环境制定企业未来的电子商务经营战略。

电子商务的迅猛发展导致了网上虚拟市场的发展和流通过程由链状向网状组织体系

的转变，并引发了企业环境的急剧变化。由此，传统企业所承担的综合功能也开始分解为相互联系的实体业务和虚拟业务。前者发表物质商品在流通领域的流动和分销。其他的各项流程都将以信息的形式在虚拟市场中进行。在新的环境形势下，传统以实物市场为基础的企业所积累的各种物理性资源的重要性被大大削减；同时交易规则和竞争规则也发生了变化。这就使得传统企业开始面临一个重要的战略转折点。在这个转折点上，电子商务一方面为传统企业带来威胁，另一方面也带来了机会。这正如 IBM 公司总部郭士纳所说："互联网不一定会取代我们今天所熟悉的面对面的活动，但是会加强这些活动。"因此，传统的企业发展战略在进行调整时，也必须充分认清自己的优势和价值，并利用它来把握新的机会。

总的来说，传统企业在电子商务环境下的战略转型必须包括以下三个方面工作：①为自己在新的环境中进行恰当的定位；②整合企业原有资源，学习新的信息技术；③制定新的业态战略。传统企业通过自身的战略调整，建立起一个产权清晰、管理规范的现代企业制度；通过对中国企业基础管理的推动，营造适合中国国情的电子商务应用模式。

二、传统企业的互联网战略

互联网的出现，极大地改变了企业与顾客之间接触、沟通、交流的方式。几乎所有的企业都在努力把互联网技术应用到其经营管理活动中，并运用互联网应用软件来降低成本，提高企业价值链活动的效率。越来越多的研究与实践表明，那些没有充分意识到互联网重要性的企业在竞争中将处于不利地位。因此，企业面对的现实问题应归结为以下几个方面：一是选择使用合适的互联网应用软件；二是使互联网成为企业基本战略的一部分，重点强调把互联网作为接近顾客的一种分销渠道。

很多企业都建立了门户网站。如果互联网成为企业竞争战略不可分割的一部分，那么企业建立一个经营导向的功能性网站是互联网战略的第一步。企业必须作出决策，如何把互联网应用在企业的市场定位上。企业要选择是把互联网用作接近顾客的特殊渠道，还是作为企业的主要分销渠道；是仅作为一种次要的分销渠道，还是只简单地作为一种传播产品及企业信息的工具。

电子商务是指在互联网环境下，利用现代计算机和网络手段，基于浏览器和服务器的应用方式，实现个人与个人、厂商与厂商、厂商与个人之间的网上购买、网上交易和在线电子支付的一种完全不同于传统交易方式的全新的商业模式。关于传统企业的互联网战略，提出以下建议：建立门户网站，为现有的和潜在的顾客提供大量的产品信息；把在线销售作为相对次要的分销渠道，用来提高销量、积累在线销售经验、开展营销研究；运用"鼠标加水泥"战略直接向顾客销售产品，和传统的批发商和零售商展开直接竞争；充分利用订单制造和组装模式，以此作为完全放弃传统分销渠道的基础。

三、电子商务竞争战略

竞争战略是指企业某项具体业务的经营战略。企业获得竞争优势的三个基本战略途径是成本领先、差异化和市场集中。波特将这些基点称为一般性战略。成本领先战略强调以很低的单位成本价格为敏感消费者生产标准化的产品；差异化战略旨在对为价格相对不敏感的消费者提供某产业中独特的产品和服务；市场集中战略旨在提供满足某一特定的细分的消费者群体需求的产品和服务。企业运用电子商务可以强化这些竞争战略的实施，为企业获得竞争优势提供新的途径。

1. 电子商务活动成本领先战略

企业运用成本领先战略的关键条件：产品相对标准化、面对的顾客市场较大、企业能够提供最低竞争价格。成本优势通常来源于规模经济和独立于规模的技术优势。成本领先战略对于那些价格敏感的顾客最为有效。

电子商务运作的一个最大的优势就是可以帮助企业有效地降低经营和交易的成本，它可以通过改善内部管理和有效管理供应链等间接途径降低成本。首先，企业可以利用电子商务的电子数据传输避免与顾客之间以及组织内部烦琐的公文往来，节省大量人力、物力及时间的消耗，信息传递也更为准确，管理更加有效。其次，企业采用电子商务，其内部业务流程可以得到重组与升华，提高生产和管理效率。如 IBM 公司从 1996 年起实施生产、营销和采购部门的电子通信，改进生产经营计划，仅一年时间，库存周转率就提高了 40%，产品销售增加了 30%。由于有效地利用现有生产能力，减少投资及加快资金周转，节省费用 5000 万美元。最后，企业可以使用网上竞标采购系统来选择更为合适的原材料供应商和销售代理商，直接降低原材料采购和产品销售的成本。许多企业进行网上交易的卖点就是低于传统企业的价格。

2. 电子商务活动差异化战略

企业利用差异化战略的关键因素在于企业可以通过独特性提高价值，顾客愿意为该种独特性支付优越的价格。企业获得持续的差异化主要来源于新系统、新工艺、新材料。顾客能够通过企业所做的广告宣传获得可感知的不同于其他产品的价值。企业提供的差异化应当有一定的稀有性，否则竞争者很容易模仿，该差异性就不可能长久。随着计算机辅助设计、人工智能、遥感和遥控技术的进步，现代企业将具备以低成本进行多品种小批量生产能力，这一能力的增强为差异化战略奠定了基础。

虽然电子商务本身不能提供差异化，但能够提高产品或者服务质量，并且能满足顾客对产品种类多品种的需求，有效帮助企业实现差异化的目标，并且降低企业利用差异化的风险。

（1）企业实施差异化战略的主要风险。传统企业实施差异化战略的主要风险：顾客觉得为独特性所付出的代价太大，从而转换品牌；竞争者模仿产品的独特性；顾客对独特性的感觉时过境迁。而运用电子商务，企业可以时刻向目标顾客传递信息，使顾客能够感知该企业产品或服务的独特性。同时企业可以利用电子通信渠道了解竞争对手的动态，改善自己的产品或服务，始终在行业中保持竞争优势。

（2）电子商务的最大特点在于以消费者为导向。消费者将拥有比过去更大的选择自由，可根据自己的个性特点和需求在全球范围内寻求满足品，不受地域限制。通过进入感兴趣的企业网址或虚拟商店，消费者可获取产品的更多相关信息，使购物更显个性。

这种个性消费的发展将促使企业重新考虑其营销战略，让消费者参与到产品的设计甚至定价，给予定制化的服务，以满足其特定需求。

（3）Internet 使企业能够在顾客每次登录网站时记录下他的相关活动信息。长期如此，企业可以建立起关于每位顾客的信息档案，"投其所好"地给顾客提供更有价值的信息，而使企业获取利润。在许多情况下，品牌忠诚度才是企业的"撒手锏"。电子商务活动能提高产品的售后服务质量，从而提高顾客的满意度。企业可以利用电子平台向潜在的顾客传递信息，经营顾客关系，培养顾客的品牌忠诚度。进行网上交易的企业除了利用品牌、产品特征、售后服务等传统企业的企业差异化构成因素之外，还可以优化分销渠道，使得货物的运送更为快捷和方便。

现在微软、网境、戴尔等大公司的大部分产品或服务都是通过网络完成的。在所有的电子商务交易中，有超过 70%的交易与网络创新的产品有关。

3. 电子商务与市场集中战略

集中战略在本质上是某一细分市场或者实施总成本领先战略，或者实施差异化战略，它的战略实现与上面两种战略具有一定的共性。但是集中战略面向的是其特定而狭窄的顾客群，因此该战略最为关键的是如何去满足特定顾客群的需要。这就要求企业及时了解顾客的需要，建立起高效的顾客服务机制。企业可以运用电子商务活动从以下三个方面帮助企业实施集中战略：第一，电子商务活动能够很好地帮助企业对顾客需要进行调研，甚至直接获得顾客对于某项产品或服务的反馈，使企业更为准确地定位目标市场，有针对性地开发新产品。Internet 也能使企业更好地细分市场，发现潜在顾客。第二，电子商务有利于企业整合企业内部和供应链各成员的资源，充分发挥各种资源的最大效用，使企业集中一切力量占领目标市场。第三，企业可以通过在 Internet 上建立自己的网站，把企业自身的经营理念、使命向公众进行宣传，与企业所定的目标顾客形成良好的沟通，树立起企业的形象和品牌。

4. 电子商务环境下的低成本差异化战略

通过分析可以看到，电子商务活动使得企业在行为层面上的竞争变得更为激烈，在企业实施竞争战略的行为中起着重要的支持和促进作用。有效的电子商务活动可以通过企业实施竞争战略，在产业竞争中建立起优势地位。但在采取竞争措施时，企业更应当倾向于差异化战略。因为成本领先战略可能导致企业陷入不断降价的恶性竞争中去，而从中受益的只有那些价格敏感的顾客。实施差异化战略会使企业处在良性的竞争环境中，并且对于进行网上交易的企业来说，信息技术使他们更容易与那些特殊需求的顾客建立起联系。

波特认为，企业若是同时采取成本领先战略和差异化战略，就会陷入进退两难的处境中。但是对于那些新兴的，进行网上交易的企业而言，其所处的竞争环境灵活多变，并且电子商务活动使得这两种战略的结合成为可能。一方面，企业可以运用电子商务改善内部管理和有效管理供应链等间接途径降低成本；另一方面，现代的电子通信使它们能够和顾客进行更深层面上的交流，甚至做到"一对一"营销。企业结合运用低成本和差异化战略会使企业更为"柔性"，从而在竞争中夺得先机。

四、 电子商务企业其他相关战略

1. 合作战略

所谓合作战略，就是两个或两个以上的企业实体通过合作，将能源技术、资产等结合在一起，共同使用，求得发展。它有利于企业进入市场，获得新技术，能够从其他组织、个人甚至竞争对手那里获得所需的技术和人才，并迅速提高竞争能力，占领市场。一般来说，电子商务企业至少可以寻找两种合作对象：传统企业和相关行业。

（1）与传统企业合作。Internet 的精髓在于速度，正是这个速度给电子商务带来了巨大商机，如此的商机是传统企业无法想象的。而传统企业的优势在于业务，它拥有自己的业务流程，拥有自己的客户群，拥有自己的品牌和高质量的业务处理能力，这些也是电子商务企业梦寐以求的东西。一些新兴的电子商务企业一般在品牌、知名度和物流渠道上付出过高的代价，使得在近期内很难有赢利的可能。如果这些企业能与传统企业合作，那将会共同发展。近年来，多数电子商务企业通过合作战略获得了网上竞争优势，它们同时吸收了传统企业的竞争优势，逐步摆脱了经营初期亏损的局面。

（2）与相关行业合作。所谓相关行业，是指与自身行业相关的行业。这些行业提供的产品或服务与自身行业的产品或服务能形成很好的互补作用。例如，网上商城的相关行业有银行业、大型门户网站、电信集团等；旅游电子商务企业的相关行业有娱乐业、银行业、保险业、航空公司和电信集团等。如今，一大批的电子商务企业已经建立了自己的合作伙伴。例如，淘宝网和搜狐的合作，搜狐旗下 6 个网站都为淘宝网提供网络营销平台；网易和易趣共同合作开发了一个联合品牌拍卖品（http: //eachnet.163.com）；中国建设银行和阿里巴巴合作，联合发布支付宝龙卡的相关业务；携程旅行网与国内外航空公司、电信集团、保险公司等多家相关行业公司取得合作；等等。另外，在与相关行业合作的同时，还要考虑在企业之间建立技术标准联盟。企业之间技术标准的竞争之所以越来越激烈，就是因为技术标准能够获取价值链中的大部分增值。如果电子商务企业之间在技术标准建立上结成联盟，共同开发与制定行业标准，一定能大大提高标准化效率和企业竞争优势。

2. 职能拓展战略

职能拓展战略是指企业可以"向前扩张"和"向后扩张"求得发展，由电子商务企业本身充当产品或服务的供应商和承担面对顾客的职能，可以通过横向收购、纵向收购以及公司业务重组等方式得以实现。例如，携程旅行网收购北京现代运通订房网，成为中国最大的宾馆分销商；收购北京海岸航空服务公司，建立全国统一的机票预订服务中心；收购上海翠明国际旅行社，扩大自己的规模。

除了在业务职能方面的拓展以外，电子商务企业还可以利用网络环境使其他方面的职能得以延伸，如生产、研发、财务、人事职能等。

五、电子商务战略模型

1. 主流战略模型辨识

战略管理的重点在于战略分析。当前主要的战略分析模型包括 SWOT 分析模型、波士顿成长—份额矩阵、通用电气吸引力—竞争力矩阵、迈克尔·波特五力模型等，这些模型常以图形表达，在企业战略实践中发挥了积极作用。然而，以上模型也存在明显不足，主要是过于简化，基本上都是静态模型，且战略高度不够，分析缺乏系统性，其结论常趋向于片面和绝对化，不能真正有效指导企业战略实践。

SWOT 分析模型给出了战略分析框架，指出战略分析要关注优势 S、劣势 W、机会 O、威胁 T，并组合出 SO 战略、WO 战略、ST 战略、WT 战略。此模型没有提出动态看待 SWOT 四要素及其变化影响，因而许多人进行 SWOT 分析时结论很片面。

波士顿成长—份额矩阵（简称 BCG 矩阵）、通用电气吸引力—竞争力矩阵（简称 GE 矩阵）均用于分析业务组合，主张根据业务所处项选择业务战略，前者可看做后者的特例。因实际经营情况很复杂，行业发展分不同阶段，竞争有不同的态势，行业内企业情况各异，BCG 矩阵情形常常并不成立。GE 矩阵简单依据行业吸引力与业务竞争地位就决定业务单元的取舍，实际决策常会错失机会或投资失误。此类例子很多，近一段时间关于联想集团有关战略决策失误的讨论备受关注，印证了决策片面化、短期化所付出的巨大代价。

迈克尔·波特教授 1980 年提出了产业竞争五力模型，用于分析产业竞争环境，指出产业竞争存在五种基本力量，这五种力量的状况及其综合强度，决定着行业的竞争激烈程度，同时决定了行业的最终获利能力。此模型的不足是过于强调上下游产业间的谈价能力，忽视产业链上下游间产品需求量及产品技术的内在联系，轻视产业上下游间、同行企业间的技术合作或战略协作的重要意义。若产业上下游企业均只盯着短期利益，都希望更大地打压对方价格，长远看并不利于产业发展。

2. 电子商务产业五力模型分析

电子商务产业巨大的市场机会，使许多企业开始参与、考虑电子商务产业以及电子商务的市场战略问题。决定企业获利能力的首要因素是"产业吸引力"。企业在拟定竞争战略时，必须深入了解决定产业吸引力的竞争法则。竞争法则可以用五种竞争力来具体分析。这五种竞争力能够决定产业的活力能力，影响产品的价格、成本与必要的投资，也决定了产业结构。企业如果想要拥有长期的获利能力，就必须先了解自己所处的产业结构，并塑造对企业有利的产业结构。

（1）潜在的竞争对手。电子商务的快速发展，使许多投资者关注着电子商务市场，特别是国外电子商务企业，如易趣、亚马逊等公司，通过收购、合作等方式进入中国电子商务市场，这些潜在竞争对手加入到电子商务市场的竞争，将对整个市场的竞争格局产生影响。

（2）替代品和服务。电子商务提供的是一个虚拟的市场，其主要提供信息服务，通过信息流带动资金流、物流和商流。在电子商务市场上经营着各种各样的产品和服务，因此，其替代品和服务就是现实生活中商场、商流提供的产品及各种中介公司提供的信息服务。

（3）买方的议价能力。电子商务市场的消费者主要是网络用户。购买者在五种竞争力中起着举足轻重的作用。互联网在成熟前，买方在追求最优购买的过程中面临着诸多障碍，收集产品信息通常也需花费大量时间。这些问题又因卖方信息的广泛传播而愈发突出。受到限制的信息流增加了卖方相对买方的能力。随着电子商务市场的逐步成熟，购买者的"砍价能力"日益增强，其结构也逐步由单个客户向集团客户发展，因此，在总体趋势上，网络用户对未来电子商务市场的影响力是在不断增大的，网络用户正史无前例地成为电子商务的主人。

随着电子商务的广泛使用，在线交易模式深入到消费市场的各个领域，电子商务平台与其网络用户的关系也变得非常微妙。作为网络世界的"商业细胞"，它们既是服务的供需双方，又是一个产业的上下游。戴尔电脑公司企业网站目前每季度有超过 4000 万人浏览，通过网站实现的销售额占公司总收入的 40%~50%。网上购物最主要的好处在于：节省时间、操作方便、节约费用。可见，网上购物的优越性已经被消费者所认可。

（4）供给方的议价能力。电子商务产业的供应商有软件供应商、产品及服务供应商等，这些供应商自身的行业会发生很大变化，这些变化将改变其与电子商务运营企业的力量对比，使得电子商务行业的市场格局发生变化。这在整个产业链上所表现出的巨大变化包括运营商有向终端渠道整合的趋势，供应商有外包网络运行维护功能的趋势，上游的设备提供商有提供一揽子解决方案的综合供应商发展的趋势等。

（5）行业内部竞争。电子商务运营企业之间的相互竞争是影响电子商务市场产品和服务价格的最主要因素，而且这一竞争环境充满了不确定性。例如，在 C2C 市场，易趣网苦守市场多年，而在不到一年时间里，就有诸多电子商务公司进入该领域，打破了它在中国 C2C 市场一家独大的局面。

第三节　企业电子商务战略的实施

企业电子商务战略管理与一般的企业战略管理一样，包括战略制定、战略选择、战略实施和战略评估与控制四个阶段。

一、电子商务战略实施中要考虑的问题

在企业已经作出了要实施电子商务的决策之后，就要开始立项，并具体考虑怎么实施。下面列举一些问题，帮助企业理清思路，明确电子商务战略的基本实施框架。这些问题也是在实施电子商务前要求企业解决的。

1. 谁是领导者

在起步阶段，IT 技术人员往往会在定义、计划和实施这些行动的过程中起领导作

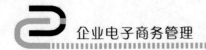

用。随着工作进入新的高度，企业开始把电子商务行动看做是面向客户的企业战略行动，这时，业务部门和高级管理层开始在电子商务的实施过程中起到领导的作用。但是，领导权最终会转移到那些更接近客户的部门和员工身上。毕竟，技术是达到目的的手段，而不是目的本身。

2. 项目资金从何而来

电子商务的启动资金一般是从市场部门或 IT 部门得到的特别预算，然而当涉及的范围扩大了，这笔资金就应该成为年度财政预算的一部分。当电子商务覆盖到整个企业时，对电子商务的投资变成公司发展和改革管理活动的一个有机组成部分。此外，企业还可以利用风险资本或融资并购等活动，获得外部资金的支持。

3. 谁将受到此项目的影响

初期，电子商务行动一般单纯地面向内部用户或外部用户。虽然电子商务行动最终要跨越不同的业务流程和功能区域，但是在开始时需要对小范围内的特定人群证明这些行动的价值，然后逐步向相关的连接部分扩展。最终这些行动更像一个系统解决方案，而不是针对某一点的解决方案。它将对整个业务产生影响，而不是其中的某个部分。

4. 集成的水平

实施电子商务的企业最终要实现企业的目标，实现完全的继承。在这个目标实现之前，集成程度由企业根据实际需要而自由选择。

5. 谁来实施

（1）初期可以聘请外人建立网站。

（2）从外到内逐步转向企业自主开发。

（3）建立专门队伍，负责实时企业的电子商务活动。

（4）企业内部的 IT 部门所起的作用呈现出 U 形。

6. 项目成果是什么

电子商务成果可以分为若干层次：

（1）起步阶段，电子商务的成果表现为节约费用和时间。

（2）体现在建立各种关系和获得新的收益上。

（3）从具体活动和业务过程层次发展到企业层次。

（4）从企业层次到企业价值网络或者业务网络层次，即供应链管理和客户关系管理的链条中。这时电子商务所取得的成功程度不仅和企业的战略、技术相关，还与企业的组织结构有关。

（5）电子商务最高层次的成果能够有效地为一个行业定义一个全新的发展空间，有时甚至能够对相关的一系列行业进行彻底的改造，从而导致整个行业结构，甚至产业结构的变迁和升级。此时，电子商务不仅仅是向客户提供更好的服务方法，而是要通过目前还不可能的方式去创造客户以前从未有过的体验。

二、电子商务战略的制定

电子商务战略的制定要经历三个阶段：首先是确定目标优势，电子商务是否可以促进市场增值，是否可以通过改进实施策略的效率来增加市场收入，同时分析是否能通过改进目前营销策略和措施，降低营销成本；其次是分析计算电子商务的成本和收益，计算收益时要考虑战略需要和未来收益；最后是综合评价电子商务战略，这时要考虑的有两个方面——成本和效益问题，成本应小于其收益，同时能带来多大新的市场机会，还要考虑企业的组织、文化和管理能否适应采取电子商务战略后的变化。

对于企业来说，每个企业由于自身所处产业价值链位置、行业市场竞争位置、经济能力及人力资源等因素不同，对电子商务的应用需求、投资能力及应用能力也各不相同。基于这样一种现实，应该强调企业在应用电子商务的过程中，根据企业自身的实际情况制定一个合理的电子商务战略。

在制定企业电子商务战略时，首先应避免两个盲目：①认为电子商务离现实应用还很远，退避三舍；②人云亦云，不考虑自身实际特点，盲目投资。

这两种情况的后果是企业不能适应电子商务时代的企业经营环境，丧失商机，最终被市场抛弃。企业的决策者在进行有关电子商务项目的决策时应考虑以下因素：

（1）什么是电子商务？

（2）电子商务的应用方式有哪些？

（3）不同的电子商务应用方式对资金、技术、人员等方面的要求有哪些？

（4）不同的电子商务应用分别能解决企业的什么问题？

（5）应用电子商务需要企业具备哪些条件？

（6）企业应用电子商务在经营管理方式上需要做哪些改变？

三、电子商务战略的选择与规划

企业进行电子商务战略定位，必须要做好两方面的准备：分析电子商务时期，根据企业外部环境和企业内部环境的变化，明确新环境对企业的要求；分析企业自有资源，对制定的电子商务方案进行分析比较，并选择适合本企业发展的电子商务战略。

企业在确定采取电子商务战略后，要组织战略的规划。如果不进行有效规划和执行，该战略可能只是一种附加的营销方法，不能体现出战略的竞争优势，相反只会增加企业的营销成本和管理复杂性。电子商务战略规划分为下面四个阶段：

1. 目标规划

在确定使用该战略时，识别与之联系的营销渠道和组织，提出改进目标和方法。

（1）关于目标方向。

①要与参与电子商务的动机联系起来。企业开展电子商务会有各种原因，通常希望通过电子商务提高现有市场的销售、进入新市场、为现有的客户提供更好的服务、寻找新的供应商、与现有的供应商更好地协调或者提高招聘的效率等。

②要与企业的发展战略联系起来。公司战略，包括品牌战略、营销战略、销售产品和服务战略、改善售后服务和支持的战略、购买产品和服务的战略、供应链管理战略、进行拍卖、创建虚拟社区和网络门户等。

③要与企业发展策略联系起来。企业进行电子商务行动时，可以采取"向下策

略",关注企业为客户提供的价值;也可以考虑"向上策略",关注与供应商的合作以降低成本。

(2)关于目标评价。电子商务作为企业经济活动的一种形式,其目标评价最终还要靠项目的成本和收益来判断。

①如何做收益评价?

②通过建立网站树立品牌或增加现有销售的公司,可通过市场调查和民意测验来衡量提升程度,设定目标。为了排除公司开展其他活动或经济环境而带来的总体改善,可求助于好的营销人员或外部的咨询公司,帮助公司制定和评价电子商务目标。

③通过建立网站改善顾客服务或售后支持的公司,可以设定增加顾客满意度或降低顾客服务与支持成本的目标。

④开展电子商务的其他收益可用多种衡量方法进行评价。如供应链,衡量供应成本的降低、质量的提高或订单履行时间的缩短;拍卖网站,内置具有跟踪如拍卖量、出价人和买家数量、卖掉物品的金额、卖掉物品的数量或注册用户的数量功能的软件。

⑤如何计算成本。成本包括软硬件成本,人力资源成本,网站特殊功能的建设成本,网站维护成本,网站差异化的成本等。

(3)比较收益和成本。

①把收益和成本都量化为资金。企业通常希望用金额来衡量所有的活动,此方法能够直接比较收益和成本,且可以将由此带来的纯收益同由其他项目得到的纯收益进行比较。但是,得到的比较结果也只是大致的数字。

②正确识别潜在收益是比较电子商务项目的一个关键。确定获得潜在收益,包括雇员满意度和公司声誉等无形收益,与未获得这种收益而花费的成本,即比较电子商务的潜在收益和成本,是非常重要的。因为电子商务的收益大多是将来的,即潜在的,而花费的成本总是当前的、现实的。如何比较这样的收益和成本呢?在会计上可用回报法和净收益法来评价,就像评价其他基建项目一样。这些评价方法用量化表述了投入的净收益。可以调整递减的未来回报(未来所获得收益不如当年所获收益),还可以用投资回报来描述基建投资评价技术。

③关于建立网站有"烧钱"的特征。虽然大多数公司在开展电子商务项目之前都要进行某种形式的价值评价,但越来越多的公司把这些项目看做是必要的投资。所以,对电子商务项目的评估相对而言不太谨慎和严格。这些公司担心在进入在线市场上落后于竞争对手,而早一步进入一个新市场所获得的价值如此之大,以致许多公司愿意投入大量资金而不考虑短期内的利润前景。例如,许多报纸网站连年亏损,但大多数报业公司都认为,忽视网络长期增长潜力所造成的损失更令人无法接受。

2. 技术规划

电子商务很重要的一点是要有强大的技术投入和支持,因此资金投入和系统购买与安装,以及人员培训都应该统筹安排。

(1)想要一次性地建成动态的网站是无法实现的。一般而言,企业新建的网站只是静态手册,进行阶段性的内容更新,而无法帮助顾客或供应商办理业务。当网站逐渐发展成为交易和其他各种业务流程的自动处理中心之后，这些网站才开始发挥其作为企业信息系统的重要组成部分的功能。这种向动态甚至实时网站的转变会需要一两年的时间。

（2）尽量使用新的系统开发方法，以适应信息时代经营环境的迅速变化。网络技术的发展日新月异，各种应用软件的开发为网站的建设提供了有力支持，但是也为企业的网站开发战略提出新的挑战。毕竟，作为建设项目，网站的建设项目耗时较长，初期所计划的先进的网站模式，在发展过程中很可能被超越和替代，尤其是网站的相关软件的开发。要在这种快速革新的系统上开发信息系统和建设动态网站，对于许多企业都是困难的。网络化之前，企业要花费很长时间建立同顾客新的联系方式或重构与供应商的供应链。但是，互联网的使用改变了整个行业价值链的构建方式，大大缩短了构建时间。现在，企业要使用新的系统开发方法，以适应信息时代经营环境的迅速变化。

3. 组织规划

实行数据库营销后，企业组织需进行调整以配合该策略实施，如增加技术支持部门和数据采集部门，同时调整原有的营销部门等。

（1）内部开发。内部开发指由企业内部的专业人员为项目的实施而提供技术支持。应组建实施电子商务项目的内部团队。内部团队不仅负责从设定目标到网站的最终实施和运营的整个过程，还要决定将项目的哪些部分交给内部开发，哪些部分交给外包，外包给谁。这个团队应该由企业的经营组成，他们具有超越目前状况和发展企业的动机。

（2）外包。外包就是委托另一家公司为项目提供外部支持。分为早期外包，晚期外包和部分外包。早期外包是企业在项目进行之初将初期的网站设计和开发外包出去，由外包商负责培训公司的信息技术人员，然后由这些人员运营网站。晚期外包是在企业的电子商务系统建成并进入稳定发展阶段后，企业得到了电子商务带来的全部竞争优势，这时再把电子商务系统的维护工作外包，以便公司的信息系统专业人员能把注意力和精力转移到另外的能带来进一步竞争优势的新技术上。部分外包，使企业把电子商务项目的部分项目交割外部的专业公司进行设计、开发、实施和运作。

4. 管理规划

组织变化后必然要求管理的变化，企业的管理必须适应电子商务需要，如销售人员在销售产品的同时还应记录顾客购买情况，个人推销应严格控制以减少费用。

技术管理和人力资源管理是企业管理的核心内容；管理的方式、管理的措施一定要适合技术的特点和人员的特点。电子商务项目，既是典型的高新技术项目，也是典型的知识经济范畴。这就决定电子商务的管理离不开两个至关重要的对象：高新技术和具有高新技术素质的人才。另外，电子商务项目的实施不是一蹴而就的，需要分为若干阶段、若干步骤进行，于是增加了对其管理的难度。鉴于上述原因，在实践上，管理电子商务项目的最好方法，就是采用项目管理的方法。

不管电子商务项目开发团队是否决定外包部分设计和应用工作，都必须明确开展电子商务所需的人员。至关重要的人员包括业务管理人员、应用专家、客户服务人员、系统管理人员、网络运营人员、数据库管理人员。对此，企业要合理配置，力求各尽

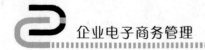

所能。

四、电子商务战略的实施

首先，企业应该建立以营销业务为导向的商务网站。设计者一定要由企业的经营人员与计算机、网络技术人员结合组成，经营人员从营销业务角度提出设计方案，技术人员为完成设计提供技术支持，将方案付诸实施。其次，注重商务网站的推销，让所有的客户都知道你的网站在什么位置。最后，合理经营商务网站。企业的电子商务网站应该由既懂经营又懂技术的人员来经营和管理这个网站，网站才有活力，才能真正做到对企业的业务、经营发展有利。网站的内容必须随时更新，要尽量地反映企业的最新的经营状况，以及最新的产品信息和最好的市场报价，要把这种对市场的反应能力通过网络信息的更新方式反映出来。

另外，电子商务战略实施需要一个实施计划体系作为手段，同时需要高效的组织结构和组织工作提供保证。由于电子商务是一个新兴事物，在企业电子商务实施的过程中，可能会遇到一些前所未有的困难，企业在实施过程中应注意把握。

五、电子商务战略的评估与控制

企业战略的评估与控制是对战略实施的效果进行测定、发现偏差并纠正偏差的战略管理活动。战略的评估与控制一般包括三种：监视分析企业内外环境的变化，并根据由此得到的信息重新评估企业的战略依据是否依然成立；测定各种战略活动的现状并预测未来可能产生的绩效及对其他活动产生的影响；测定已经发生和预测将要发生的差距，并采取矫正行动。

企业的电子商务环境对企业来说是一个新的环境，在电子商务战略实施过程中应注意控制，以适应企业业务变化和技术发展变化。首先是电子商务战略的实施是一项系统工程，有可能在战略实施过程中，企业电子商务的环境变得更加复杂化，那么，应加强对规划执行情况的评估，评估是否充分发挥了该战略的竞争优势，评估是否有改进的余地；其次是要对执行规划时的问题及时识别和加以改进；最后是对技术的评估和采用，以避免丧失电子商务的时效性和竞争优势。通过评估，调整自己的战略，甚至有可能重新制定新的电子商务战略。

在实际工作过程中，企业的战略制定、选择、实施及评估控制过程不是一成不变的，而是一个动态的、不断循环往复、不断完善的过程。

本章小结

本章从企业战略的内容延伸到电子商务战略的内容，从几个方面对企业电子商务战略进行了阐述。

战略，往往是有竞争倾向的双方为达到某一目标采取的计策或行动。企业战略是企业在考虑各种资源的情况下，根据企业的目标、目的制定实现这些目标、目的的方式。

企业战略的基本内容概括为 5 个方面：企业的远景目标、市场定位、创造价值的方式、关键性资源的扩充途径、实现远景目标的具体计划。战略管理是企业为实现战略目标、制定战略决策、实施战略方案、控制战略绩效的一个动态管理过程。

战略管理包括 4 个要素：环境扫描、战略制定、战略实施以及战略评估和控制。战略实施是贯彻执行既定战略规划所必需的各项活动的总称，也是战略管理过程的一个重要部分。为了保持经营活动朝着既定战略目标与方向不断前进，这个阶段的主要工作包括计划、组织、领导和控制四种管理职能的活动。

企业电子商务战略，从本质上来说是企业依据对电子商务环境的分析和对未来环境的预见，而作出的战略性方向选择。竞争战略是指企业某项具体业务的经营战略。企业获得竞争优势的三个基本战略途径是成本领先、差异化和市场集中，波特将这些基点称为一般性战略。企业运用电子可以强化这些竞争战略的实施，为企业获得竞争优势提供新的途径。

五力模型可以用于竞争战略的分析，也可以有效地分析客户的竞争环境。企业电子商务战略管理与一般的企业战略管理一样，包括战略制定、战略选择、战略实施和战略评估与控制。

【案例讨论】亚马逊案例二——亚马逊网上书店的网络营销战略分析

亚马逊书店（amazon.com）是世界上销售量最大的书店。它可以提供 310 万种图书目录，比全球任何一家书店的存书要多 15 倍以上。而实现这一切既不需要庞大的建筑，又不需要众多的工作人员，亚马逊书店的 1600 名员工，人均销售额 37.5 万美元，比全球最大的拥有 2.7 万名员工的 Bames & Noble 图书公司要高 3 倍以上。这一切的实现，电子商务在其中所起的作用十分关键。

亚马逊书店的商业活动主要表现为营销活动和服务活动。它工作的中心就是要吸引顾客购买它的商品，同时树立企业良好的形象。

亚马逊书店的营销活动在其网页中体现得最为充分，在营销方面的投资也令人注目。现在，亚马逊书店每收入 1 美元就要拿出 24 美分搞营销，而传统的零售商店则仅花 4 美分就够了。

亚马逊书店的营销策略主要有以下几方面：

（1）产品策略。亚马逊书店根据所售商品的种类不同，分为三大类：书籍（BOOK）、音乐（MUSIC）和影视产品（VIDEO）。每一类商品都设置了专门的页面，同时在各个页面中也很容易看到其他几个页面的内容和消息。它将书店中不同的商品进行分类，并对不同的电子商品实行不同的营销对策和促销手段。

（2）定价策略。亚马逊书店采用了折扣价格策略。它通过扩大销量来弥补折扣费用和增加利润。亚马逊书店对大多数商品都给予了相当数量的回扣。例如，在音乐类商品中，书店承诺："You'll enjoy everyday savings of up to 40% on CDs, including up to 30% off Amazon.com's 100 best-selling CDs（对 CD 类给 40% 的折扣，其中包括对畅销 CD 的 30% 的折扣)。"

（3）促销策略。常见的促销方式，即企业和顾客以及公众沟通的工具主要有四种，即广告、人员推销、公共关系和营业推广。在亚马逊书店的网页中，除了人员推销外，其余部分都有体现。

逛书店的享受并不一定在于是否有足够的钱来买想要的书，而在于挑选书的过程。手里捧着书，看着精美的封面，读着简介往往是购书的一大乐趣。在亚马逊书店的主页上，除了不能直接捧到书外，这种乐趣并不会减少。精美的多媒体图片，明了的内容简介和权威人士的书评都可以使人有身临其境的感觉。主页上广告的位置也很合理，首先是当天的最佳书，而后是最近的畅销书介绍，还有读书俱乐部的推荐书，以及著名作者的近期书籍等。不仅在亚马逊书店的网页上有大量的多媒体广告，而且在其他相关网络站点上也经常可以看到它的广告。例如，在 Yahoo！上搜索书籍网站时就可以看到亚马逊书店的广告。该书店的广告还有一大特点就在于其动态实时性。每天都更换的广告版面使得顾客能够了解到最新的出版物和最权威的评论。不但广告每天更换，还可以在最新 100 条热点信息栏目中读到每小时都在更换的消息。

亚马逊书店千方百计地推销自己的网点，不断寻求合作伙伴。由于有许多合作伙伴和中间商，从而使得顾客进入其网点的方便程度和购物机会都大大增加，它甚至慷慨地做出了如下的承诺："只要你成为亚马逊书店的合作伙伴，那么由贵网点售出的书，不管是否达到一定的配额，亚马逊书店将支付给你 15% 的介绍费。"

这是其他合作型伙伴关系中很少见的。目前，亚马逊书店的合作伙伴已经有很多，从其网页上的下面这段话："In fact, five of the six most visited Web sites are already Amazon.com, Geocities, Netscape, and tens of thousands of other sites both large and small." 中，我们可以得知：包括 Yahoo！和 Excie 在内的五个最经常被访问的站点已经成为亚马逊书店的合作伙伴。

亚马逊书店专门设置了一个 gift 页面，为大人和小孩都准备了各式各样的礼物。这实际上是促销策略中的营业推广活动。它通过向各个年龄层的顾客提供购物券或者精美小礼品的方法吸引顾客长期购买本商店的商品。另外，亚马逊书店还为长期购买其商品的顾客给予优惠，这也是一种营业推广的措施。

亚马逊书店专门的礼品页面，为网上购物的顾客（包括大人和小孩）提供小礼品这既属于一种营业推广活动，也属于一种公共关系活动；为了做好企业和公众之间的信息沟通，亚马逊虚心听取、收集各类公众以及有关中间商对本企业和其商品、服务的反映，并向他们和企业的内部职工提供企业的情况，经常沟通信息；公司还专门为首次上该书店网的顾客提供一个页面，说明各种网上功能的使用办法，帮助顾客尽快熟悉，这也是一种搞好公共关系的方法。

（4）售前售后服务。

①搜索引擎。一家书店，如果将其所有书籍和音像产品都一一列出，是没有必要而且对用户来说也是很不方便的。因此，设置搜索引擎和导航器以方便用户的购买就

成为书店的一项必不可少的技术措施。在这一点上，亚马逊书店的主页就做得很不错，它提供了各种各样的全方位的搜索方式，包括有对书名、主题、关键字和作者的搜索，同时还提供了一系列的如畅销书目、得奖音乐、最卖座的影片等的导航器，而且在书店的任何一个页面中都提供了这样的搜索装置，方便用户进行搜索，引导用户进行选购。这实际上也是一种技术服务，归结为售前服务中的一种。

②顾客的技术问题解答。除了搜索服务之外，书店还提供了对顾客的常见技术问题的解答这项服务。例如，公司专门提供了一个 FAQ（Frequently Asked Questions）页面，回答用户经常提出的一些问题。例如，如何进行网上的电子支付；对于运输费用顾客需要支付多少；如何订购脱销书；等等。而且，如果你个人有特殊问题，公司还会专门为你解答。

③用户反馈。亚马逊书店的网点提供了电子邮件、调查表等获取用户对其商务站点的反馈。用户反馈既是售后服务，也是经营销售中市场分析和预测的依据。电子邮件中往往有顾客对商品的意见和建议。书店一方面解决用户的意见，这实际上是一种售后服务活动；另一方面，也可以从电子邮件中获取大量有用的市场信息，常常可以作为指导今后公司各项经营策略的基础，这实际上是一种市场分析和预测活动。另外，它也经常邀请用户在网上填写一些调查表，并用一些免费软件、礼品或是某项服务来鼓励用户发来反馈的电子邮件。

④读者论坛。亚马逊书店的网点还提供了一个类似于 BBS 的读者论坛，这个服务项目的作用是很大的。企业商务站点中开设读者论坛的主要目的是吸引客户了解市场动态和引导消费市场。在读者论坛中可以开展热门话题讨论。以一些热门话题，甚至是极端话题引起公众兴趣，引导和刺激消费市场。同时，可以开办网上俱乐都，通过俱乐部稳定原有的客户群，吸引新的客户群。通过对公众话题和兴趣的分析把握市场需求动向，从而经销用户感兴趣的书籍和音像产品。

案例讨论题：

1. 亚马逊公司采取了什么样的战略？
2. 亚马逊公司成功的重要因素是什么？

思考题

1. 什么是企业战略管理？
2. 战略管理的四要素是什么？
3. 什么是企业电子商务战略？
4. 企业获得竞争优势的三个基本战略途径是什么？
5. 企业电子商务战略管理的实施过程是什么？

第五章 电子商务组织管理

本章要点

- 了解电子商务组织管理
- 理解电子商务组织形态与结构
- 掌握电子商务组织管理的实施方法

开篇案例：耐克的组织营销变革

耐克（Nike）公司成立于 1964 年，由会计师菲尔·奈特和运动教练比尔·鲍尔曼共同创立，现已成为领导性的世界级品牌。当年，奈特先生仅仅花了 35 美元请一位学生设计了耐克的标志，如今那个著名的弯钩标志价值已超过 100 亿美元。40 多年的发展，耐克已成为一个商业传奇，它的成功之道人所共知，就是虚拟生产的商业模式。耐克以优良的产品设计和卓越的营销手法控制市场，而将生产环节外包。

在过去的几年里，耐克大力扩张产品线，并增加了新的品牌。耐克的主力商品原来以篮球鞋为主，最近几年则推出高尔夫运动用品系列，并以老虎伍兹为代言人，同时加强足球鞋的推广，以迎合足球运动人口的增加。目前，足球运动用品系列的营业额已高达 10 亿美元，占有全球 25% 的市场，在欧洲市场更高达 35% 的占有率。耐克先后并购了高级休闲鞋名牌 COLEHAAN、曲棍球名牌 BAUER、第一运动鞋名牌 CONVERSE 和滑溜板名牌 HURLY，并放手让各名牌独自经营，取得了不俗的成绩。

耐克在体育营销方面的成绩是不容置疑的，但是对耐克营销方面的质疑也从未停止过。有几点意见耐克也不得不认真考虑：一是随着品牌的扩张，耐克品牌已不再"酷"了；二是耐克在营销上动辄一掷千金的作风，暴露了营销管理上的漏洞；三是耐克在新兴市场上，营销本土化不够，营销效果不理想。

根据 2008 年 6 月份最新公布的公司财务年报，耐克公司的年营业收入达到 163 亿美元，增长 9%，净收入达 15 亿美元，增长 7%，每股净收益达到 2.93 美元，增长 11%，这又是一个创纪录的结果。但是作为一个股票公开上市的公众公司，增长是永远的压力，华尔街只关注你今后的增长来自哪里。耐克的董事长和首席执行官迈克·帕克（Mark Parker）充满自信："耐克现在正面临着前所未有的发展机遇，我们具有将关于消费者的洞察力转化为优势产品的独特能力，这正是耐克成为全球行业领袖的重要原因。"

帕克的自信源于耐克的营销组织变革。耐克品牌总裁 Charlie Denson 宣布，耐克将进行营销组织和管理变革，以强化耐克品牌与新兴市场、核心产品以及消费者细分市场的联系。实施这一变革，使耐克从以"品牌创新为支撑"的产品驱动型商业模式，逐步转变为以"消费者为中心"的组织形式。通过对关键细分市场的全球品类管理，实现有效益的快速增长。Charlie Denson 认为，这是一个消费者掌握权力的时代，任何一个公司都必须转向以消费者为中心。这种以消费者为中心的模式已经开始发挥作用，例如，在耐克的专卖店现已有耐克+iPod 的销售组合，以满足追求时尚的青年消费者。

为此，耐克强化了四个地区运营中心，新设立了五个核心产品运营中心。四个地区运营中心是：美国、欧洲、亚太、中东及非洲。五个核心产品运营中心是：跑步运动、足球、篮球、男士训练、女士健康。这是一个矩阵式的管理，目标是把企业的资源向关键区域、核心产品集中，去抓住企业最大的市场机会。与传统的矩阵管理不同，耐克的矩阵式管理关键是要实现跨地区、跨部门的协同。实际上，耐克公司已经有成功的经验，正是采用这种协同矩阵的管理方式，耐克公司组建了一支专门的队伍，将公司足球用品市场的经营额从 1994 年的 4000 万美元扩大到如今的 10 多亿美元。Charlie Denson 说："通过这种方式，我们可以更好地服务于运动员，更好地加深与消费者的联系，更好地扩大我们的市场份额，实现有效益的增长，增强我们的全球竞争力。例如，中国的篮球运动市场，就由亚太区运营中心和全球篮球运营中心协同开拓。"

资料来源：

海清. 耐克的营销组织变革 [J]. 中国商界，2007（12）

讨论题：

1. 你认为耐克公司在组织变革之前遇到的主要问题是什么？

2. 耐克公司是如何进行组织变革的？你是如何理解的？

第一节　电子商务组织管理概述

电子商务的出现和快速发展改变了经济发展规律和市场结构，对企业的生产成本和交易成本产生了巨大影响。为了应对这些变化，企业的组织管理势必要作出相应的改变。

一、组织管理

1. 组织的含义

组织是管理的基础，认识组织、把握组织是研究企业组织结构创新的前提。关于组织的内涵，很多学者从不同的角度出发，给出了多种定义。

"组织之父"马克斯·韦伯的组织定义：一种通过规则对外来者的加入既封闭又限制的社会关系，就其秩序而言，为特定个体的行动所支配，这个特定个体的功能通常是一个领导，有时也可以是一个管理团体。同时代的亨利·法约尔认为，组织一个企业，就是为企业的经营提供必需的原料、设备、资本、人员，大体上可以分为物质组织和社会组织两大部分。切斯特·巴纳德把组织定义为"将两个或两个以上的人的活动或力量加以有意识地协调的系统"。美国著名管理学家卡斯特和罗森茨威克进一步从系统论的角度对组织进行了大量研究，将组织定义为一个由目标与价值分系统、社会心理分系统、技术分系统、结构分系统和管理分系统组成的开放的社会技术系统。

20世纪70年代初，美国组织理论家罗宾斯将当时诸多的组织定义进行分类总结，给出了一个他认为比较综合性的组织定义：组织是人们为了一定的目标，进行合理的协调而产生的、具有相对可识别边界的社会实体。

仁者见仁，智者见智，通过以上这些定义我们还是可以看出任何一个组织都必须要具备4个条件：

（1）组织是人群组成的集合。

（2）组织要适应于目标的需要。

（3）组织的基础是活动。

（4）组织是开放的动态系统，它与外界环境进行着物质、能量、信息的交流和互动，为适应外部的变化而生存和发展。

综上所述，企业组织可以理解为是实现组织目标的系统性安排，它是由战略、结构、文化等基本子系统构成的动态复杂系统，它在尽力适应外部环境中保持着自身的动态平衡。

2. 组织管理理论

组织管理，就是运用组织的权力，通过协调组织内部的人力、物力、财力和环境等资源，实现组织共同目标的活动过程。实现组织的共同目标是组织管理的终极目的。组织的共同目标也是组织活动的基础。从本质上讲，组织管理就是将组织能够利用的各种信息和资源协调成一个可以达到共同目标的动态过程。而实现组织共同目标的根本手段或途径是提高组织工作效率，因此，有时人们也把组织管理的直接目的视为提高工作效率。组织管理理论是以社会组织为研究对象而形成的知识体系，是一门综合性的应用科学，它的理论来源包括经济学、哲学、社会学、行为科学、心理学、人类学、政治学、数学、统计学等学科。同时，在组织管理实践中获得的经验也是组织理论的重要来源。组织理论的主要内容包括组织的目标系统、组织的环境与界限、组织结构、组织行为、组织的群体动力学、组织成员的激励、组织的管理过程、组织的战略、组织的变革和发展等。

历经科学管理阶段、行为科学阶段、当代组织理论阶段之后，组织理论已经发展到了学习型组织理论阶段，这也是迄今为止最先进的管理理论之一。成功的学习型组织在本质上应具备六个要素：一是拥有终身学习的理念和机制，重在形成终身学习的步骤；二是建立多元回馈和开放的学习系统，重在开创多种学习途径，运用各种方法引进知识；三是形成学习共享与互动的组织氛围，重在组织文化建设；四是具有实现共同愿景的不断增长的学习力，重在共同愿景时学时新；五是工作学习化，使成员活出生命的意义，重在激发人的潜能，提升生命的价值；六是学习工作化，使组织不断创新发展，重在提升应变能力。

3. 组织变革及变革理论

组织变革发展到今天有其特定含义，它是指通过改变组织结构，从而改变大多数人的行为模式，达到对组织整体性能的重大改善的有计划的变革。根据组织变革的领域层次，可将其分为以下三层：行政管理层、战略性管理层、创新能力层。

（1）行政管理层变革。组织变革最普通的形式是行政管理的改善，为了缩短生产周期、提高客户满意度、改善产品质量、降低成本等目标，制定一系列组织性能指标与标准，并采取各种变革活动，如组织结构的重组、职责重新定义、人力资源政策的再设计。这种集中在企业运营上的组织变革最容易被人理解，几乎所有的公司都可尝试此类变革。

（2）战略性管理层变革。这种组织变革集中于战略性能的改善，这种变革的直接目的是获得持续的竞争优势。竞争优势通过组织能力体现出来，提高战略性的组织能力是战略性组织变革的关键。能力是一种抽象复杂的本性，它是企业竞争者难以进行模仿或复制的，因此能帮助企业获得持续性的竞争优势。

（3）创新能力层变革。大部分组织变革指的是运营性的和战略性的。然而，最具挑战性的，并且最具潜在价值的变革是组织的学习能力变革，学习型组织是这种变革的主要目的。一旦成功，企业的投入往往能获得超乎预想的回报。

二、电子商务组织管理

1. 电子商务组织管理

电子商务组织管理，也就是企业在电子商务的环境下，协调组织内部或外部的人力、物力、资金和信息等资源，实现共同组织目标的一种活动和过程。那么电子商务环境下的企业组织管理有了哪些新的特点呢？

（1）企业组织扁平化和分权化。一方面建立扁平化结构的组织模式使企业中高层决策者可以和基层执行者直接联系，基层执行者可以根据实际情况及时进行决策。原来"宝塔型"管理模式中的中层组织的上传下达作用的重要性逐渐削弱，而转向深入科研、管理、生产、营销一体的市场第一线，使企业建立扁平化结构的组织模式。例如，美国近几年的中间管理层减少了近 1/3，管理幅度原则被信息沟通幅度原则所取代。另一方面大公司收缩总部，实行高度分权，成立自治子公司及分公司。企业规模不断缩小、分化；专业分化更细，中小企业快速发展，紧密合作，互为供应关系加强；产业链日益完善，企业生态关系日益加强；这些是大型企业不得不分权的结果，也是社会经济文明进步的管理变革的表现。扁平化和分权化大大提高了企业的组织效率。

（2）企业组织柔性化和人性化。组织结构的柔性化是指以一些临时性的，以任务为导向的团队式组织将取代以前一部分固定的正式的组织结构，其目的是使企业能快速有效地围绕目标与任务合理配置并充分利用各种资源，增强对环境动态变化的适应能力。柔性化组织结构由两部分构成：一部分是为保证完成企业常规性任务而组建的组织结构，这部分比较稳定；另一部分是为完成临时性任务而组建的组织结构，这部分比较灵活，是企业组织柔性化的具体体现部分。柔性化的组织形式最流行的是团队结构。在快速多变的环境中，团队可以快速组合、重组、解散的优点比传统的部门结构或其他形式的稳定性群体更灵活，反应更迅速。电子商务时代，由于网络技术的发展，个人、企业等社会实体可以根据特定目标建立起合适的团队，发挥优势，共同完成任务，既可以使企业的组织结构模式更为灵活，又可以较成功、快速地完成特定目标。

（3）企业组织虚拟化和无边界化。组织结构虚拟化是指企业只保留规模较小，但是具有核心竞争力的部门，而依靠其他组织以合同为基础，进行制造、分销、营销或其他业务的经营活动，它用特殊的市场手段取代传统组织中的行政管理来联结各个经营单位之间及其与公司总部之间的关系；它以横向管理取代纵向管理，虚拟企业打破了传统组织的金字塔式的纵向管理模式，取消了从价值产生到价值确认过程中的许多中间环节，采取了价值产生与价值确认直接对应的横向模式。组织结构无边界化主要包括两方面的内容：一是在组织内部减少各部门之间的界限；二是消除企业与客户及供应商之间的外部障碍。组织结构无边界化一方面打破了各部门的界限，从整个流程的角度来组织企业活动；另一方面电子商务的远程办公方式突破了企业在物理空间上的界限，模糊了企业边界，使企业变得无边界。企业更具有自由度，可以依据企业自身的特点发展组织模式，更好地发展企业业务。

2. 电子商务对组织管理的影响

电子商务对组织管理的影响主要包括两方面：对组织生产管理的影响和对组织交易成本的影响。

（1）电子商务对组织生产管理的影响。电子商务的快速发展使组织之间的竞争不再取决于企业所占有的实际资源有多少，而取决于组织可控制运用的资源的多寡。电子商务对组织的生产运作方式、生产周期、库存管理都会带来巨大的影响。

对组织的生产运作方式的影响。电子商务在组织生产管理过程中的应用体现：在管理信息系统的基础上，采用计算机辅助设计与制造（CAD/CAM），建立计算机集成制造系统（CIMS）；在开发决策支持系统（DSS）的基础上，通过人机对话实施计划与控制，从物料资源规划（MRP）发展到制造资源规划（MRPII）和企业资源规划（ERP）。这些新的生产方式把信息技术和生产技术紧密地融为一体，使传统的生产方式升级换代。

对组织的生产周期的影响。电子商务的实现可大大提高信息和资金等的转移速度，并可利用信息和知识共享技术来缩短生产与研发的周期，从而降低单位产品的生产成本。因此，在电子商务时代，组织的生产周期大大地缩短，组织可以将更多的时间和精力投入到新产品的研究和开发上。

对组织的库存管理的影响。电子商务可以减少库存，提高库存管理水平。在电子商务环境下，企业通过 Internet 可以直接找到供应商。同时，由于专业化程度越来越高，组织内部和组织间的合作不断加强，更多先进生产方式（如 MRPII，ERP，JIT）得到应用，提高了库存周转率，从而把库存成本降到最低限度。

由此可见，电子商务的迅速发展给组织生产带来的变化是巨大的，它将有效地降低组织变革的生产成本，也必将使组织寻求一种适应电子商务环境的生产组织方式，实现组织变革。

（2）电子商务对组织交易成本的影响。按照斯科的理论，交易费用是经济行为的主体在市场交易活动中为实现交易所支出的费用。为了降低市场交易费用而出现了企业，企业将市场交易行为内部化，从而节约了交易费用。现实中，实现交易的困难在加大，导致交易费用上升，经济行为主体越来越依赖于企业，于是企业对市场的替代加大。企业的规模越来越大，企业运行的费用也越来越高。电子商务的出现使市场的功能加强，市场组织生产的效率提高，使组织对信息资源的共享与处理更为容易。网络的双向流通，使得厂商与顾客更容易沟通，进而能够降低市场的不确定性。由此产生一个革命性的影响：企业与市场的关系发生了变化，出现了企业的等级制逐渐开始向企业市场制回归的趋势。电子商务的出现对交易成本下降的影响体现在以下三个方面：

企业方面。通常，在市场上有两个价格，即平均价格和最低价格。因为获得最低价格的搜寻成本很高，在大多数情况下，人们在购买中付出的是平均价格，而不是最低价格。电子商务的出现使搜寻成本极大地降低，从而导致市场价格向最低价格靠拢。经营主体可以直接利用市场机制极大地节约交易成本，从而不再像过去那样耗资去努力营造庞大企业的层级组织。

渠道方面。实现了供应链管理和渠道成员之间的有效合作，使整个渠道上信息流、商流、物流和资金流的运行速度加快，效率大为提高，这种渠道整体效率的提高使成员均受益。电子商务的出现有可能使整个市场置于电子商务平台之上，市场组织成本和管理成本极大地降低。同时，利用市场组织生产在一定程度上比利用企业组织生产更为经济。

流通产业方面。网络化和电子商务搭建的交易平台使所有企业的商品流通效率增加。电子商务基础上的社会物流为企业节约了大量费用，企业得以"瘦身"，进行精简化，从而使企业规模不断扩大的趋势得以减缓，过去被大量"内部化"的交易行为又被外部化了。

综上所述，企业等级制向最初的市场制回归，原因在于新的信息技术的出现。网络在企业商务活动中的应用以及电子商务的迅速发展使市场组织生产的费用降低了，从而出现了对市场组织生产相对有利的状况，市场机制的作用范围在无形中扩大了。

第二节　电子商务组织形态与结构

随着信息技术和互联网的广泛应用，以及电子商务产业的迅猛发展，电子商务企业的组织形式也需要做一些改变来适应其发展需求。电子商务企业应结合企业的领域和战略，发展适合自身电子商务发展的组织结构。所以对于不同的电子商务企业，其组织形式会有一定的差别。

一、电子商务组织形态

1. 传统企业组织形态

组织形态和组织结构是两个不同的概念，二者划分的角度不同。下面我们先来了解一下传统企业的组织形态。

经历了一个由简单到复杂、由低级到高级的演进过程，企业组织形态愈发显示出劳动力作为基本生产要素的作用或地位，同时其组织建设也日臻完善，并将随着时代的进步而继续其演进的步伐。

大体上企业组织形态经历了如下几个阶段：

（1）家庭形态。在家庭形态的组织中，组织成员由家庭（或家族）成员组成，成员与组织之间以血缘关系为纽带，按长者为大的原则，长辈及德高望重者或组织发起者成为组织的领导者。组织内部大家共享生产资料和劳动成果；成员之间以及成员和组织之间存在较为严格的道德伦理约束，大家共同遵守，成为一个利益共同体。如我国近代的四大家族，都是由家族形态的产业做起来的。另外，我们大家所熟悉的新东方教育集团，在早期规模较小、资金不足的时候，俞敏洪拉来了很多亲戚为他帮忙打理，其实也可以理解成一个家族的组织形态。

（2）工场形态。随着生产工具的改进和机器的出现，大量的劳动力涌入企业成为工人，原有的家庭型组织被打破：组织成员不仅限于家庭（或家族）成员，更多的是外来的劳动者，他们与组织之间形成一种契约关系。组织领导者也不再由长辈等担任，而是由投资者个人或合伙人担任，这是资本所赋予的权力。自此资本作为权力的代表开始在组织中占据主导地位。所有者与劳动者之间的雇佣关系形成一种新的层级关系，但也仅限于老板与员工这样的简单层级。由于在占有生产资料上的差异，组织成员不再分享组织成果，而是被赋予有差别的待遇，也就是泰勒时代的计时（或计件）工资，此外一般组织成员不再享有其他形式的分配权力。工场形态的组织不再靠伦理道德来约束组织成员，契约合同成为一种新的凝聚手段。

（3）公司形态。公司形态区别于工场形态的一个重要特征就是所有权和经营权相分离。也就是说，所有者不一定要成为组织的领导者，代表知识与智慧的职业经理人开始在组织中扮演越来越重要的角色，他们与代表资本的所有者之间形成一种新的关系——委托代理关系。随着组织规模的扩大，组织的能力逐渐增强，组织的任务也逐渐多元化，因此，组织的层级也逐渐趋于复杂化，出现了高层、中层、基层的管理者，分别行使职责不同、权力不一的管理职能。在分配上，组织也不再实行单一的差别工资制，与生产活动有关的资本、技术、劳动力等生产要素也开始参与分配，呈现出分配上的多元化。组织也不再靠契约合同凝聚组织成员，而是通过较为完善的组织制度、相对合理的薪酬制度来实现，这种薪酬制度会根据成员为组织所作的贡献给予适当的奖励，同时也将成员的某些个性化的需求考虑进来。自公司形态开始，人性的东西逐渐融入了组织凝聚关系的范畴。

（4）跨国公司与企业集团形态。在科学进步的推动下，企业规模不断扩张，资源与产品都要求在更大的范围内流通和配置，经济全球化趋势加强，于是出现了跨国公司和企业集团。这些跨国公司或企业集团虽然在数量上所占的百分比很小，却占很大部分的国民产出。跨国公司和企业集团是一个包括多产出、多环节、多功能的复杂的企业组织形态，是组织形态演变的高级阶段，是多样化经营的结果。

2. 电子商务企业组织形态

今天，电子商务已经渗透到了企业日常工作的各个领域，除了一些新兴的无实体的电子商务企业外，一些实体的企业也将目光投向了电子商务的广阔市场。电子商务的独特竞争优势吸引了很多非电子商务形式的转变，而其自身形式也经历了发展和自我完善的过程，出现了三种组织形式：企业电子商务、电子商务企业和虚拟企业。其中虚拟企业是电子商务主要的组织形态。如图 5-1 所示。

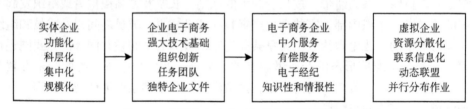

图 5-1 电子商务企业组织形态的发展及特征

（1）企业电子商务。企业电子商务是一种介于实体企业和虚拟企业之间，以计算机技术、通信技术和网络技术为支撑平台，将传统的生产、营销等数字化、网络化的组织形式。企业电子商务的组织要素包括活动、资源、制度以及目标。企业电子商务的活动要素指企业的电子商务活动，它具有虚拟性、实时性、公平性、全球性、低成本性及高效率性。资源要素始终占据着企业最重要的组成部分，可分为物质资源、信息资源或知识资源。在传统的实体企业中，物质资源是企业最重要的资源，相反在企业电子商务中，信息资源和知识资源已独占鳌头，成了企业的核心资源。因此，企业电子商务要想真正发挥信息资源的价值，必须有效地开发、组织与利用信息资源。制度要素是管理体制的反映，也是管理体制的重要组成部分，它是企业电子商务系统正常运转、实现电子商务目标、完成电子商务计划的重要保障，由于企业电子商务活动的虚拟性和组织的分散性，使得制度规范显得更加重要。企业电子商务存在并继续发挥价值的动因是目标。企业电子商务的目标可分为短期目标和长期目标：短期目标是为了完成特定的任务，因此又称为任务型目标；长期目标是企业战略计划的反映，因此又可称为战略型目标。

（2）电子商务企业。电子商务企业是提供公共交易平台服务、公共交易信息服务和公共应用系统服务的，带有中介性质的组织。电子商务企业的收入来源主要有交易服务费、广告费、社区会员费、深层次的信息服务费、应用系统运行平台租赁费、应用系统租赁费、应用系统实施咨询费等。电子商务企业的模式主要有经纪模式（Brokerage Model）、广告模式（Advertising Model）、信息媒介模式（Infomediary Model）、销售商模式（Merchant Model）、制造商模式（Manufacturer Model）、合作模式（Affiliate Model）、社区模式（Community Model）、订阅模式（Subscription Model）和效用模式（Utility Model）。从这九种模式可以看出，电子商务企业的主要特征有中介特征、虚拟特征、公平特征、有偿服务特征、知识性和情报性等。

（3）虚拟企业。虚拟企业是指一些企业、顾客甚至同行业的竞争对手，以商业机遇中的项目、产品或服务为中心，利用计算机技术、网络技术和通信技术组合各方的核心资源和技术，以实现优势互补、利润共享和风险共担的网络化组织，又称为动态联盟。虚拟企业的特征主要表现在：①虚拟性。虚拟企业没有正式的企业名称，不具有独立的法人资格、没有固定的生产厂房、没有正式的企业员工，其成员企业分布于世界各地，它们是通过信息技术进行沟通和联系，以合同或契约规范日常的经济行为。②实时反应性。虚拟企业超越了时间的限制，面对急剧变化的市场环境，以商机为中心，迅速成立动态合作组织，并且其组织结构是扁平化的，使决策层贴近执行层，从而可以对环境做出快速响应。③并行作业。虚拟企业超越了空间的限制，也不受生产链条的约束，并联作业，实现了最高形式的专业化分工。④"明星组合"。虚拟企业的各成员企业都拥有独特的核心竞争力，并且只提供自己最专长的功能，从而形成优势互补的统一体，实现了强大的"明星组合"。⑤组织结构扁平化。虚拟企业的成员是平等互补的，没有上下级的关系，因而其组织机构是高度扁平化的，呈现出"橄榄型"或"哑铃型"，所以虚拟企业对快速变化的市场环境，能迅速调整战略和战术决策，从而使其适应能力很强。⑥合作不持久。虚拟企业是一种动态的联盟关系，是基于商业机遇中的项目、产品或服务组合而成的，因此项目结束也标志着合作关系的停止，这也使得虚拟企业具有很强的灵活性。

以上三种组织形态其实是一个电子商务比重越来越大的演进过程，即实体企业→企业电子商务→电子商务企业→虚拟企业。这三种组织形态一定时期内并存于社会经济形态中，相互影响，共同发展。

二、电子商务组织结构类型

1. 传统的企业组织结构

企业组织结构是企业在特定环境条件下为实现其经济利益而采取的组织安排形式。传统的企业组织结构主要有以下几种：

（1）U型组织结构（Unitary Structure）。U型结构是直线职能制的组织结构，它将某种或某类产品从生产到销售的全部过程纳入企业管理之下。U型结构的基本特征是企业内部按职能划分为若干个不同的部门，如生产、销售、开发、财务等。企业的最高领导及机构负责策划和运筹，直接领导和指挥各个部门开展业务活动并进行经营管理。U型结构的特点是集中统一，能保证各个部门之间良好的协调。企业最高领导直接控制和调动资源，能够节约使用有限的资源，集中优势成功实施若干效益好的项目。但U型结构也存在明显的不足，如高度集中带来经营决策缺乏灵活性和敏感性，中层管理者因权限微弱缺乏积极性，而高层管理者因埋头于经营决策而无暇顾及战略决策。

（2）M型组织结构（Multidivisional Structure）。为了适应现代企业经营活动的多样性，1921 年通用汽车公司总裁阿尔弗雷德·P.斯隆率先创立了新型的多部门组织结构——M 型结构。M 型结构的基本特征是经营决策与战略决策的分离，即按产品、技术、销售、地域设立半自主的经营事业部，公司的经营决策由不同的事业部负责，而让公司最高领导从经营决策中脱离出来，从事企业战略决策并对各个事业部进行评价、监控。因此，M 型结构实际上是由一个总办事处将若干个 U 型结构组合为一个整体而形成的，即 U 型结构包含于 M 型结构之中。M 型组织结构有利于改善企业信息机制及激励机制，也有利于加强协调和控制。

正是由于这些优点，M 型结构先后在美国和西欧成为基本的组织形式。当然，M 型结构的治理机制与控制、激励机制并不完善，容易产生事业部经理从局部利益考虑问题而忽视公司整体利益的缺陷，M 型结构中机构重复，造成管理费用的增加。

（3）H 型组织结构（Holding Structure）。H 型组织结构主要运用于控股公司，与 M 型结构的不同在于事业部门由独立的子公司、分公司代替，其成员是法人单位，企业总部只持有子公司或分公司的部分或全部股份。一方面，企业的各个子公司或分公司具有更大的经营独立性；另一方面，企业总部只对子公司、分公司的部分或全部投资承担有限责任。因此，H 型组织机构具有分散经营风险的功能，但同时也应该注意这类企业往往缺乏战略优势和凝聚力。

2. 企业电子商务的组织结构

企业电子商务组织结构有一些自己的特点和要求：企业电子商务组织以计算机技术、通信技术和网络技术作为开展一切活动的基础，所以说科学技术是组织的一大支柱；信息的世界瞬息万变，所以电子商务组织一定要反应快，并且决策要科学；由于市场环境的多样化和多变化，电子商务组织应具有灵活性；电子商务的特点让企业组织结构扁平化，减少了管理中间层，组织管理更加直接。

基于企业电子商务的以上特点，电子商务有以下几种组织结构的创新形式：

（1）虚拟组织（Virtual Organization）。肯尼思·普瑞斯、罗杰·内格尔等美国学者于 1991 年最早提出了"虚拟企业"概念。虚拟公司指公司总部仅保留最关键的职能，如研发和营销等，其他职能通过外包或协作方式借助外部力量完成。这样的模式被称为"虚拟"，是因为整个产销网络体系中，众多的企业与人员虽然遵从同一个决策体系，执行其政策和战略，但它们却不必同属于一家公司。这一点使虚拟公司能够自由地选择合作伙伴。这种组织弹性对公司的生存和发展很重要，因为它体现了公司适应环境变化的能力。特别是，虚拟公司能够在全球范围内吸纳最优秀的人才、资源和知识，从而获得强大的可持续发展潜力。目前，美国已出现了很多这种形式的企业，比如微波通信公司与其他公司的结盟，使它能够在多达 100 家其他公司的人才、技术和资金的基础上，向顾客提供硬件、服务等综合业务。国内的著名服装企业美特斯邦威就是运用了"虚拟经营"之道，成功地打破了温州家族式民营企业通常发展至 5 亿元左右的年营业规模时便徘徊不前的"温州宿命"。

小贴士

2002 年 8 月 23 日，由国家科技部和清华大学、西南大学、浙江大学的教授组成的专家组来到美特斯邦威集团，考察其电子商务的应用情况。他们和近几年到这个曾被看做"皮包公司"的企业考察、访问的数万人所看到的没有什么不同。这个花了 200 万美元聘请郭富城做形象大使、2001 年度中国最受消费者欢迎的休闲装品牌，当然不会在这之前给这些在信息化建设上"术业有专攻"的专家们留下什么特别的印象。但令实地考察的专家组大感惊讶的是：在这里已经看不到一台缝纫机；初步具备了虚拟品牌运营商概念的美特斯邦威集团，竟然自行研究开发了包括 ERP 在内的全部信息系统！经过考察，专家组得出结论：在目前的国内企业中，美特斯邦威在信息技术运用上已处于领先地位，真正把信息技术成功运用到了生产、管理、流通、销售等各个环节。

（2）网络型组织（Network Organization）。网络型组织结构是日本学者山田荣作通过对多国籍企业结构的研究而发现的新形式。这种形式由许许多多个组织单元构成，组织单元之间运用先进的通信技术，依靠共同的价值观念，形成有机的网络化结构。组织单元具有规模小、灵活性高、财务相对独立的特点。组织单元充分有效的运营将使企业具有极强的环境适应能力。网络型模式的另一重要特征是实行内部封闭制度，组织单元虽然拥有高度自治权，但它仍面临着优胜劣汰的命运。组织单元不仅与企业内其他组织单元有业务往来，还可以直接与其他企业开展业务，从而把市场机制全面引入到企业组织内部。组织单元之间也形成了服务与被服务者、供应商与顾客之间的关系。在日本，日本电气、富士通等高技术产业都以组织单元化及单层化为目标，采用了网络型模式。

总体说来，中国的电子商务还处于起步阶段，较其他国家是比较晚的。电子商务不是在中国兴起的，而这个与传统商务有着很大差异的新兴事物有很多的不确定性和未知性；同时电子商务是一项需要大量科学技术支持的活动，这对各种工作设备以及从事该活动的人员有很高的要求。尽管这些原因阻碍了电子商务在中国的发展速度，我们依然要在探索中前进，在国外经验的基础上探索适合自己的企业电子商务组织结构，使我国的电子商务上升到一个新的台阶。

第三节　电子商务组织管理实施

现代企业运作的核心是企业组织的运营，也就是企业组织的管理。从系统的角度来看，企业组织的结构是分工部门化、授权等一系列管理决策的产物，而组织创新又是企业经理人面临的迫切问题。在这里我们从组织的整体结构出发，将企业组织归结为由目标、技术、制度和活动四个基本内容组成的不可分割的整体。显然，一个有效率的企业组织是四个基本内容相互协调，并与环境相互适应的结果，而电子商务的组织管理就是要电子商务作为一种环境真正渗透到企业的组织管理中来。

一、电子商务组织管理的内容

电子商务组织管理的实施分为四个内容：组织目标管理；组织活动管理；组织技术管理；组织制度管理。

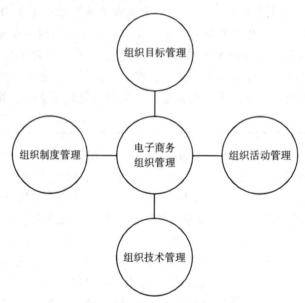

图 5-2　电子商务组织管理的内容

1. 电子商务组织目标管理

组织目标是组织为自己所设定的未来要实现或者希望实现的状况。组织的目标是企业组织活动的动力，企业组织把追求利润作为其不可或缺的目标。然而在经济全球化、高度竞争的环境下，企业组织要想获得满意的利润，就必须采用电子商务来提高企业的效率。在这里，电子商务以某种正反馈的方式对企业组织目标的实现产生了显著影响。

网络经济所具有的外部正效益特性（Positive Network Externalities）推动企业积极地将电子商务应用到企业运营中去。这一点如果用通俗的语言表达就是电子商务所具有的低成本、高效益、全球化的优势提高了企业的效率，有助于企业充分利用内部和外部资源。1991 年万维网的创建、1992 年 Mosaic 浏览器的出现，以及后继的 Netscape 浏览器技术的突破，推动了 Internet 的发展，尤其是基于 Internet 的商业应用呈现爆炸性的增长，加速吸引了众多企业的投资，因此，基于 Web 的电子商务被投入到一个强大的正反馈环中。

信息技术的发展推动了计算机知识和技能的普及，个人电脑 PC 机已经成为一种大众的工具。在这个所谓的"计算无所不在"（Ubiquitous Computing）的时代，一些大型企业在作投资决策时，会自然而然地考虑使用电子商务的相关技术，以与社会群体的发展趋势相同并获得更多的市场竞争优势。而中小企业，由于网络技术赋予了它们和大企业同等竞争的机会，它们也会更多地考虑使用低成本的电子商务技术，以期待在某个细分市场抢夺一定的份额。另外，企业对人力资本的投资也集中到了企业的信息应用领域，以加快自身的改造来应对社会的变革。企业的组织目标和社会的趋势、需求相互推动，使得电子商务进入企业成为一种趋势，而电子商务又反过来影响了企业组织的决策和运营过程，组织目标的实现途径开始向这一新的技术或是理念倾斜。

2. 电子商务组织活动管理

组织的活动是围绕着组织的目标而展开的。这些活动由于组织中存在分工而各不相同，但是普遍要求具有实践的经验性，这样就造成了企业组织管理上的一些主观性，这种主观性反映在活动的效果依赖于具体管理者或者操作者的个人能力。而电子商务与企业组织活动的融合，降低了对具体操作者的特别能力的要求，提高了管理活动中的客观性、科学性和技术性。管理者的素质要求提高了，需要他们对技术的应用有一种理解，使得企业活动不再仅仅依靠经验来管理。无论是在电子商务实施过程中，还是在进入良性运作后，企业对管理人员内在人力资本的投入将增大，而管理活动中所需要的硬件、软件也需要企业进一步加大投资，信息系统运行的费用和维护成本也需要企业负担。组织活动的不确定性变小了，这种风险的降低对于经济全球化情况下的竞争可能是至关重要的。这就意味着即使企业投资电子商务并未减少其运作的成本，其投资仍然可能是值得的，因为电子商务支持下的企业活动将有更多的空间和选择的机会。

3. 电子商务组织技术管理

显然，电子商务将对企业组织中的技术要素形成巨大的冲击。从上述分析可以发现，电子商务对企业组织活动将推动组织的技术创新，这种技术创新实际上也是管理创新的一部分。在科学管理的初创时期，机器生产的高效率使得企业组织中的分工成为非常重要的技术，分工实际上应当被认为是一种管理技术。在企业中，不管是管理技术还是实质性的工具和技术，都是企业组织活动执行过程中的转换方式。工业化的大生产从分工中获得了巨大的效率，机器代替了人的劳动，机械化的生产成为企业活动的主要方式。信息技术的发展使得机械化的分工有了一个质的飞跃，在机械化的上层面出现了自动化和智能化，这是一种人类智能的替代。这种发展趋势，我们可以从许多方面看到，如制造业中的计算机集成制造技术（CIMS）、企业中广泛应用的信息系统（MIS）等。但是，我们深刻地感到，现在电子商务对企业过程的改造和营销的管理是用技术要素对组织管理进行智能化的替代，是用集成化的技术取代人类的管理智能，而不仅仅是局部的技术智能化。

4. 电子商务组织制度管理

电子商务的发展也对企业的制度形成了很大的冲击。企业组织中的制度决定了人们在企业活动中相互关系的制约。组织是在一定的制度下设立并通过一定的制度而运作的。在传统企业中，由于技术和技能等因素的制约，企业组织活动在许多方面都显示了某种机械性。从工作时间到工作内容，企业内部许多员工看起来就像是机器的延伸。尽管企业的管理人员也鼓励其员工创新，但是工作的机械性使得创新的机会和方法都很缺乏，久而久之，与人性发展不太协调的制度会损害组织的效率，影响组织目标的实现。现代某些人本化的管理思想对提高员工的活力效果不佳，其原因在于这些方法只是从机械论的角度浅层次地放松了对员工的制约，而没有真正调整员工工作的过程和方法。电子商务的融入，使企业改变了企业员工的工作内容和方法，对员工的素质要求提高了，制度对员工的约束变得深层化。这种深层的约束具体表现在企业已经放弃了教条式的、机械的约束，而对员工的知识、专业技能和学习能力提出较高的要求。

二、电子商务组织管理的发展方向

1. 电子商务与企业流程重组

这方面的研究，将分析电子商务技术对企业组织结构和管理模式的影响，研究电子商务环境下的企业流程，总结并提出企业流程再造的方案。具体研究内容如下：新的竞争环境下的企业竞争规则、竞争模式与模型研究；电子商务的发展和建立策略研究；多种组织的结构研究；企业如何建立自己的信息优势，企业充分利用信息优势的方法，以及信息优势如何转化为竞争优势和利润的方法；新的商务经营环境下，企业组织机构和商务流程运作过程的重组和改进等。

2. 电子商务组织的协同管理

随着电子商务在各个企业的普及，跨地域的电子商务交易、电子会议、集体决策、群体协商决策等成为企事业单位管理、决策的主要内容之一。因此，应从以下几个方面展开：电子商务环境下的群体决策支持系统概念模型的研究；群体决策制定过程中的文化因素的影响研究；各业务流程以及资源的协同管理研究；充分调动人力资源，使每个人"在其位，谋其政"，在部门中发挥重要的个体作用，在集体中表现出"1+1>2"的效果。

3. 电子商务与供应链管理

供应链管理包括需求计划（提供预期市场需求，分析客户购买方式和发展总规律，进行协同预测）和供应计划（为满足需求，将企业资源与需求进行定位和最佳配置）两大部分的内容。在这方面应进一步研究企业内部供应链管理和企业间供应链管理以及全球范围内扩展的供应链管理。内部供应链管理中，主要是控制和协调物流中的部门之间的业务流程和活动。怎样消除部门沟通障碍，削减成本，对客户的需求和市场变化作出快速反应。在企业间的供应链管理中，应进一步加强研究对企业供应链和需求链的管理，建立统一的数据库系统和销售配送网络，管理中央仓库，客户订单可以与配送订单联结传送，同时支持多个环境下业务单元间的信息交换等。在全球市场范围内扩展的供应链管理中，企业要更有效地运作和保持竞争力，就必须通过提高工厂与其客户沟通的能力，支持公司需求链与客户物流同步的选择并实现客户过程集成，有效地管理公司的供应商和客户。

4. 电子商务与网站建设的管理

纯电子商务是只在网上进行交易的公司。对这些公司的网站的研究，把 Web 作为一个营销交流的分销渠道和媒介，并对一些网站按照其提供服务的内容进行了分类，包括对一些限制产品选择的站点的研究，指出了其中存在的缺陷和不足。现在的电子商务研究该转向一些面对学术的研究。例如，研究人—机交互，客户行为，企业和渠道整合，以及基于 Web 的策略开发。

虽然电子商务管理研究已被重视，但还缺乏具体的理论指导，电子商务作为一门综合性交叉性学科，对它的研究肯定是少不了管理这一环节的。目前，一些学者提出的电子商务对现行社会环境，特别是对企业管理带来的影响，给企业的管理者们带来了很大的启示。

三、协同管理 CPFR

1. CPFR

协同管理从早先的 EDI（Electronic Data Interchange，电子数据交换）、VMI（Vendor Managed Inventory，供应商管理库存），到 CRP（Continuous Replenishment Planning，持续补货计划），再到 ECR（Efficient Consumer Response，有效客户回应），经历了一个不断演化的过程。20 世纪 90 年代中后期以来，协同管理正逐步进入一个新的发展阶段——CPFR（Collaboration Panning，Forecasting and Replenishment，协同规划、预测和补货）阶段。CPFR 以"通过协同流程和共享信息，增进贸易伙伴之间的伙伴关系"为使命，以其在"增加销售、降低交易成本、减少库存、提高供应链可见性（Visibility）、消除供应链牛鞭效应（Bullwhip Effect）、促进供应商和制造商新型协同关系的形成"等方面取得的显著效果，正在成为国际企业提升供应链管理水平的重要方向和趋势，被称为"21 世界最具威力的、让客户满意的流程"。

CPFR 是一个新的概念。我们全面、系统地理解它的概念和内涵对把握它的本质特征、探求它的发展规律有着重要的意义。目前，尽管有不少国际性的研究机构和研究人员对 CPFR 进行了多角度的研究，但对它的定义还没有一个比较统一的表述，现列出以下有代表性的几种。

（1）Cindy Tim 等把 CPFR 定义为在两个或多个贸易伙伴之间创造共享的流程，用统一的方法实现多样化的技能和知识的传递，以期为客户满意提供一个优化的框架。它的任务是通过协同流程和信息共享来显著促进贸易伙伴之间的战略伙伴关系。

（2）VICS 在获得 GCI（Global Commerce Initiative，全球商务促进委员会）推荐的《协同规划、预测与补货指南》（第 2 版）中认为，CPFR 是指在两个贸易伙伴之间形成规范的流程，对共同的计划和预测达成协议，通过补给监控业务的运营，识别并能够对任何例外情况作出反应。

（3）Seifert 等把 CPFR 定义为在所有供应链参与者中形成的一个动议，这一动议计划通过共同管理规划流程和分享信息以改善参与各方相互之间的关系。

（4）VICS 于 2004 年在《CPFR——An Overview》中指出，CPFR 是一种把多重贸易伙伴的智能融入客户需求的规划和实现过程的商务活动，它把销售和营销的最佳实践（如品类管理）与供应链管理和执行流程连接起来，在降低库存、运输和物流成本的同时提高有效性。

总结不同的观点，我们认为CPFR是指以追求供应链最终客户的满意为出发点，供应链成员之间通过共同管理业务流程和协同运作，实现信息、智能和经验的共享，致力于构筑和提升供应链合作各方之间的战略合作伙伴关系，达到共存共荣、互惠互利，最大限度地提高供应链整体的效率、效益和竞争力。

2. CPFR的实施原则

CPFR的实施是一个较为复杂的过程，实施过程中应该把握以下三个方面的原则。

（1）独特性原则。在参与者之间建立起贸易伙伴框架，这一框架是根据不同的情形独特设计的，必须把参与者各自的专长考虑进去，不同的参与者应根据其相应的背景、能力和所作的贡献来分担责任以及确定核心业务流程中所担当的角色。换句话说，CPFR首先要求参与各方各显其能，各尽其责。

（2）唯一性原则。这一原则要求参与者接受自己在CPFR流程中所承担的角色，共同遵循唯一的需求运作预测。因为只有参与各方共同接受唯一的预测结果，才能保证行动一致、步调统一。为此，在CPFR流程中，参与各方都必须认同相应的信息共享技术和预测技术，并能就预测可能产生的不一致结果进行修正和协调，把最终达成的结果作为唯一的预测依据以主导规划。

（3）全局性原则。这一原则要求供应链参与者共同致力于消除供应链流程的各种障碍，把局部利益融入整体利益之中，共同追求全局利益的最大化。举例来说，如果预测能够与生产周期时间同步，那么生产商的缓冲库存就可以得到削减，对降低供应链整体成本很有帮助，所以必须在实施CPFR的条件下得以推行。而在没有CPFR的背景下，零售商的预测和订单周期的时间间隔往往非常短，这样就会产生保有缓冲库存的需求，相应的成本和费用就不可或缺。

总体来说，独特性原则、唯一性原则和全局性原则都是为了让参与各方通过协同规划、预测和补货方式，追求整体利益的最大化，并从中获得更大的个体价值。

小贴士：啤酒游戏

在这个游戏里，有三种角色可让你来扮演。从产/配销的上游到下游体系，依序为：

1. "情人啤酒"制造商
2. 啤酒批发商
3. 零售商

这三个个体之间，通过订单/送货来沟通。也就是说，下游向上游下订单，上游则向下游供货。

游戏是这样进行的：由一群人，分别扮演制造商、批发商和零售商三种角色，彼此只能通过订单/送货程序来沟通。各个角色拥有独立自主权，可决定该向上游下多少订单、向下游销出多少货物。至于终端消费者，则由游戏自动来扮演。而且，只有零售商才能直接面对消费者。

这是20世纪60年代，MIT的Sloan管理学院所发明出来的一种类似"大富翁"

的策略游戏。Sloan 管理学院的学生们，各种年龄、国籍、行业背景都有，有些人甚至早就经手这类的产/配销系统业务。然而，每次玩这个游戏，相同的危机还是一再发生，得到的悲惨结果也几乎一样：下游零售商、中游批发商、上游制造商，起初都严重缺货，后来却严重积货，然而，消费者的需求变动，却也只有第二周那一次而已！如果成千成万、来自不同背景的人参加游戏，却都产生类似的结果，其中原因必定超乎个人因素之上。这些原因必定藏在游戏本身的结构里面。也许我们可以通过对协同管理的了解，深入地对这个小游戏进行一点思考。

四、网络化企业组织

电子商务的发展对企业组织结构的变革催生出一种新型的企业组织形式——网络化企业组织结构。网络化组织以其扁平、灵活、高效、柔性等特点，成为传统企业在电子商务发展阶段组织结构变革的方向和目标。

网络化企业组织作为一种新出现的组织结构形式，国内外专家从各个角度对其进行了深入的研究。一般认为，网络化企业组织是由多个独立的个人、部门和企业为了共同的任务而组成的联合体，它突破了传统的科层制组织结构的界限，通过契约等形式明确各自的职能，并借助网络技术的应用，在各成员之间建立起密集的多变联系，形成交互、动态、互利的合作机制，以实现特定目标的一种组织形式。根据组成网络各节点的成员的特性及相互关系，网络化企业组织大致可分成四种类型：内部网络化企业组织，纵向型网络化企业组织，横向型网络化企业组织，中介型网络化企业组织。

网络化企业组织机构与传统的企业组织结构最明显的区别：构成网络化组织的个人、部门和企业不再局限于某一固定的职能范围，它们将构成网络组织中富有活力的节点，每个节点之间都以平等身份参与运作，并保持着互动式联系，每一节点以各种可能或无法预料的方式与其他节点连接在一起，以适应外界环境的变化。此外，网络化企业组织还具有其他一些特点：以知识创新为基础，以信息共享为目标；开放、灵活，动态调试；消除登记，注重沟通。

本章小结

本章从组织的定义出发，进一步介绍了组织管理理论，并由此引出了电子商务组织管理。电子商务组织管理，就是企业在电子商务的环境下，协调组织内部或外部的人力、物力、资金和信息等资源，实现共同组织目标的一种活动和过程。它有企业组织扁平化和分权化、企业组织柔性化和人性化、企业组织虚拟化和无边界化的特点。之后我们又从行政管理层、战略性管理层、创新能力层这三个层次简要介绍了组织的变革理论。

在以上的基础上，介绍了组织形态的发展，以及对电子商务组织的形态和结构分别作了分类说明。电子商务组织的形态的发展和分类可以表示为：实体企业→企业电子商务→电子商务企业→虚拟企业。电子商务的组织结构可分为 U 型组织结构，M 型组织结构，H 型组织结构，虚拟组织和网络型组织。

本章介绍了电子商务组织管理的实施。实施分为四个内容：组织目标管理，组织活动管理，组织技术管理和组织制度管理。电子商务组织管理在向着四个方向发展：电子商务与企业流程重组；电子商务组织的协同管理；电子商务的供应链管理；电子商务的网站建设管理。随后本章还介绍了协调管理 CPFR 以及网络化企业组织的概念。

【案例讨论】 思科的网络化企业组织

企业组织结构的设计与构造，总是随着社会经济和科学技术的不断发展而产生适应性的变化。从直线制到直线职能制、从矩阵制到事业部制，强大的经济发展引擎不断推动着企业组织结构的创新与变革。网络型企业组织结构正是基于当今飞速发展的现代信息技术手段而建立和发展起来的一种新型企业组织结构。

网络型组织结构是一种很精干的中心机构，是一种以契约关系的建立和维持为基础，依靠外部机构进行制造、销售的组织结构形式。被联结在这一结构中的各经营单位之间，没有正式的资本所有关系和行政隶属关系，只是通过相对松散的契约（正式的协议契约书）为纽带，透过一种互惠互利、相互协作、相互信任和支持的机制来进行密切的合作。

在企业组织结构网络化转型中，最为典型和成功的当属思科（Cisco）系统公司。思科公司成立于 1984 年，最初只是一家普通的生产网上路由器的高科技公司。1992年，公司现任高级副总裁兼 CIO 彼得·苏维克提出利用互联网来改造公司整体运营体制，成功地构建了思科网络联结系统，从而使思科公司成了网络化企业管理的先驱。苏维克领导的互联网商业解决方案组（IBSG）也成为思科公司最具潜力的业务方向之一。现在，思科不仅仅是网络基础设备提供商，而且也提供业界最领先的电子商务解决方案，越来越多的企业分享了思科应用互联网的成功经验。2000 年 3 月 27 日，思科公司股票市值高达 5550 亿美元，首次超过微软，成为全球股票市值最高的公司。

思科公司的 CEO 约翰·钱伯斯将公司现在的网络结构系统分为三层：

第一层是电子商务、员工自服务和客户服务支持，能实现的网络效应是产品、服务多样性、定制个性化服务和提高客户的满意度等；

第二层是虚拟生产和结账；

第三层是电子学习。

思科庞大的生产关系管理系统（PRM）和客户关系管理系统（CRM）全都基于这三层网络结构系统之上。思科的第一级组装商有 40 个，而它下面有 1000 多个零配件供应商，但其中真正属于思科的工厂却只有两个，其他所有供应商、合作伙伴的内联网，都通过互联网与思科的内联网相连，而无数的客户通过各种方式接入互联网，再与思科的网站挂接组成了一个实时动态系统。客户的订单下达到思科网站，思科的网络会自动把订单传送到相应的组装商手中。在订单下达当天，设备差不多就组装完毕，贴上思科的标签直接由组装商或供应商发货，思科的人连包装箱都不会碰一下。

网络型企业组织结构不仅能为思科这样的企业巨人所应用，对于经营范围单一、分工协作密切的小型公司，更是一种可行选择。采用网络型结构的组织，他们所做的就是通过公司内联网和公司外互联网，创设一个物理和契约"关系"网络，与独立的制造商、销售代理商及其他机构达成长期协作协议，使他们按照契约要求执行相应的生产经营功能。由于网络型企业组织，大部分活动是外包、外协的，因此，公司的管理机构就只是一个精干的经理班子，负责监管公司内部开展的活动，同时协调和控制与外部协作机构之间的关系。

互联网的力量是巨大的，而且这种力量还在呈几何级数增长。在美国，每天有近30亿份电子邮件在网上飞来飞去。作为通信业的一种工具，它的作用已经超过了电话。互联网潜入产业内部后对经济发展的推动力，我们不能全部臆断，但显而易见的一点是，它将推动企业运作速度的持续加快，社会产品交易成本也将持续降低。

对于这一点，我们同样从思科公司的网络管理结构中得以感受。思科公司提供完备的网上订货系统、网上技术支持系统和客户关系管理系统。客户可以在网上查到交易规则、即时报价、产品规格、型号、配置等各种完备、准确的信息，可以通过互联网进行各种技术服务在线支持。基于这种生产方式，思科的库存减少了45%，产品的上市时间提前了25%，总体利润率比其竞争对手高15%而不是1.5%！互联网应用给思科公司每年节约的交易成本是6亿美元，这比其竞争对手的研发预算还要多。

更重要的是，由于思科充分应用互联网，传统的企业管理幅度和管理层次的矛盾在这里将不存在。全球范围内每个竞争领域的成本和盈利数据通过公司内联网变得公开和透明，最高层的决策思路通过公司内联网准确无误地传达给最基层的一线员工，从而公司能够充分授权，员工能够快速决策，而这些决策，以前只有CEO或财务总监才能作出。企业管理极度扁平化，一线的经理能够在每个季度结束后一个星期就知道，为什么原定目标没有达到，是因为网络问题、零部件问题还是因为竞争加剧，这极大地提高了管理效率。结果是，思科每个员工年平均所创造的收入高达70万美元，是其传统公司竞争对手的3~4倍。

企业组织结构系统的网络化在三个方面极大地促进了企业经济效益实现质的飞跃：一是减少了内部管理成本；二是实现了企业全世界范围内供应链与销售环节的整合；三是实现了企业充分授权式的管理（Empowerment）。

案例讨论题：
1. 当今的思科呈现出哪种组织形态？
2. 思科的网络化企业组织呈现出哪些优点？

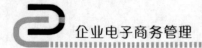

思考题

1. 电子商务组织管理有哪些特点?

2. 电子商务的组织结构类型有哪几种?

3. 电子商务组织管理包括哪些内容?

4. 什么是网络化企业组织?

第六章　电子商务人力资源管理

本章要点
- 了解人力资源管理的含义及职能
- 掌握电子化人力资源管理的内涵
- 掌握人力资源管理系统的内涵及特点
- 了解人力资源管理系统实施的软件模块

开篇案例：中国石油建设人力资源管理系统

中国石油是一个多元化、综合性公司，其业务复杂、下属单位多、地域分布广、员工多。随着公司业务的发展，越来越需要集中化的人力资源管理模式，高度集中的人力资源管理系统可满足集中化人力资源管理的业务需求。因此，围绕着业务需求，中国石油进行了人力资源管理系统的业务架构、物理架构、逻辑架构、应用架构和功能架构的设计，并在系统设计时对系统安全进行全面考虑，以确保系统上线后平稳可靠运行。

中国石油制定了人力资源管理系统建设目标：借鉴国际最佳实践，建成适合中国石油特点、具有国际先进水平、代表国际大型能源公司形象的人力资源管理信息系统。通过规范、整合、集成各项人事数据，实现信息的及时、准确，管理的规范、高效，达到对人力资源的优化配置。进而实现控制机构编制、控制人员编制总量、控制人工成本，规范薪酬分配的"三控一规范"业务目标。

自2008年12月系统全面上线后，人事管理、组织管理、考勤管理、薪酬管理、经营管理人员管理、专业技术人员管理、操作技能人员管理已经在全公司范围应用；门户、领导决策支持和报表已在部分单位应用；招聘管理的平台已经搭建起来，已经选择在两个地区公司应用。绩效考核管理在中国石油总部已经应用，2008年的业绩考核通过系统实现，2009年的企业高级管理人员业绩合同通过系统签订。培训管理和员工发展系统，根据业务发展也将进一步完善。系统自全面上线后，平稳运行，效益将逐渐体现出来。

讨论题：
1. 中国石油在人力资源管理中进行了怎样的创新？
2. 为确保人力资源系统在今后的管理工作中发挥作用，中国石油在系统实施的过程中还要注意哪些问题？

第一节 人力资源管理的概述

人力资源、财力资源和物力资源是企业的生产经营管理活动不可缺少的三大基本资源。在现代企业中，人力资源管理已经成了管理的核心。随着经济和社会的发展，企业与企业之间的竞争已经不再单纯是技术、资金的竞争，归根结底是人才的竞争，所以，越来越多的中国企业已经认识到人力资源管理的重要性。

电子商务的发展与人力资源管理密切相关。一方面，企业实施电子商务是一项有着复杂的技术和管理要求高，并且极富挑战性的工作，它的成败很大程度上取决于企业能否吸引、培养一批精通现代通信技术又具有丰富的经营管理知识的高层次、复合型的人才，最大限度地发挥他们的积极性、主动性和创造性是人力资源管理工作的重要内容。另一方面，电子商务的发展对企业人力资源管理的技术和方法也带来了根本性的变化，电子化招聘、电子化培训、电子化沟通等人力资源管理的新方式将会在越来越多的企业中应用，使企业人力资源管理进入一个新的发展阶段。

一、人力资源的含义及其特点

人力资源的概念是20世纪60年代开始形成的，它是指能够推动生产力发展、创造社会财富，能够进行体力劳动和智力劳动的人的统称。它与物力资源相比，具有生物性、能动性、动态性、社会性、智力性与再生性等特点，它在社会经济发展过程中处于起决定性作用的地位。

1. 人力资源的含义

现代意义上的"人力资源"概念是著名管理学者彼得·德鲁克（Peter F. Druker）提出的。他认为，与其他资源相比，人力资源是一种特殊的资源，它必须通过有效的开发机制才能利用，并为企业带来客观的经济价值。总的说来，人力资源（Human Resource, HR）是指一定时期内，组织中的人所拥有的能够被企业所用，且对价值创造起贡献作用的教育、能力、技能、经验、体力等的总称。

这个解释包括几个要点：

（1）人力资源的本质是人所具有的脑力和体力的总和，可以统称为劳动能力；

（2）这一能力要能够对财富的创造起贡献作用，成为社会财富的源泉；

（3）这一能力还要能够被组织所利用。这里的"组织"可以大到一个国家或地区，也可以小到一个企业或作坊。

2. 人力资源的特点

时效性：其开发和利用受时间限制；

能动性：不仅为被开发和被利用的对象，且具有自我开发的能力；

两重性：是生产者也是消费者；

智力性：智力具有继承性，能得到积累、延续和增强；

再生性：基于人口的再生产和社会再生产过程；

连续性：使用后还能继续开发；

时代性：经济发展水平不同的人力资源的质量也会不同；

社会性：文化特征是通过人这个载体表现出来的。

二、人力资源管理的含义

1958 年，社会学家怀特·巴克（E. W. Bakke）将人力资源管理视为企业的一种普通的管理职能，从而第一次提出了人力资源管理的观念。人力资源管理是指管理者为实现人力扩大再生产和合理分配，运用现代化的科学方法，对与一定物力相结合的人力进行培训、选拔、配置、使用和评价考核的动态过程，其目的是充分发挥人的主观能动性，使人尽其才，人事相宜，以实现组织目标。人力资源开发的基本途径是人力的投入、配置、发展、激励和评价。

简单而言，人力资源管理就是预测组织人力资源需求并做出人力需求计划，招聘选择人员并进行有效组织，考核绩效支付报酬并进行有效激励，结合组织与个人需要进行有效开发以便实现最优组织绩效的全过程，是以人为本思想在组织中的具体运用。人力资源管理的最终目的是促进企业目标的实现。

三、人力资源管理的职能

人力资源管理工作是为了完成管理工作中涉及人或人事方面的任务所进行的管理工作。人力资源管理工作包括人力资源规划；职位设计以及人员招募；绩效评估；薪酬及福利管理；培训及开发等。

1. 人力规划

根据组织的发展战略和经营计划，评估组织的人力资源现状及发展趋势，收集和分析人力资源供给与需求方面的信息和资料，预测人力资源供给和需求的发展趋势，制定人力资源招聘、调配、培训、开发及发展计划等政策和措施。

2. 职位设计

对组织中的各个工作和岗位进行分析，确定每一个工作和岗位对员工的具体要求，包括技术及种类、范围和熟悉程度；学习、工作与生活经验；身体健康状况；工作的责任、权利与义务等。这种具体要求必须形成书面材料，这就是工作岗位职责说明书。这种说明书是招聘工作的依据，也是对员工的工作表现进行评价的标准，还是进行员工培训、调配、晋升等工作的根据。

3. 招聘甄选

①根据组织内的岗位需要及工作岗位职责说明书，利用各种方法和手段，如接受推荐、刊登广告、举办人才交流会、到职业介绍所登记等从组织内部或外部吸引应聘人员以及委托猎头公司。②资格审查，如接受教育程度、工作经历、年龄、健康状况等方面的审查，从应聘人员中初选出一定数量的候选人。③严格的考试，如笔试、面试、评价

中心、情景模拟等方法进行筛选。④确定最后录用人选。人力资源的选拔，应遵循平等就业、双向选择、择优录用等原则。

4. 绩效考评

工作绩效考核，就是对照工作岗位职责说明书和工作任务，对员工的业务能力、工作表现及工作态度等进行评价，并给予量化处理的过程。这种评价可以是自我总结式，也可以是他评式，或者是综合评价。考核结果是员工晋升、接受奖惩、发放工资、接受培训等的有效依据，它有利于调动员工的积极性和创造性，检查和改进人力资源管理工作。

5. 薪酬分配

合理、科学的工资报酬福利体系关系到组织中员工队伍的稳定与否。人力资源管理部门要从员工的资历、职级、岗位及实际表现和工作成绩等方面，来为员工制定相应的、具有吸引力的工资报酬福利标准和制度。工资报酬应随着员工的工作职务升降、工作岗位的变换、工作表现的好坏与工作成绩进行相应的调整，不能只升不降。

6. 基于职位生涯的培训与开发

人力资源管理部门和管理人员有责任鼓励员工，关心员工的个人发展，帮助其制订个人发展计划，并及时进行监督和考察。这样做有利于促进组织的发展，使员工有归属感，进而激发其工作积极性和创造性，提高组织效益。人力资源管理部门在帮助员工制订其个人发展计划时，有必要考虑它与组织发展计划的协调性或一致性。也只有这样，人力资源管理部门才能对员工实施有效的帮助和指导，促使个人发展计划的顺利实施并取得成效。

人力资源管理越来越被重视。企业的经营战略已经发展到以人力资源战略来追求长期效益（见图6-1）。在经济发展成熟的体系下，人力资源管理必须配合"以争取最佳的资源效益"，若将不适当的人力配对不适当的职位，资源效益不但全无，还可能有损耗。现代经济讲求平衡及配合，提升管理效能和质素，就要求人力资源配合，以作平衡。主要内容是设立人力资源架构框架，用最适合的人做最适合的工作。建立人力资源平台，作为沟通及收集资讯的渠道，将各方意见综合，舍短取长，以处理薪酬、福利等事宜。人力资源最重要是培训及发展，人力资源发展必须投资在培训方面，以发挥各阶层的人力资源潜能。

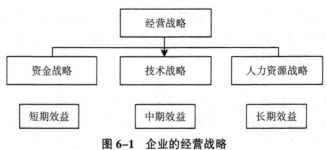

图 6-1　企业的经营战略

第二节 电子化人力资源管理

随着电子商务的发展，人力资源管理逐渐电子化、网络化。由此产生了一个新的概念，电子化人力资源（e-human resource，eHR），eHR借助于信息化平台对传统的HR进行电子化处理述。eHR的主要的功能模块包括电子化招聘（E-recruiting）、电子化培训（E-training）、电子化学习（E-learning）、电子化沟通（E-communicating）及电子化考评（E-evaluating）。

人力资源管理系统（HRMS）是eHR的具体实现软件系统，HRMS能够帮助企业节约成本，给企业带来利益，HRMS有其实施的必要性。同时，企业引入HRMS也要考虑相关因素，以确定是否适合搭建人力资源管理系统。

一、电子商务对我国人力资源的影响

1. 信息化对企业人力资源管理的影响

在科技不断进步、技术创新加快的今天，企业之间人才争夺的竞争越来越激烈，人力资源备受重视，人力资源管理的手段和技术都上升到了新的高度。

人力资源管理的日常工作已经无法离开计算机而执行。而一些企业或企业集团内部已实现计算机网络管理，使得异地间人力资源的管理和信息交流、共享更为方便。

人力资源管理的通信手段和软件系统有了很大的进步，从对文件、报表和工资业务分别使用不同的软件处理，到使用人力资源管理系统对业务全面安排、协调处理，再到企业通过网络实现人力资源分布式网络化管理和在线招聘、评估等。人力资源管理软件的普及，大大提高了管理工作效率。

2. 企业管理本身的变革对人力资源管理的影响

首先，在电子商务时代，信息技术的发展使得企业造就了一种扁平化的新型组织结构。管理层次的减少，职能机构的压缩，裁减人员使得这种结构更具有敏捷、灵活、快速、高效的优点。随着组织结构逐渐趋于扁平化，"工作小组制"成为组织革新的发展方向，将逐步取代原有的"金字塔"结构，以提高组织的灵活性和工作效率。其次，学习型组织是电子商务时代对企业组织提出的新的要求，只有不断地创新学习的组织才能在社会变革中立于不败之地。最后，"虚拟企业"的出现使得企业组织已经延伸到了企业之后。

以上三种组织结构的变革正在改变着人力资源管理的面貌，促使企业管理不断创新。

3. 经济全球化对人力资源管理的冲击

全球化的战略，首先是面向全球开发和配置资本、劳动力、技术等生产资源。开发、配置劳动力资源指的是根据不同地区文化水平和企业需要来开发和利用人力资源。其次是建立一套基于国际分工协作的高效生产体制。越来越多的企业改变了以国内生产为主、海外生产为辅的传统经营方式，力求建立各种形式的海外生产基地。最后是建立面向全球的国际市场营销体系。许多企业通过启用当地营销人才或加强培训等方式，大力培养不仅懂营销、懂外语，而且熟悉当地文化特点和消费习惯的营销人才，以完善国际营销体系，迅速准确地把握市场信息。

二、电子化人力资源管理

1. 电子化人力资源

电子化人力资源管理（e-human Resource），是指从"全面人力资源管理"的角度出发，基于先进的软件和高速、大容量的硬件基础上的新的人力资源管理模式。它运用信息化平台整合招聘、选拔、培训、绩效和薪酬管理，通过集中式的信息库、自动处理信息、员工自助服务、外协以及服务共享，实现人力资源管理的便捷化、科学化和系统化，达到降低成本、提高效率、改进员工服务模式的目的。

2. 企业实施eHR的优势

与传统的人力资源管理方式相比，eHR的优势不仅仅表现在以计算机代替人工管理，某种意义上还可以说是人力资源管理方式的一种革命。

（1）提高管理效率，降低管理成本。人力资源管理业务流程包括员工招聘、人员培训、薪酬福利、绩效考评、激励、沟通、退职、退休等大量事务性、程序性工作，这些事务要占用HR管理者大量时间，手工操作不仅效率低，且容易出错。如果借助信息技术的应用，通过eHR，授权员工进行自助服务、外协及服务共享等，可以提高管理者的工作效率，使管理人员从日常事务中解脱出来，考虑更具战略意义的课题。特别是eHR还可以完整地记录所有员工的人事信息，快捷、方便地获得各种统计分析结果，为企业战略目标的实现提供人力资源要素的决策支持，方便企业高层管理者和部门经理明了企业人员状况、人才需求标准，使企业的人力资源管理更为科学，人才配置更为合理。基于eHR，不仅可显著提高效率，而且可以大大节省费用和时间。eHR可以通过减少HR工作的操作成本、减少行政性人员、减少通信费用等达到降低企业运作成本的目的。例如，Cisco公司通过eHR，开展电子化学习，一年就为公司节省2400万美元的费用。

（2）适应员工需要，提供增值服务。在知识经济时代，随着员工信息意识和自主性的加强，他们对人力资源管理信息透明化的需求加强，十分注重个性化的人力资源发展计划，需要对自身的职业生涯计划、薪酬福利计划、激励措施等有更多的决策自主权，他们希望能够实施自我管理，能更加主动地把握自己的发展前途。基于eHR，员工可以很方便地获得有关自己的考勤、薪资、培训记录等信息，并可以自己来维护这些信息，还可以实现在线报销、在线申请休假、在线查询等工作；人力资源管理部门可以根据员工个人的需求和特长进行工作安排、学习、培训和激励，员工也利于做出对自己发展有利的计划和规划。同时，eHR为人力资源管理部门向企业其他管理者和广大员工提供增值服务提供了便利。基于eHR，人力资源管理部门能够提供人力资源规划、总经理自助服务、直线经理自助服务、员工自助服务等增值服务功能，为企业实施全面人力资源管理奠定基础。

（3）革新管理理念，推动业务外包。eHR 不仅仅是工作方式的改进，更是人力资源管理理念的革新。实施 eHR，HR 工作者能从大量繁杂的行政事务中解脱出来，重新设定自己的角色和目标，从企业运作流程和工作关系上成为企业的战略合作伙伴。这也同时要求他们能更快地对市场需求的变化作出反应，使人力资源管理更好地配合企业战略，从宏观上推动企业人力资源的规划和管理。基于 eHR，人力资源管理部门将一些日常性的人力资源管理工作下放到部门经理和员工身上，而将更多的时间放在服务员工、支持企业管理层的战略决策和员工职业发展规划等更为关键的任务上。同时，基于 eHR，还有利于推动企业人力资源管理中一些非核心事务的外包，使企业人力资源管理人员从作业性、事务性工作中解放出来，把精力、时间用于思考战略需要、提升人力资源竞争力等方面，以更好的成本效益为企业提供更满意的人力资源服务。

（4）加强内外联系，促进信息畅通。随着企业规模的不断扩大，企业各部门之间、员工之间、企业与外部业务伙伴之间的沟通往往会变得十分困难，但激烈的市场竞争使得这种全方位的沟通显得极为必要。由于 eHR 通常是集中数据管理，分布式应用，所以采用全面的网络工作模式可以大大加强企业内部相互沟通以及与外部业务伙伴的联系。企业实施 eHR，加强了人力资源管理工作的透明度和客观性，使 HR 管理的触角成功地延伸到每一位员工的身边，使 HR 的信息传递畅通有效，可以直接传递到基层员工，有利于管理和政策的实施。另外，eHR 可以迅速、有效地收集各种信息，加强内部的信息沟通。员工可以直接从系统中获得自己所需的各种信息，并根据相关的信息做出决策和相应的行动方案，使信息服务实现自助式。基于 eHR，促使企业与外部业务伙伴在人才、技术、知识等方面的资源共享，加强相互之间的联系，能有效提高适应市场的能力。

（5）优化管理流程，提升核心能力。如何将招聘、绩效管理、员工培训与发展、员工职业计划、离职等流程进行合理设计，并建立规范合理的流程，是企业人力资源管理者必须考虑的。实施 eHR，不仅能将人力资源部门的工作职能完全覆盖并划分清楚，并且能在系统中体现经过优化了的业务流程，从而让企业 HR 管理者从繁杂的人事事务中解脱出来，将更多的精力用于规范人力资源运作体系的业务流程。在当前激烈的市场竞争环境下，企业不可能，也没有能力关注于企业价值链的每一个环节，而只能集中力量于企业的战略核心环节和高附加值活动。因此，对于企业而言，将企业的非核心因素排斥在企业组织以外，不断寻求自身在特定环节上的竞争优势是一种正确的选择，也是中外众多企业成功的经验。基于 eHR，建立规范的人力资源管理流程，有助于企业集中精力于核心环节的发展，进而提升企业的核心竞争能力。

（6）加快技术运用，推动 EC 发展。eHR 本是信息技术发展与应用的产物，随着 eHR 的不断完善与推进，反过来又将加快高新信息技术在企业的应用，从而推动企业信息化建设和全社会电子商务的发展。电脑硬件、网络、Web 建站和数据库等都是 eHR 实施的基本技术。随着科技发展，音频压缩与视频压缩技术、呼叫中心、人工智能、互联网电话等许多先进技术也被纷纷运用到 eHR 中来，使 eHR 可实现的功能更为强大。而且，目前新技术的出现和 eHR 对新技术的运用正在呈现一个加速态势，这为企业信息化建设向高层次发展提供了良好的契机。推动电子商务发展的原理在于：基于完善的eHR，企业人力资源管理者能够有效利用外界的资源，并与之进行交易，比如获得人才网站、高级人才调查公司、薪酬咨询公司、福利设计公司、劳动事务代理公司、人才评价公司、培训公司等人力资源服务提供商的电子商务服务，从而有力地促进企业电子商务的发展。

3. eHR 的主要功能模块

eHR 是从"全面人力资源管理"的角度出发，利用信息化技术为人力资源管理搭建一个标准化、规范化、网络化的工作平台，在满足人力资源管理部门业务管理需求的基础上，还能将人力资源管理生态链上不同的角色联系起来。企业各级管理者及普通员工都参与到人力资源的管理活动中来，使得 eHR 成为企业实行"全面人力资源管理"的纽带。

其中，电子化招聘（E-recruiting），就是利用公司网站完成与招聘相关的一系列活动，分为中心资源库式和初级电子招聘两种；电子化培训（E-training），就是通过网络这一交互式的信息传播媒体实现培训过程；电子化学习（E-learning），是指员工自发的、通过网络进行的、以提高自身素质为主要目的的获取知识的过程；电子化沟通（E-communicating），是指利用企业内部网络资源实现信息快速、直接、广泛、有效地传播和思想、感情的交流、融合的过程；电子化考评（E-evaluating），是指利用信息系统对员工的工作成果、学习效果进行的在线绩效评估；电子化薪资（E-salary），是指随时提供线上个人薪资总额的记录查询；电子化福利（E-welfare），是指通过网络实现福利的计划、统计、计算、更改和发放。

4. 中国企业建设和实施 eHR 应注意的问题

中外企业大量的、长期的实践经验表明，eHR 不是万能的，不能指望企业实施 eHR 后，就能解决人力资源管理的所有问题。eHR 只是一个工具，它为企业提升管理能力提供了一种能力和机会，能不能用好更是一个管理问题。如果不能有效地加以利用，就不能促进人力资源管理的提升。由于中国软件开发人员不熟悉先进的人力资源管理思路，往往是在对企业现有人力资源管理了解的基础上实现"无纸化"，并没有和企业的人力资源改革结合起来，造成 eHR 软件开发与人力资源管理的脱节；由于很多企业仍然停留在单机文字处理的基础上，并没有为员工提供配套的网络环境，使 eHR 缺乏深度和持续发展的建立条件；由于部分企业基础工作没有做好，比如员工的基本信息不全，或者可以导入系统数据库的基础信息不全，从而影响 eHR 的引入或广泛应用；由于部分企业员工固守传统的办公模式而对"无纸化办公"采取抵制态度，使 eHR 的推行速度十分缓慢；由于部分企业员工不熟悉办公自动化应用，致使 eHR 工作流程出现断链现象，从而影响了 eHR 的办公效率；对于意欲建设或正在实施 eHR 的中国企业而言，确实还有很长的一段路要走。

eHR 的实施是一项系统工程，具有综合性、系统性、整体性，涉及企业管理的各个方面，应该坚持统一规划、统一投资、统一标准、统一建设和统一管理的工作原则。中国企业在建设和实施 eHR 时，要积极寻求国家政策的支持，大力推动网络在企业的应用，推进企业信息化建设进程；要加强与 eHR 开发商的联系与沟通，选择适合本企业特色的软件产品；要确认企业人力资源管理的发展方向和优先次序，组建专职机构，进行总体规划，建设具有企业自身特色的 eHR 模式；要加强企业员工办公自动化应用水平的培训力度，提升企业员工的信息意识和信息技能；eHR 建设与实施更要从企业实际情况出发，分步骤、分阶段进行。

三、人力资源管理系统

1. 人力资源管理系统概念

人力资源管理系统（HRMS），是指组织或社会团体运用系统学理论方法，对企业的人力资源管理方方面面进行分析、规划、实施、调整，以提高企业人力资源管理水平，使人力资源更有效地服务于组织或团体目标。

第一代人力资源管理系统出现于 20 世纪 60 年代末期，除了能自动计算人员薪酬外，几乎没有报表生成和数据分析等功能，也不保留任何历史信息。

第二代人力资源管理系统出现于 20 世纪 70 年代末，对非财务人力资源信息和薪资的历史信息都进行设计，也有了初级的报表生成和数据分析功能。

第三代人力资源管理系统出现于 20 世纪 90 年代末，这一代 HRMS 的数据库将几乎所有与人力资源相关的数据都进行了收集与管理，更有强力报表生成工具、数据分析工具，使信息共享得以实现。

企业采用人力资源管理系统最主要的原因是，期望借由人力资源管理系统，将人力资源运用到最佳经济效益。由于知识经济的来临，所谓人力资本的观念已经形成，人力资本的重要性更不亚于土地、厂房、设备与资金等，甚至超越。除此之外，人是知识的载体，为了有效运用知识，将知识发挥最大的效用，更需要妥善的人力资源管理，才能够发挥人力资源的最佳效用。

2. 人力资源管理系统必备五大特点

（1）和企业内部其他系统兼容性；

（2）集团化管理模式即纯互联网结构；

（3）完全按企业需求灵活定制性；

（4）无纸化办公即改善企业"白纸黑字"的办公流程；

（5）根据企业所有管理权限分布式控制系统。

这五大特点给企业带来的利益：

（1）企业无须考虑购买这套人力资源管理系统后与自身的其他管理系统和将来购买的先进系统互不兼容、数据无法交换的问题。企业更加不必担心将来需要重新更换系统所带来的资金重投入、员工及管理人员多次培训的忧患。

（2）无论公司现在机构多么庞大，还是由现今的中小企业发展到大型集团，这套系统都可以使自己的管理游刃有余，并且公司再怎么扩大都无须投入额外成本。在系统管理和升级方面更是轻松自如，因为系统只需要在企业服务器上安装一次，其他客户端电脑无须安装任何额外程序（当然需要我们企业上网必备的 IE 浏览器），升级管理轻松在一台服务器上搞定，这样我们企业分支机构无论扩展到世界任何地方都不必担心升级管理的痛苦。

（3）现今企业管理个性化很浓，各家有各家高招，针对于现在企业发展趋势，必须要一套适合企业现今管理模式而且能定制未来发展模式的人力资源管理系统。也就是说，我们需要的软件应该是可以随着公司的调整和改变做出相应的调整和改变的灵活系统。这样就能减少公司二次开发的成本，并且能充分地满足、贴切公司的需求，进而节约不必要的开支。

（4）无纸化办公、异地共同办公。无论你在哪里都可以登录这套人力资源管理系统，实现你在企业中的角色，就像你坐在办公室一样完成这套工作流程，大大提高了工作效率。这也是对管理制度的一种体现，体现了"管理在前，执行在后"的先进理念。

（5）随着企业管理理念的提高，企业内的职位、岗位划分越来越细致，针对这种发展的趋势，我们选择人力资源管理软件的时候必须考虑到系统中权限控制是否适合公司各个岗位的问题。权限分配必须分别对应于企业中不同的部门和不同的人，根据不同的管理人员而下放相应的权限。这样才能给企业带来管理的安全和信息的保密。另外，在分布式权限控制系统中职位与权限相结合，不因人的流动而造成职责的空缺。并且，既可以统一管理，又明确分工。合理的下放职权，亦可减轻各岗位的工作负担。

3. 企业引入人力资源管理系统需要考虑以下几个因素

在企业决定建立人力资源管理体系前，有五个重要的考虑因素：

（1）组织的经营目标。人力资源系统的最终目的，便是为了能够促进组织经营目标的达成。如果组织经营目标改变，人力资源系统必须随之调整。

（2）外在的竞争环境。当竞争环境产生变化时，若要维持竞争优势，人力资源系统便须做适度的调整。

（3）内在的员工需求。人力资源系统必须满足员工需求，唯有满足员工需求，才有员工满意、员工忠诚，员工才可能留任。

（4）成本效益因素。人力资源管理体系是需要成本的，如劳动条件的给予或提升，都需要投入成本。建立人力资源管理体系之前，必须考虑所产生的有形与无形效益，是否能够回收或超越所投资成本。

（5）公司的资本能力。公司是否拥有支付这庞大体系费用的能力，亦是考虑的重点之一。

四、人力资源管理系统的实施

建立人力资源管理系统是人力资源单位的责任，建立体系必须先了解组织独特的组织沿革、企业文化、经营目标、组织设计、工作设计、员工组成、员工需求等。因此，人力资源管理体系不能移植，企业须以自我需求为基础，根据上述五个考量因素，量身规划符合自己所需的人力资源管理体系。因此，并没有所谓的"标准化人力资源管理体系"。要规划符合自己所需的人力资源管理体系，人力资源主管及主办人员必须有足够的设计能力，以便建立人力资源管理体系。

但是，现在人力资源管理体系建立最大的问题，不是在于如何建立，而是建立之后，各个子系统之间的衔接未能环环相扣，人力资源管理的整体功能无法发挥。因此，如何整合连接各个子系统，如任用系统、薪资系统、训练系统、福利系统等，成为一个完整的人力资源管理体系，是当今企业最大课题。

1. 人力资源管理系统实施的必要性

企业中人力资源的成本往往是最大的开销。现代企业中，人力资源部门与传统的人事管理已有巨大区别。今天人力资源部门的主管将面临更多的政策变化；企业间的合作与兼并过程中的变化；人力成本的控制；不同员工对文化的需求；员工的培训等一系列问题。另外，人力资源部门还要让员工了解公司的重大事务以及个人福利等财务细节。为了造就一个富有竞争力的企业文化环境，构建一个人力资源信息系统成为一种必要的选择。这个系统要能够迎合企业的政策和运作流程，能在企业内外进行信息整合，能对各层次的员工的信息进行更新和管理。

但是，在企业中人力资源的信息系统往往被忽视，原因是大多数企业主管看不到投资人力资源的好处，造成人力资源部门的资金不足，因而使这个部门只注重发薪资给员工、人员的调配、提供福利建议和追踪法规的变化，使他们不可能去努力研究一些人事问题，如福利规划、前途监测和应征员工的追踪等。随着企业内联网的应用，人力资源部门可以利用网络做一些原来认为难以办到的事。现在通过网络，可以使各部门经理和员工直接交流信息，使企业成为一个共同的工作平台，这样支持了人力资源功能，包括应征新员工和应征者追踪、组织的训练和发展、技巧规划和效能评估、员工自发性帮助、福利管理等。

2. 人力资源管理系统的软件模块

人力资源管理系统基本的软件模块包括了员工管理的所有事项：

（1）人力资源：人事、员工雇佣、薪资管理、训练、发展、健康和安全；

（2）薪资发放：工作时间报告、薪资计算以及税金计算；

（3）福利管理：规定的福利、奖励、退休金、弹性支出、医疗、保险。

就福利管理模块来说，人力资源部门可以将现有员工政策或福利手册转移到企业内部网，让员工可以提取公司的所有人力资源政策。可以结合企业内部网和现有的数据库，让员工利用 Web 浏览器自行浏览数据库，这样员工就可以随时找到有关的公司政策和变动状态，以及个人的各种资料。他们通过浏览器，用 Web 的格式输入姓名和密码，企业内部网就会通过 HTML 执行数据库搜寻并回馈给查询者。

人力资源的所有的资料都可存放在企业的数据库内，通过网络，信息可被增加、更新、删除、询问和计算。企业内部网服务器可以储存人力资源中心的人事资料，从而降低了员工的成本和响应时间。利用用户识别码和密码可以保证只有特定员工才能取得个人的资料。由于可以通过不同的方式提取资料，这符合变动的工作人力的需求，也使得人力资源部门员工可以摆脱回答例行问题的烦琐工作。另外，利用人力资源系统的不同模块，可形成企业内部网的不同应用，在员工雇用、教育培训等方面都大大降低了人力资源管理成本，同时减少了人力资源部门的无效性运作。很重要的一点，对公司形成独

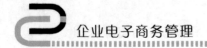

特的企业文化有极大的促进作用。

本章小结

在人类所拥有的一切资源中，人力资源是最宝贵的，自然成了现代企业组织管理的核心。不断提高人力资源开发与管理的水平，是关系企业生存和发展的根本问题。

在本章的开篇部分，介绍了人力资源的含义及特点，人力资源是指一定时期内组织中的人所拥有的能够被企业所用，且对价值创造起贡献作用的教育、能力、技能、经验、体力等的总称，并由此延伸到人力资源管理，重点阐述了人力资源管理的含义与职能。人力资源管理就是预测组织人力需求并做出计划，招聘选择人员并进行有效组织，考核绩效，支付报酬并进行有效激励，结合组织与个人需要进行有效开发以便实现最优组织绩效的全过程。人力资源管理包括人力资源规划、职位设计、人员招募、绩效评估、薪酬及福利管理、培训及开发。

在电子商务时代，信息化、企业组织结构的变革、经济全球化都对人力资源管理造成了影响和冲击。企业要想在人才的竞争中取胜，就要充分利用电子商务时代先进的信息技术。由此，我们建设了人力资源新的发展方向——电子化人力资源。电子化人力资源管理是指从"全面人力资源管理"的角度出发，基于先进的软件和高速、大容量的硬件基础上的新的人力资源管理模式，运用信息化平台整合招聘、选拔、培训、绩效和薪酬管理，通过集中式的信息库、自动处理信息、员工自助服务、外协以及服务共享，实现人力资源管理的便捷化、科学化和系统化，达到降低成本、提高效率、改进员工服务模式的目的。随后，本书讨论了 eHR 的主要的功能模块，包括电子化招聘（e-recruiting）、电子化培训（e-training）、电子化学习（e-learning）、电子化沟通（e-communicating）及电子化考评（e-evaluating）。然而，eHR 并不是万能的，它也存在自身的局限性，所以，企业在建立 eHR 时需要解决相应的一些问题。

eHR 的具体实现方式就是人力资源管理系统，人力资源管理系统是指组织或社会团体运用系统学理论方法，对企业的人力资源管理方方面面进行分析、规划、实施、调整，提高企业人力资源管理水平，使人力资源更有效地服务于组织或团体目标。本章阐述了人力资源管理系统必备五大特点及其给企业带来的利益，企业引入人力资源管理系统需要考虑的因素。最后，本章概要地介绍了人力资源管理系统实施的必要性及几个相关系统软件模块。

【案例讨论】Oracle 电子商务套件人力资源管理解决方案

Oracle 电子商务套件人力资源管理系列的应用系统自动化了从招聘到离职的整个过程，所以你可以根据企业战略目标调整劳动力。统一的数据模型提供了与人力资源相关的活动的单一、准确的视图，包括招聘、绩效管理、学习、薪酬管理和实时分析。当基于 Oracle 技术运行 Oracle 人力资源管理系统时，企业能够加速实施、优化绩效、简化支持，并最大化投资回报。具体体现在以下两个方面：

（1）无缝集成，全面的灵活性。Oracle 人力资源管理系统是 Oracle 电子商务套件的一部分，它与包括财务管理系统和项目管理系统在内的其他电子商务套件应用系统集成在一起。无论实施一个或多个应用产品系列，还是实施整个 Oracle 电子商务套件，都是利用高质量企业信息的最快途径。

（2）人尽其才，追求卓越。由于与人力资源相关的成本在企业总支出中所占的比例平均已超过 60%，很多领先企业对员工贡献的重视程度不断提高并正在着手开发人力资源管理的新模式。这种模式包括提高效率、改善效果和提高员工劳动生产率的计划。为了获得最佳效果，这些计划需要采用一些有领先技术支持的新流程。Oracle 将这种模式称为"劳动力优化"，并认为它是人力资源职能的根本目标，无论多大规模的公司、什么样的行业或地区都不例外。它由四个主要阶段组成：遵守法规、自动化、测评、协调一致。

人力资源管理产品系列

1. Oracle 高级福利

Oracle 高级福利管理系统是一个灵活的、基于规则的福利和薪酬管理应用软件，它可以通过基于互联网的自动化，在降低总体成本的同时提供改进的福利支持与分析。Oracle 高级福利管理系统通过实施、管理和监控复杂的福利和薪酬计划，使专业人员能够适应不断发展的业务需求，同时应对盈利水平的影响。

Oracle 高级福利管理系统是 Oracle 人力资源管理系统的一部分，与包括核心人力资源管理、薪酬管理、自助式人力资源管理和激励性报酬管理在内的其他人力资源管理应用系统无缝集成。

2. 人力资源管理

Oracle 人力资源管理是一个基于互联网的应用系统，它可用作企业内与所有人员相关的活动中心，包括通信、发展、评测和薪酬。不论在私营企业还是公共部门，Oracle 人力资源管理系统使你能够采用结构化方法来吸引、保留、发展和使用具备所需的关键技能和知识的人才，来优化劳动力。

3. 人力资源管理智能

Oracle 人力资源智能是为 Oracle 人力资源管理系统预建的决策支持系统，可以帮助你分析和管理所有人力资源流程。它提供对来自人力资源管理应用系统准确、及时和综合数据的访问，并提供制定更好、更具战略性决策的工具。它能进行综合人力分析，制定预算报表，查看员工发展和绩效报告，分析工资、招聘、职位空缺和雇佣合同终止趋势等。结果是你能够更快更好地做出使劳动力适应企业目标的决策。

4. 辅导程序

Oracle 辅导程序使你能够快速创建、定制和维护流程文档和与 Oracle 电子商务套件应用程序有关的培训和参考资料。你可以根据你的独特业务流程，动态地个性化操作程序和指导内容资料库，然后明智地将这些文档部署到整个企业。其结果是节省培训和实施成本，提高采用率，并确保遵守政策和工作程序。

5. 网上招聘

Oracle 网上招聘系统是一个闭环解决方案，它使经理、招聘人员和应聘者能够管理查找、招聘、雇用以及跟踪新员工的每个阶段。以经理—招聘人员—应聘者之间的雇佣关系为中心，这个端到端的招聘系统通过一个自助服务界面，将应聘者跟踪的各个方面与经理、招聘人员和应聘者能充分管理整个招聘周期的能力结合起来。

6. 学习管理

Oracle 学习管理系统是一个企业学习管理系统（LMS），它为企业提供了一个完善、可扩展而且开放的基础架构，用于在线环境和教室环境下培训活动的管理、交付和跟踪。学员能够按照自己的进度与学习内容、教员及同学进行交互，同时广泛分布于诸多不同地点的学员能够更方便地获得一致的培训。管理人员能够自动化从订单处理到培训支付、从绩效评定到培训评估的关键业务流。借助 Oracle 学习管理系统，企业可将学习转变成业务优势。

7. 薪酬管理

薪酬管理是基本的业务要求，它要求准确、及时和有效的财务控制。Oracle 薪酬管理系统是一个基于规则的薪酬管理系统，能帮助企业控制劳动力成本并且确保及时地根据奖励制度向员工支付报酬。Oracle 薪酬管理系统与 Oracle 财务管理系统完全集成，基于一个具有特定国家本地化扩展功能的全球人力资源管理系统引擎来更好地管理全球人力资源。

8. 自助式人力资源管理

Oracle 自助式人力资源管理系统使公司员工能够通过一个浏览器在线更新和使用特定的员工信息。这些信息是根据每个人的职责、经验、工作内容、语种及信息需求而量身订制的。通过使管理人员和员工能够在无纸环境中访问并管理信息及事务，简化了业务流程，降低了成本，并提高了服务水平。由于经理和员工能够更新和维护他们自己的信息，因此现在人力资源专业人员能够从事务处理转变为咨询伙伴。

9. 工时与人工管理

Oracle 工时和人工管理系统自动化了整个工时和出勤记录维护过程，提供了一个直观的、基于网络的工时录入和批准界面。它提供了一个提交、查看、跟踪和审批考勤卡的简单方式。同时，它能帮助你控制成本和工作时间，整合考勤卡信息，遵守机构的时间管理规定。

案例讨论题：

1. 以 Oracle 为例，说明人力资源管理系统各功能模块涵盖了人力资源的哪些职能？
2. 企业实施 Oracle 人力资源管理系统套件将给企业带来哪优势？
3. 企业实施电子商务人力资源管理系统时应考虑哪些因素？

思考题

1. 什么是人力资源及人力资源管理？

2. 人力资源管理的职能包括哪些？

3. 电子商务对我国人力资源产生了哪几方面的影响？

4. 什么是电子化人力资源管理？

5. 人力资源管理系统的概念及特点是什么？

第七章　电子商务营销管理

本章要点

- 理解电子商务营销的概念
- 掌握电子商务营销的特点
- 理解网络营销的定义、优势
- 掌握网络营销的方法、方式

开篇案例：MasaMaso 电子商务营销案例

执著于"只做最好品质"的 MasaMaso，在给予消费者"平价·奢华"体验下，与龙拓互动携手，以精准的广告投放，细致的成本控制，完善的网站规划带动整个销售终端的健康运营。MasaMaso 借网络的东风笑傲 B2C 电子商务，迅速占领电子商务细分市场。MasaMaso 的电子商务营销策略：

第一步：以消费者为中心搭建平台

以顾客为中心进行电子商务平台的建设和规划，是达成消费者良好的购物体验的前提和基础。平台作为 MasaMaso 电子商务营销的核心部分，承载实现消费者购物转化的重任。详细分析、体验 MasaMaso 电子商务平台的各个环节，以科学化的监测数据以及实际的消费者体验为指导，优化网站的核心页面和购物流程，提高整体的替代率。

第二步：符合消费者获取信息习惯的广告推广

贴合 MasaMaso 目标人群的网络行为轨迹，选择投放位置；根据投放数据回馈来调整位置选用；立足将创意做成产品推广的橱窗，在创意上与媒介形式和采买位置相结合，增强精准度和销售力；广告位置和广告创意以消费者的视觉体验以及行为体验为根本出发点，品质和销售力兼备。

创意要点：①销售力；②品质表现；③品牌传达的一致性。

第三步：符合消费者心理期许的产品促销

利用好产品促销这把"双刃剑"，在增加销售的同时，也要保证企业的回报和品牌形象的无损；进行产品促销的核心原则是持续销售和持续盈利。MasaMaso 的促销管理，综合考虑各项成本，不盲目地打折、降价，为消费者带来优质和实惠的购物体验。

资料来源：

姜蓉. MasaMaso：如何在网上把衣服卖贵 [J]. 商业评论，2010（2）

讨论题：

1. MasaMaso 开展电子商务营销的目的是什么？

2. MasaMaso 电子商务营销的核心部分是什么？

3. 结合本案例及营销的相关知识，分析电子商务营销的特点有哪些？

第一节　电子商务营销概述

一、电子商务营销概念

所谓市场营销，是个人和集体通过创造，提供出售，并同别人交换产品和价值，从而满足消费者需求和欲望的一种社会和管理过程。市场营销包括很多要素，如需要、欲望、需求、产品、价值、交换、市场等，其中交换是核心要素。企业的所有市场营销活动都与市场、商品交换有关系。它包括商品、信息的交换，买卖双方情感的交换等。交换实质是一个价值创造过程，交换通常使双方实现增值。

电子商务是 Internet 爆炸式发展的直接产物，是网络技术应用的全新发展方向。作为市场营销与电子商务有机结合的结果，电子商务营销与电子商务既有密切的内在联系，也有其不同之处。从某种意义上说，电子商务包含的内容更广泛。电子商务营销侧重研究的是电子商务活动中，相关主体交换产品和价值的过程中所发生的相互关系的过程。

电子商务营销在国外有很多种提法，如 Cyber Marketing，Internet Marketing，Network Marketing，e-Marketing，Online Marketing，等等，不同的词组有着不同的含义。Cyber Marketing 指电子商务营销是在虚拟的计算机空间进行运作的；Internet Marketing 是指在互联网上开展的营销活动；Network Marketing 是在网络上开展的营销活动，这里所指的网络不仅是指互联网，还可以是其他类型的网络，如 VAN 等。综合以上概念，电子商务营销的概念可总结如下：电子商务营销，是借助联机网络、计算机通信和数字交互式媒体来实现营销目标的一系列市场行为。

电子商务营销的目的，是在电子商务环境下将产品或服务销售给客户。电子商务营销所使用的营销方式，应该取决于企业产品、客户和市场的实际情况。例如，2008 年阿里巴巴公司推出"千人招聘计划"，招聘阿里巴巴"诚信通"客户经理，主要负责的工作就是通过电话方式推广"诚信通"网络服务。需要牢记：电子商务营销就是营销，这是所有企业在实施电子商务营销时的至理名言。

小贴士：从电子客票看民航业电子商务营销

从全球发展趋势来看，电子客票势不可当。1993年，世界上第一张电子客票在美国一家航空公司诞生，到2005年5月，全球85%的运输量可以通过电子客票方式进行销售。美国大陆、西北和联合航空公司电子客票的销售比例已经超过90%，甚至接近100%。而日航、韩亚的电子客票国内航线销售比例基本达到100%，并正准备普及国际航线。Alska和Horizon航空公司已宣布全面停止纸票的使用，并停止和没有电子票务的航空公司的联运关系。

电子客票打开了民航电子商务营销时代的大门，适应电子商务营销时代的新特点，民航营销与服务领域也将发生深刻的变化，传统的理念和模式将被颠覆，网上商务平台将取代门店与柜台销售，机票将与其他商品和服务产品一起，摆在网上虚拟的货架上销售，机票将更加密切地与其他商品发生联系，如酒店、旅游、交通以及其他相关产品。电子商务时代的民航服务，一方面将简化手续，实现高度自助化；另一方面将超越"微笑服务"的理念，不再将各种服务项目"强加"给旅客，而是让旅客根据自己需要，自主选择、自主获得全新体验。超越客户的想象力，让旅客获得完美的飞行体验，将是未来民航服务要求。一切都将改变，传统的价值将被颠覆，航空公司应该尽快认清形势，调整战略，准备迎接电子商务新时代的到来。

资料来源：
湛广.电子商务时代的民航营销与服务对传统理念与模式的颠覆.空中商务，2006（20）

二、电子商务营销的特点

在电子商务环境下，电子商务营销有着传统营销所没有的优势。在电子商务营销模式下，通过客户和企业的直接交流，企业能清楚地了解到每个客户个性化的需求，从而做出相应的企业利润最大化的策略。这样，企业与客户之间的关系是一对一的营销关系，这种关系是密不可分的。网络的即时交互、超越时空等特点成为这种模式的强大依托。具体电子商务营销特点如下：

1. 电子商务营销的多样化

电子商务环境下，除了传统的营销方式外，涌现出了很多电子营销方式，例如，电子邮件营销、虚拟社区营销、博客营销、短信营销等。

2. 电子商务营销的范围扩大化

在现代通信技术的帮助下，电子商务企业产品和服务的客户呈全球化趋势，营销对象的范围日益扩大。电子商务环境下的营销活动更倾向于突破地理区域的限制，因此，电子商务营销的客户群通常要远远大于传统商务环境下客户群。

3. 电子商务营销的无限细分目标市场

经典营销观念认为，目标市场须进行细分，但是这种细分应以公司有一定利润为底线。在传统条件下的市场细分是无法达到今天的消费者需求的。尤其是现在，消费者的消费行为个性化越来越明显，传统的营销手段无法了解每个客户需要什么样的产品。但是利用电子商务，通过计算机和互联网的应用，则可实现市场的无限细分。进行网上营销的公司可以通过电子邮件发送企业信息，如企业及产品的简要介绍等，消费者就会自动连接到企业的主页 homepage，会看到丰富和详细的企业信息：从企业的历史到企业的现状，从产品特点到相关产品及售后服务。通过 E-mail 的直接对话，顾客还可以与企业的产品设计、销售专家进行交流，获取更多个性化的建议。如著名的 Levis 公司就利用网络销售量身定做的牛仔裤，顾客可通过该公司的网站提供自己详细的尺码、要求，公司就为其单独定做并送到消费者手中，这样既扩大了销售，又树立了服务周到的良好形象。可见，利用电子商务可以改变传统营销中的无差异大规模营销向个性化集中营销转变，建立起与顾客一对一的牢固关系，达到无限细分目标市场的目的。

4. 电子商务营销的合理的广告投入

企业利用电子商务技术，在互联网上建立主页，在电子公告栏上发布信息或者发布网络新闻等操作，称为网络广告，与传统的广告媒体相比，网络广告具有以下的特点：

（1）选择性。它具有类似报纸分类广告的性质，上网者可以自由查询，并可自由选择广告的种类。由于是受众主动获取广告信息，是需要才访问广告，因而广告的效果会更好。

（2）交互性。网络广告是互动的，它利用最先进的虚拟现实界面设计来达到身临其境的效果，将会带来一个全新的感官体验。

（3）广泛性。表现在传播范围广、内容丰富、形式多样，它可超过时间与空间的局限。

（4）时效性。网络广告能按需要及时变更广告内容等，几乎达到经营决策的变化和广告变化的无迟延。

（5）易统计性。由于点击自动计数软件的普及，企业可以很容易地统计出每则广告被访问的次数、频率、访问时间、地理分布等，从而有助于广告公司评估广告效果，进行审定其广告策略是否适当。

（6）经济性。网络广告媒体租用费和制作费虽然较高，但相对于传统媒体来讲，其经济上仍为合理。例如，一些在网络上发布广告的企业，只须为点击过本企业的电子牌的人数付钱。

阅读材料：中国联通的移动电子商务营销策略

一、移动电子商务产品策略

1. 小额支付类产品的开发

移动电子商务有其方便、实用等自身特点。中国联通抓住这些特点开发适合需求的移动电子商务产品。从目前情况看，利用移动电子商务主要集中在"小额"领域，即支付金额不大的小额购物和服务、小额支付。

2. 手机银行业务的拓展

许多手机银行仅仅是理论上的可行项目，离实际操作很远。据调查，用户目前还很少真正地使用这些业务，甚至相当一部分用户还对移动支付不了解或不愿意接受。所以手机银行的市场空间看似巨大，但是在实际的业务拓展过程中遇到很多的困难。但是面对电子商务移动支付的发展趋势，中国联通要排除各种困难，抓住先机才能真正掌握商机。

3. 产品体验策略

当消费者对产品特别是新产品的功能和特点不了解，就不能很快地将产品同当时的生活、工作方式和需求相关联。通过免费的产品体验，让用户对业务尤其是新产品充分有了理解时，用户就会自动地去创造需求，达到我们的营销目的。联通与移动用户交互式的沟通，能有效地根据移动用户的要求及时改变产品设计，或投入开发新产品，还可以高效率地接受并转发移动用户的查询给相应部门，或直接提供交互式服务。

二、价格策略

价格策略在营销组合策略中占有重要的地位，它直接关系到企业产品的销量和利润。在现在激烈的行业竞争环境中，价格策略不能只考虑传统的定价方法，而应该将成本、需求和竞争三者有机地结合起来，以保本价格或边际成本为下限，以需求价格为上限，以市场竞争状况为参照系，合理制定产品的价格。

1. 撇脂定价和渗透定价

中国联通在新产品刚介入市场时，可以采用高价位策略，以便在短期内尽快收回投资，这种方法称为撇脂定价。相反，价格定于较低水平，以求迅速开拓市场，抑制竞争者的渗入，称为渗透定价。在移动电子商务产品的营销中，往往为了宣传产品，占领市场，采用低价销售策略。另外，不同类别的产品应采取不同的定价策略。如"娱乐节目的短信投票"，对于这种使用率高的产品，适合采用薄利多销、占领市场的定价策略。而对于定制开发的产品成本较高的特殊产品、价格可定高些，以保证盈利。

2. 捆绑定价

联通的运营商可以采用预存话费、捆绑销售等方式，以降低用户的离网率，刺激增值业务的市场应用，以及保证稳定的收入。

三、促销策略

1. 拉式战略：移动广告

移动广告可以提供非常有针对性的广告服务。撰写精彩的移动广告可以给用户带来丰富的知识和极大的乐趣。利用移动广告还可以收集大量的商务信息，这些信息包括用户历史消费记录、用户的位置信息、用户正在进行的活动等。移动广告可以广泛地应用于购物、餐饮、娱乐等行业。一些网络广告的思路仍然可以在移动广告中发挥作用。比如，邮件列表营销、病毒性营销，但具体操作方式可能会有一定的差别，这些都需要在实践中逐步探索和积累经验。

2. 推式战略：代理商、体验店

所谓"推"就是不做广告，给中间商以高的利润来推销。中国联通可以建立各种移动业务体验店，召集更多代理商，这样也会起到宣传推广的效果。这也符合上文中所提及的产品体验策略。

四、渠道策略

内容提供商、服务提供商等增值电信企业是移动电子商务市场的重要组成部分，增值业务的发展是对中国联通公司移动电子商务的补充、丰富和延伸。因此，建立 SP 与联通公司间的良性协作，引导联通经营注重专业化及服务的社会化非常必要。

资料来源：

刘维林等.中国联通移动电子商务营销策略研究分析.时代经济，2008（17）

第二节　网络营销

一、网络营销的基础

权威营销学者菲利普·科特勒认为，网络营销是 21 世纪的营销。在当今中国电子商务企业的实践层面，从早期三大门户网站的出现，到以当当网、卓越亚马逊、淘宝网等为代表的网络购物网站的兴起，再到海尔、联想等传统企业的商务电子化，无不积极实施网络营销。网络营销发展方兴未艾。

网络营销产生的基础：

（1）竞争的加剧是网络营销产生与发展的市场基础。随着市场竞争的日益激烈化，市场竞争仅仅依靠浅层次的营销手段是远远不够的，更深层次的经营组织形式上的竞争已经开始。这就迫使企业的经营者去降低供应链中成本和费用的比例，缩短运作周期。而开展网络营销，可以节约大量的店面资金，减少库存商品的资金占用，方便地采集客户信息。这便满足了企业的上述要求。从根本上增强了企业的竞争优势。

（2）网络技术、数据库技术和客户智能系统是网络营销产生与发展的技术基础。网络为营销带来了革命性的变化；基于数据仓库技术的网络营销系统的出现，为提高经营决策的效率、为消费者提供个性化的服务作出了贡献；而客户智能系统的出现，则标志着网络营销的发展进入了精细化阶段。

（3）管理理论为网络营销的发展提供了理论基础。网络整合营销理论、软营销理论、直复营销理论、关系营销理论、一对一营销理论等理论基础，对网络营销的发展作出了巨大的贡献。

（4）消费观念的改变是网络营销产生与发展的观念基础。首先，个性化消费成为消费的主流。没有两个消费者的消费心理是完全一样的，商家要把每一个消费者当做一个细分市场，个性化消费必将成为消费的主流。其次，消费主动性增强。网络时代商品信息获得的方便性，促使消费者主动地通过各种可能的途径获取与商品有关的信息，并进行分析比较。通过分析和比较，消费者增加了对所购商品的信任，也减轻了风险感和购买后产生的后悔感。最后，追求购物的方便性和趣味性。有些消费者由于劳动生产率的提高，使他们可供支配的时间增加，希望通过购物来消遣时间和寻找生活乐趣，而网络消费正好保持了他们与社会的联系，减少了他们的心里孤独感。

二、网络营销的定义

宽泛地说，凡事以网络作为主要手段，为达到一定的营销目的而进行的营销活动，都可以称为网络营销。这里所指的网络，不仅仅是互联网，也包括城域网、无线网、卫星网等其他增值网。但由于互联网的广泛性，许多定义也都是狭义的仅指互联网。目前对网络营销的定义有很多，其内容基本一致，分列如下：

网络营销是指利用 Internet 技术，最大限度地满足客户需求，以达到开拓市场、增加营利为目标的营销过程。

网络营销是企业整体营销战略的一个组成部分，是为实现企业总体经营目标所进行的，以互联网为基本手段，营造网上经营环境的各种活动。

网络营销是利用 Internet 技术提供的各种方便、高效的手段，按照现代营销理论中"一切以满足客户需求为中心"的宗旨，以较低的成本，较高的效率对企业经营过程中所涉及的相关商务活动进行管理，如市场调查、客户分析、产品开发、生产流程安排、销售策略决策、售后服务、客户反馈等，以期进一步开拓市场，增加盈利，即它是电子商务的外延。同时，需要完善的电子支付、法律环境、配送系统作为底层支持点。

三、网络营销的优势

随着科学技术的迅猛发展，电脑已经进入了千家万户，图形界面让人们远离了枯燥乏味的指令。互联网上丰富的信息资源吸引了人们网上冲浪，上网已经成为人们生活中的一部分。因此，与传统的营销手段相比，网络营销无疑具有许多明显的优势。

1. 网络营销突破了时空局限

传统的营销由于地域、交通的制约，企业的商圈被局限在某一个范围内。而网络营销能够突破时间和空间的限制。同时，在互联网时代的今天，企业可以利用网络实现全球营销，展示企业形象、介绍企业产品、发布供求信息和寻找合作伙伴，还可以通过和客户作互动双向的访问进行产品测试和消费者调查，以期达到更好的营销效果。

2. 网络营销降低了成本

作为一种直接营销方式，它可以跨越中间商这一环节，让企业直接与消费者见面，大幅度降低了营销成本。随着应用服务提供商的发展，企业开展网络营销的成本会越来越低。在传统广告方式下，公司为更新广告内容和商品目录，需要花费很多人力和财力，而网络则帮助企业方便快捷地展示并更新即时商业信息、商品目录、网络广告等内容。

3. 网络营销具有极强的互动性，是实现全程营销的理想工具

传统的营销管理强调 4P（产品、价格、渠道和促销）组合，现代营销管理则追求 4C（顾客、成本、方便和沟通）策略，然而无论哪一种观念都必须基于这样一个前提：企业必须实行全程营销，即必须从产品的设计阶段开始就充分考虑消费者的需求和意愿，但在实际操作中这一点往往难以做到。原因在于消费者与企业之间缺乏合适的沟通方式。消费者一般只能针对现有产品提出建议或批评，不能涉足于尚处于概念阶段的产品。此外，大多数的中小企业也缺乏足够的资本用于了解消费者的各种潜在需求，他们只能凭自身能力或参照市场领导者的策略进行产品开发。

而在网络环境下，这一状况得到了改善。即使是中小企业，也可以通过电子布告栏、线上讨论广场和电子邮件等方式，以极低成本在营销的全过程中对消费者进行即时的信息搜索，消费者则有机会对产品从设计到定价、服务等一系列问题发表意见。这种双向互动的沟通方式提高了消费者的参与性与积极性，更重要的是，它能使企业的决策有的放矢，从根本上提高消费者满意度。

4. 网络营销以消费者为导向，强调个人化

网络营销最大的特点在于以消费者为导向。消费者将拥有过去无法比拟的选择自由，他们可根据自己的个性特点和需求在全球范围内寻找满意品。通过进入感兴趣的企业网址或虚拟商店，消费者可获取产品的更多的相关信息，使购物更加个性化。这种个性消费的发展将促使企业重新考虑其营销战略，以消费者的个性需求作为提供产品及服务的出发点。但是，要真正实现个性营销还必须解决庞大的促销费用问题。网络营销的出现为这一难题提供了可行的解决途径。企业的各种销售信息在网络上将以数字化的形式存在，以极低的成本发送并能随时根据需要进行修改，庞大的促销费用因而得以节省。企业也可以根据消费者反馈的信息和要求通过自动服务系统提供特别服务。

5. 网络营销容易实现 5C 策略

传统的营销组合策略是以产品（Product）、价格（Price）、渠道（Place）和促销（Promotion）为内容的 4P。这一理论以企业的利润为出发点，忽略了客户需求的重要性。市场竞争要求企业提高客户价值，要求将 4P 策略转变为 5C 策略。5C 策略是指以消费者需求（Consumer'need）、满足需求的成本（Cost）、方便消费者购买（Convenience）、便于与消费者沟通（Commuication）、实施客户关系管理（Customer relationship management）为核心内容的营销策略。网络营销借助于互联网的沟通便捷、成本低等优势，使实施 5C 策略变得更加容易。

6. 网络营销提高了消费者的购物效率

现代化的生活节奏使消费者用于外出在商店购物的时间越来越少。在传统的购物方式中，买卖过程大多数是在售货地点完成的，短则几分钟，长则数个小时，再加上为购买商品去购物场所的路途时间、购买后的返途时间及在购买地的逗留时间，造成商品的买卖过程被大大延长，使消费者为购买商品而在时间和精力上作出很大的付出。同时，拥挤的交通和日益扩大的店面更延长了消费者购物所耗费的时间和精力。然而，在现代社会，随着生活节奏的加快，使得人们越来越珍惜闲暇时间。在这种情况下，人们用于外出购物的时间越来越少。在这种情况下，网络营销给我们描绘了一个诱人的场景，使购物的过程不再是一种沉重的负担，甚至有时还是一种休闲、一种娱乐。

7. 网络营销可以实现多媒体展示

互联网上的信息，可以通过文字、声音、图像、流媒体等多种媒体形式表现出来，信息交换也可以通过多种形式进行。企业可以充分的发挥创造性和能动性，通过多种表现形式来展示商品信息，打动消费者。

阅读材料：美国大选中的网络营销

奥巴马赢得了 2008 年美国总统的大选。有人认为，奥巴马获胜一点儿也不意外，他除了年轻（47 岁）、系黑人平民外，善于利用互联网也是他的一大成功因素。

Google 埃里克曾说：互联网将决定美国大选结果。在 2007 年 2 月举办的世界经济论坛上，比尔·盖茨宣称：互联网 5 年内颠覆电视。政治观察家们纷纷表示，从奥巴马与希拉里的党内候选人之争到与麦凯恩的两党候选人的战争的胜利，网络营销起了决定性的作用。

奥巴马深知，要赢得竞选，网络的力量非借助不可。于是，很早他就延揽了一批互联网营销方面的专家。其中克里斯·休斯就是其中的佼佼者，他的另外一个身份就是当今世界上最大的 SNS 网站 Facebook 的创始人之一。有了这样的一个强大的网络营销幕僚团队，奥巴马的全部规划紧紧围绕互联网展开。下面我们就来看看他们是怎么做的。

第一，募款方式。依靠基数强大的网民小额捐款获得了大量的政治现金。美国传统的政党政治主要是依靠财团和财阀的捐款，以及社会的中产阶级以上的人的捐款。但是奥巴马深知在布什总统的 8 年任期内，美国人民已经厌倦了共和党，需要一个新鲜的面貌来改造美国社会，创新改革将成为竞选过程中的主要名词，于是奥巴马就来了个全新的募款方式，以网络小额支付的形式进行募款。在美国网络媒体发达的今天，在以克里斯·休斯为首的策划团队的策划下，奥巴马一炮走红，不仅获得了足够的竞选款项，而且这种新鲜的方式也获得了全民的口碑传播。

第二，借力网络强化奥巴马个人品牌。"我等不及 2008 年大选，宝贝，你是最好的候选人！你采取了边境安全措施，打破你我之间的界限。全民医疗保险，嗯，这使我感到温暖……"这是视频网站 YouTube 上《奥巴马令我神魂颠倒》的一段歌词。在视频中，身穿比基尼的演唱者搔首弄姿，在奥巴马照片旁大摆性感热辣造型，毫无掩饰地表达着自己对奥巴马的倾慕之情。据统计，这段视频在 YouTube 上被点击超过900 万次，并且被无数的网站和传统媒体转载。一个不容置疑的事实是，互联网成了本次美国大选影响民意的主要手段，博客、MySpace 社区、YouTube 视频，显示出了巨大的影响力。MySpace 和 Facebook 关于奥巴马的专题网站上聚集了数以百万计的忠实粉丝，这些人活跃在各个社区，为奥巴马摇旗呐喊，这些人是美国网民中最活跃的一个群体，这部分人极大地影响了美国网络社群的舆论风向。

第三，利用互联网攻击对手，Web2.0成为民意传达生力军。对于麦凯恩这位72岁的老先生，奥巴马很好地强化了自己在互联网号召力方面的优势，精心策划，从多个方面向麦卡恩发动攻击，把麦凯恩塑造为保守的、传统的、思维守旧的白人。奥巴马自己青春活力无限，充满斗志、果敢、聪明、坚毅的形象和麦凯恩的满头白发垂垂老矣的形象形成鲜明的对比。不仅仅是在BBS上发帖这么简单，无数的个人主页谈论的是对奥巴马的崇拜，视频里播放的是奥巴马青春活力、睿智无限的形象，这一套组合拳组成起来时，老迈的麦凯恩无力阻挡。

资料来源：

胡理增等.网络营销［M］.北京：中国物资出版社.2005（9）

第三节　网络营销的实施

一、网络营销的理论基础

由于网络营销手段的变化，需要对传统营销理论进行进一步的发展和完善，需要对网络特性和新型消费者的需求和购买行为重新考虑，形成具有网络特色的营销理念。当前的网络营销理论主要包括整合营销、支付营销、软营销、关系营销等理论，这些理论均对实践具有指导意义。

1. 整合网络营销

整合网络营销是一种对各种营销工具和手段的系统化结合，根据环境进行即时性的动态修正，以使交换双方在交互中实现价值增值的营销理念与方法。整合营销是传统的市场营销理论为适应网络营销的发展而逐步转化形成的。互联网的特征在市场营销中所起的主要作用在于使顾客这一角色在整个营销过程中的地位得到提升。网络互动的特性使消费者能真正地参与整个营销活动的过程，消费者不仅增强了参与的主动性，而且其选择的主动性也得到了加强。

在传统的市场营销中，由于技术手段和物质基础的限制，商品的价格、宣传、销售渠道、企业所处的地理位置以及所采取的促销策略等成了企业经营、市场分析和营销策略的关键性内容。早在1960年，麦卡锡提出市场营销策略的4P组合，即产品、价格、渠道和促销。以此为典型代表的传统营销理论是从企业出发，它指导下的营销决策是一条单向的链。网络营销要求把顾客整合到营销过程中，提升消费者在整个过程中的地位，从他们的需求出发，开始整个营销过程。而且，企业在整个营销过程中要不断地与顾客交互，每个营销决策都要从消费者出发，而不是从自身角度出发。

以舒尔兹教授为首的一批营销学者从顾客需求的角度出发提出了 4C 组合：

（1）以消费者需求为中心。消费者的需求是企业生产产品和提供服务的第一依据。在网络盛行的今天，产品的同一性已逐渐被消费者所抛弃，个性化的产品越来越被消费者所看重。消费者可以通过网络对产品或服务提出各种具体要求，而企业则应该尽可能地满足消费者的这些需求。例如，顾客可以通过网络向戴尔公司提供自己所需计算机的配置，公司马上按用户要求组织生产，并在规定的时间内送货上门，安装调试。

（2）以消费者的需求成本为中心。企业以生产成本为基准的定价方式在以市场为导向的营销中必须予以摒弃。新型的定价方式应以消费者能够并且愿意接受的价格为基准，企业根据这个价格来组织生产和销售。借助于网络，企业不需要巨额的广告费用，不需要固定的销售场所，也不需要很多的员工。同时，企业还可以轻易地知道消费者的心理价位。美国通用汽车公司允许消费者在购买汽车时先确定可接受的价格，然后公司网站上的引导系统会显示出符合这个价格的所有汽车式样，消费者可以在其中选购，也可以进行适当的修改，最后，公司根据消费者对价格和性能的要求生产出令顾客满意的汽车。

（3）以消费者方便为中心。消费者可以不受时空的约束来通过网络购买商品或服务，他们足不出户就可以浏览成千上万种商品。找到满意的商品后，便可以在线订购，相应的厂商利用发达的邮政快递或自身遍布各地的货品配送系统，在最短的时间内安全地把商品送到顾客手中，极大地节省了消费者的时间和精力，方便了消费者。

（4）以沟通为中心。企业借助网络更能加强自己与消费者的沟通与联系。消费者能够及时反馈意见，企业能够准确地了解消费者的需求，并获得消费者的认同。传统营销的 4P 组合是从企业的角度出发来追求利润的最大化，但是它忽略了消费者的感受。企业的这种一相情愿的做法并不一定能满足消费者的需求，因此，最大化的利润不一定能够实现。但企业如果从消费者的角度出发，寻找能实现企业利润的最大化的营销决策，则可能同时达到最大利润和满足顾客需求两个目标。

由于消费者个性化需求得到很好的满足，他会对企业的产品、服务形成偏好，并在今后继续购买该企业的产品或服务，这样就形成一个良性的循环过程。一方面，顾客的个性化需求不断地得到越来越好的满足，建立起对公司产品的忠诚意识；另一方面，由于这种满足是针对差异性很强的个性化需求，就使得其他企业的进入壁垒变得很高。这样，企业和顾客之间的关系就变得非常紧密，形成了"一对一"的营销关系，这个理论框架就被称为网络整合营销理论，它始终体现了以顾客为出发点及企业和顾客不断交互的特点，它的决策过程是一条双向的链。"一对一"营销是传统意义上的大众营销的分化。在营销中，消费者是个体的而非一般化的；个体情况是可知的而非未知的；生产和销售方式是针对性的而非标准化的；沟通是双向的而非单向的。

2. 直复营销理论

所谓直复营销，就是一种为了在任何地方产生可度量的反应和（或）达成交易而使用一种或多种广告媒体的相互作用的市场营销体系。直复营销中的"直"是指不通过中间分销渠道而直接通过媒体连接企业和消费者；直复营销中的"复"是指企业与顾客之间的交互，顾客对企业的营销努力有一个明确的回复（买还是不买），企业可统计到这种明确回复的数据，由此可对以往的营销效果做出评价，可以及时改进以往的营销努力，从而获得更满意的结果。直复营销可利用的广告媒体多种多样。传统媒体包括产品目录、印刷品邮件、电话等，而网络虽然出现较晚，但由于它本身的特性使其迅速地融入到了企业的营销策略中。顾客可以通过网络直接订货和付款，企业可以通过网络接收订单、安排生产，直接将产品送到顾客手上，网络已成为直复营销最主要的形式。

网络直复营销具体表现在以下两个方面：

（1）直复营销的互动性和个性化。直复营销作为一种相互作用的体系，特别强调营销者与顾客之间的双向信息交流，同时，它的营销对象不是大众市场，而是具体的个人、家庭、企业或其他组织，因此，互动性与个性化一直就是它所期望达到的目标。网络是一种自由开放的、交互式的双向信息沟通的渠道和媒体，它与营销的结合运用克服了传统市场营销中的信息单向流通的弊端。网络很方便地在企业与顾客之间架起桥梁，消费者可以向企业提出购买需求或建议，而企业可以根据顾客的要求生产和营销产品或提供服务，同时还可以根据顾客的反馈意见不断地改进和完善产品和服务。

（2）直复营销的跨时空特征。顾客可以在任何时间、任何地点直接向企业提出服务请求或反映问题，而企业也可以及时地响应顾客的请求。

3. 软营销理论

软营销是针对工业化大规模生产时代的强势营销方式而提出的一种新的营销理论，它强调企业在进行市场营销活动时，必须尊重消费者的感受和体验，让消费者愿意主动接受企业的营销活动。软营销和强势营销的一个根本区别就在于软营销的主动方是消费者而强势营销的主动方是企业。

网络本身的特点是软营销理论产生的原因之一。互联网上的信息交流是平等、自由、开放和交互的，它强调的是相互尊重和沟通，所以，在网络中企业如果依然采取传统的强势营销方式，如强行向用户发送 E-mail 广告、在用户浏览网页时强行弹出广告等，那么无论它是有商业目的的推销行为，还是没有商业目的的主动服务，都会遭到唾弃甚至可能遭到报复（如消费者向企业网站进行病毒攻击或多个用户联合同时向企业发送 E-mail 致使企业服务器瘫痪等）。在互联网上，企业如果想向消费者提供信息，那就必须遵循一定的规则，这些规则被统称为"网络礼仪"。网络礼仪是互联网自诞生以来所逐步形成并不断完善的一套良好的、不成文的网络行为规范，是网上一切行为都必须遵守的规则。软营销的特征主要体现在遵守网络礼仪的同时，通过对网络礼仪的巧妙运用而获得一种微妙的营销效果。

软营销产生的另一个原因就是消费者个性化需求的回归。它使消费者在心理上要求自己成为主动方，而网络的互动特性又使消费者成为主动方真正有了可能。他们不欢迎不请自到的广告，但他们会到网上寻找自己需要的信息，企业只需在那儿静静地等待消费者的寻觅即可。

4. 关系营销理论

所谓关系营销，就是以系统论为基本指导思想，将企业置身于社会经济大环境中来考察企业的市场营销活动。该理论认为，企业营销是竞争者、政府机构和社会组织发生互动作用的过程，正确处理与这些组织和个人的关系是企业营销的核心，是企业成败的关键。其本质是以服务顾客为导向，协调营销系统中诸要素的关系，从而创造一个良好的市场营销环境，使企业达到占领并扩大市场份额的目的。关系营销将"建立与发展同相关个人及组织的关系"作为企业市场营销的关键变量，把握住了现代市场营销的脉搏，被西方舆论界视为"对传统营销理论的一场变革"。在关系营销中，顾客服务处于中心位置，是营销的出发点与归宿。这里的"顾客"有了新的含义，不仅包括现实的顾客即买主，还包括影响者、决策者、守望者等扮演不同角色的潜在用户。重视顾客，通过提供满意的服务，提高顾客忠诚度，与顾客建立长期稳定的关系，是关系营销的一大特色。

关系营销与传统的交易营销相比，它们在对待顾客上的不同之处主要在于：

（1）交易营销关注的是一次性交易，关系营销关注的是如何保持顾客；

（2）交易营销较少强调顾客服务，而关系营销则高度重视顾客服务，并兼顾提高顾客满意度，培育顾客忠诚；

（3）交易营销往往只有少量的承诺，关系营销则有充分的顾客承诺；

（4）交易营销认为产品质量应是生产部门所关心的，关系营销则认为所有部门都应关心质量问题；

（5）交易营销不注重与顾客的长期联系，关系营销的核心就在于发展与顾客的长期、稳定关系。关系营销不仅将注意力集中于发展和维持与顾客的关系，而且扩大了营销的视野，它涉及的关系包含了企业与其所有利益相关者间所发生的所有关系。

关系营销的本质特征可以概括为以下几个方面：

（1）双向沟通。在关系营销中，沟通应该是双向而非单向的。只有广泛的信息交流和信息共享，才可能使企业赢得各个利益相关者的支持与合作。

（2）合作。一般而言，关系有两种基本状态，即对立和合作。只有通过合作才能实现协同，因此，合作是"双赢"的基础。

（3）"双赢"。关系营销旨在通过合作增加关系各方的利益，而不是通过损害其中一方或多方的利益来增加其他各方的利益。

（4）亲密。关系能否得到稳定和发展，情感因素也起着重要作用。因此关系营销不只是要实现物质利益的互惠，还必须让参与各方能从关系中获得情感的需求满足。

（5）控制。关系营销要求建立专门的部门，用以跟踪顾客、分销商、供应商及营销系统中其他参与者的态度，由此了解关系的动态变化，及时采取措施消除关系中的不稳定因素和不利于关系各方利益共同增长因素。此外，通过有效的信息反馈，也有利于企业及时改进产品和服务，更好地满足市场的需求。

二、网络营销的方法

网络营销目前经过实践的方法超过百种，而且还在不断的增加。网络营销方法的选择，需要企业根据自身特点和所处环境，在众多的营销方法中选择最优组合构建自己的方法体系。下面介绍一些常用的网络营销方法。

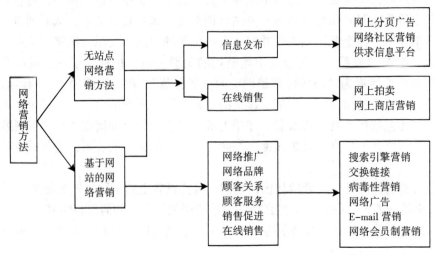

图 7-1　网络营销常用方法

1. 搜索引擎营销

这是经典的，也是最常用的网络营销方法之一。在早期的网络营销活动中，搜索引擎的等级与排名曾被认为是网络营销的核心内容。随着网络营销的不断发展，搜索引擎营销已经不再是网络营销的核心，但搜索引擎本身也在不断向更深层次发展，如提供高级服务的付费排名、关键词广告、关键词竞价排名等。国内的主要搜索引擎全面开始付费登录之后，在搜索引擎登录并获得好的排名仍然是网站推广的基本任务之一，搜索引擎的研究和应用也仍然是网络营销的基本内容之一。

2. 病毒性营销

病毒性营销是通过用户的口碑宣传网络，信息被传播和扩散，经过快速复制的方法传向数以千计、数以万计的受众。下面来看一个病毒性营销的经典案例：Hotmail 是世界上最大的免费电子邮件提供商，在创建后的一年半的时间里，它不可思议地吸引了1200 万注册用户，而且还在以每天 15 万新用户的速度发展。Hotmail 的这种爆炸式发展完全得益于"病毒营销"的巨大效益。原理与操作方法如下：Hotmail 在每一封免费发出的邮件的底部附加一个简单的提示："Get you private，free email at http：//www.hot-mail.com"，邮件的接收人将会注意到邮件底部的信息，然后他们继续利用免费 Mail 向朋友或同事发送信息，于是 Hotmail 提供免费邮件的信息就被传播开了。

3. E-mail 营销

E-mail 营销本质上还是广告的一种，但它有很多特殊性，因此在网络营销中，E-mail 营销已经被当做一种独特而有效的营销手段。E-mail 营销就是利用 E-mail 向顾客或潜在顾客提供各种信息和服务，从而达到企业目标的一种手段。但目前应用最多的还是许可 E-mail 营销，就是只有经过用户的许可，才可以给他们发送邮件。相比于未经许可的 E-mail 营销，许可 E-mail 营销更具优势，比如可以减少广告对用户的滋扰、增加潜在用户定位的准确度、增强与用户的关系、提高品牌忠诚度等。

邮件列表是许可 E-mail 营销的主要手段，邮件列表是基于用户自愿加入的原则，通过为用户提供有价值的信息，获取用户的信任，从而充分利用邮件列表的这种特殊功能。对于浏览者来说，由于不可能每天花费大量的时间到种类网站收集相关信息，通过加入到有关的邮件列表，只须检查电子邮箱就可以了解种类信息，如网站的更新信息、行业新闻、产品信息等，同时，通过订阅竞争者的邮件列表，还可以及时了解竞争者的信息。

对于一个企业网站来说，邮件列表的作用非同小可，可以说它对经营成败起到决定性作用。除了发布产品信息、增强顾客关系等基本的功能之外，还可以出售广告空间直接创造收入。

4. 网络广告

从本质上讲，传统营销的经典广告理论基础是大众化消费、大批量、大规模、标准化生产。广告的内容对所有消费者都没有任何差别。很明显，这种基于大众营销思想的传播方式在网络营销这片领域中不再适用，因为网络营销追求的是"一对一"式的高度细分的个性化消费服务，追求的是与顾客的直接对话和定制化。网络广告相比于传统广告有以下特点：网络广告具有极为广泛的传播时空概念；网络广告最重要的特点是及时互动；网络广告促成消费者采取行动的机制主要是靠逻辑、理性的说服力；网络广告作为一种即时互动的广告，它的营销效果是可测试的。

加利福尼亚州 CKS Interactive 是全球第一家网络广告公司，他的总经理 Peter Snell 认为：互动性网络广告的重心应在于互动信息的传递，而不是传统广告的印象创建与说服，网络广告的主要作用应能根据顾客的需要提供相应有价值的信息。这是所有网络本身的起源——信息共享的特点所决定的。

5. 网络商店营销

一般来说，建立网上商店的初衷是为了在网上销售产品。建立在第三方提供的电子商务平台上、由商家自行经营的网络商店是一种比较简单的电子商务形式。网络商店除了通过网络直接销售产品这一基本功能外，还是一种有效的网络营销工具。网络商店的作用主要分为两个方面：①为企业拓展网络销售渠道提供了便利的条件；②建立在知名电子商务平台上可以增加顾客的信任度。从功能上说，网络商店对不具备电子商务功能的企业网站是一种有效的补充，对提升企业形象并直接增加销售具有良好的结果。

三、网络营销的模式

1. 在线商店模式

代表商是卓越亚马逊（Amazon.cn），消费者可以在线检索自己需要的商品，订购、支付货款并通过物流系统把商品送到最终消费者手中。在线商店模式的主要目的是利用网络技术，缩短企业与顾客的距离。在线商店可以分为两部分：消费者可以接触到的部分——在线商店的前台部分，即顾客在电子商店中选择商品，下电子订单，进行电子支付，选择送货方式等一系列过程；在线商店的后台管理部分，包括网站的维护与更新、

企业电子商务管理

客户关系管理、订单管理、电子支付平台等部分。图7-2为卓越亚马逊网站页面。

图7-2 卓越亚马逊页面

2. 网上拍卖模式

网络拍卖是卖方借助拍卖网站，通过不断变化的标价向购买者销售产品的行为。代表商是易趣网（www.eachnet.com）。网络拍卖的竞价形式有两种，正向竞价和逆向竞价。交易方式有三种：竞价拍卖（易趣网、网易）、竞价拍买（八佰半）和集体议价（酷必得）。它们的主要利润来源是手续费和广告费。图7-3为易趣网页面。

图7-3 易趣网页面

3. 门户网站模式

所谓门户网站一般是指上网后打开的第一页，这种商务模式是比较熟悉并讨论较多的，代表商是搜狐网。这类网站通过提供新闻指导、娱乐信息、免费电子邮箱、电子贺卡等方式，吸引网民的注意力，在此基础上可为企业进行广告宣传。这种网站的收益主要来源于广告收入。图 7-4 为搜狐网页面。

图 7-4　搜狐网页面

4. 中立交易平台模式

中立交易平台模式被众多电子商城广泛使用，代表商是阿里巴巴网站。电子商城属于一种完全的电子商务企业，为其他企业或个人提供了一个电子交易的平台，通过向进驻商城的商家收取服务费而实现盈利。中立交易平台网站的优点：将分散的电子零售企业集中起来，为招商企业提供了统一的电子结算渠道、物流配送系统及其他配套服务，从而实现了规模经济；为消费者提供了集成的信息，减少了消费者查询信息的成本。图 7-5 为阿里巴巴网站页面。

图 7-5 阿里巴巴网站页面

5. 网络教育模式

在国外，网络教育服务市场发展较早且成果显著。以美国为例，在其 3500 所高等学府中，已经在互联网网上开班授课的多达 1/3。各主要企业也早已利用互联网对员工进行培训。在我国，网络教育从 2000 年开始正式起步，至今已取得飞速发展，图 7-6 为英语培训机构新东方的网络课堂。

图 7-6 新东方网络课堂页面

本章小结

　　本章从电子商务营销的概念出发，介绍了现在主流的电子商务营销的定义。从多样性、范围扩大化、无限细分市场目标、合理的广告投入等方面对电子商务营销的特点进行了概括，利用阅读材料：《中国联通"移动电子商务"的营销策略》加深读者对电子商务营销的理解。

　　随后着重介绍了电子商务营销的重要组成部分——网络营销。通过网络营销的基础引出网络营销的定义，围着网络营销的六个优势，对网络营销的概念进行了详细的论述。通过阅读材料《美国大选中的电子商务》力争使读者认识到网络营销的广泛应用。

　　最后，本章对网络营销的具体方法和模式进行了介绍，通过实际的案例向读者展示真实世界里网络营销的开展情况。

【案例讨论】全球度假连锁集团 Club Med 动静结合的营销案例

　　Club Med——源于法国的全球度假连锁集团，它敏锐地洞察到这一片蓝海市场，于 1967 年创办了带孩子度假的"迷你俱乐部"，成为世界上第一个专为儿童而推出的一价全包假日服务的公司，开创了全球亲子度假的先河。在庆祝"迷你俱乐部"成立 40 周年之际，Club Med 瞄准了东南亚的度假热潮，在亚太的亲子度假村举办"夏日家庭嘉年华"，并选择了覆盖面广、快速便捷的网络媒体向庞大中国消费市场渗透。通过与网易的合作，双方共同打造了活动主题网站 http://clubmed.163.com，运用动静结合的营销方式，吸引网民参与"夏日家庭嘉年华"活动，打开了进军中国亲子度假市场的大门。

　　1. 动：参与营销引发链式传播

　　营销传播，可以说就是在适当的时候，将适当的信息以适当的方式传递给最需要它的人群。2007 年 5 月 11 日至 6 月 29 日，Club Med 与网易联手发起"2007 夏日家庭嘉年华——网络摄影大赛"，抢在暑期度假前先入为主，向潜在目标群体展开了参与营销。"一价全包的完美假期"是 Club Med 本次营销推广的重要理念。

　　Club Med "迷你俱乐部"的度假产品，精心照顾到全家度假中的每一处细节，倡导自由、舒适、健康、轻松和友善的度假观念，为游客提供了包括起居、美食、娱乐、健身等度假全过程的"一条龙"服务。各个年龄层的孩子都能得到专业的照顾，并能参加多姿多彩的文体活动，一家人共同享受亲子假期的欢乐时光。

　　"普吉岛很美，特别漂亮，随便找个地方拍出来的照片就像明信片。这个海岛拥有一切迷人的热带风景：浓密的热带雨林，整齐的橡胶种植园，柔软细腻的沙滩，陡峭的山崖，使得这里的运动休闲节目多姿多彩……有'世界的清晨'之称的巴厘岛更是令人心旷神怡。"一位网友在论坛中分享其度假感受。

　　一家三口免费飞往 Club Med 在普吉岛或巴厘岛的度假村欢度亲子假期，成为本次 Club Med 网络摄影大赛的头等大奖，这也是对 Club Med "一价全包的完美假期"服务理念的阐释，吸引了众多网民跃跃欲试。在活动主题网站中，以 Club Med 特有的极限运动、度假胜地风景、人物为素材，制作了"找不同"、"空中飞人"等几款简单有趣的游戏。网民完成趣味游戏，并回答 Club Med 亲子度假的相关问题后，就可以注册上传全家一起度假出游的照片。互动游戏和简单答题，使网民快乐参与的同时，增强了对度假胜地的好感和对 Club Med 服务产品的认知。"生命就像一块巧克力，你永远不知道下一块是什么味道。"那么，上传照片的过程中等待网民的又是什么呢？照片上传后，会自动生成一张以海边度假休闲画面为背景的电子贺卡，网民一家快乐出游的照片镶嵌其中。

Club Med 的 logo 和广告语"一价全包的完美假期"也植入画面，与贺卡的海蓝背景融为一体，精美的贺卡给人无穷的美妙幻想。在贺卡旁边填写朋友的 E-mail，即可与好友分享快乐的度假祝福。转发邮件后，网民会获得参与幸运抽奖的机会，有机会获得一家免费度假的大奖。通过为网友提供自制电子贺卡并发送给朋友分享的参与体验，Club Med 也获得了网友自发传播 Club Med 品牌理念的加倍回报。网友之间一传十、十传百快速形成了链式传播。活动进行一星期，参与人数已经超过 5000 人，转发邮件数量则为人数的 5 倍。

2. 静：植入式营销渗透品牌理念

Club Med 网络摄影大赛通过对活动主题网站页面，以及专业旅游电子杂志《易游人》内容的精心设计，对潜在目标消费群进行植入式营销。"好广告不只在传达信息，它能以信心和希望，穿透大众心灵。"活动主题网站的页面设计很好地实践了广告大师李奥贝纳的观点。网站以清新的海蓝为背景，画面到处洋溢着度假休闲的欢乐气氛，令人对未来充满了幻想和憧憬。别具一格的是，鼠标滑过精美的照片或相关栏目按钮时，指针会变成 Club Med 的 logo 图案，时隐时现的 logo 给人满眼的新鲜与惊喜。网站页面每一个细节的设计都投射着对 Club Med 理念的传递，将植入式广告做到极致。

《易游人》作为网易在国内门户网站中首家推出的专业旅游电子杂志，以精美的原创图片、轻松优美的语言文字等至美的视听体验为优势，一上线就迅速博得了大量读者的青睐。平均每期月独立访问者数量超过 70 万人，并正以大于 10% 的速度增长。第 11 期《易游人》，通过电子杂志封面、目录来宣传 Club Med 的品牌和服务理念，并运用跨页广告吸引读者参加 Club Med 的网络摄影大赛，及其在亚太地区的"夏日家庭嘉年华"活动。《易游人》还专门策划了"海蓝假期"栏目，用多达 12 页图文并茂的篇幅，在读者中掀起有关海岛旅游话题的讨论热潮。读者在享受视觉盛宴的同时，在无形中认知了 Club Med 的品牌文化与服务理念。短短 10 天，杂志页面的点击量就突破了 1 万次。

网易帮助 Club Med 成功地把参与营销和植入式营销组合应用，动静之间，Club Med 的品牌理念已然占据了消费者的心。

资料来源:

网易.动静结合的创新网络营销 Innovative Net marketing, the Combination of Activity and Motionless——全球度假连锁集团 Club Med 与网易合作案例解析. 广告大观 (综合版), 2007 (8)

案例讨论题:

1. Club Med 动静结合的营销方式体现了电子商务营销的哪些特点?

2. 试分析 Club Med 动静结合的营销过程中,使用了哪些网络营销的方法?

3. 试从电子商务营销的角度,为 Club Med 制定下一步营销策略。

思考题

1. 简述电子商务营销与网络营销的关系。

2. 电子商务营销的特点有哪些?

3. 网络营销有哪些主要模式?

4. 通过阅读案例《美国大选中的网络营销》,谈谈你对网络营销的理解。

第八章　电子商务供应链管理

本章要点

● 了解电子商务供应链管理
● 掌握电子商务供应链管理的实施

开篇案例：IngramMicro 的供应链管理

根据供应链管理的思想，全球最大的信息技术零售商 Ingram Micro 公司与 Solectron 公司签署了整合协议。根据该协议，这两家公司整合互补的核心竞争力（Ingram Micro 公司的订单与后勤管理和 Solectron 公司的大批量生产能力），共同实现按订单生产和配置 PC 机、服务器和外设。

Ingram Micro 公司从经销商那里接到 PC 机的订单，以电子方式传给 Solectron 公司在世界各地的九家工厂，工厂按订单生产出 PC 机，直接运出到经销商或最终顾客手里，整个过程不到 7 天。

PC 机供应链的最大问题是过量的库存。公司最大的噩梦是仓库里的电脑今天全部编制了，只能打折销售，结果利润没有了。为了在 PC 机供应链中加快交货速度，同时削减库存和成本，Ingram Micro 公司建立了外部网供应商（包括 Intel 公司——生产 PC 机的核心设备芯片）及客户交换实时的库存信息和需求，应用企业资源规划系统（ERP）来改善库存控制、产品配送和业务整合。公司还建立内部网来加快采购周期。

Solectron 公司和 Ingram Micro 公司跨企业的供应链对每个参与者都有利，它减少了商品在供应链中的停留及相应的成本，降低了运输成本，从而节约了时间和成本。更重要的是，它促进了行业的联合。

讨论题：

1. Ingram Micro 公司和 Solectron 公司之间是如何实现供应链整合的？
2. 他们的供应链整合取得了什么样的效果？

第一节 电子商务供应链管理概述

一、供应商的定义

《零售商供应商公平交易管理办法》规定：供应商是指直接向零售商提供商品及相应服务的企业及其分支机构、个体工商户，包括制造商、经销商和其他中介商。或称为厂商，即供应商品的个人或法人。供应商可以是农民、生产基地、制造商、代理商、批发商（限一级）、进口商等，应避免太多中间环节的供应商。例如，二级批发商、经销商、皮包公司（倒爷）或亲友所开的公司。

应该确定符合公司战略的供应商特征，对所有供应商进行评估，可以将供应商分成交易型、战略型和大额型。一般来讲，交易型是指为数众多，但交易金额较小的供应商；战略型供应商是指公司战略发展所必需的少数几家供应商；大额型供应商指交易数额巨大，战略意义一般的供应商。

二、供应链与供应链管理的定义

1. 供应链的定义

供应链目前尚未形成统一的定义，许多学者从不同的角度出发，给出了许多不同的定义。

我国国家标准将供应链定义为：在快递公司运输的过程中，涉及将产品或服务提高给最终用户活动的上游和下游企业所形成的网络结构。美国供应链协会对供应链的定义为：供应链涵盖了从供应商的供应链到消费者的供应链，自生产至制成品交货的各种工作努力。这些工作努力可以用计划、寻找资源、制造、交货和审核定五种基本流程来表示。美国资源管理教育学会将供应链定义为：供应链是自原材料供应直至最终产品消费，联系跨越供应商与用户的整个流程，供应链涵盖企业内部和外部的各项功能，这些功能形态成了向消费者提供产品或服务的价值链。著名的经济学家波特把供应链定义为附加价值链。他认为，供应链是指商品进入消费者手中之前行业与行业之间的联系，是一件产品从原材料经过加工、流通等行业最终到达消费者手里的过程中，供货商、厂家、批发商和零售商等相关企业通过某种附加的加盟费进行连锁。

虽然定义多种多样，但从以上分析可以看出，各种观点的基本内核是一致的。我们可以给出一个供应链比较确切的定义：供应链是围绕核心企业，通过对信息流、快递、资金流的控制，从采购原材料开始，制成中间产品以及最终产品，到有销售网络把产品送到消费者手中的将供应商、制造商、分销商、零售商，直至最终用户连成一个整体的网链结构模式。它是一个范围更广的联邦快递结构模式，包含所有加盟的节点企业，从原材料的供应开始，经过链中不同企业的制造加工、组装、分销等过程直到最终用户。

形象一点，我们可以把供应链描绘成一棵枝叶茂盛的大树：生产企业构成树根；独家代理商则是主干；分销商是树枝和树梢；满树的绿叶红花是最终用户。在根与主干、枝与干的一个个节点，蕴藏着一次次的流通，遍体相通的脉络便是信息管理系统。

2. 供应链管理的定义

在全球化市场竞争日益激烈的环境下，产品寿命周期越来越短，产品品种数量飞速膨胀，客户对交货期的要求越来越高，对产品和服务的期望越来越高。如何满足客户的要求、提高市场占有率、降低成本以获得良好的经营利润是摆在企业面前的重要难题。在这种背景下，供应链管理（Supply Chain Management，SCM）应运而生。

目前，学术界对供应链管理的定义基本还没有统一的认识，美国供应链协会认为："供应链——目前国际上广泛使用的一个术语，囊括了设计、生产与交付最终产品和服务的一切努力。从供应商的供应商到客户的客户，供应链管理包括管理供应与需求，原材料、备品备件的采购、制造与装配，物件的存放及库存查询，订单的录入与管理，渠道分销及最终交付用户。"

国内的研究认为，供应链是由原材料和零部件的供应商、产品或服务的提供商、分销商和零售商及最终用户组成的一个网络，以实现由顾客需求提出的、符合顾客所需要的产品或服务的提供，顾客需求得到满足的一个过程。供应链管理是对整个供应链中各参与组织、部门之间的物流、信息流与资金流进行计划、协调与控制等。其目的是通过优化，提供所有相关过程的速度和确定性，使相关活动的价值增值最大化，以提高组织的运作效益和效率。供应链中的物流是指从供应商到客户之间的物质产品流；信息流是指包括客户需求、订单的传递、交货状态及库存等信息的流动；资金流是指包括资金转移、信用条件、支付方式等信息的流动。物流、信息流、资金流统称为"三流"，它们往往是跨部门、跨企业、跨行业流动的。一般来说，供应链是由自主或半自主的实体企业组成的网络，这些实体企业共同负责与一类或多类产品相关的各项活动。实体企业主要有供应商、制造商、仓库、配送中心和零售商等组成，处于核心地位的企业称做供应链的核心企业。供应链管理活动包括原料供应与采购、产品设计、生产计划、材料处理、订购过程、库存管理、运输、仓储以及客户服务等。

3. 供应链管理产生背景

"供应链管理"这一概念的提出主要基于两个方面：一是激烈的市场竞争使得原来"单枪匹马型"的企业竞争难以适应快速变化的客户需要，任何一个企业必须在提高内部业务运作效率的基础上，加强与上下流企业的紧密合作，才能更好地生存与发展，实施供应链管理是企业降低成本、提高应变能力的重要举措；二是随着信息技术的飞速发展，企业可以在全球范围内获取资源并销售产品，全球化的业务运作需要更加有效的管理理念和实现技术作为支撑，供应链管理的思想和方法正适应了这一需要，由此而得到普遍关注。近年来，电子商务的发展使有关供应链管理的研究和应用进入到了一个新的层次。

三、供应链管理的内容

供应链管理主要涉及四个主要领域：供应（Supply）、生产计划（Schedule Plan）、物流（Logistics）、需求（Demand）。供应链管理是以同步化、集成化生产计划为指导，以各种技术为支持，尤其以 Internet/Intranet 为依托，围绕供应、生产作业、物流（主要指制造过程）、满足需求来实施的。供应链管理主要包括计划、合作、控制从供应商到用户的物料（零部件和成品等）和信息。供应链管理的目标在于提高用户服务水平和降低总的交易成本，并且寻求两个目标之间的平衡（这两个目标往往有冲突）。

在以上四个领域的基础上，我们可以将供应链管理细分为职能领域和辅助领域。职能领域主要包括产品工程、产品技术保证、采购、生产控制、库存控制、仓储管理、分销管理，而辅助领域主要包括客户服务、制造、设计工程、会计核算、人力资源、市场营销。

由此可见，供应链管理关心的并不仅仅是物料实体在供应链中的流动，除了企业内部与企业之间的运输问题和实物分销外，供应链管理还包括以下主要内容：

（1）战略性供应商和用户合作伙伴关系管理；

（2）供应链产品需求预测和计划；

（3）供应链的设计（全球节点企业、资源、设备等的评价、选择和定位）；

（4）企业内部与企业之间物料供应与需求管理；

（5）基于供应链管理的产品设计与制造管理、生产集成化计划、跟踪和控制；

（6）基于供应链的用户服务和物流（运输、库存、包装等）管理；

（7）企业间资金流管理（汇率、成本等问题）；

（8）基于 Internet/Intranet 的供应链交互信息管理等。

四、供应链管理的目标和目的

供应链管理的目标：在满足客户需求的前提下，对整个供应链（从供货商，制造商，分销商到消费者）的各个环节进行综合管理。例如，从采购、物料管理、生产、配送、营销到消费者的整个供应链的货物流、信息流和资金流，把物流与库存成本降到最小。

供应链管理就是指对整个供应链系统进行计划、协调、操作、控制和优化的各种活动和过程，其目标是要将顾客所需的正确的产品（Right Product）能够在正确的时间（Right Time）按照正确的数量（Right Quantity）、正确的质量（Right Quality）和正确的状态（Right Status）送到正确的地点（Right Place），并使总成本达到最佳化。

一个公司采用供应链管理的最终目的有三个：

（1）提升客户的最大满意度（提高交货的可靠性和灵活性）；

（2）降低公司的成本（降低库存，减少生产及分销的费用）；

（3）企业整体"流程品质"最优化 （错误成本去除，异常事件消弭）。

1997 年 PRTM（Pittiglio Rabin Todd & Mcgrath）公司进行的一项关于集成化供应链

管理的调查（调查涉及 6 个行业的 165 个企业，其中化工占 25%、计算机电子设备占 25%、通信占 16%、服务占 15%、工业占 13%、半导体占 6%）表明，通过实施供应链管理，企业可以达到以下多方面的效益：

（1）总供应链管理成本（占收入的百分比）降低 10% 以上；

（2）中型企业的准时交货率提高 15%；

（3）订单满足提前缩短 25%~35%；

（4）中型企业的增值生产率提高 10% 以上；

（5）绩优企业资产运营业绩提高 15%~20%；

（6）中型企业的库存降低 3%，绩优企业的库存降低 15%；

（7）绩优企业在现金流周转周期上具有比一般企业少 40~65 天的优势。

而戴维德·霍尔（David Hole）认为通过良好的供应链管理可以在进入新市场、开发新产品、开发新分销渠道、改善售后服务水平、提高用户满意程度、降低库存、降低后勤成本、降低单位制造成本、提高工作效率等方面获得满意效果。

五、供应链管理的方法

供应链管理与优化的方法很多，并且每个企业都不尽相同。亿博物流咨询公司从无数个经典案例当中发现一个特别的现象：一些优良的供应链，大多采取了一般看来是错误的策略，如 ZARA、戴尔，它们的供应链的确很优秀，但是它们供应链策略几乎很难被移植。

所以，一味地去借鉴别人的供应链，不如安下心来专注研究自己的供应链。因为每个企业都不一样，每个企业都有自己的特点，供应链既然是企业的药方，那么它所采用的药方也就不一样了。

下面简单地介绍几个应用供应链不同方法的案例：

（1）丰田、耐克、尼桑、麦当劳和苹果等公司的供应链管理都从网链的角度来实施的；

（2）壳牌石油通过 IBM 的 Lotus Notes 开发了 SIMON（库存管理秩序网）的信息系统，从而优化了它的供应链；

（3）利丰的供应链优化方法是在生产上对所有供应厂家的制造资源进行统一整合，作为一个整体来运作，是基于整合供应商的角度；

（4）HP 打印机和丰田是通过麦肯锡咨询在地理上重新规划企业的供销厂家分布，以充分满足客户需要，并降低经营成本，是基于地理位置的选择；

（5）宝洁是通过宝供物流，采用分类的方法，与供应链运作的具体情况相适应，详细分类并采取有针对性的策略可以实现显著的优化供应链，是基于分类的细化；

（6）锦鑫物流集团通过亿博物流咨询进行企业转型，从国有大型生产集团（华西、国资委等四个国有单位）的物流业务剥离出来，而成长为资产达 20 多亿元的大型地方物流企业，是基于战略的选择与规划。

六、电子商务环境对供应链管理的影响

电子商务的迅速发展，改变了传统经济活动的生存基础、运作方式和管理机制，因而对供应链的发展产生了深远的影响。在全球化背景下，供应链管理是企业适应全球竞争的一个有效途径。电子商务环境下的供应链管理，它借助信息技术从整个供应链的角度对所有节点企业的资料进行集成和协调，强调战略伙伴合作、信息资料集成、快速市场响应以及为用户创造价值等。企业实行电子商务是因为其速度较一般零售交易快，所以其供应系统必须具备快速响应各地顾客需求的能力，而这一切必须由供应链管理中通畅的供应渠道来支持。

1. 减少供应链中间环节并降低了成本

对一个企业来说，向其供应商进行采购是一个复杂的多阶段过程。首先，买方企业需要把详细计划和需求信息传给供应商，以便供应商能够准确地按照买方企业要求的性能指标进行生产。如果产品样品被认可，而且供应商有能力立即生产，买方企业就会发出一份明确了具体产品数量的采购订单。然后，卖方企业会接到供应商的通知，告知采购订单已经收到并确认该订单可以满足。当产品由供应商发出时，买方企业在接到通知，同时还收到产品的发货单。买方的财务部门核对发货单和采购单后付款。如果原有的订单在某一环节出现问题，这一交易过程将更加复杂。

电子商务是在计算机、应用软件和通信系统构成的网络中实现的，我国企业应该通过 Internet 这个中间平台，改变传统的产品销售方式。由于建立了信息网络和交易系统，利用了数据仓库等信息技术，企业直接与消费者和供应商在网络上进行交易，减少分销商或零售商这样一些中间环节，从而达到节约运输和销售成本的目的。对于采购商而言，可以利用网络和信息平台获得国内与国外的供应信息，采购人员可以通过互联网与全球范围的供应商们进行便利的沟通与交易，提高采购价格的透明度，缩短采购时间，提高采购效率。

随着销售方式的改变，传统的营销策略也随之发生变化。在电子商务环境下，我国企业必须改变其原有的市场营销策略，在发布产品质量与性能的信息方面，产品的广告

投放渠道、重新设计的销售渠道方面都要做出相应的调整。方便客户更快捷地获取产品的信息，增强产品的信任度，降低供应需求预测的不准确性，为提升供应链的综合竞争实力与提升客户满意度做出贡献。

2. 使企业的组织边界趋于模糊化

随着电子商务的发展，组织之间的信息流和资金流更加频繁，组织间的联系由单一渠道转变为多渠道，如供应商的销售部门不仅要与生产商的采购部门进行交流，而且还需要与生产商的设计部门、销售部门合作，共同设计客户满意的产品和服务。随着供应链中组织间合作程度的日益加深，企业间彼此不断融合，组织边界越来越模糊，整个价值链重新整合，形成一个虚拟的大企业。

3. 增加了供应链的柔性

现在社会，由于顾客需求的变化越来越快，因而一个企业为了能够在激烈的市场竞争中生存，就必须不断调整自身的产品结构来适应新的市场需求。在传统商务环境下，由于供应企业与需求企业之间没有有效的沟通手段，一旦市场发生变化，节点企业很难迅速改变其原来的生产计划，因而容易造成行动滞后于市场变化的速度，从而丧失市场机会。相反，在电子商务环境下，由于使用了先进的互联网技术，一旦市场需求发生变化，企业就能够调整产品结构，从而带动整个供应链中相应节点企业随之变化，使得整个供应链的柔性增加。

4. 电子商务有效地减低了供应链上企业的库存水平

在供应链上采用电子商务手段后，企业与其供应商之间以及企业与其用户之间能够快速地交换原材料信息和产品信息，从而可以降低企业的库存水平。电子商务与传统方式相比较，一方面，企业向其供应商采购原材料时，采购批量可以相对减少，采购频率可以随生产需要而相应增加或减少，当企业需要使用原材料时可以通过电子商务手段快速向供应商订货，这样不仅及时补充了库存，保证了生产的连续性，而且减少了原材料的在库量，避免了在传统商务方式下所必需的大量原材料库存；另一方面，当用户或销售商利用电子手段把产品销售信息反馈给企业后，企业能够及时调整生产结构以适应市场需求，从而减少产品积压的风险。

5. 电子商务有效地提高了供应链上的顾客水平

在现在社会，一个企业想在激烈竞争的市场中具有强大的竞争力，光靠高质量、低成本的产品是不够的。在电子商务环境下，顾客反应能力变得越来越重要。顾客需要的不断变化已经成为左右市场方向的指针。工业化时代是由大批量产品供应来推动的，而顾客化时代是由大量的顾客需求拉动的。电子商务的运用，使得供应链在获得库存经济效益的同时，提高了顾客服务水平。许多公司已经开始使用互联网进行客户服务，在网上介绍产品、提供技术支持、查询订单处理信息等，这样不仅可以解放公司自己的客户服务人员，让他们去处理更加复杂的问题，而且也可提高客户的满意度。

1994年1月，美国福特、通用汽车、克莱斯勒、约翰逊控制系统公司和他们的12家主要供应商为改进原材料流通，在四排座汽车生产线的供应链中共同组建了一个生产线控制系统（MPA）。该系统建立时，从材料信息发布到实物供应需要4~6周的时间才能完成，而且信息经常出错。后来，他们运用电子网络将所有生产线控制系统的参加方都连接起来，生产日程不到2周就能到达供货链的最低端。准时装车率提高了6%，错误率降低了72%。在人力成本方面，每周每个客户最多可节省8小时。

第二节　电子商务供应链管理实施

一、企业实施供应链管理的五个步骤

1. 分析市场竞争环境，识别市场机会

竞争环境分析是为了识别企业所面对的市场特征和市场机会。要完成这一过程，我们可以根据波特模型提供的原理和方法，通过调查、访问、分析等手段，对供应商、用户、现有竞争者及潜在竞争者进行深入研究，掌握第一手准确的数据、资料。这项工作一方面取决于企业经营管理人员的素质和对市场的敏感性；另一方面，企业应该建立一套市场信息采集监控系统，开发对复杂信息的分析和决策技术。例如，一些企业建立的顾客服务管理系统，就是掌握顾客需要，进一步开拓市场的有力武器。

2. 分析顾客价值

供应链管理的目标在于提高顾客价值和降低总的交易成本，经理人员要从顾客价值的角度来定义产品或服务，并在不断提高顾客价值的情况下，寻求最低的交易成本。按照营销大师科特勒的定义，顾客价值是指顾客从给定产品或服务中所期望得到的所有利益，包括产品价值、服务价值、人员价值和形象价值。一般说来，发现了市场机会并不意味着真正了解某种产品或服务在顾客心目中价值。因此，必须真正从顾客价值的角度出发来定义产品或服务的具体特征。只有不断为顾客提供超值的产品，才能满足顾客的需求，而顾客的需求拉动是驱动整个供应链运作的源头。

3. 确定竞争战略

从顾客价值出发找到企业产品或服务的定位之后，经理人员要确定相应的竞争战略。竞争战略形式的确定可使企业清楚认识到要选择什么样的合作伙伴以及合作伙伴的联盟方式。根据波特的竞争理论，企业获得竞争优势有三种基本战略形式：成本领先战略、差别化战略以及目标集中战略。譬如，当企业确定应用成本领先战略时，往往会与具有相似资源的企业联盟，以形成规模经济；当企业确定应用差别化战略时，它选择的合作伙伴往往具有很强的创新能力和应变能力。商业企业中的连锁经营是成本领先的典

型事例，它通过采用大规模集中化管理模式，在整个商品流通过程中把生产商、批发商与零售商紧密结合成一个整体。通过商品传送中心、发货中心把货物从生产商手中及时地、完好地运送到各分店手中，进而提供给消费者。这样的途径减少了流通环节，使企业更直接面对消费者。其结果不仅加快了流通速度也加快了信息反馈速度，从而达到了成本领先的目的。

4. 分析本企业的核心竞争力

核心竞争力是指企业在研发、设计、制造、营销、服务等某一个环节上明显优于并且不易被竞争对手模仿的、能够满足客户价值需要的独特能力。供应链管理注重的就是企业核心竞争力，企业把内部的智能和资源集中在有核心竞争优势的活动上，将剩余的其他业务活动移交给在该业务上有优势的专业公司来弥补自身的不足，从而使整个供应链具有竞争优势。在这一过程中，企业要回答这样几个问题：企业的资源或能力是否有价值；资源和能力是否稀有，拥有较多的稀有资源的才可以获得暂时竞争优势；这些稀有资源或能力是否易于模仿，竞争对手难以模仿的资源和能力，才是企业获得持续竞争优势的关键所在；这些资源或能力是否被企业有效地加以利用。在此基础上，重建企业的业务流程和组织结构。企业应对自己的业务认真清点，并挑选出与企业的生存和发展有重大关系、能够发挥企业优势的核心业务，而将那些非核心业务剥离出来，交由供应链中的其他企业去完成。在挑选出核心业务之后，企业还应重建业务流程。

5. 评估、选择合作伙伴

供应链的建立过程实际上是一个供货商的评估、选择过程，选择适当的合作伙伴、选择合适的对象（企业）作为供应链中的合作伙伴，是加强供应链管理中最重要的一个基础。企业需要从产品的交货时间、供货质量、售后服务、产品价格等方面全面考核合作伙伴。如果企业选择合作伙伴不当，不仅会腐蚀企业的利润，还会使企业失去与其他企业合作的机会，从而无形中抑制企业竞争力的提高。对于供应链中合作伙伴的选择，可以遵循以下原则：①合作伙伴必须拥有各自的可资利用的核心竞争力。唯有合作企业拥有各自的核心竞争力，并使各自的核心竞争力相结合，才能提高整条供应链的运作效率，从而为企业带来可观的贡献。这些贡献包括及时、准确的市场信息，快速高效的物流，快速的新产品研制，高质量的消费者服务，成本的降低等。②拥有相同的企业价值观及战略思想。企业价值观的差异表现在，是否存在官僚作风，是否强调投资的快速回收，是否采取长期的观点等。战略思想的差异表现在，市场策略是否一致，注重质量还是注重价格等。可见，若价值观及战略思想差距过大，合作必定以失败而告终。③合作伙伴必须少而精。若选择合作伙伴的目的性和针对性不强，过于泛滥的合作可能导致过多的资源、机会与成本的浪费。在具体的选择过程中，经理人员一定要慎重考察如下内容：

（1）协作态度，包括良好的业务联系，提供信息的态度，对意外事件的处理态度和措施；

（2）质量保证，包括事故的发生情况，质量问题；

（3）社会信誉主要指其他进货商对他的评价；

（4）按期交货的保证情况；

（5）生产保证情况，主要指安全生产；

（6）从运输、联络方面来考察供应商所处的地理条件；

（7）一旦选定后，则应建立战略合作关系。

二、电子商务发展中的供应链管理的实施

供应链管理随着电子商务的发展被越来越多的企业所重视。对我国的大多数企业来说，供应链管理与电子商务可以同步实施、相互促进。在电子商务发展的条件下，实施有效的供应链管理应主要把握以下五点：

1. 正确分析企业所处的竞争环境

供应链管理的第一步就应从客户的需求出发，分析企业当前所处的竞争环境，以便明确企业实施供应链管理的目的和方向。竞争环境分析主要是为了识别企业所面对的市场特征和各种机会，为企业制定切实可行的竞争战略创造条件。

在电子商务条件下，企业应该把市场竞争环境分析的工作经常化、正规化，要充分利用互联网、外联网和内联网收集、分析各种信息，建立起动态的数据库，随时为决策提供相应的支持。

2. 制定切实可行的竞争战略

对企业自身所处的市场竞争环境有比较全面的认识后，就应根据企业所具有的竞争优势制定切实可行的竞争战略，以便据此选择合适的竞争伙伴。

供应链管理注重的是企业的核心竞争力，企业凭借自身的核心竞争力与其他企业共同构建供应链。因此，对企业核心竞争力的分析是制定竞争战略的前提和基础。核心竞争力的分析主要指企业对所拥有的各种资源和能力进行客观评价，诸如回答"企业的资源和能力是否有持续的增值潜力，是否稀有，竞争者是否容易模仿"、"现有的竞争优势表现在成本、技术、服务还是其他方面"、"有哪些措施可以巩固自身的竞争优势"、"现有的竞争优势哪些可以与合作伙伴、供应商、客户共同分享"等。

在制定竞争战略是可参考迈克尔·波特著名的竞争战略理论，他把基本的竞争战略分为三种，即总成本领先战略、差异化战略和目标集聚战略。赢得总成本最低通常要求企业具备较高的相对市场份额或其他优势，特别需要有充足的低成本的原材料、零部件的供应作保证。换句话说，总成本领先战略需要和新企业与供应商的互动，只有在双方优势互补、互惠互利的前提下才能取得。差异化战略主要是利用企业独特的品牌形象、技术特点、经销网络和客户服务等方面的优势确立起客户对品牌的忠诚度，由此使得客户对价格的敏感性下降，为企业赢得超额收益。差异化战略同样要充分发挥供应商和合作伙伴在加强竞争优势中的作用，在多方面加强合作，不断发现新的超过竞争对手的能力。目标集聚战略是主攻某个特定的顾客群、某产品系列的一个细分区段或某一个地区市场，它的前提是企业能以更高的效率、更好的效果为某一特定的战略对象服务，从而超过在更广阔范围内的竞争对手。不难看出，目标集聚战略要求企业专注于特定的客户群，企业只有充分把握这一特定客户群的深层次需求，通过优质的产品、周到的服

务、有竞争力的价格等多方面入手，逐渐培养起忠诚度，才能取得持续的、稳定的竞争优势。

当企业追求总成本领先战略时，往往会选择同行业中的领先者作为合作伙伴，以期取得规模经济效益；当企业把差异化战略作为目标时，会较多地考虑选择在品牌、技术、营销渠道、服务等方面有领先优势的供应商合作伙伴；而对目标集聚战略，企业则会投入大量的精力寻找对自己的产品和服务有专门需求的客户，专门为它们量身定做，提供"一对一"的服务。

3. 选择合适的供应商

供应商的选择是供应链管理的关键环节。国外的企业都十分重视这项工作，因为供应商选择不当不但会影响企业的产品质量、交货期，进而影响企业的盈利能力，而且会错过与其他优秀供应商合作的机会，对企业的发展极为不利。所以，从某种程度上来说，供应链管理是一个供应商的评估、选择和合作的过程，核心企业应建立起严格的供应商评估程序，确定科学的评估标准，选择最理想的供应商，并与其建立起长期的信任、合作关系。供应商的选择一般包括以下五个步骤：

（1）明确供应商选择目标。在选择供应商之前，企业首先必须明确供应商选择的目标，这些目标主要可以概括为以下五个方面：

①与供应商建立起一种能够不断降低成本、改善产品质量、改进服务的契约关系；

②改变过去那种单纯的买卖关系，或者为了各自的利益不断讨价还价的对立关系，建立起以共同利益为基础的、合作的、团队性的关系，致力于高标准的信任和合作；

③与供应商建立起开放、畅通的沟通渠道，实现信息和利益共享，责任和风险共担的目标；

④让供应商不断参与到企业的产品设计与研发、市场开拓和售后服务等环节，让供应商充分体验到只有同舟共济才能共同得益；

⑤共同探索双方业务流程的重组方法，实现彼此物流的高度一体化，减少中间环节，杜绝各种形式浪费。

（2）确立供应商评估标准。对供应商的评估必须有明确的、可以量化的标准，可以包括以下六个方面：

①具有可资利用的核心能力，能与本企业优势互补；

②拥有与本企业基本相同的价值观和战略思想；

③在成本与价格方面具有不断降低成本的能力，能适应市场竞争和本企业发展的需要；

④在质量方面有完整的质量保证体系，在发生质量事故时能迅速作出反应，并能提供紧急服务及必要的免费服务；

⑤在后勤方面能保证及时交货，能有计划地压缩订货时间，能不断地减少采购批量，降低企业库存；

⑥在技术能力方面应具有完善、先进的测试手段，有高水平的研究开发机构，有足够的研发资金的投入，保证产品不断升级换代以适应市场的需求。

对供应商评估的方法一般应坚持"定性与定量结合，以定量为主"的原则，对可以定量的因素应考虑适当的权重来评价其重要性，通过打分的方法评价供应商的优劣。

（3）建立公正的评估小组。对供应商的评估应由专门的评估小组来实施，评估小组的成员来自企业内部的相关部门，如采购部、技术部、质量控制部、生产部、工程部等部门。应选择既有丰富经验，又能坚持公正原则的人员参加。评估小组必须严格按企业制定的评价标准对不同的供应商作出公正、公平、公开的评判，这样才能保证供应商在今后的合作中同样能以严格的标准要求自己，避免通过不正当手段得利。同时，对那些螺旋的供应商，只要评判的结果是公正的，也会让他们有明确的目标以便进一步改进。

（4）通知初选合格的供应商参与评估。当企业初步确定了一部分合格的供应商后，应及时通知他们参与，以确认他们是否愿意与企业建立供应链合作关系，是否有获得更高业绩水平的愿望。企业应尽早地让供应商参与到评价过程中来。应指出的是，由于企业的力量和资源毕竟是有限的，企业只能与少数的、关键的供应商保持紧密的合作，所以参与的供应商数量不宜太多，以免分散精力。

（5）与供应商建立起信任与合作关系。通过与供应商的直接接触或实地考察基本确定理想的供应商，接下来就应设法与供应商建立起长期的信任与合作关系。在传统的买卖关系中，企业和供应商一般都从自身利益的角度出发，尽量把责任、风险和损失转嫁给对方，结果往往两败俱伤。在供应链管理中，企业与供应商之间的相互信任与合作是前提和基础，双方都应改变传统的买卖观念和思维方式，尽量从对方的角度考虑问题，建立起风险、责任和成本共担，利益、市场和成果共享的机制，从而促进供应链管理的高效运作，为双方赢得共同的、持久的竞争优势。

4. 逐步完善网络基础

供应链管理的实施必须以完善的网络设施为前提，特别是企业内联网、外联网和互联网的继承是保证供应链高效运作的基本条件。此外，企业的知识库、电子数据库也是供应链管理的重要组成部分。逐步完善网络基础设施建设，一方面可以方便供应链中的成员能迅速、准确地收集和传递有关商业数据和相关信息，以最快的速度和最有效的方式满足合作伙伴的生产需要，最终以最快的速度和最优质的服务适应最终客户的需要；另一方面，还可以节省传统方式下人工处理业务的相应成本，可以与业务伙伴、客户共享由于成本降低所得到的各种好处。

对中国企业来说，企业信息化的程度总体水平还较低，企业内联网和外联网的建设还很不完善，相应的知识库和电子数据库在不少企业中还是一个空白，尤其需要企业的领导和管理人员，从提高企业对市场反应能力、增强企业竞争力的角度不断地完善企业的网络基础设施建设，与供应商、销售商和各类合作伙伴共同构筑起一条高效、畅通、反应快速的电子通道。

5. 加强协作，及时化解各种矛盾

供应链管理涉及众多的企业和组织，但由于各自目标和利益的不同，在运作过程中出现各种矛盾和冲突是难免的，如成本的分摊、利益的分配等常会出现不协调的现象。因此，作为供应链的各组成部分，各企业都应加强合作和沟通，采取互惠互利、求同存

异的原则，从全局观念出发，及时化解供应链管理中的矛盾与冲突，使供应链管理真正成为使各方共同受益的有效途径。作为供应链管理中的各参与方还应注意加强学习和反馈，及时发现供应链管理中出现的各种问题，共同分享成功的经验、承担失败的教训，使供应链管理切实地成为提高企业经营管理水平、增强企业竞争力的重要手段。

三、供应链管理系统结构与支撑技术（工具）

面向电子商务的供应链管理系统就是要在坚持供应链管理思想，能够实施供应链管理主要原则的基础上实现电子商务的总体目标。

1. 电子商务环境下优化供应链的方法和原则

根据供应链在电子商务环境下的特点，有必要对传统的供应链进行重新设计和改造，构建供应链的新模式。

在重新设计供应链的过程中，提出以下几个方法和原则：

（1）建立基于供应链的动态联盟。在需求的不确定性大大增加的电子商务环境下，企业的供应链必须具有足够的柔性，随时支持用新的平台和新的方式来获取原材料、生产产品，取悦顾客并完成最后的配送工作。

而建立动态联盟可以极大地提高供应链的柔性。供应链从面向职能到面向过程的转变，使得企业抛弃传统的管理思想，把企业内部以及节点企业之间的各种业务看做一个整体功能过程，形成集成化供应链管理体系。通过对集成化供应链的有效管理，整条供应链将达到全局动态最优目标。供应链集成的最高层次是企业间的战略协作问题，当企业以动态联盟的形式加入供应链时，即展开了合作对策的过程：企业之间通过一种协商机制，谋求一种"双赢"或"多赢"的目标。

（2）构建统一的信息平台。电子商务环境下，顾客需求的不确定性大大增加，也增加了供应链构建的风险。构建统一的信息平台，增加各供应链节点之间的交流，将有效地防止"信息延迟"，减少供应链的"波动放大性"，增加供应链的响应速度，从而降低供应链构建的风险。

（3）统一管理"虚拟贸易社区"。尽管通过信息技术可以实现供应链信息的共享，但供应链伙伴仍然有一些敏感信息不愿意与别人共享，信息不对称的问题依然存在。建立集成化的管理信息系统，统一管理"虚拟贸易社区"，加强企业间的协调，保证供应链伙伴信息的安全性，才能有效地实现供应链中关键信息的充分共享，从而提高整个供应链的管理效率，实现供应链价值的最大化。

（4）密切关注顾客的需求和重视顾客服务。供应链从产品管理转向顾客管理，以及顾客需求拉动的特点，使得企业更加密切的关注顾客的需求，并通过数据仓库和数据挖掘等技术，增加对顾客需求理解的精确程度。在理解顾客需求的基础上，通过大规模定制等技术，为顾客提供"一对一"的个性化服务。

（5）改造企业内部业务流程。在传统企业"筒仓式"组织结构中，信息的传递效率极其低下，导致企业内部业务效率难以提高。需要对企业内部的组织结构进行改造，打破原来的职能化组织结构形式，尽量实现组织结构的扁平化，减少信息流的传递环节；

重新设计企业的业务流程，减少整个业务流程的环节，从而提高组织的业务效率。

2. 电子商务环境下的供应链体系结构

根据上文对电子商务环境下供应链优化的方法和原则的分析，建立起电子商务环境下的供应链体系结构。整个体系结构以结算中心、物流中心、虚拟供应链服务系统和Internet为支撑平台，通过信息流引导资金流和物流，良好地解决了整个供应链的资金流、信息流和物流问题。通过该支撑平台的支持，企业可以专注于自身竞争能力的提高，并在此平台上构建供应链的动态联盟。

该体系结构具有以下三个特点：

（1）基于Web的供应链支撑平台。电子商务时代的供应链要求有快速的信息传递、资金流转和物流的配送。基于Web的供应链支撑平台良好地解决了供应链中的信息流问题，并通过信息流引导资金流和物流，使供应链中的资金快速到位，物流配送的效率也大大提高。

通过中立的支撑平台的支持，供应链中的各个企业可以专注于自己的核心业务，有效利用自身资源提高竞争力，构建竞争优势。同时也极大地加强了各企业之间的交流，保证了关键信息的共享并减少了企业通信成本。

（2）虚拟供应链的服务系统。虚拟供应链的服务系统由专门的中立的信息服务中心提供技术支持和服务，这样既有利于提高服务质量和效率，降低供应链运作成本，又使供应链合作伙伴感到平等和安全。同时虚拟供应链的服务系统为整个供应链支撑平台的正常运作提供了基础，并通过统一处理供应链中的信息，增加了供应链伙伴之间获得信息的及时性和可见度。

（3）整合了供应链与客户关系管理系统（CRM）。要密切关注顾客的需求和重视顾客服务，在供应链管理中以顾客需求为导向，因此，有必要将CRM与供应链上下游的运作结合起来。通过CRM对顾客进行分析，并根据分析结果来指导企业建立自身的目标战略，以及进行动态供应链的构建。同时将分析结果在整个供应链中共享，促进供应链伙伴以顾客为中心，为顾客提供令其满意的服务，从而提高顾客的满意度。

3. 供应链管理的支撑技术

电子商务（EC）有狭义和广义两种含义。狭义的电子商务是指以网络为平台的商品买卖活动；而广义的电子商务不仅包括直接带来利润的商品买卖活动，而且还包括所有借助网络技术和信息技术进行的支持利润产生的其他活动，如产品生产、需求服务、销售支持、业务协调等。信息技术的迅猛发展促成了电子商务的兴起，电子商务活动以及电子商务包含的一系列技术手段为供应链管理提供了强有力的技术支持。当然，供应链管理不是依靠纯粹的电子商务技术手段就能够实现的，应该从系统工程的角度看待供应链管理。只有将系统管理技术、电子商务平台技术、供应链技术、决策支持系统等有机地结合起来，并贯穿应用于供应链管理的各个环节，才能实现供应链的科学管理。

（1）系统管理技术是实现集成供应链管理的科学方法。所谓系统管理技术，是指用于供应链企业从市场研究、产品设计、加工制作、质量控制、物流、销售与用户服务等一系列活动的管理思想方法和技术的总和，体现在供应链企业的设计、管理、控制、评价和改善。对供应链企业的战略联盟进行管理是一项复杂而又系统的工作，它既需要先进的电子商务技术手段，又需要科学的管理方法。对于单个企业来说，选择合作伙伴、寻求和评估机遇、进行企业流程重组、完成内部条件与外部环境的有机结合、对市场变化作出迅快速反应等，都是非常关键的决策，而系统管理技术提供了对这种决策的方法支持。系统管理技术从管理信息系统、决策支持系统、信息接口技术、计算机辅助设计与制造等多方面为企业提供了开发、利用信息资源和智力资源的方法和手段，从而为供应链上资源的总体优化和产品寿命周期的缩短提供了方法上的支持。

（2）电子商务平台技术成为供应链管理的技术支持。供应链上的企业都需要产品运动的信息，以便对产品进行接收、跟踪、分拣、存储、提货以及包装等。随着供应链上信息数量的增加，信息交互的频繁，对信息进行精确、可靠及快速地采集变得越来越重要。而电子商务平台技术及相关标准正是为了降低信息交互成本、优化业务流程以及信息处理自动化而产生的。

这些技术包括 ID 代码、条码、EDI、应用标志符等。

①ID 代码。ID 代码是为实现对物品、贸易单元、托运物、位置以及财产等的标识而给其分配的代码。国际物品编码协会已制定的 ID 标准有 EAN-13、EAN-14、SSCC-18 以及位置码等。这些 ID 代码的编码规则保证了具有 ID 代码标志的上述对象在全球范围内供应链上任何一个环境的唯一性。

②条码。条码是 ID 代码的符号表示，它是为实现对信息自动扫描而设计的，是实现快速、准确而可靠地采集供应链上有关物品、贸易单元、托运物、位置及财产的数据的有效手段。目前 EAN 已制定的条码标准有 EAN-13 条码、TIF-14 条码、贸易单元 128 条码等。

③EDI。EDI 是一种信息管理或处理的有效手段，它的目标是提高供应链成员间通信的效益。它在充分利用现有计算机及通信网络的基础上，按照统一规定的一套通用标准格式，在计算机上将供应链成员之间必须交换的各种数据格式化，再通过通信网络传输，把格式化的数据传到另一计算机上。国际物品编码协会为了提高整个供应链运作效益，已在 UN/EDIFACT 标准基础上制定了流通领域 EDI 标准 EANCOM。

④应用标志。应用标志是 EAN 和美国统一代码委员会制定的用于传播那些无法在计算机文件中查到或无法用 EDI 方式传输，但又是供应链成员之间必须进行沟通的数据的标准。应用标志符与数据库、EDI 的整合为供应链上的信息处理和传输提供了有效的技术支撑。

值得注意的是，需要把以上几种技术集成起来，在供应链上建立一个高效的供应链集成系统，才能确保产品能不间断地由供应商流向最终客户。

（3）电子商务的供应链技术成为比以往更为有力的优化技术。供应链技术主要指快速反应、即时制配送、有效客户回应、不间断补货等技术。供应链技术能够使企业联系在一起，大面积地覆盖市场，建立起最大范围的供应链。企业通过十分广泛的网络联系，能够得到更多的市场信息、广泛地选择合作伙伴，使供应链能够灵活地适应市场的变化。

电子商务中供应链技术的应用，一方面可以理解为生产控制自动化向两端延伸，覆盖到企业间业务的无缝连接，从而形成了企业间无边界的、开放式的增值链条；另一方面大大拓展了经济活动的范围，使供应链贯穿于整个生产经营活动全过程。而且这种以企业为中心、以电子商务为技术手段的供应链与传统的生产经营方式，正在发生着越来越明显的背离。

决策支持系统是辅助不确定需求管理在电子商务条件下，供应链上信息流和物流能够顺畅流动的驱动者是最终用户，所以供应链的管理者必须深刻理解现实的和正在出现的顾客和顾客需求。顾客需求具有不确定的特点，对顾客不确定需求的管理变得非常重要，决策支持系统为解决不确定因素下的供应链管理提供了方法和途径。

在供应链的需求端，可以用一系列的电子商务智能决策支持工具对不确定需求的决策提供支持。电子商务智能决策支持工具主要有三个方面：其一，采用含有计算机芯片的智能卡来收集顾客数据、顾客需求水平数据，用来发展在不同的当地市场提供个性化仓储类别和顾客定制的产品，满足多样化的需求和全球化的趋势；其二，利用在线分析处理系统，对顾客的各种数据库进行各方面的观察和分析，为决策提供多维思路；其三，利用互联网。存放在大型数据库中信息可访问性的提高和扩大，随着互联网的出现，被授权的供应链决策者都能够通过网络得到决策支持的数据。在进行数据分析的过程中，用户可以访问环球网，查询自己所需的信息和数据，因为互联网资源在使用上具有广泛性和适用性。

除此之外，面对供应链中群体企业的集成化管理，决策支持系统演变为虚拟组织的群体决策系统。电子商务改变了企业的传统结构，使供应链企业成为复杂的网状结构。供应链管理的复杂程度和供应链企业之间的战略联盟，使群体决策问题无法回避，群体决策支持成为供应链管理的必要辅助手段。将群体决策系统和分布式人工智能相结合，再综合利用电子商务提供的电子会议、电子数据交换等技术手段，可以为战略联盟的群体决策提供强有力的支持。

四、供应链管理整合

1. 电子商务对供应链管理影响的维度

我们能在四个主要的维度中看见电子商务对供应链整合的影响：信息整合，同步计划编制，工作流程协调，新业务模式。这四个维度按顺序加速了供应链内部成员间的整合和协调，在所有指导业务的方式中占据重要的地位。

（1）信息整合。信息整合是指在供应链内部各成员间共享信息。这包括任何形式的数据，这些数据能影响供应链其他成员的行动和业绩。例如，需求数据、库存状况、容量图、生产进度表、促销计划和出货日程表。事实上，这些信息只需适当的人员基于实时和在线的基础就能轻易地获取，而不需要付出巨大的努力。

（2）同步计划编制。同步计划编制是指联合设计以及实施产品推广介绍、预测和补给的计划。实质上，同步计划编制详细说明了在信息共享的情况下应该做什么、在合作伙伴成员之间有基于共享信息的具体行动的共同协议。因此，供应链成员可以协调它们的订单履行计划,这样就能做出满足同样目标——最终的客户需求的补给水平。

(3)工作流程协调。工作流程协调是指在供应链合作伙伴之间的最新型的、自动化的工作流程。这里,我们将整合作进一步研究,主要是不仅仅定义在共享信息的基础上我们"做什么",而是"怎样做"。比如,从制造商到供应商的采购行动可能是紧密相联系的,这样公司就能获得按照准确率、时间、成本衡量的效率了。包含多企业的产品开发行动也能为获得同样的效率而进行整合。在最理想的状态中,供应链合作伙伴依靠技术解决方案真正实现多数或者所有内部和跨企业的工作流程步骤的自动化。

(4)新业务模式。采取电子商务方法进行供应链整合意味着在效率方面不仅仅是增加改进。许多公司发现了指导业务的所有新方法和甚至在以前不可能有的新业务。电子商务允许合作伙伴重新定义物流,这样可以改变成员的角色和责任,提高供应链整体的效率。一个供应链网络可以联合创造新的产品、追求大规模定制、渗透市场和细分客户。供应链游戏的新规则的出现是 Internet 促进整合的结果。

2. 影响趋式

(1)供应链监控和度量。如果所有的合作伙伴都相信他们会获得和付出努力相当的报酬时,供应链整合的最终价值就能够获得。而且,他们很可能没有感知到他们的参与使他们无论是与其他成员或者传统竞争对手相比都处于不利的竞争地位。供应链越复杂、越分散,平衡所有各方的需要就越困难。为了保证供应链每个节点上的成员都相互信任,并且保持最佳性能,监控和度量就成为获得成功的重要的因素。

(2)新产业。监控供应链性能是一个充满诱惑力的新领域。像供应链事件管理、供应链流程管理或者供应链实施管理等术语为这个目的而交替地使用着。供应链监控一定要以供应链内部各种不同流程的紧密跟踪为出发点。大量新技术解决方案的出现提供了升级信息,这些信息主要是有关产品和信息怎样在供应链不同部分中流动的。

①制造。在制造流程中,DataSweep 创造了一个成熟的系统跟踪制造数据,诸如流程中的生产力、生产量、工作、机器状态等。然后,这些信息能通过 Internet 传送给适当的参与方,这个过程提供了制造流程监控的基础。

②运输/物流。Savi Technologies 是公司使用 RFID(射频识别)技术跟踪单个产品,像手提或者货盘集装箱、运输工具方面的一个典型案例。信息上传到一个普通的 Internet 平台,这样货物端到端实时运动的可视化场景就能获得。公司提供的 SmartSeal,能进行产品安全的监控,防止损害或盗窃。一旦产品内容的安全性保证了,那么结果也变得相当简便了。

③作为监控系统的 E 化中心。严密的监控使企业在早期就能洞察问题所在,能立即采取正确的行动。E 化中心的概念,早期描述的是 Cisco 以及其他企业的承诺,也可以视做供应链监控系统。许多其他新企业,诸如 WorldChain、Sourceree、Vigilance 以及现有的公司如 EXE、Vastera、Descartes 正在使用 Internet 平台提供监控服务。

④采购和合同履行。监控常常需要跟踪供应商业绩和合同履行状况。食品服务市场交易如前所述,为顾客提供了这些服务。比如,诸如 Marriott 等食品经营者可能和一个食品供应商签订了合同,对基于 Marriort 旅馆和经营者购买商品的数量建立价格保证条

款。为了保证最好的价格和统一的质量，Marriott 总部非常关心监控单个旅馆和经营者遵守合同的情况。Instill 现在为多单位食品服务经营者提供购买跟踪服务，并允许食品经营执行官为更好地控制而进行实时监控。

对制造商而言，他们必须要获得需求合计和跟踪数据，这些数据通常显示了他们的产品是怎样通过每个分销渠道的。Provato 和 DiCarta 是企业提供基于 Internet 软件解决方案，帮助企业管理和监控合同履行状况。

⑤跨供应链监控。供应链整合也需要进行业绩度量。供应链业绩度量是独立于企业自身业绩度量之外的。当企业分享需求信息、在计划决策上进行合作、为供应链整合交换决策权时，业绩不是局部度量的，但是不同供应链业绩度量对于所有参与方是共享的，这一点十分重要。Internet 可再次被用来贯穿整个供应链，促进业绩度量。如 See Commerce 在帮助 Dainler Chrysler 的服务部门 Mopar Parts Group 方面是非常机械的，但是现在它彻底地改善了它的服务业绩。See Commerce 基于 Internet 软件产品——See Chain 套餐，由 Mopar Parts Group 实施，用以监控服务供应链大部分的业绩。投资在 12 周内就得到回报。

小贴士：新动态——市场情报和需求管理

当管理供给部分的工具和技术逐渐成熟，企业越来越广泛地使用这些工具和技术时，企业将转向需求管理，以此作为优化资源和业绩的方法。

电子商务实践能以其巨大的潜在价值，为企业提供一整套需求数据。数据挖掘、数据市场和其他数据库分析技术都为企业提供了从内生资源中获得业务情报的能力。来自多资源中心的消费数据的统计合计能为制造商和供应商提供市场信息，帮助他们规划销售决策、促销计划和新产品开发决策。

很多食品服务行业的分销商和经销商都使用了 Instill 的 Internet 服务组合，该服务组合能帮助企业获得业务情报。企业巩固产业范围的数据，提供业务情报信息，并将它作为提供给消费者的、提高收益率和市场定位的服务。

使用需求数据创造企业价值的另一个案例是 Demand Tec。利用广泛的数据，公司基于成熟统计分析和最优化技术的所有权科学方法能分析顾客需求特征，帮助企业最优化需求管理决策，诸如产品、定价、促销计划和分类等。最优化状态是建立在非线性项目技术之上的，抓住了产品、商店、市场营销决策和时机安排之间的相互影响，同时也抓住了来自需求管理的供应链成本影响。做出这样一个强而有力的解决方案主要原因是企业有了大量的需求数据。

这是一个竞争性战场的新领域。兼并 Talus 的 Manugistics 同样也将自己定位于所谓企业利润最优化解决方案的主要提供商，将供应链管理软件和价格、收入管理软件联结在一起。

贯穿供应链的综合数据的连接为供应链整合阶段开启了一扇大门。当许多人将需求看成是他们编制计划的不可预知的变量时，协调和管理需求。将需求带入供应链的其他部分还有很多机会。有了实时生产力和资源数据，公司能针对需求创造项目，诸如折扣、回扣、地方或者小生境营销，以此提高或者减少需求。

本章小结

本章从供应商的概念开始，介绍了电子商务供应链管理的内容。

供应商是指直接向零售商提供商品及相应服务的企业及其分支机构、个体工商户，包括制造商、经销商和其他中介商。或称为"厂商"，即供应商品的个人或法人。供应链是围绕核心企业，通过对信息流、快递、资金流的控制，从采购原材料开始，制成中间产品以及最终产品，通过销售网络把产品送到消费者手中的供应商、制造商、分销商、零售商，直到最终用户连成一个整体的网链结构模式。供应链管理是对整个供应链中各参与组织、部门之间的物流、信息流与资金流进行计划、协调与控制等，其目的是通过优化提供所有相关过程的速度和确定性，使相关活动的价值增值最大化，以提高组织的运作效益和效率。供应链管理主要涉及四个主要领域：供应（Supply）、生产计划（Schedule Plan）、物流（Logistics）、需求（Demand）。供应链管理的目标是在满足客户需要的前提下，对整个供应链（从供货商，制造商，分销商到消费者）的各个环节进行综合管理，例如，从采购、物料管理、生产、配送、营销到消费者的整个供应链的货物流、信息流和资金流，把物流与库存成本降到最小。

电子商务对供应链的影响主要体现：减少供应链中间环节并降低了成本；使企业的组织边界趋于模糊化；增加了供应链的柔性；有效地降低了供应链上企业的库存水平以及有效地提高了供应链上的顾客水平。

企业实施供应链管理主要包括五个步骤：分析市场竞争环境、识别市场机会、分析顾客价值、确定竞争战略、分析本企业的核心竞争力以及评估选择合作伙伴。实施有效的供应链管理应主要把握五点：正确分析企业所处的竞争环境、制定切实可行的竞争战略、选择合适的供应商、逐步完善网络基础以及加强协作、及时化解各种矛盾。整个电子商务供应链体系结构以结算中心、物流中心、虚拟供应链服务系统和Internet为支撑平台，通过信息流引导资金流和物流，良好地解决了整个供应链的资金流、信息流和物流问题。

我们能在四个主要的维度中看见电子商务对供应链整合的影响：信息整合、同步编制计划、工作流程协调、新业务模式。这四个维度按顺序加速了供应链内部成员间的整合和协调的程度，在所有指导业务的方式中占据重要的地位。

【案例讨论】上海贝尔公司电子商务供应链管理

上海贝尔是中外合资、国有控股的现代化通信信息企业，总注册资本为 12050 万美元，现有员工 3600 人。20 世纪 90 年代以来，主导产品的产量、销售收入始终在本行业中居于首位。公司的产品结构主要由两部分构成：①传统产品，S12 系列程控交换机系列；②新产品，相对 S12 产品而言，由移动、数据、接入和终端产品构成。产值比例为 8∶2。

上海贝尔企业内部的供应链建设状况尚可，例如，有良好的内部信息基础设施、ERP 系统、流程和职责相对明晰。但上海贝尔与外部供应链资源的集成状况不佳，在相当程度上依然是传统的运作管理模式，而并没真正面向整个系统开展供应链管理。从 1999 年始，全球 IT 产品市场需求出现爆发性增长，但基础的元器件材料供应没及时跟上，众多 IT 行业厂商纷纷争夺材料资源，同时出现设备交货延迟等现象。由于上海贝尔在供应链管理的快速反应、柔性化调整和系统内外响应力度上有所不够，一些材料不成套，材料库存积压，许多产品的合同履约率极低。例如，2000 年上半年普遍履约率低于 70%，有的产品如 ISDN 终端产品履约率不超过 50%。客观现状的不理想迫使公司对供应链管理进行改革。

上海贝尔的电子商务供应链管理战略的重点分别是供应商关系管理的 E 化、市场需求预测的 E 化、外包决策和跟踪控制的 E 化和库存管理战略的 E 化。

1. 供应商关系管理的 E 化

对上海贝尔而言，其现有供应商关系管理模式是影响开展良好供应链管理的重大障碍，需要在以下几个方面作 E 化的调整：

（1）供应商的遴选标准：首先，应该依据企业/供应商关系管理模型对上海贝尔的需求产品和候选供应商进行彼此关系界定，例如，上海贝岭为上海贝尔提供 S12 通信专用芯片，每年有 80% 的产品销往上海贝尔，根据企业/供应商关系管理模型，贝尔与贝岭之间属于平等战略伙伴关系；其次，要明确对供应商的信息化标准要求和双方信息沟通的标准，特别要关注关键性材料资源供应商的信息化设施和平台情况。关键性材料资源供应的波动会对供应链产生较大的影响，因此，传统的供应商遴选标准+分类信息标准是 E 化供应商关系管理的基础。

（2）供应商的遴选方式和范围。上海贝尔作为 IT 厂商，其供应商呈现全球化的倾向，故供应商的选择应以全球为遴选范围，充分利用电子商务手段进行遴选、评价。例如，运用网上供应商招标或商务招标，一方面，可以突破原有信息的局限；另一方面，可以实现公平竞争，企业可获得较低的供应价格和良好的服务。同时，网上招标成本也相对低廉，速度快捷，可经常使用，企业和供应商之间形成的是类动态联盟的供应链管理形式。

2. 生产任务外包业务的 E 化

目前，IT 企业其核心竞争优势不外乎技术和服务，仅凭基础的生产制造在竞争激烈的 IT 行业内难以取得优势，故上海贝尔未来的发展方向是"提供完善的信息、通信解决方案和优良的客户服务"，生产任务的逐步外包是当然选择。未来外包业务量的增大势必会加大管理和协调的难度和复杂度，需要采用电子商务技术管理和协调外包业务。

（1）外包厂商的选择。除原有的产能、质量、交货等条件外，增添对其生产计划管理系统和信息基础建设的选择标准，保证日后便于开展 E 化运行和监控。例如，上海无线电 35 厂一直是公司的外包厂商，但其信息基础设施相对薄弱，一旦外包任务量大增，市场需求信息频繁变动，落后的信息基础设施和迟缓的信息响应，会严重影响供应链的效率。

（2）外包生产计划的实时响应。上海贝尔现拥有 Internet 和 ERP 系统，外包厂商可借助 Internet 或专线远程接入 ERP 管理系统的生产计划功能延伸模块，与上海贝尔实现同步化生产计划，即时响应市场需求的变动。

3. 库存管理战略的 E 化

近两年，一方面，全球性的电子元器件资源紧缺；另一方面，上海贝尔的原有库存管理体系抗风险能力差，结果库存问题成为近两年上海贝尔的焦点问题之一。面向供应链管理的库存管理模式有多种，根据上海贝尔的库存管理种类和生产制造模式，采用不同库存管理模式：

（1）材料库存和半成品库存管理。在上海贝尔，材料库存和半成品库存管理基本是对应于 Make To Order 生产模式的，主要是大型的交换机设备，市场需求的不确定性迫使企业备有一定的安全材料库存或半成品库存，这样就产生了材料和半成品库存的管理问题。上海贝尔近两年就遇到这样的困惑：一方面，按照历史数据和市场预测，对材料库存进行额度控制和管理；另一方面，形成持续的材料短缺。这种库存的风险也可能偏向另外一个极端，即材料库存严重超标。对关键性材料资源，可以考虑采用联合库存管理策略。通过供应商和上海贝尔协商，联合管理库存，既考虑市场需求，平抑市场需求不确定性带来的影响，又要考虑供应商的产能状况，也使供应商及时响应市场需求，调节产出，在电子商务手段的支持下，双方实现信息、资源共享、风险共担的良性库存管理模式。

（2）成品库存管理。上海贝尔近年来基本无严重成品库存管理问题：一方面，公司的产品结构决定了这种状况，公司 90% 以上的产品是按照订单生产，基本无产成品库存；另一方面，公司的终端产品属于准民用化产品，按照 Make To Store 方式生产，材料入库后不久即制造成终端产品，满足市场需求，因近期 ISDN 终端市场需求旺盛，故暂无库存积压风险，而因市场需求波动造成的缺货压力偏大。相对而言，上海贝尔较终端产品的渠道和分销商信息 IT 系统和基础设施比较完善，能有力地支持库存管理，同时企业实力、存储交货能力也较强。可以采用供应商管理客户库存模式 VMI（Vendor Managed Inventory）来实现终端成品库存管理。2000 年，上海贝尔终端事业部已开始尝试运用总体框架协议、分批实施、动态补偿，同时实行即时的相关信息交换，在实质上已体现了 VMI 库存管理的精神。

4. 需求预测和响应的 E 化

上海贝尔要发展成为世界级的电信基础设施供应商，必然面对全球化的市场、客户和竞争，势必对市场研究、需求预测和响应作相应的变革。

（1）E 化市场研究和需求预测。上海贝尔的库存风险来自两方面：其一是库存管理模式；其二市场预测的偏差大，这也是造成库存风险的根本性因素。强化市场研究、减少需求预测偏差势在必行。电子商务技术的应用可从研究范围、信息来源、反馈时间、成本费用等提高市场预测的水平。上海贝尔可以在公司原有 Internet 的基础上，与各分公司、分销商专门建立需求预测网络体系，实时、动态地跟踪需求趋势、收集市场数据，随时提供最新市场预测，使上海贝尔的供应链系统能真正围绕市场运作。

（2）E 化的市场和客户响应。从近期而言，可通过骨干网专线的延伸或 Internet，建立公司内部 ERP 系统与分公司、专业分销商之间的电子连接，同时将有关产品销售或服务合同的审查职能下放至各大分公司，使市场需求在合同确认时即能参与企业 ERP 运行，同时在需求或合同改变时企业 ERP 系统及时响应，调整整个供应链的相关信息。现在，上海贝尔各大分公司通过传递合同文本至总公司审查确认，然后进入 ERP 运行，周期平均为 7~10 天，而现有的合同交货周期大量集中在 20~30 天，生产的平均周期为 10~15 天，运输周期为 3~5 天，如此操作，极易造成交货延迟。ERP 系统在物理上的延伸的确能较大地改善需求和合同响应效率。从中长期而言，逐步发展上海贝尔的 B2B 电子商务，建立网上产品目录和解决方案，网上客户化定制和订购，在线技术支持和服务，使上海贝尔的目标客户更直接、方便、及时地与上海贝尔的内核响应。

基于电子商务的应用，可以有效地实现供应链上各个业务环节信息孤岛的连接，使业务和信息实现有效的集成和共享。同时，电子商务应用将改变供应链的稳定性和影响范围，也改变了传统的供应链上信息逐级传递的方式，为企业创建广泛可靠的上游供应网关系、大幅降低采购成本提供了基础，也使许多企业能以较低的成本加入到供应链联盟中。上海贝尔的电子商务供应链管理实践表明，该战略的实施不仅可以提高供应链运营的效率，提高顾客的满意度，而且可以使供应链管理的组织模式和管理方法得以创新，并使得供应链具有更高的适应性。

案例讨论题：

1. 上海贝尔公司电子商务供应链的管理分为哪几个方面？

2. 对比上海贝尔公司传统供应链管理，简述电子商务供应链管理对该公司的影响和推动作用。

思考题

1. 什么是供应链？

2. 供应链管理的内容、目标及目的分别是什么？

3. 电子商务对供应链管理有哪些影响？

4. 企业实施供应链管理分为几个步骤？分别是什么？

5. 在电子商务环境下，实施有效的供应链管理应把握哪几点要求？

6. 电子商务环境下，优化供应链的原则是什么？

7. 请分析电子商务对供应链整合的影响。

第九章 电子商务客户关系管理

本章要点
- 理解客户关系管理的概念
- 掌握电子商务客户关系管理的内容
- 了解电子商务客户关系管理的实施

开篇案例：易趣网的客户关系管理

在电子商务风起云涌的今天，易趣凭借什么在这个领域内独树一帜，成为国内最著名的品牌？易趣的客服人员 Welson 告诉我们：真诚服务是易趣经营和发展网站的最高准则。我们欢迎竞争，因为我们有最好的客服工作。

易趣强大的客服队伍每天 24 小时监控网站上新登物品，解答用户问题，并跟踪成交情况以保证交易顺利进行；iTEL（网络+电话）的全程电话导购服务为用户提供了专业、周到的一对一顾问咨询；定期组织召开的网友见面会和丰富多彩的网友活动，培养了网站与网友的感情，加强了双方的沟通。

虽然在国内还有许多电子商务网站，例如卓越网、八佰伴、衣服网等。但是只有易趣才是真正意义上的 C2C 网站，其他的这些网站更多的是将精力投入在 B2C 的建设上。这是因为 C2C 网站是客户之间的交易，它必须以优质的客户服务工作和良好的信誉作为保障基础，而 B2C 的风险相对就会小很多。易趣这么多年来凭借贴心和周到的客服已经得到了大多数网友的认可，因此易趣才敢于在网络泡沫化的时代大举 C2C 的大旗，并取得了巨大的成功。

除了努力做好自身的客服工作，为了使交易更加安全和便利，易趣还和许多企业共同合作，为易趣用户提供了许多的增值服务。例如，易趣已经与招商银行、china-pay、中行、建行和工行等合作，提供了网上支付服务。或许你有疑问，在网上泄露自己的银行账号会不会不安全？别担心，易趣的支付平台的保密性相当可靠。它的安全程度甚至比招商银行的系统都要强过一倍。此外，易趣还与 5291.com、快马速递等物流企业合作，提供了面向个人用户的物流解决方案。这些举措都使得交易更加安全和便利。

资料来源：

中国电子商务研究中心：http：//b2b.toocle.com/detail--4465337.html

第一节 电子商务客户关系管理概述

随着互联网的迅猛发展、市场的不断成熟,世界经济进入了电子商务时代。一个与电子商务密切相关的概念——客户关系管理(CRM)在全球范围内得到了广泛的传播,并引发了遍及各行各业的、经久不息的客户关系管理热潮。作为一种建立在"以客户为中心"的基础上的商业模式,以生产为中心、以销售产品为目的的市场战略逐渐被以客户为中心、以服务为目的的市场战略所取代。

一、关于客户

对企业而言,客户是对本企业的产品和服务有特定需求的群体,它是企业生产经营活动得以维持的根本保证。客户资源是企业生存、发展的战略资源,它的价值体现在"所有客户未来为企业带来的收入之和,扣除产品、服务以及营销的成本,加上满意的客户向其他潜在客户推荐而带来的利润"。

传统的观点认为,客户(Customer)和消费者(Consumer)是同一概念,两者的含义可以不加区分。但对企业来说,客户和消费者还是应该加以区别的,他们之间的差别表现在以下几个方面:

(1)客户是针对某一特定细分市场而言的,他们的需求具有一定的共性;而消费者则是针对个体而言的,他们处于比较分散的状态。

(2)客户的需求相对较为复杂,要求较高,购买数额也较大,而且交易的过程延续的时间也比较长;而消费者与企业的关系一般是短期的,也不需要长期、复杂的服务。

(3)客户注重与企业的情感沟通,需要企业安排专职人员负责和处理他们的事物,而且需要企业对客户的基本情况有深入的了解;而消费者与企业的关系相对比较简单,即使企业知道消费者是谁也不一定与其发生进一步的联系。

(4)客户是分层次的,不同层次的客户需要企业采取不同的客户策略;而消费者则可看成一个整体,并不需要进行严格的区分。

客户的层次性说明客户是可区分的,依照不同标准我们可以把客户分成不同类型。下面我们用图表来展示客户的分类。

（1）按客户重要性分类。

表 9-1 按客户重要性分类

客户类型	客户数量比例	客户为企业创造的利润比例
贵宾型	5%	50%
重要型	15%	30%
普通型	80%	20%

（2）按客户与企业关系分类。

表 9-2 按客户与企业关系分类

客户类型	客户与企业关系
基本型	销售人员把产品销售出去后就不再与其接触
被动型	销售人员把产品销售出去并鼓励其在遇到问题或者有意见时与公司联系
负责型	销售人员把产品销售出去后与其联系，询问产品是否符合要求；销售人员同时取得有关产品改进的各种建议，并了解到任何特殊的缺陷和不足，以帮助公司不断改进产品，使之更加符合客户的需求
能动型	销售人员不断与客户联系，得到有关改进产品用途的建议以及新产品的信息
伙伴型	公司不断和客户共同努力，帮助客户解决问题，支持客户的成功，实现共同发展

（3）按客户忠诚度分类。

图 9-1 按客户忠诚度分类

在考虑不同问题时，企业应该把客户按合适的方式进行分类处理。

二、客户关系管理

客户关系管理（Customer Relation Management，CRM）起源于 20 世纪 80 年代提出的"接触管理"（Contact Management），即专门收集、整理客户与公司联系的所有信息。到 20 世纪 90 年代初期则演变成为包括电话服务中心与客户资料分析的客户关怀服务（Customer Care）。经历了 20 年的不断发展，客户关系管理渐渐趋向成熟，并最终形成

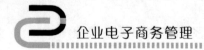

了一套完整的管理理论体系。

目前客户关系管理的概念归纳起来，大致有三种类型的概念：

（1）客户关系管理是遵循客户导向的管理思想，对客户进行系统化的研究，通过改进服务水平提高客户的忠诚度，从而不断争取新客户和商机。同时，以强大的信息处理能力和技术力量确保企业业务行为的实时进行，力争为企业带来长期稳定的利润。

（2）客户关系管理是一种旨在改善企业与客户之间关系的新型管理机制，它实施于企业市场营销、销售、服务于技术支持等与客户相关的领域，一方面通过对业务流程的全面管理来优化资源配置，降低成本；另一方面通过提供优质的服务来吸引和保持更多的客户，增加市场份额。

（3）客户关系管理是企业通过技术投资，建立能收集、跟踪和分析客户信息的系统，或可以增加客户联系渠道、与客户互动以及对客户渠道和企业后台的各功能模块的集成。

总的来说，客户关系管理是为了提高企业核心竞争力，使企业快速成长并持续发展的目的，而进行的一个不断加强与顾客交流，不断了解顾客需求，并不断对产品及服务进行改进和提高以满足顾客需求的连续的管理行为。它将企业的客户看成重要的资源，以客户为中心，加强企业与客户的关系，通过完善的客户服务和全面的客户分析来满足客户需求，提高客户满意度，使他们达到最高的忠诚度、留住率和利润贡献度，并能筛选出好的顾客，实现企业与客户的"双赢"。

小贴士

"亚马逊"书店（amazon.com）就是一个范例，它做的虽然是平淡无奇的买卖，但却善于运用网上资料分析，而成为一代标杆。在亚马逊的400万本书籍中，可以找到你所要的书。当你在亚马逊购书后，其销售系统会记录下你购买和浏览过的书目，当你再次进入该书店，系统识别出你的身份后就会根据你的喜好推荐有关书目。据悉，CRM在亚马逊书店的成功实施给它获得了65%的回头客。e-Bay是另一个利用网络资源的范例，它让全世界的人上网拍卖叫价，过去许多东西难以找到市场，如今只要放在e-Bay上，就可能找到买主。它为顾客提供了便利，同时也为自身创造了巨大的利润。

三、客户关系管理在中国

我国的CRM是从1999年下半年开始在IT业内风风火火地热起来，不管是投资商、用户还是国内外软件厂商都开始关注它。经过几年的酝酿，我国的CRM市场已经是小荷才露尖尖角，呈现了自身独有的特点。

（1）国内CRM市场处于萌芽时期。由于国内市场起步晚，无论是从产品结构、区域结构、行业结构，还是从销售渠道来看，整个市场体态都还不健全。随着我国进入

WTO，引发的经济格局的变化，给这些行业带来了巨大冲击，它们在感受新机遇的同时也感到了竞争的压力。在这种机遇与竞争的双重压力下，很多颇具发展眼光的用户选中了能提高营业额、扩展新商机的 CRM 产品。

（2）提供 CRM 产品的厂商较少。CRM 进入国内的时间较晚，无论用户还是厂商都相对比较少。

（3）市场需求量大。对客户关系管理系统的认识。在国内已有较长一段时间，它所遵从的"一对一个性化服务"的企业管理理念，逐渐被国内众多的用户所熟悉和接受。在竞争激烈的信息化时代，客户关系管理系统提出的"帮助提高本产品用户营业额、扩大市场占有率以及提高客户忠诚度"等功能，使得很多企事业用户对此产品情有独钟，市场需求加大。因为市场中真正的 CRM 产品很少，适合国情的产品更是少之又少，所以市场上呈现出供不应求的现象。

小贴士

最早提出 CRM 概念的 Gartner Group 认为，所谓的客户关系管理就是为企业提供全方位的管理视角，赋予企业更完善的客户交流能力，最大化客户的收益率。

联邦快递的创始者弗雷德·史密斯有一句名言，"想称霸市场，首先要让客户的心跟着你走，然后让客户的钱包跟着你走"。由于竞争者很容易采用降价等策略参与竞争，联邦快递认为提高服务水平才是长久维持客户关系的关键。

四、电子商务客户关系管理的特点

电子商务的主渠道是通过网络交易，因此每封电子邮件、Web 站点上的每次点击、自助设备上的每次交易或查询，对于企业来说都是十分珍贵的，以电子形式存在的信息资源，都可以用来服务客户或发现客户。但要想达到这一目的，企业必须对所有接触点上产生的大量信息进行数据化、合理化，必须把所有的数据转变成可以用于建立客户关系的知识。在这样的背景下，有人也把基于 Internet 平台和电子商务战略下的客户关系管理系统称做"电子客户关系管理"或"eCRM"。

电子商务环境下的客户关系管理是在传统商务环境下的客户关系管理的基础上，以信息技术和网络技术为平台的一种新兴的客户管理理念与模式。主要有以下几个特点：

（1）提供更迅速、更有效的客户服务，在第一时间满足客户的需求。在目前要求速度与服务品质的 E 时代，更需要加强客户对企业的满意度，进而提升客户忠诚度。

（2）更为确切地掌握客户动向及需求，挖掘客户的潜在价值增加收益。透过电子商务下的客户关系管理使得企业内部的客户资料可以共享，利用 PTP（Product to Product；产品关联性）与 PTC（Product to Customer；产品与客户关联性）分析，对不同需求的客户进行分组，找到特定产品的目标客户群。

（3）节省人力、物力，提高服务效率。客户关系管理也使得电子商务中与客户沟通更流畅，客户管理也更具效率，这其实也为其节省了一些开支。譬如传统的信件等，不仅效率低，并且成本也较高。企业统一客户服务中心，这包括题库问题及答案的设置，以及统一的客服号码，同时客户服务人员之间也可以利用统一联络中心的电子公告板交流信息。这种以一对一营销为核心的策略正引领着企业在电子商务中征战。有效的客户关系管理将是企业在新一代电子商务战中取得胜利的保证，企业必须具备与各大同行竞争的实力。而客户关系管理带来的较高满意度、客户对企业的忠诚度，对企业在电子商务抢占制高点大有裨益。

（4）有助于拓展市场。客户关系管理系统具有对市场活动、销售活动的预测、分析能力，能够从不同角度提供有关产品和服务成本、利润数据，并对客户分布、市场需求趋势的变化，做出科学的预测，以便更好地把握市场机会。

五、电子商务客户关系管理的误区

随着我国企业素质的提高，客户关系管理得到普遍的认同和方兴未艾的发展。但是，由于客户关系管理本身的难度和电子商务环境的不确定性，我国电子商务企业在实施客户关系管理时还存在不少误区。

（1）客户关系管理就是电子商务。有人看到实施客户关系管理的企业建立了网络系统，利用网络进行客户信息资源的整合，就误认为客户关系管理就是电子商务。实际上，电子商务不仅包括网页设计、网上商城的建立，而且还包括数字化信息的存储与交换、无线通信、信息家电、互联网业务等商业行为。电子商务的范围很广，而客户关系管理的网络仅仅是电子商务中的一小部分。随着电子商务的发展，企业客户关系管理有了一个基于电子商务的快速交流的面向客户的前端工具，为满足更多的客户个性化需要提供了机会，使企业增强了竞争的能力。同时除了电子商务手段之外，客户许多需要的满足，还得通过其他方式来进行。

（2）客户关系管理是销售商与客户的关系管理。长期以来，客户与销售商的关系不是建立在相互了解、相互信任的基础上，而是被产品或服务的价格所左右，销售人员总是为了销售商和本人的利益去引诱或驱使消费者购买某种产品。因此，在不少企业的观念中，客户关系管理是指销售商为了改善与终端客户（购买者、消费者）的关系、获得更大利润而进行的努力。这种认识误区所导致的直接结果：人为地使客户关系管理过于狭窄，认为收集和管理客户档案是核心，只要引进客户关系管理软件就能够建立起客户关系，管理客户关系只是销售部门的事。

事实上，在供应链一体化的营销体系中，销售商与客户的关系管理只是客户关系管理中的很小一部分。客户关系管理是企业整体的战略安排，不仅是销售商与客户建立良好的关系，也是供应链核心企业与其上游供应商（上游企业）和下游客户（下游企业、客户）之间关系的管理，因为企业活动的起点是客户的需求响应，终点是客户需求的实现和客户服务的保证。

（3）客户关系管理是数据库营销。不少企业认为客户关系管理就是数据库营销，认为建立了客户数据库就万事大吉了，企业就可以充分掌握客户信息，进而拉近与客户之间的距离并锁定客户的心。事实上，客户关系管理是对传统的以促销为目的的数据库营销的一大转变。数据库营销是以商家的利润为中心，关注客户的全部，目的在于怎样为商家以最低的成本销售最多的商品。由于数据库营销是以追求企业利润为中心的，它不可避免地将客户信息作为企业的秘密武器而严加保密，人为地造成"信息孤岛"，同时，因为担心既得预期利益流失，企业在营销活动中强调垄断客户，不利于协作企业的协调和企业内部的信息共享。也就是说，如果企业认为客户关系管理是数据库营销，就人为地限制了企业的营销空间。而客户关系管理则是以客户服务为中心的。虽然它的最终目的也是提高企业利润，但是，企业更多地关心客户的利益，关心企业与客户之间关系的和谐，使客户利益与企业利益有机地结合在一起。

（4）客户关系管理的目的是与所有客户建立稳定的关系。客户关系管理的核心是客户，但并不是所有与企业或者员工发生联系的企业或个人都是企业追求的客户。与所有客户建立稳定的关系是企业的良好愿望，但在现实中，企业是永远做不到的，也没有必要这样做。因为有一部分客户永远都是一种交易型客户，很难建立客户忠诚，他们更多地关心商品的价格，在作出购买决策之前，他们会首先比较哪家商店的商品更便宜，从而作出最终的购物选择；当他们进行重复购买时，会进行同样的购买决策过程，权衡自己的利益得失，选择价格最低的那家商店，他们的转换成本较低，因此企业无法与他们建立稳定的关系。

建立客户关系管理系统应当寻找到合适的客户，明确客户标准，进而与他们建立稳定的关系。同时，虽然客户关系管理在企业留住老客户和培育客户信任方面发挥重要作用，但是当企业发展与客户定位不一致时，或者当老客户背离企业时，客户关系管理应为企业的客户服务提供决策支持，帮助企业妥善处理好因客户背离为企业带来的负面影响，这样才能使客户关系管理的效用价值最大化。

（5）客户关系管理可以"包治百病"。有的企业认为客户关系管理能解决客户关系方面的所有问题，这种认识误区常常导致企业的盲目建设和急功近利行为，他们宁可花费巨资去购买 CRM 软件和虚无缥缈的承诺，而不愿意脚踏实地地站在客户的角度去为客户设计，CRM 系统因此成了高级废品和夸耀的借口。把客户关系管理渲染成"包治百病"的"灵丹妙药"，认为只要上了 CRM 就可以解决所有问题，实现企业的信息化管理，这种说法也是不负责任的。客户关系管理是一个系统的工程，它需要企业其他方面的支持，如果你的产品不好，你再好的客服也是没有效果的，客户关系管理的精髓是要把实现客户满意提升到战略的高度，是在其他方面的基础上的强化管理。任何方面的失误都可能葬送以前所有的努力，造成客户流失。企业应该正确认识客户关系管理的作用，利用电子商务的平台，使它发挥最大的作用。但一定要清楚，它只是企业的一名像关羽那样的虎将，而不是无所不能的孙悟空。

小贴士：CRM 的整体市场环境

随着市场的变化，市场竞争的焦点已经从产品的竞争转向品牌的竞争、服务的竞争和客户的竞争。根据 Gartner Group 做过的一份抽样统计显示，通过实施 CRM、采用主动式客户服务的企业，其销售收入增加了 15%~20%，这说明企业在采用 CRM 之后，将会获得明显的回报。当然，有好的回报企业界对 CRM 的兴趣也就大大地提高了，一些企业纷纷建立 CRM、发展客户数据库，借以改善与客户的关系。

第二节　电子商务客户关系管理实施

客户关系管理是一套先进的管理模式，其实施要取得成功，必须有强大的技术和工具支持，CRM 软件是实施客户关系管理必不可少的一套技术和工具集成支持平台。一套合适的基于网络、通信、计算机等信息技术的 CRM 管理系统，能实现企业前台、后台不同职能部门的无缝连接，能够协助管理者更好地完成客户关系管理。

一、电子商务客户关系管理系统

1. 客户关系管理系统的组成

CRM 主要过程是对营销、销售和客户这三部分业务流程的信息化。首先，在市场营销过程中，通过对客户和市场的细分，确定目标客户群，制订营销战略和营销计划。其次，销售的任务是执行营销计划，包括发现潜在客户、信息沟通、推销产品和服务、收集信息等，目标是建立销售订单，实现销售额。最后，在客户购买了企业提供的产品和服务后，还需对客户提供进一步的服务与支持，这主要是客户服务部门的工作。产品开发和质量管理过程分别处于 CRM 过程的两端，由 CRM 提供必要的支持。

根据以上过程的划分，可以将 CRM 软件系统划分为接触活动、业务功能及数据库三个组成部分。

（1）接触活动。CRM 软件应当能使客户以各种方式与企业接触，典型的方式有呼叫中心（Call Center）、面对面沟通、传真、移动销售（Mobile Sales）、电子邮件、Internet 以及其他营销渠道，如金融中介或经纪人等，CRM 软件应当能够或多或少地支持各种各样的接触活动。企业必须协调这些沟通渠道，保证客户能够采取其方便或偏好的形式随时与企业交流，并且保证来自不同渠道的信息完整、准确和一致。今天，Internet 已经成为企业与外界沟通的重要工具，特别是电子商务的迅速发展，促使 CRM 软件与 Internet 进一步紧密结合，发展成为基于 Internet 的应用模式。

在客户交互周期中的客户接触参与阶段，系统主要包括以下的内容：

①营销分析。包含市场调查、营销计划、领导分析以及活动计划和最优化，并提供市场洞察力和客户特征，使营销过程更具计划性，达到最优化。

②活动管理。保证完整营销活动的传送，包括计划、内容发展、客户界定、市场分工和联络。

③电话营销。通过各种渠道推动潜在客户的产生，包含名单目录管理，支持一个企业多个联系人。

④电子营销。保证互联网上个性化的实时、大量的营销活动的实施和执行。开始于确切、有吸引力的目标组，通过为顾客定制的内容和产品进行进一步交互。

⑤潜在客户管理。通过潜在客户资格，以及从销售机会到机会管理的跟踪和传递中，准许对潜在客户的发展。

（2）业务功能。企业中每个部门必须能够通过上述接触方式与客户进行沟通，而市场营销、销售和服务部门与客户的接触和交流最为频繁，因此，CRM 软件主要应对这些部门予以支持。然而，并不是所有的 CRM 软件都能覆盖所有的功能范围。一般地，一个软件最多能够支持两至三种功能，如市场营销和销售。因此，在软件评价中，功能范围可以作为决定性的评判依据。CRM 软件系统的业务功能通常包括市场管理、销售管理、客户服务和支持三个组成部分。其实，上述三组业务功能之间是相互合作的关系。

（3）数据库。一个富有逻辑的客户信息数据库管理系统是 CRM 系统的重要组成部分，是企业前台各部门进行各种业务活动的基础。从某种角度来说，它甚至比各种业务功能更重要。其中体现在以下几点：帮助企业根据客户生命周期价值来区分各类现有客户；帮助企业准确地找到目标客户群；帮助企业在最合适的时机以最合适的产品满足客户需求，降低成本，提高效率；帮助企业结合最新信息和结果制定出新策略，塑造客户忠诚。

运用数据库这一强大的工具，可以与客户进行高效的、可衡量的、双向的沟通，真正体现了以客户为导向的管理思想；可以与客户维持长久的，甚至是终身的关系来保持和提升企业短期和长期的利润。可以这样说，数据库是 CRM 思想和信息技术的有机结合。

一个高质量的数据库包含的数据应当能全面、准确、详尽，能及时地反映客户、市场及销售信息。数据可以按照市场、销售和服务部门的不同用途分成三类：客户数据、销售数据、服务数据。客户数据包括客户的基本信息、联系人信息、相关业务信息、客户分类信息等，它不但包括现有客户信息，还包括潜在客户、合作伙伴、代理商的信息等。销售数据主要包括销售过程中相关业务的跟踪情况，如与客户的所有联系活动、客户询价和相应报价、每笔业务的竞争对手以及销售订单的有关信息等。服务数据则包括客户投诉信息、服务合同信息、售后服务情况以及解决方案的知识库等。这些数据可放在同一个数据库中，实现信息共享，以提高企业前台业务的运作效率和工作质量。目前，飞速发展的数据仓库技术（如 OLA、数据挖掘等）能按照企业管理的需要对数据源进行再加工，为企业提供了强大的分析数据的工具和手段。

2. 客户关系管理系统的主要功能模块

不同行业、不同企业的客户关系管理系统有不同的要求，不同的软件开发商也提供不同功能的客户关系管理系统软件产品。从大的方面划分，客户关系管理的功能包括客户服务与支持、销售、营销、呼叫中心、电子交易等部分。目前，国际、国内主要的 CRM 软件厂商提供的产品基本都包含这些功能。

（1）客户服务与支持功能模块。客户服务与支持是客户关系管理的基本功能，具体可分为以下五个子功能：

①客户信息管理。它由一个存放客户信息的数据库来实现，初期可存放每个销售业务人员各自的客户以及每位客户的所有联系人的原始档案资料，包括业务人员及客户的姓名、代码、部门、电话、电子邮件，对客户与企业的每一项业务信息应有完整反映。

②客户服务管理。这是对客户意见或投诉以及售后服务等信息进行管理，主要记录客户的所有意见或投诉情况，对每项意见或投诉的全过程进行处理跟踪；对售后服务的全过程进行记录，包括上门服务、电话支持等，并将一些标准的解答记录在案，让企业的每个人员都能马上搜索到类似问题的答案。

③客户合同管理。这是用来创建和管理客户服务合同的，目的是保证客户服务的水平和质量，并可使企业跟踪保修单和合同的续订日期，安排预防性的维护活动。

④客户跟踪管理。这是对有关业务人员与客户的联系情况进行跟踪记录的管理，可以对业务人员的有关活动作提醒设置，业务负责人可以随时将项目做移交，对已成交业务的收款情况及交货情况记录，并可以提醒业务人员收款，另外还具有一定的统计分析功能。

⑤现场服务管理。这一功能可实现现场服务分配，保证服务工程师能实时地获得关于服务、产品和客户的信息，并可与派遣总部进行联系。

（2）销售管理功能模块。销售管理功能的目的是提高销售过程的自动化和销售的效果，它包括以下四个子功能：

①销售管理。用来帮助决策者管理销售业务，实现额度管理、销售力量管理和地域管理。

②现场销售管理。为现场销售人员提供联系人和客户管理、机会管理、日程安排、佣金预测、报价、报告和分析等。

③电话销售管理。可以进行报价生成、订单创建、联系人和客户管理等工作以及一些针对电话商务的功能，如电话路由、呼入电话屏幕提示等。

④销售佣金管理。它允许销售经理创建和管理销售队伍的奖励和佣金计划，并帮助销售代表及时地了解各自的销售业绩。

（3）营销管理功能模块。营销管理主要实现营销分析与决策的功能，主要包括以下三个子功能：

①市场分析。通过各种统计数据，如人口统计、地理区域、收入水平、以往的购买行为等信息来识别和确定潜在客户群，以便更科学地制定产品和服务的营销策略。

②预测分析。利用收集的各种市场信息预测客户的需求变化和市场发展趋势，为新产品开发、市场策略和销售目标的制定提供参考，并能把相关的信息自动传递到各有关部门，实现协调运作。

③营销活动管理。为营销人员提供制定预算、计划、执行的工具，并在执行过程中实施监控和反馈，以不断完善其市场计划；同时，还可对企业投放的广告、举行的会议、展览、促销、网站、电子邮件等活动进行事后跟踪、分析和总结。

（4）呼叫中心功能模块。呼叫中心是由计算机和电话集成技术支持的，能受理电话、电子邮件、传真等多种方式交流的不间断的综合服务系统，其主要功能包括以下内容：

①电话管理员功能。主要包括呼入、呼出电话处理，互联网回呼，呼叫中心运营管理，图形用户界面软件电话，应用系统弹出屏幕，友好电话转移，路由选择等。

②语音集成服务。支持大部分交互式语音应答系统。

③报表统计分析。提供了很多图形化分析报表，可进行呼叫时长分析、等候时长分析、呼入呼叫汇总分析、坐席负载率分析、呼叫接失率分析、呼叫传送率分析、坐席绩效对比分析等。

④代理执行服务。支持传真、打印机、电话和电子邮件等，自动将客户所需的信息和资料发给客户。

⑤活动支持服务。管理电话营销、电话销售、电话服务等。

⑥呼入、呼出调度管理。根据来电的数量和作息的服务水平为作息分配不同的呼入、呼出电话，提高客户服务水平和作息人员的生产率。

（5）电子商务功能模块。

客户关系管理支持电子商务功能，具体包括以下内容：

①电子商店。使企业建立起网上商店，开展网络营销。

②电子促销。可向客户提供个性化的促销方案，并可通过电子邮件的形式发送。

③电子账单。可支持电子账单的生成，并可使客户在网上浏览和支付。

④电子支付。支持企业和客户实现电子支付。

⑤电子支持。允许客户提出和浏览服务请求、查询常见问题、检查订单状态。

⑥网站分析。提供网站运行情况的分析数据和报告。

阅读材料：戴尔案例二——从戴尔看电子商务时代的客户关系管理

计算机互联网技术的发展为现代客户关系管理实现更完善的功能提供了可能性。精明的企业目前都在认真反省自己的 CRM 战略，并开始把 CRM 作为它们挽留客户的重要手段，希望凭借 CRM 的智能客户管理给企业带来忠实和稳定的客户群。在众多实施电子商务的企业中，美国戴尔计算机公司利用互联网了解客户的具体需求，制定营销策略。它采用直接销售的商业模式，销售计算机及相关产品，最终产生了个人电脑商业模式的革命，取得了很大的成功。如今，很多公司都在纷纷效仿，他们的最终目标只有一个：获取顾客忠诚度。戴尔公司总裁迈克尔·戴尔说过："与顾客结盟，是我们最大的优势。在我们眼中，没有一次交易的顾客，只有终生的顾客。"因此，我们从分析戴尔公司的成功案例来探讨如何在电子商务时代实施客户关系管理。

1. 实施以客户为中心的商业策略

实现 CRM，首先必须设计以客户为中心的商业策略的目标，找到可以和客户"双赢"的机会。如果为客户的利益做得越多，客户也就会做更多为我们带来收益的事，如愿意从我们那儿进行更多购买和与我们并驾齐驱等。"客户关系"的设计相当简单：站在客户角度进行观察，从而发现他们想要获得什么，甚至是预测他们现在不想获得什么，但是将来却想要获得。而传统的公司认为："我们来发明什么东西，看能不能推销给可能有意愿购买的顾客"，即在接到订单之前已完成产品的制造。而戴尔公司的态度与他们截然相反，借助于电话拜访、面对面的对话、网络沟通，及时获知顾客对于产品、服务和市场上其他产品的建议，并知道他们希望公司开发什么样的新产品。它针对顾客需求来设计产品或服务方式，顾客可利用戴尔公司网站和 800 免费电话自主选择配置，使每一件产品都是为顾客量身定做，最大限度地满足了客户需求。同时，它依客户订货的需求与时机来生产，消除了因为购买过量零件、库存与赔钱抛售存货等所造成的成本，获得了公司和顾客的"双赢"。

2. 利用新技术支持

在如今的电子时代，技术革命一日千里。企业可以利用新技术来帮助他们管理客户关系：建立局域网或广域网，建立大规模的数据库，使用更先进的软件技术等。戴尔公司充分利用了新技术，它是一家以直销为经营模式的公司，也是第一家以顾客的直接回馈来建立组织的个人电脑公司，它主要利用网站、呼叫中心、对话等方法来进行行销。浏览戴尔公司网站（www.dell.com）在"网上购物"页面上，根据五大类别——"家庭类"、"商业类"、"教育类"、"政府类"以及"特殊类"，提供形态各异的采购资讯。以"商业类"而言，针对经营规模差异事先规划不同的硬件需求，以员工 400 人为界，分别提供 400 人以上大型企业及 400 人以下中小企业不同的采购清单；在"特殊类"选项里，该公司目前已在美国以外的 45 个地区建立起服务网站，分别提供全球 44 个国家 18 种语言的服务；在家庭用电脑首页，戴尔设计了各种电脑配置，并提供产品详细资讯，针对不同需求的使用者提供售前采购服务；在大中型企业的网页，戴尔除了提供周边产品供搭配选择外，还提供工作站、服务器的机型，提供企业用户在规划公司整体资讯环境及电子商务的参考。戴尔除了预先设想消费者的需求外，还会告诉消费者买了什么样的电脑有什么样的好处。同时，戴尔还为消费者提供个性化服务，专业客户可自主选择 CPU、硬盘、内存等配置，使每一台计算机都为自己量身定做。所以该公司总裁迈克尔·戴尔认为，公司网站成功的原因，除了销售外，最重要的在于服务与技术支援的多样化，他说："我们不仅提供产品资讯与售后服务，更重要的是，我们提供大量的'售前服务'。"正是因为戴尔这种友好的客户服务，让消费者获得售前的资讯及咨询服务。调查发现，产品价格其实只占顾客购买原因的 1/3，另外 2/3 是服务与技术支持，这也正是许多顾客选择价格较高的品牌电脑而不是兼容机的原因。所以，要想完成一次交易，并获得终生的顾客，必须为顾客提供优质的售后服务和技术支持。在戴尔公司的网站上也充分体现了这一点，它提供了诸多的售后服务项目。

在现阶段，我国许多企业实现了电子商务，建立了自己的网站，效果却不太理想。问题的症结在于：它们只是将网络技术看做是降低成本的手段，利用网页发布自己的产品，而没有使之成为企业与顾客进行沟通的新载体。利用网络建立与客户的亲密关系应是我们建立商务网站的主要目标。互联网是顾客关系赖以生存的平台，但要想实现"一对一"的营销，增加顾客的忠诚度，还必须具有强大的后台数据库的支持。CRM 系统的核心思想就是"客户为中心"，为了达到这样一个目的，就必须要能够准确掌握客户的需求，提供个性化的服务，提供及时的必要的客户关怀。因此，任何一个 CRM 系统，其关键就是建立一个集中统一的客户信息数据库，有效地管理客户数据。数据库是关于企业及其顾客关系所有信息的中心存储库，它记载着顾客与公司进行联系的所有信息，包括顾客的购买交易、电话、评价、退货、服务电话甚至顾客的不满等。也记载着公司主动接触的有关信息，包括促销优势、信件、电话，以及个别访问等。另外数据库还记载了其他一切可得当的顾客信息，比如年龄、收入等。对于企业顾客来说，数据库的记载内容还包括雇员人数和收入水平等。一个良好的数据库能为公司的生产经营活动提供各种功能的服务，CRM 实施效果的好坏与客户信息数据库的好坏息息相关。

3. 传统的呼叫中心与网络、数据库技术相结合

语言是人类进行交流的媒体，人们喜欢谈话。移动用户达到 1000 万，比计算机或互联网的普及速度都要快。许多人选择的工具是人类的语言，而不是键盘，对此公司必须做出反应，建立基于传统电话的呼叫中心。呼叫中心是公司用来与顾客进行直接交谈，发现顾客的需求，劝说顾客达成交易，确保顾客的需求得到满足的场所。电话管理是双向的，它包括公司打电话给顾客的对外营销和顾客打给公司的对内营销，还是建立和维持对话的一个部分，是顾客关系管理的关键因素。

戴尔是一个与网络、数据库技术相结合的呼叫中心，顾客可通过 800 电话与公司进行对话。呼叫中心设有技术支持热线、售前咨询热线、投诉热线等，接到客户的呼叫，服务人员立即在内容丰富的数据库内查询客户的 PC 代码，在最短的时间内获得顾客的详细资料，倾听顾客的诉说，回答顾客提出的问题，满足顾客的需求，收集有价值的客户资料，使顾客在较短时间内就能得当更快捷的答复，大大缩短了打电话的时间，同时减少了呼叫中心的成本。在开始，呼叫中心可能是一个成本中心，支付大量的电话费。但随着营销的扩大，客户的增多，呼叫中心通常会转变为创造利润的中心。

戴尔公司员工认为，我们最好的顾客不见得是最大的顾客，也不见得是购买力最强、对协助或服务要求最少的顾客。所谓最好的顾客，是能够给我们最大启发的顾客，是教导我们如何超越现有产品和服务，提供最大附加价值的顾客，是能够提出办法后也可以加惠其他人的顾客。为给顾客创造出机壳外的价值，和顾客对话。向顾客学习是一种有效的手段。除了呼叫中心的对话，我们也应该进行面对面的对话。花费

时间亲自探访顾客实际营运的地点所得到的概念，远胜过邀请他们到"你"的业务范围。你可以体会到他们每天在营运上所遭遇的问题和挑战，也能进一步了解他们在服务自己的顾客时，你的产品能造成什么影响。

4. 采用 CRM 软件

目前，许多软件公司同专业的咨询公司合作，已开发出一些适合于大中型企业的CRM，它的基本功能包括销售、市场、客户服务、电子商务四个部分，有的软件还包括了合作伙伴关系管理、商业智能、知识管理等。在销售环节，CRM 从报价、订货一直到给付佣金，可以使销售人员通过桌面电脑、笔记本电脑甚至掌上电脑随时得到生产、库存、订单处理的有关信息。同时也可以对客户资料与合同进行全面管理，随时随地与客户进行业务活动，从而在一定程度上实现了销售自动化，使销售人员将主要精力集中在开拓市场上，也使决策者能够预测到全球范围内市场的风云变幻，将企业的运营维持在最佳状态。在市场营销环节，CRM 提供了一个市场营销自动化解决方案，它包括的功能有：基于 Web 的和传统的市场营销活动的策划和执行；客户需求的生成和管理；预算和预测；宣传品的生成和管理；产品及竞争对手信息的汇总对有购买意向的客户进行跟踪、分配和管理等。这些功能可以帮助企业实施针对性强、效率高的市场营销活动，从而争取和保留更多和更有利可图的用户。在售后服务环节，CRM 系统可以帮助企业提供有竞争力的售后支持、修理和维护服务。它包括纠纷、次货和订单的跟踪现场服务的管理记录发生过的问题及机器解决过程；维修人员的预约、调度和派遣；备件的管理及其他保障服务请求及服务合同的管理服务收费自动核算等功能。它允许客户选择电话、Web 等多种方式与企业联系。CRM 系统融会贯通的交流渠道，使客户不论通过哪种方式与企业联系，都能在最短的时间内得到统一、完整和准确的信息。同样，企业与客户打交道的各个部门也能随时得到与客户相关的资料，真实和全方位地了解客户。系统还拥有强有力的客户智能分析评估：对所得的客户资料进行分析和处理，使企业能够根据客户的特点提供服务；对客户的营利性进行评估，从而使客户的满意度和企业赢利都能得到提高。我们的企业可根据自己的实际情况选择相应的 CRM 软件来实现客户关系管理。

仅仅依靠收集大量的资料，运用最新的数据库技术记录、更新顾客资料，你是无法赢得顾客忠诚的。顾客关系管理需要关怀和承诺，需要你付出时间、投入资金并耐心地倾听顾客的意见，建立一种互惠的对话机制。其实顾客们非常善于表达，如果你愿意与他们建立直接关系，细心聆听，一定受益匪浅。

在电子商务时代，技术不断进步，经济迅猛发展，CRM 也将面临新的问题，我们应不断地进行学习、创新，面对新的挑战，实施顺应时代发展的客户关系管理。

资料来源：

庄嘉琳.戴尔公司的案例谈电子商务时代的客户关系管理.龙岩师专学报，2004(4)

二、电子商务客户关系管理的技术

实现电子商务 CRM 的主要技术要求如下：

（1）信息分析能力。尽管 CRM 的主要目标是提高同客户打交道的自动化程度，并改进与客户渠道相关的业务流程，但强有力的商业情报和分析能力对 CRM 也是很重要的。CRM 系统有大量关于客户和潜在客户的信息，企业应该充分地利用这些信息，对其进行分析，使得决策者所掌握的信息更完全，从而能更及时地做出决策。良好的商业情报解决方案应能使得 CRM 和 ERP 协同工作，这样企业就能把利润创造过程和费用联系起来。

（2）对客户互动渠道进行集成的能力。对多渠道进行集成与 CRM 解决方案的功能部件的集成是同等重要的事情。不管客户是通过 Web 与企业联系，还是与具备 SFA 功能的便携电脑的销售人员联系，或者与呼叫中心代理联系，与客户的互动都应该是无缝的、统一的、高效的。如前所述，统一的渠道还能带来内外部效率的提高。

（3）支持网络应用的能力。在支持企业内外的互动和业务处理方面，Web 的作用越来越大，这使得 CRM 的网络功能越来越重要。以网络为基础的功能对一些应用（如网络自主服务、自主销售）是很重要的。一方面，网络作为电子商务渠道来讲很重要；另一方面，从基础结构的角度来讲，网络也很重要。为了使客户和企业雇员都能方便地应用 CRM，需要提供标准化的网络浏览器，使得用户只需很少的训练或不需训练就能使用系统。另外，业务逻辑和数据维护的集中化，减少了系统的配置、维护和更新的工作量，对基于互联网系统的配置费用来讲，也可以节省很多。

（4）集中的客户信息仓库的能力。CRM 解决方案采用集中化的信息库，这样所有与客户接触的雇员可获得实时的客户信息，而且使得各业务部门和功能模块间的信息能统一起来。

（5）工作流进行集成的能力。工作流是指把相关文档和工作规则自动化地（不需人的干预）安排给负责特定业务流程中的特定步骤的人。CRM 解决方案应该具有很强的功能，为跨部门的工作提供支持，使这些工作能动态地、无缝地完成。

（6）与 ERP 进行无缝连接的能力。CRM 要与 ERP 在财务、制造、库存、分销、物流和人力资源等方面连接起来，从而提供一个闭环的客户互动循环。这种集成不仅包括低水平的数据同步，而且还应包括业务流程的集成，这样才能在各系统间维持业务规则的完整性，工作流才能在系统间流动。这二者的集成还使得企业能在系统间收集商业情报。

三、电子商务客户关系管理实施

电子商务的迅速发展给企业的客户关系管理带来无限的发展空间，企业可以在可承受的成本范围内来管理更多的客户资源，实现更高的客户满意度。一套合适的电子商务客户关系管理流程是充分利用 CRM 系统的保证，它包括客户识别、数据分析、反馈处理以及忠诚强化。

（1）客户识别。过去通过大众媒体进行的广告促销，只要能保持在电视和报纸上经常曝光就可以树立品牌形象，就有可能成为畅销的商品，而不必考虑每个客户的专门需要。但随着社会的发展，面临信息爆炸、网络社会，面临热衷于电子游戏和网上交友的十七八岁青少年成长为消费主体的时候，他们获得信息的渠道自然地包括了网络、无线通信和数码影像等。要适应这样的消费者，要想在竞争中保持优势，企业就必须利用电子商务系统来对传统的渠道和促销进行充"电"，双管齐下，尽可能地吸引更多的客户对公司的产品或服务进行尝试，开拓更大的市场空间。

（2）数据分析。当客户在你的吸引下跨出了勇敢的第一步，事情才刚刚开始。由于有了电子商务系统，企业可以轻松地知道客户的一些消费或者个人资料。在现今社会，这些对于商家来说是一种稀缺资源，企业一定要好好地利用。

企业的资源有限，如果企业与任意的客户都进行电子商务活动，在时间上、人力上和硬件条件上都是不可能的。从著名的客户 8/2/2 法则可以得出：在顶部的 20% 的客户创造了企业 80% 的利润，而这些利润的一半让最底部的 20% 不赢利的客户丧失掉了。因此，企业可以通过对客户数据的分析，找出哪些对企业来说是重要的客户，哪些是需要争取的客户，哪些是可有可无的客户，进行有针对性的管理，使企业获得尽量多的利润。

（3）反馈处理。客户的反馈可以有很多种方式，比如电话投诉、口头抱怨等。企业可以利用电子商务系统对客户的反馈进行综合处理，找出有价值的信息。客户的意见是企业前进的动力，很多创新都是来源于客户的抱怨，处理好客户的反馈是客户满意的一个很重要的因素，积极与企业沟通的客户是企业需要争取的，也是最有价值的。

企业应该充分利用电子商务这一平台，建立一套成熟的客户反馈处理机制，不但能让客户可以自由和方便地反馈他们的意见，而且通过这一系统可以迅速地对客户反馈进行分析和处理，并且能马上让整个公司共享这一信息。

（4）忠诚强化。客户关系管理的目标就是要形成客户的忠诚，只有忠诚的客户才是企业长期利润的来源。客户的忠诚可以分为行为忠诚和心理忠诚，而心理忠诚也不是在一个级别上的，它也有强弱之分。我们的目标就是要让我们的客户从满意到忠诚，并且程度越来越深。越是忠诚的客户对企业的贡献就越大。

所以，客户的忠诚是需要维护和强化的，电子商务的发展为我们提供了和更多客户沟通的技术，使我们可以通过很多虚拟的工具和客户进行有效、充分的沟通，我们要把忠诚的客户像对待我们的"财神爷"一样的关注和关心，及时挖掘他们的潜在需求，使他们不断地感到满意，实现对企业始终的忠诚。企业千万不要以为从满意到忠诚后就可以放松对这些客户的投入，客户关系管理是一个连续的、长期的、循环的过程，千万不要急功近利，否则就会前功尽弃，被客户所抛弃。

本章小结

本章首先让大家认清了客户的概念，客户是对本企业的产品和服务有特定需求的群体，它是企业生产经营活动得以维持的根本保证。然后向大家介绍了客户的分类，客户关系管理的概念，客户关系管理在中国的现状。客户关系管理是为了提高企业核心竞争力，达到企业快速成长并持续发展的目的，而进行的一个不断加强与顾客交流，不断了解顾客需求，并不断对产品及服务进行改进和提高以满足顾客需求的连续的管理行为。客户关系管理在国内尚处于萌芽阶段，需求大，产品少。之后我们延伸到了电子商务环境中，讲了电子商务客户关系管理的特点以及人们对此的误区。电子商务环境下，客户关系管理能提供更迅速、更有效的客户服务，在第一时间满足客户的需求；更能确切地掌握客户动向及需求，挖掘客户的潜在价值增加收益；节省人力、物力，提高服务效率；有助于开拓市场。

随后我们介绍了电子商务客户关系管理系统，它一般由接触活动、业务功能和数据库组成；它的主要功能模块有客户服务与支持、销售管理、营销管理、呼叫中心和电子商务。最后我们介绍了电子商务客户关系管理的实施内容，包括四个部分：客户识别、数据分析、反馈处理和忠诚强化。

【案例讨论】 阿里巴巴——客户第一原则

阿里巴巴在国内 B2B（企业对企业网上交易）市场上占据 80% 以上的份额，淘宝在国内 C2C（个人对个人网上交易）市场上占据 70% 以上的份额。旗下两家企业如此之高的市场份额意味着阿里巴巴集团不仅是我国电子商务领域中的领军企业，同时它的高速发展也和我国电子商务市场的整体发展息息相关。

阿里巴巴尝试着创建了企业诚信体系，又为解决个人用户支付"瓶颈"推出了"支付宝"。正是在这些工具的帮助下，电子商务市场这块蛋糕越做越大，数以千万计的中小企业和个人用户开始习惯把互联网作为交易的渠道。

阿里巴巴究竟怎样打开了电子商务这扇门，找到了这一全新的细分市场？

答案正是阿里巴巴坚持客户第一的原则。无论是阿里巴巴还是淘宝，制定企业战略时，都先研究用户所面临的问题与困难，然后找出独一无二的解决办法。

阿里巴巴和淘宝的公司总部都在杭州，装修风格截然不同，黑色和大量金属材质象征着阿里巴巴企业级电子商务服务的严谨，而淘宝则要轻松明快许多，那里甚至陈列着马云在公司活动中被打扮成大侠的照片。然而有些工作习惯是相同的，比如说两家的员工互相拜访，都会随手关掉陌生同事桌子上忘记关闭的电脑显示器。

因为针对的是个人客户，淘宝无论特色还是风格都显得更加鲜活多变。不过阿里巴巴的价值观依然被全面移植过来，"练内功"、"客户第一"的原则帮助淘宝获得大部分市场份额。

和 B2B 不同，2003 年 7 月当马云宣布淘宝正式运营时，国内 C2C 市场已被易趣占据了 80% 以上的市场份额，淘宝更被易趣的收购者——惠特曼预言"会在 18 个月内夭折"。

然而 18 个月后，淘宝已经与易趣"攻守易位"。现在看来，淘宝的免费策略功不可没。淘宝之所以选择免费，正是参考阿里巴巴制定战略的过程，马云解释说这个过程就是："先研究你的用户，发现他们所面临的问题与困难，然后找到你能提供的独一无二的解决办法。"

在研究过当时的中国互联网市场之后，淘宝认为，中国网民年龄普遍比较低，网龄也相对较短，如果采取 e-Bay 收取交易费和登录费的模式，就会让很多希望尝试网络交易的人打消这种想法，因为他面临的是一次有成本的尝试。网上交易开店和现实中的商店一样，人们总是希望自己的开店成本最小。所以对 C2C 网站来说，要扩大声势，扩大收入，首先就该开门迎客，而不能因为眼前利益而将更多的潜在消费者拒之门外。

免费策略让淘宝在竞争中胜出，但马云认为，免费只能争夺市场，并不能开拓新的市场，只有真正解决了电子商务的"瓶颈"，才能吸引更多人尝试个人电子商务。

通过广泛的调查，淘宝发现很多用户知道网上购物的优点，但是仍然担心网络支付的安全性。不解决安全支付的问题，就不会有真正的电子商务可言。而安全支付的问题一旦解决，电子商务将让淘宝网商踏踏实实地赚到钱。

为保障交易安全，淘宝向阿里巴巴借鉴了"诚信通"的信用评价机制，如果卖家有欺诈行为，信用就会很低，但真正解决支付问题的还是"支付宝"的推出，这是我国第一个确保网络交易安全的产品，如果用户使用"支付宝"遭遇欺诈，淘宝承诺全额赔付。"我们做了一个统计，到现在为止，淘宝网 1 万笔交易中只有 1 起左右会出现问题，这个比例已经达到了欧美国家的水平。"淘宝网总裁孙彤宇表示。

"支付宝"很快成为我国个人电子商务活动的主要支付工具，到 2006 年 10 月，每天通过"支付宝"进行的交易额已超过 4000 万元。

淘宝还在不断创新，目的依然只有一个，加强用户的客户体验，解决他们在交易中所遇到的种种难题，让更丰富的产品能够在这个平台上交易。

马云将目光投向了物流。通过信息流、资金流和物流的结合，创造出了电子商务新的盈利模式。赛迪顾问分析师迟聪冰表示，现在网上可以解决信息流、商流、资金流等商品流通的大部分问题，但却无法解决物流问题。能否有效解决物流问题很大程度上决定了未来电子商务发展的空间。

2006 年 11 月，国家邮政局下属的中国速递服务公司（EMS）与阿里巴巴旗下第三方网络支付平台浙江支付宝网络科技有限公司签订协议，推出了经济型的 EMS——"e 邮宝"，从事电子商务个人的运费与 EMS 收费相比有较大幅度下降。例如，EMS 国内起重资费为 20 元，而 e 邮宝的省际起重资费为 15 元，省内以及江浙沪互寄和京津互寄起重资费更是低至 10 元，"e 邮宝"的推出将为从事电子商务的个人卖家节约更多成本，同时也意味着目前全国 20 多万个物流网点接入到电子商务的物流体系中，网民可以享受高效、经济的物流配送服务。

据当时统计，仅来自淘宝网每天提交的物流单就有约 3 万单，但是由于物流配送方面存在有些地区无法投递等问题，实际下单的大概只有 1.5 万单，与中国邮政达成合作后，其业务量至少可以增加六倍之多。

2006年淘宝的另一个创新则是进入了B2C领域（企业对个人网上交易）。早在几年前，马云就预言，"各种电子商务形态在未来都将融合，结合在一个大平台上运行。连通B2B和C2C平台之后，一种全新的B2C模式将会产生"。淘宝的B2C选择了类似建立网络"店中店"的模式，运营由商家自己负责。这一模式得到了很多商家的认可，目前淘宝城已经有海尔、联想等300多家企业加入。同时，B2C模式的引入，也把阿里巴巴的B2B和淘宝的C2C很好地联系起来。阿里巴巴上现有的1800万家中小企业会找到一个很好的分销渠道，而淘宝网上的买家也能够找到更丰富廉价的产品。

案例讨论题：

1. 阿里巴巴针对客户实施的哪些措施帮助其夺下C2C的宝座？

2. 这些措施分别解决了哪些问题或带来了哪些好处？

3. 运用本章所学知识简要分析阿里巴巴客户关系管理的实施。

思考题

1. 什么叫客户关系管理？电子商务客户关系管理有哪些特点？

2. CRM系统有哪些功能？

3. 电子商务客户关系管理有哪些流程？

第十章　电子商务环境管理

本章要点

- 了解电子商务的政治环境管理
- 了解电子商务的经济环境管理
- 了解电子商务的文化环境管理
- 了解电子商务的科技环境管理
- 了解电子商务的法律环境管理

开篇案例：电子商务环境待完善

2010 年全国"两会"期间，如何积极扩大居民消费，推动经济增长方式由出口、投资向消费转型成为各方关注的焦点。温家宝总理在政府工作报告中首次提出，扩大居民消费需求要"加强商贸流通体系等基础设施建设，积极发展电子商务"。

电子商务需政策环境支持

全国政协委员、国务院参事、中国科学院可持续发展战略组组长、首席科学家牛文元在接受采访时表示，以 IT 技术为基础推动经济发展大致分为单一计算机、互联网和物联网三个时代，目前我们正处于互联网时代。他认为，中国发展电子商务有着自己的优势，目前中国互联网网民数已经达到 3.84 亿，位居全球首位。"而发展电子商务有利于促成发展红利的进一步获取。"牛文元认为，以互联网、物联网为基础，通过电子商务发展物物交换，使人们有望逼近零库存、零废品和零附加交易成本的全新时代。

事实上，电子商务降低社会交易成本的作用，很多普通消费者已经通过淘宝购物等方式有了切身的感受。依靠互联网平台，淘宝网海量卖家得以大幅降低开店成本，为消费者提供更价廉物美的产品。数据显示，2009 年淘宝网交易额超出 2000 亿元，占国内社会商品零售总额近 2%，短短几年就成为中国最大的网络零售平台。

"在美国，IBM 提出的'智慧的地球'战略得到奥巴马的积极支持，被视为美国保持 21 世纪竞争优势的重要战略。我国首次在政府工作报告中提出，'加强商贸流通体系等基础设施建设，积极发展电子商务'，这显示了国家对 IT 时代新基础设施的重视。"牛文元认为，下一步，政府应该在政策环境、技术标准和基础建设等多个方面入手，加强对电子商务、物联网的扶持力度。"这将是构建中国未来竞争力的重要基础。"

支付体系亟须完善

在网络购物过程中，支付环节是影响消费者购物体验的重要因素，支付方式的灵活性、便捷性，线上线下方式的互补性，支付过程的安全性等都考验着我国电子支付服务的水平。

电子支付组织根据行业及消费者的不同需求，可量身订制各种支付服务解决方案，引导电子商务市场发展。电子支付组织不仅可以将各个银行的网关接口进行整合，更有像快钱公司提出了线上支付与线下卡支付相结合的"大支付"模式，当消费者在采用快钱"大支付"平台的电子商务网站购物时，可以灵活地通过多种途径进行安全支付，简化了电子商务中最关键的付款结算问题，在显著提升消费者购物体验的同时，也极大地降低了电子商务进入门槛，使中小电子商务企业如雨后春笋般大量出现。更关键的是，借助银行及像快钱这样的第三方支付组织提供的电子支付服务，能够使资金在消费者、物流环节、商家、厂家、银行间顺畅流转，加快社会资金的流动效率，从而吸引社会力量投入内贸发展，实现积极创造就业机会并继续拉动消费增长的良性循环。

全国政协委员、中央财经大学金融学院教授、证券期货研究所所长贺强教授呼吁政府各级主管部门充分认识电子支付组织在中国支付体系中的重要地位，加大对电子支付组织的调研；大力宣传电子支付组织的重要作用和政府对电子支付行业的支持态度；号召国有企业、事业单位和政府机关使用电子支付服务商的服务。

尽快制定电子商务法

全国人大代表、中国移动广尔公司总经理徐龙提出一份关于制定《电子商务法》的议案，建议中国尽快制定统一系统的《中华人民共和国电子商务法》，以保障和促进电子商务的科学发展，引导和规范电子商务活动，防范和减少网上交易风险。

徐龙认为，在经济全球化快速发展的环境下，电子商务既是未来国际贸易的发展方向，也是中国实现自主创新、积极参与国际竞争的需要。然而，中国电子商务在迅速发展的同时却遭遇传统法律规则和商业惯例的障碍，电子商务的又好又快发展迫切需要立法保障。为了保障和促进电子商务的科学发展，引导和规范电子商务活动，防范和减少交易风险，中国迫切需要制定统一系统的电子商务法。

资料来源：

田野.电子商务环境待完善 [N].北京青年报，2010 年 3 月 10 日

讨论题：

1. 我国的电子商务环境都包括哪些方面？
2. 为了我国电子商务的大发展，应该着力改善哪些环境因素？

第一节 电子商务政治环境管理

传统的经济理论认为，现实的市场经济条件下，由于存在垄断、外部性、公共产品、不完全信息等问题，价格机制无法正常发挥作用，资源分配无法达到最优状态，即市场失灵。因此要求政府对经济进行必要的干预，以实现经济稳定增长，减少资源浪费。在网络经济中，市场失灵现象依然存在，某些情况下甚至更加严重，对政府干预的要求也就格外迫切。

就目前电子商务的发展状况而言，电子商务的政治环境管理主要是指政府对发展电子商务的干预及电子商务如何利用政府的职能求得更大的发展空间。在蓬勃发展的电子商务大潮中，世界各国政府对于电子商务基本上采取了鼓励与扶持的态度，有的国家更是将电子商务视为增强国家竞争力的战略重点。本章按照地理位置划分阐述电子商务目前发展的政治环境，并列举一些具有代表性的国家进行说明。

一、美洲

1. 美国

美国是电子商务发展最具代表性的国家，也是当今互联网应用最多的国家。到2000年底其网站数量达到2000万个，Internet用户有4000多万，上网人数达1亿人，为电子商务的发展提供了得天独厚的条件。现在美国所有的大企业都已经或多或少地开展了电子商务，绝大部分中小企业也都已经开展了电子商务。自20世纪90年代以来，美国经济一直处于强劲的增长状态，出现了"高增长、低通胀、低失业"的兴旺景象，尽管"9·11"事件使美国经济严重受挫，但至2003年其经济已几乎完全恢复。此次经济危机给美国经济带来的影响远比"9·11"大得多，但是作为世界第一大经济体，我们有理由相信，美国的经济恢复只是时间问题。美国的电子商务活动约占全球电子商务活动的4/5，究其经济的发展和恢复，首先应归功于电子商务的发展。

美国的电子商务之所以发展如此迅速，与政府的积极促进作用是分不开的。总体来讲，美国政府对电子商务的发展采取了市场导向型的管理模式，即强调市场化原则，突出私人企业在电子商务发展中的作用，鼓励私人投资，开放市场，充分竞争。

在这种管理思想的指导下，美国政府为促进电子商务的发展采取了一系列措施。

（1）成立专门机构进行督导，明确电子商务的发展原则。强调政府各部门在对待电子商务问题时应采取协同一致、慎重小心、密切配合的政策。

（2）美国政府致力于基础设施的建设。早在1992年，美国政府就充分认识到电子商务对未来经济发展的重大作用，提出了建设"信息高速公路"的设想，为电子商务创造了一个良好的成长环境。

（3）通过法案发挥政府的示范作用。美国政府通过了一系列的电子商务法案，加快全国金融的电子化、网络化，从而达到电子商务的最高阶段。

（4）实行税收优惠政策，支持电子商务发展，普及电信与网络的应用。

（5）在政府引导、市场驱动的基础上，增加对网络建设的投资，鼓励全社会的投入。美国各地方政府、研究机构、应用部门在发展内部网、互联网接入方面自由发展，自行负担，充分体现了社会化大分工的鲜明特点。这种投资支持有力地加强了全国的网络建设，为电子商务的优化升级打下了良好的基础。

（6）加强对知识产权的保护，为电子商务活动创造一个良好的法制环境。电子商务活动经常涉及知识产权的销售与认证问题。对此，美国政府主要采取四项措施来保护：一是研究并征求公众对保护数据库方法的建议；二是促进全球共同努力，为相应专利提供有效的充分保护，建立能够决定专利要求效率的标准；三是在全球开展工作，以解决那些由于不同国家对互联网相关商标的不同处理方式而引起的争端；四是建立审议域名的分配制度，以创造竞争有序的、以市场为基础的体系，并力争造就互联网的这种自下而上的管理模式。

（7）加强对隐私权的保护。美国政府实行一系列的隐私保护政策，支持私营部门建立有效的、用户友好的以及自我规范的隐私管理体系。

（8）制定电子商务贸易规范。美国政府支持制定国际统一的贸易规范以促进电子商务，并以此鼓励政府对电子合同的认可；鼓励国际普遍接受电子签名以及其他类似授权程序的规则；促进为国际贸易活动制定可替代的争端解决机制；制定可预测的根本原则，使权责明确；使电子注册的使用合理化、简单化。2000年6月，美国国会以压倒性的多数通过了《电子签名法》，使得电子签名与书面签名具有同等法律效力。

（9）发展信息教育，吸引网络人才，促进网络研究和开发。美国政府除了重视基础教育外，还加速发展信息教育，普及计算机和网络技术知识，为信息技术在社会经济各个领域的全面发展做好了铺垫。同时，采取积极的移民政策吸引全世界的优秀人才，以满足网络经济对高级人才的不断扩大的需求。美国政府也十分重视推动本国的科技进步，对全社会的网络研究与开发活动采取积极支持、大力促进的态度。

2. 加拿大

加拿大政府一向重视发展电子商务，将其作为面向21世纪经济全球化、迎接知识经济挑战、实现该国经济持续增长的一项重要经济发展战略。

为此，加拿大政府出台了一系列支持电子商务的政策措施。

（1）重视网络基础设施建设，提供技术支持。近年来，加拿大通过整体规划和统一指导，在全国建立了先进的网络系统，已成为世界实现网络化最先进的国家之一。加拿大政府不断降低上网资费，在7个工业大国（G7）中最便宜，这促进了网络的普及和平民化。此外，加拿大政府以实现网络运行的高速、可靠、更新和安全为目标，鼓励一批新兴网络技术开发公司进行技术创新，奠定了电子商务化的基础。

（2）政府投资网络建设，重视人才培养。加拿大政府每年投入巨资实施学校网络和社区网络两项重点建设工程。目前，加拿大从小学到高等院校每个学校以及每个图书馆和社区中心都实现了网络化，为改善教育设施、提高教育质量做出了很大的贡献，成功地培养出了一批信息技术人才，为电子商务的发展提供了充足的人才资源。

（3）制定相关的电子商务政策法规，规范电子商务活动。为保障电子商务活动的进行，政府起草了 7 项有关电子商务的政策法规：密码使用政策；保护消费者利益指导框架；保护隐私权法案；电子签名法；政府部门实行网上作业的政策；规范国内和国际电子商务的公共网络标准及电子商务税收政策。这些政策法规有效地保障了电子商务的正常运行，规范了各参与主体的行为，使电子商务向法制化迈进了一大步。

（4）加强政府示范。政府率先实行网上作业和电子商务，带动各行各业进行网上商务活动。

（5）重视国际间的交流与合作。积极开展国际对话和讨论，促进了全球电子商务系统的建立。

二、欧洲

近年来，欧盟的电子商务市场发展迅速，这与欧盟重视欧洲电子商务发展所采取的举措是分不开的。欧盟发展电子商务最主要的问题是各成员国国内网络发展不平衡，围绕这个问题，欧盟采取了相应的政策。

（1）动员所有成员国积极参与电子商务。首先以政府为示范，引导各国政府共同参与，实现各国政府间的统一网络系统，并就此系统达成法律上的共识。同时，建立全欧盟范围内的测试点，以确定欧盟内稳定的国际互联网应用环境。

（2）从行动上采取统一原则。1997 年 4 月 15 日，欧盟提出了《欧盟电子商务行动方案（A European Initiative in Electronic Commerce）》，规定了信息基础设施、管理框架和电子商务等方面的行动原则，以提高欧盟的全球竞争力。2000 年，欧盟又推出了电子商务指令，有力地促进了各成员国电子商务市场的自由化和一体化。

（3）支持电子商务的研发工作，建立了一个先进的研究与发展网络——泛欧网，以支持欧盟研究机构的需要，推动电子商务在欧美的推广普及。

（4）倡导建立完善可靠的、以电子方式支付的金融机构和税收环境，建立开展电子商务活动的配套支持，并在欧盟范围内进行广泛合作，开展各类相关的培训，协调数据保护及税收方面的工作。

三、亚洲

1. 中国

自从 1995~1996 年电子商务概念引入我国之后，在我国政府及信息化主管部门的指导下，电子商务得到了持续发展。同其他国家类似，中国政府十分重视中国电子商务的发展。1998 年 11 月 18 日，当时的国家主席江泽民在亚太经合组织第六次领导人非正式会议上就电子商务问题发言时指出，电子商务代表着未来贸易方式的发展方向，我们不仅要重视私营、工商部门的推动作用，同时也应加强政府部门对发展电子商务的宏观规划和指导，为电子商务的发展提供良好的法律法规环境。同时，在由我国信产部（现更名为工信部）研究制定的我国电子商务发展的总体框架中定位了政府的作用。

（1）应发挥宏观规划和指导作用，强调政府各部门要相互协调，保持电子商务有关的政策、法规和标准的一致性、连续性。

（2）通过宏观规划、组织协调，制定有利于电子商务发展的优惠政策，引导电子商务的发展，推动电子商务的应用。

（3）重视企业在电子商务发展过程中的主体作用，这一点与国外提到的私有因素和私有企业相区别，中国不强调私有因素的作用，而是把企业作为主导力量。

（4）采取积极、稳妥的措施推动电子商务的发展。从示范工程入手，逐步引导，并要遵守国家现有的法律法规及安全管理规定。

（5）加强国际间的电子商务合作，借鉴国外先进的发展经验，以推动中国电子商务的健康发展。

（6）加强人才培养。政府应充分利用各种途径和手段培养、引进并合理使用好一批素质较高、层次合理、专业配套的网络、计算机及经营管理等方面的专业人才，以加快我国电子商务的建设步伐。

1990年3月，香港特别行政区宣布与"贸易通"携手"电子资料联通"合作计划（SPEDI），将电子商务的发展带入了一个新阶段。台湾自1989年开始建设EDI网络TradeVan，其初期目标是货物通关自动化，最终目标是国际贸易无纸化。在全球网络购物热潮正在兴起之际，台湾的Visa及Master信用卡也于1997年3月建立了电子交易安全通信标准（SET）。

2. 日本

日本电子商务起步较晚，但发展异常迅速。据安德生咨询公司调查显示，2000年日本电子商务市场规模为47.8万亿日元，其中B2B交易的市场规模为21.6万亿日元（约为1860亿美元），B2C市场规模为8240亿日元（约为70亿美元）。截至2000年底，日本电子商务交易额在商品交易总额中所占的比例为0.26%，到2005年提高到4.1%。日本电子商务的发展除了得益于网络通信基础环境的迅速发展及具有鲜明特色的移动通信和移动上网的快速发展外，日本政府在其中也发挥了重要作用。

（1）开展电子商务促进计划。根据企业界的要求，日本政府尤其是日本国际经贸部积极同私人机构合作，在日本经济的每一个商务活动中开展电子商务的促进计划。该促进计划规定：第一，知识产权由发起该计划的政府和公司共享；第二，对参与公司的选择是一个开放过程，允许一些外国公司参与进来；第三，零售商通过提供系统服务支持该计划；第四，每一个计划有两年的时间框架，这些计划大都取得了很好的实际效果。

（2）增加电子商务预算，扶持电子商务企业发展。早在1994年，日本国际经贸部准备了总计2.5亿美元的预算，为19个客户的电子商务项目分配了8000万美元的预算，为26个公司的电子商务项目分配了1.7亿美元的预算。日本每年扶持电子商务项目的预算占国家预算的比例都是很高的。

（3）日本政府从本国国情出发，制定适宜电子商务发展的政策法规。日本政府于2000年6月推出了《数字化日本之发端行动纲领》（简称《行动纲领》），其中包括与电子商务有关的政策，其核心内容是建立高度可信赖的网络商业平台，并对电子商务的发展趋势、构筑电子认证系统、明确网络服务提供者的责任、推进跨国界电子商务以及网络域名等问题进行了详尽的分析和论述，同时参考美国和欧盟的做法，提出了适合日本国情的建议。

第二节　电子商务经济环境管理

电子商务是一种经济活动，因此，经济环境对电子商务的发展起到了巨大的支持作用。电子商务的经济环境可以从宏观、中观和微观三个层面来考察。

一、宏观经济环境

宏观经济环境是指站在国家、民族的体制角度对经济总量和结构进行的分析和把握，它是基本国情之一，是国家社会经济发展的基础，也是开展电子商务的基础。

（1）宏观经济指标。国民生产总值（GNP）或国内生产总值（GDP）是衡量一个经济总体情况的最基本标准，它决定了电子商务的发展空间和发展速度。经济增长率反映了一个国家经济发展的势头。将各年的实际国民生产总值进行比较，可以得出经济的年增长率。当经济增长率为正值时，说明经济是增长的，否则就是萎缩的。当经济持续增长或萎缩时，就形成了经济发展的趋势，由此可以判断经济的上升期、繁荣期、衰退期或萧条期。在经济增长的不同状况下，电子商务发展自然也会受到不同的影响。

（2）经济体制。由于电子商务市场具有天生的竞争性，而电子商务的发展又呈现出日新月异的特征，因此，应当为电子商务营造一个市场经济的氛围，用价格机制、竞争机制和供求机制来自发调节电子商务的发展。当然，强调市场经济并不是说就否定国家、政府干预的作用，政府干预以法律手段为主，注重宏观协调。

（3）产业状况。产业是具有相同再生产特征的个别经济活动单位的集合体，它们在社会再生产过程中从事不同的社会分工活动，各有其不同的地位、作用和特点，同时它们之间又相互交换，相互合作，形成了不同的结构比例关系。产业的发展及其现代化，不仅表现为经济总量水平和生产技术水平的提高，更重要的是表现为经济结构的变化。作为商务形式的变革，电子商务必然置身于社会产业的大环境中发展，并会改变传统商务活动在社会产业氛围中的作用。

（4）就业情况。就业程度反映了一个国家的经济景气程度。一个国家的就业人数与劳动力人口总数之比，就是总就业率，它是反映一个国家就业状况的重要指标。电子商务的发展提供了许多就业机会，但反过来，它也受到社会总就业率和就业人口产业分布的制约。在总就业率高的经济环境中，电子商务的发展很可能受到人才"瓶颈"的限制，与其他产业的人才竞争会变得激烈；在总就业率低的经济环境中，电子商务的发展会受到国家的总体经济状况、人口教育状况及风俗习惯的影响，具体分析时要考虑多方面的因素。

（5）通货状况。通货状况一般包括通货膨胀和通货紧缩两种。在西方经济学中，通常将通货膨胀定义为商品和服务的货币价格总水平的持续上涨现象。通货膨胀的状况影响着国民经济的发展规模和速度，同时也影响着作为国民经济新组成部分的电子商务的发展。因此，应当注意通货膨胀对电子商务的影响作用，根据通货膨胀的具体情况来确定和调整电子商务的发展对策。通货紧缩可以理解为物价疲软乃至下跌的态势，它不是偶然的或者一时的，而是作为一种经济走向和趋势而存在着的。物价疲软趋势的存在，必然导致对经济前景的悲观预测，经营者不敢投资或者想投资而苦于找不到合适的项目，消费者也不敢放手消费，从而导致有效需求不足，使经济无力摆脱负增长的困境。近年来，世界性的经济衰退，致使电子商务的发展受到通货紧缩的影响。

二、中观经济环境

中观经济环境主要是指行业发展状况和区域经济发展状况，它是相对于宏观经济和微观经济而言的。把握中观经济环境对于制定电子商务行业和区域政策、规划等十分必要。

（1）行业状况。不同的国家，其行业划分有所不同，如中国的行业划分就分为几十个大行业、几百个小行业。电子商务是多种要素复合的新生产力，它的内涵、外延、作用、效果和生存环境在各行各业中是不尽相同的。一般来说，首先是没有物流的商务领域，如证券、银行、保险等相对简单的电子商务领域，应该采用电子商务；其次是有简单物流的商务领域，如旅游、服务、电子化产品、软件、音像制品、图书等半复杂的电子商务领域，应该逐步采用电子商务；最后是有完全物流的商务领域，如机械、化工、冶金、煤炭、汽车等复杂的电子商务领域，应分步采取电子商务。以不同的口径划分商品流通业的类型，一般可分为国际贸易、国内贸易、批发业和零售业等。

（2）区域经济。区域经济是以地理划分为基础的。一般的划分是以地理方位划分，分为东部地区、西部地区、南部地区、北部地区及中部地区等。中国习惯上以原有的行政区域进行划分，全国分为几大行政区，分别以东北、西北、华北、华中、华东、西南、东南和华南地区。随着国家开发西部政策的出台，近年来还形成了东部地区、中部地区和西部地区的区域经济划分。区域经济划分的结果为电子商务发展确定了地理经济区域的框架，并为电子商务发展的政策、模式、方法、速度和效果评定等方面提供了更为细致的分类依据。更为重要的是，它还为电子商务的区域间比较、借鉴和关系处理，抵制地方保护主义，促成电子商务大市场的形成提供了前提和基础。

三、微观经济环境

电子商务发展的微观经济环境是以从事电子商务活动的个体为考察环境的，这些个体可以是机构、企业或个人，其中最为重要的是企业组织。考察的环境包括企业的内部环境、具体企业面临的专业市场（或称企业市场）以及具体企业面对的消费者，即企业经济环境、市场经济环境和消费者经济环境。

（1）企业经济环境。企业是在特定领域内进行经营活动的组织。企业的经济环境包括营销企业发展的各方各面，即法律因素、政策因素、技术因素、资本因素和人才因素等。

①法律因素。从国家的法律体系来看，每个领域都有相应的法律进行协调。全球范围内的电子商务立法活动正在不断地展开，电子商务法律环境正在逐步形成。企业在一个法律完善的环境里进行经营活动，效率是相当高的。因此，电子商务法律体系的完善势在必行。

②政策因素。政策的作用对于企业来讲，同法律的作用相似。它也可用于调节企业的行为和企业间的关系，为维持一个正常、高效的发展环境作出贡献。所不同的是，政策更具有灵活性，而在强制性和权威性上不如法律。

③技术因素。技术环境对于企业的发展是非常重要的。具有先进核心技术的企业，其发展如虎添翼；相反没有先进的技术，企业经营就会遇到很多困难，应付竞争就会显得力不从心。电子商务是高技术含量的经济活动，从事电子商务的企业必须开发、引进和掌握先进的技术，这在业界已达成共识。

④资本环境。企业发展需要大量的资本。对于电子商务企业而言，由于其具有明显的高技术、高风险、高回报的特征，往往可以进入股票市场融资或吸引大量的风险投资，除了资本总量的支持外，持续的资金注入对电子商务企业也是尤为重要的。

⑤人才因素。企业发展的根本在于人才，电子商务企业更是如此。电子商务企业所需要的人才大都是集商务知识、管理知识、技术知识于一身的复合型高级人才。就目前来看，电子商务人才的供求缺口很大。如何吸引一批有能力、重事业的人才，并充分利用人才，发挥他们的作用，是每个电子商务企业都要面临的重大问题。

（2）市场经济环境。每个电子商务企业都面对着一个特定的专业市场，在这个市场中有众多的法律、政策对其加以规范，加之市场的准入条件、企业所处的行业规范和行业自律及企业间达成的协调条款等，一起构成了电子商务企业面对的市场经济环境。市场的经济管理对于规范市场交易行为、维持市场秩序、保障法交易、惩治秩序破坏者等具有重要的作用。另外，电子商务企业的创新性很强，经常遇到市场转型的问题，而面对一个新的专业市场，良好的经济环境对电子商务企业的市场进入和拓展提供了引导、支持和保障。

（3）消费者经济环境。电子商务企业直接面对的消费者的经济状况，构成了企业的消费者经济环境。与市场经济环境不同的是，消费者经济环境是以最终需求方为对象的。另外，消费者经济环境作为企业面对的微观环境，主要是针对 B2C 型电子商务企业而言的。

第三节　电子商务文化环境管理

电子商务的兴起冲击了传统文化，并形成了一种独具风格的新的文化形式——网络文化。这种文化使人们传统的思维方式和交往模式发生了巨大的变化，也冲击了传统的道德观念，形成了不同于传统道德规范的网络道德规范。对于网络道德规范，目前没有一个统一的标准，但可以肯定的是这种自律性的道德必须是基于传统的道德观念的，因此需要加强网络文化建设，弘扬优秀文化。电子商务企业尤其如此，一个信息化了的企业文化建设直接影响其内部组织管理的有效性，关系着其外部形象及市场竞争力的大小。

一、网络文化

所谓"网络文化"，作为一种特殊的文化形式，有着开放平等性、内容动态性、自由互动性、松散制约性、构成多样性和现实虚拟性几个特性。网络文化有两方面含义：一是网络不仅是一种技术与社会现实，更是一种文化现实，网络本身就是一种新兴文化形态；二是文化是以网络的形态存在和发展的，人无时无刻不生活在文化之网中，网络文化是人类文化发展的网络化形态的典型体现。简言之，就是"网络的文化（特性）"与"文化的网络（形态）"。

网络的文化特性有三方面的含义：一是网络的形成和发展有一种文化动力和文化支柱，即人们内在的文化需要和文化精神——互相交流、获取信息的"文化本性"推动着网络的发展；二是网络产生了各种新的文化现象，形成了自己独特的文化形态；三是网络中蕴涵着独特而丰富的文化价值和文化精神，并对其他文化形态产生或多或少、或大或小的冲击和影响，促进其他文化形态的变革。

文化的网络化有两方面含义：一是外向的网络化，即特定文化形态与其他文化形态及整个外部环境形成一个网络系统，特定文化形态在与其他文化形态及外部环境的互联互动中存在与发展；二是内向的网络化，即统一文化形态内部，表现为一个由主题、客体和中介等不同要素组成的网络系统，文化就是一张网，把人、自然、社会、历史网在一起。从人类文化发展的历史趋势看，文化发展程度越高，文化的开放性就越高，不同文化之间的交流互动就越发达；同一文化内部的层次结构越复杂，文化内部不同要素和层次之间的互动也就越发达。也就是说，文化越先进，其内外两方面的网络化程度就越高。

二、电子商务企业网络文化管理

1. 网络文化

企业文化对企业管理和信息技术的融合有着巨大的推动或制约作用。企业某些固有的历史文化可能会抵制任何变革的发生，使企业的信息化无法有效地开展。企业传统文化在企业中根深蒂固，会保护原有的工作方式、业务流程以及组织结构。企业网络文化则是推动企业信息化的原动力。网络的应用需要对员工进行观念重构和行为重构，需要加速企业文化的革新。这正是企业网络文化建设的根本所在。

2. 企业网络文化建设

（1）搞好技术平台建设。企业网络建设，首先要清楚应设置一个什么样的网络，使之能够高效地传输大量信息和交换数据。由于网络文化具有兼容性、交互操作性、连续性、开放性、扩展性等特点，所以还要考虑多媒体、电话、传真、数据通信等技术的支持。要做好网络的维护和升级，按照地理位置和部门的划分，合理布置局域网。要注意企业网络的安全管理和安全控制，如病毒防范、防火墙设置、访问授权、资料进出管制及 E-mail 管理等技术安全问题。

（2）要结合企业特色进行建设。网络文化是企业文化的重要组成部分。不同的产业由于产业部门差异和经营管理模式及处理流程的不同而具有不同的特色。企业网络要从企业文化维护和开发的角度出发，采取相应的模式，建设具有企业行业特色的网络文化。

（3）建设具有互动机制的沟通渠道。网络为企业人际沟通提供了另一种通道和机会。互动性是其最为重要的功能，应该从领导决策层、管理层、操作层综合考虑建立快速通道，加强所有者、经营管理者与员工之间的互动机制，通过 BBS、留言板或反馈系统等加强交流沟通。

（4）从整体战略设置网络。企业网络只有进行整体规划设计，才可能拥有与员工持续互动的机会，从而在员工心中留下深刻印象。在建立网络之前应有充分的讨论，在讨论过程中，管理者可以尽量提出自己对网络内容的需求，倾听网络专家的建议，经过充分论证整体战略后再定方案，这样成功机会较高。

（5）网络资料要不断更新和改善。如果一个企业的网络资料更新很慢，就会使读者减少上网浏览的兴趣。当然，资料更新与维护需要成本，如果能做到每周更新或每两周更新，并在企业网络上注明更新日期或预告下次更新日期，将有助于员工通过上网获取最新资讯。企业网络还要主动发布和强调那些员工可能用到的知识。可以请员工把自己所具备的、可能为公司创造价值的知识列举出来，然后对这些知识进行加工重组，产生新的知识资源库。

（6）资料库共享。如何有效地传递或应用资料，也是一个重要课题。对拥有许多分公司的企业网络，借助不同系统间的串联，将信息在业务部门、员工个体和管理部门之间通过 E-mail 或其他途径有效传递，以确保资料的一致性，是企业网络值得努力的方向。

（7）网页设计清晰分明。企业网络中，建议网页设计不要加上太多的 Flash 动画，或挂上太多图片，以免影响传输速度，导致上网员工缺乏耐心等候而选择中途跳开。一个条理分明、简洁大方的网页比较容易阅读，员工可以在较短时间内找到所需信息，而不会被太多视觉污染所干扰，同时也可节约企业网络成本。

总之，企业网络文化的建设是一项复杂的工程，要走过一段漫长的道路。因此，建设者在心态、观念上要做好适当调整，防止盲目跟进，只有这样才能使企业网络文化在企业发展上、在企业精神和企业理念上起到更积极的作用。

第四节　电子商务科技环境管理

科学技术进步是人类文明的主要推动力，是经济发展和社会进步的源泉。从一个企业的成败到一个行业的兴衰，甚至到一个国家的强弱，科学技术均起着关键的作用。电子商务的运用和发展作为科学技术的表现形式之一，不仅影响国家、行业及企业的成长扩大，同时也受国家宏观环境、中观行业环境和微观企业环境的约束和引导，其中最主要的是受科技发展水平的制约。而影响科技发展水平的因素很多，电子商务的发展状况又同这些因素密不可分。

一、宏观层面

一国的科技发展水平是由各种因素相互作用而形成的，包括国与国之间综合国力的较量、政府政策上的选择、教育发展程度及社会大众的观念意识等。电子商务的发展同这些因素之间有着千丝万缕的联系。

1. 国际竞争的必然结果

20 世纪 90 年代以来，以高科技为主导的新科技风起云涌，对全球政治、经济、军事等战略格局产生了极其广泛而深远的影响。高科技不仅是构成综合国力的关键要素，而且还能够直接或间接作用于其他要素，并充分渗透到各个领域，其发展水平是衡量一个国家综合国力的一个重要指标，直接关系到一个国家或地区在世界格局中的地位。这种国别之间的竞争压力必然促使一国重视和加强科技的发展。在这种氛围下，电子商务便有了更为广阔的发展空间和强有力的技术支持。

2. 政府的政策选择

既然科技发展水平是衡量一国综合国力、决定一国在国际中地位的重要标志，因而政府必然在政策上有所倾斜，制定一系列有利于科技发展的措施，如对高科技产业采取减免税收政策、给予财政上的专项支持等举措都极大地鼓舞了高科技产业的发展，提高了一国总的空间发展水平。由一些国家电子商务发展的历程和经验教训也可看出，对电子商务支持的力度越大，其对经济发展的促进作用也越大。

3. 教育的发展程度

科技发展水平的提高需要大量的人才，而人才的丰裕程度又同教育的发展息息相关。因而，教育水平越高的国家，其科技发展水平也越高。电子商务的发展需要一大批具有专业知识的高科技人才，人才因素往往是制约电子商务发展的"瓶颈"。

4. 大众的观念意识

一国民众的观念意识与其所接受的教育及思想的封闭程度有关。思想越封闭的人，其接受新事物的能力越弱。而发展水平的提高需要创新能力的支持，这其中包括大众消费的创新能力即消费观念的改变及消费方式的更新。电子商务作为一种新的消费方式，对消费群体来说必然有一个接受过程，这个过程的长短直接影响电子商务发展的速度。

二、中观层面

一般而言，产业竞争力的影响要素主要有核心要素（包括企业管理、科技进步）、基础要素（人才支持、基础设施）和环境要素（国际化、政府管理、金融体系）三个方面。可以说，科技发展水平是提高产业竞争管理的核心之核心；反之，产业竞争力越强，其科技发展水平也往往越高，二者是相辅相成的。

1. 竞争性逻辑

假设其他条件固定不变，产业竞争力越强的产业，其利润空间也相对大一些，而利润的吸引必然促使更多的厂家进入到该产业，从而加强该企业的竞争性。竞争的结果会淘汰一些弱势企业，进一步提高整个产业的竞争力，这种周而复始的竞争性逻辑能够带动产业的空间发展水平不断上升，也必然推动电子商务的持续发展。发达国家的信息产业较发展中国家而言更具有竞争力，其科技发展水平也远远高于发展中国家，同样，电子商务的发展也顺应了这一发展方向。

2. 资源的有限性因素

资源（资金、人才等）是有限的，市场中的价值规律决定了资源不可能在各个产业中进行平均分配，而是更多地流向那些发展更有潜力、利润空间更大的产业和行业，因而产业竞争力越强的产业必然吸引更多的资金、人才，这就解决了科技发展的要素需求，也为电子商务的发展提供了客观条件。

三、微观层面

企业的科技发展水平主要是指企业的技术创新能力。科技的创新性带动企业不断进行技术创新，满足市场的多样化需求。创新是科技之魂。科技创新不仅来源于大规模的科研创新，而且来源于市场需求的刺激。随着大量技术在生产经营中得到应用，企业不能仅限于对技术的应用，而必须立足于市场，根据产品的特点在采用先进技术的同时追求自我技术创新。只有这样，才能保证企业拥有持续的竞争力，企业也才能不断发展壮大。企业电子商务化是对自我技术创新的一种巩固和提升，对提高企业的竞争力具有重要作用。同时，随着自我创新能力的不断提高，企业的竞争优势也会更加明显，更有能力去发展电子商务，优化管理，提高效率，不断扩大市场份额。

第五节　电子商务法律环境管理

电子商务的健康发展必须要有法律框架。因为电子商务是一种全球范围内的经济活动，没有哪一个国家的法律能够适用于它的发展，法律框架也不应只局限于某一个国家内。这就需要制定得到国际认可和遵守的法律原则，来解决电子商务在成长中的争端问题，并明确各自的法律责任。只有这样，才能使电子商务的潜力充分发挥出来。

一、国内外电子商务法律环境状况

1. 国际电子商务立法

（1）世界贸易组织。1986 年开始的关贸总协定（GATT）乌拉圭回合谈判最终制定了《服务贸易总协定》，产生了一个《电信业附录》。这一附录制定后，全球范围内电信市场陆续开放。1995 年 WTO 建立后，又开展了信息技术的谈判，并先后达成了三大协议，即①1997 年 2 月 15 日达成的《全球基础电信协议》，该协议的主要内容是要求各成员方向外国结束垄断行为并开放其电信市场；②1997 年 3 月 26 日达成的《信息技术协议（ITA）》，协议要求所有参加方自 1997 年 7 月 1 日起至 2000 年 1 月 1 日将主要的信息技术产品的关税降为零；③1997 年 12 月 31 日达成的《开放全球金融服务市场协议》，协议要求成员方对外开放银行、保险、证券和金融信息市场。这三项协议为电子商务和信息技术的稳步、有序发展确立了新的法律基础。

（2）其他国际组织。近年来，国际商会正集中精力抓紧制定有关电子商务的交易规则，以加强国际贸易的安全性。目前，国际商会已于 1997 年 11 月 6 日通过《国际数字保证商务通则（GUIDEC）》，该通则的主要目的是平衡不同法律的原则，为电子商务提供指导性政策，并统一有关术语。国际商会目前正在制定的还有《电子贸易和结算规则》等交易规则。此外，联合国国际贸易法委员会于 2002 年 1 月 24 日通过了《电子签字示范法》。

（3）区域性组织立法。1998 年 10 月，经济合作与发展组织（OECD）公布了 3 个重要文件：《OECD 电子商务行动计划》、《有关国际组织和地区组织的报告：电子商务的活动和计划》、《工商界全球商务行动计划》，作为 OECD 发展电子商务的指导性文件。

欧盟则于 1997 年提出《关于电子商务的欧洲建议》，1998 年又发表了《欧盟电子签字法律框架指南》和《欧盟关于处理个人数据及其自由流动中保护个人的指令》（或称《欧盟隐私保护指令》），1999 年发布了《数字签名统一规则草案》。1999 年，欧洲议会签订了"电子签名指令"，2000 年 5 月 4 日又通过了"电子商务指令"，这两部法律文件协调与规范了电子商务立法的基本内容，构成了欧盟国家电子商务立法的核心和基础。

（4）美国立法。美国从 20 世纪 90 年代中期便开始了电子商务的立法工作，克林顿政府将发展电子商务作为第二个任期内的主要任务，制定了一系列法律法规，包括《全球电子商务政策框架》（1997 年 7 月 1 日颁布），主要就电子商务活动中面临的法律问题，如统一商务代码、知识产权保护、保密与安全、财务问题、市场访问问题和技术标准问题阐述了美国政府的观点。此外，美国成立了"国际强化安全研究所"以保护网络安全；为禁止网络犯罪，美国政府还颁布了《伪造访问设备和计算机欺诈和滥用法》、《电子通信隐私法》、《计算机安全法》等法律法规；美国政府还准备在行政法、刑法、民法及诉讼法的修改工作中考虑网络安全方面的问题。同时，美国还制定了其他一些与电子商务有关的法律，如《反域名抢注消费者保护法》（中文译本）、《通信规范法（1996）》、《美国数字千年版权法》和《电子签名法》（2000 年 6 月 30 日）。

（5）亚太地区国家立法。亚太地区各国对电子商务的立法也做了大量努力工作。例如，澳大利亚议会于 1999 年颁布了《电子交易法》（ETA）；新加坡于 1998 年颁布了《1998 电子交易法令》；韩国于 1999 年通过《电子商务基本法》；日本从 1999~2004 年间先后完成了以《IT 基本法》为纲领性法律，配合电子商务发展的涉及民法、商法、经济法、知识产权法、刑法、行政法、程序法等诸多法律部门及约 200 部法律的综合电子商务法律体系，并已经基本解决了制约电子商务发展的相关"瓶颈"法律问题，已达到了欧美电子商务立法的水平。

2. 国内电子商务立法

（1）相关的基本法。早在 1997 年 10 月 1 日我国颁布的新《刑法》中，第一次增加了计算机犯罪罪名的规定，包括非法侵入计算机系统罪，破坏计算机系统功能罪，破坏计算机系统数据、程序罪，制作、传播计算机破坏程序罪等，这一规定起到了维护网络安全的作用。

1999 年 3 月我国颁布了新的《合同法》，其中涉及电子商务合同的有三点：第一，扩大了合同的范围，将传统的书面合同形式扩大到数据电文形式；第二，确定了电子商务合同的到达时间；第三，确定了电子商务合同的成立地点。

《中华人民共和国电子签名法》于 2004 年 8 月 28 日在第十届全国人大常委会第十一次会议上表决通过，并于 2005 年 4 月 1 日起施行。该法总则指出，制定这部法律主要是为了规范电子签名行为，确立电子签名的法律效力，维护有关各方的合法权益。该法的出台标志着我国首部"真正意义上的信息化法律"的诞生，该法的实施将对我国电子商务的发展起到积极的促进作用。

（2）相关的行政法规：

①计算机安全方面的法规。我国的计算机立法工作开始于 20 世纪 80 年代。1981 年，公安部成立计算机安全监察机构，并着手制定有关计算机安全方面的法律法规和规章制度；1986 年 4 月开始草拟《中华人民共和国计算机信息系统安全保护条例》（征求意见稿）；1994 年 2 月 18 日，国务院令第 147 号颁布了《中华人民共和国计算机信息系统安全保护条例》，为保护计算机信息系统的安全，促进计算机的应用和发展，保障经济建设的顺利进行提供了法律保障。

②互联网安全方面的法规。针对互联网的迅速普及，为保障国际计算机信息交流的健康发展，早在 1996 年 2 月 1 日国务院就颁布了《中华人民共和国计算机信息网络国际联网管理暂行规定》，提出对国际联网实行统筹规划、统一标准、分级管理、促进发展的基本原则；1997 年 6 月 3 日国务院信息化工作领导小组在北京主持召开了"中国互联网络信息中心成立暨《中国互联网络域名注册暂行管理办法》发布大会"，宣布中国互联网络信息中心（CNNIC）成立，并发布了《中国互联网络域名注册暂行管理办法》和《中国互联网络域名注册实施细则》；2000 年 9 月，国务院颁布了《互联网信息服务管理办法》。

③其他法规。中国证监会于 2000 年 3 月颁布了《网上证券委托暂行管理办法》；教育部 2000 年 6 月发布了教育网站和网校暂行管理办法；2000 年 9 月，国家工商总局制

定了《经营性网站备案登记暂行办法》及实施细则、《网站名称注册管理暂行办法》及实施细则；2000 年 9 月，国务院审议并通过了《中华人民共和国电信条例（草案）》和《互联网内容服务管理办法（草案）》，之后又通过了一系列政策法规，包括《电信管理条例》、《互联网信息服务管理办法》和《电信服务标准》等。

二、电子商务立法原则、范围和特点

1. 电子商务立法原则

电子商务的发展速度已经超过了与之相关的政策法规、管理水平、人才培养的速度。为消除现行法律体系中存在的电子商务发展障碍，许多国际组织或国家都从不同角度对电子商务的法律问题进行了深入的研究。联合国国际贸易法委员会在 EDI 规则研究与发展的基础上，于 1996 年 6 月通过了《联合国国际贸易法委员会电子商务示范法》。该示范法为各国立法人员提供了一整套国际上能够接受的电子商务规则。它的颁布为逐步解决电子商务的法律问题奠定了基础，为各国制定本国电子商务法规提供了框架和示范文本。1998 年欧盟提出了一个行动计划，经过 1 年多的实践和总结，1999 年 10 月又发表了该计划的第二版，并得到一些国际商会的支持。这个计划中所提出的国际立法原则与大多数国家的电子商务发展和立法相吻合，可作为电子商务立法的基本原则。

这些原则是：

（1）电子商务基本上应由私营企业来主导；

（2）电子商务应在开放、公平的竞争环境中发展；

（3）政府干预应在需要时起到促进国际化法律环境建立、公平分配匮乏资源的作用，且这种干预应是透明的、少量的、重要的、有目标的、非歧视性的、平等的，技术上是中性的；

（4）使私营企业介入或涉入电子商务政策的制定；

（5）电子商务交易应同时与非电子手段的税收概念相结合；

（6）电信设施建设应使经营者在开放、公平的市场中竞争并逐步实现全球化；

（7）保护个人隐私，对个人数据进行加密保护；商家应为消费者提供安全保障设施，并保证用户能方便实施、使用。

2. 电子商务立法范围及特点

电子商务立法的制定范围包括电子交易主体的市场准入、税收问题和电子支付。电子商务是网络时代的产物，具有与传统贸易不同的独特形式。因此，电子商务立法在某种程度上亦迥异于传统的贸易立法，具有以下特点：

（1）电子商务立法须树立全球观念。电子商务立法必须面向全球。电子商务对国际经济的贡献正以全球电子商务的形式显现出来，全球电子商务创造了电子的、跨国界的数字化商业和金融活动，这些特征将冲破传统的体系结构。虽然各国的法律制度各不相同，但支持 Internet 的网上商业交易的法律框架应当始终遵循与买卖双方所在国度无关的原则。

市场的参与者（包括消费者、商家、金融机构和在线服务提供商）应当定义和系统地阐述大部分电子商务规则。政府应当鼓励制定相互协调的国内和国际规则与范式。这些规则和范式将成为在电脑网络空间进行商业活动的法律基础。

（2）电子商务的国际立法先于各国国内法的制定。以往的国际经济贸易立法通常是先由各国制定国内法律，然后由一些国家或国际组织针对各国国内法律的差异和冲突进行协调，从而形成统一的国际经贸法律。20世纪90年代以来，由于信息技术的跨越性和电子商务发展的迅猛性，在短短的几年时间里，即已形成电子商务在全球普及的特点，因而使各国未来得及制定系统的电子商务的国内法规。同时，由于电子商务的全球性、无边界的特点，任何国家单独制定的国内法规都难以适用于跨国界的电子交易，因而电子商务的立法一开始便是通过制定国际法规而推广到各国的。

3. 电子商务立法须边制定边修改、边完善，不能一蹴而就

由于电子商务的飞速发展，其所遇到的法律问题随着信息技术的发展而不断显现，有些法律问题只是初露端倪，达到充分认识的程度还有待时日。因此，目前要制定成熟的、稳定性较强的电子商务法实际上是不可能的，世界各国只能就目前已经成熟的法律问题制定相应的法规，并在电子商务的实际操作过程中不断加以修改及完善。这一特点为以往经贸立法所罕见，但它却恰恰符合电子商务发展的实际情况。

本章小结

如今，电子商务已不仅局限于企业内部，而是贯穿于社会经济的各个方面，形成了所谓的电子商务时代。因此，我们需要对影响电子商务发展的外部环境进行分析，即进行外部环境管理，从而能够对电子商务的发展现状及未来趋势进行掌控，做出正确判断，使电子商务发展的重点和方向更为明朗化。本章中，我们分别对政治、经济、文化、科技、法律五大环境先后进行了介绍。

【案例讨论】硅谷——新兴网络公司的崛起

在旧金山的 Ritual Coffee Roasters 咖啡馆里，可以见到很多行为相似的二三十岁的年轻人，他们大多为男性，总是聚精会神地坐在笔记本前上网。他们并没有关注 MySpace、YouTube 或其他潜在的成功者，事实上，他们希望自己成为未来的成功者。硅谷又进入了黄金时期，几乎每一个角落都存在着机会。最新数据显示，新兴科技公司平均每月可以获得 1.8 亿美元的投资。年轻企业家的热情、科技洞察力、经济实力、美国梦以及美国西海岸的乌托邦理想等多种因素结合在一起，构成了推动信息时代不断向前发展的"永动机"。

才华横溢的学生、技术人员、商人、科学家、天使投资者以及风险投资者互相依托，共同发展壮大，构成了又一场"工业革命"的全部要素。总而言之，一个全新的互联网世界即将浮出水面。37岁的约翰·梅里尔（John Merrells）表示："当你走进 Ritual Coffee Roasters，会发现每个人都在使用软件，他们谈论的内容也是如何创建一

家新公司。毫不夸张地说，你在这里撞上的每一个人未来都可能成为重量级的人物。"梅里尔也拥有一家手机软件公司。

要创建一家新公司，首先需要一间办公室。事实上，居民住宅就已经足够。要知道，拉里·佩奇（Larry Page）和塞吉·布林（Sergey Brin）在一间车库里就创建了Google。在不到10年的时间里，Google最初使用的计算机服务器已经进入了位于硅谷的计算机历史博物馆。Google股价上周突破了500美元大关，这家新兴网络巨头的市值也因此达到了1540亿美元。其中，佩奇和布林持有的Google股票均价值150亿美元以上。Google创建于1998年，如果当时对该公司投资100美元，现在可以获得1400万美元的回报。

现在要模仿Google模式，只需走进一家提供无线互联网接入点的咖啡馆。自去年开始运营以来，Ritual Coffee Roasters的实木餐桌和皮沙发已经孕育了很多新兴公司，其中包括Rubyred实验室。Rubyred实验室希望将自己的创意转化为顶级互联网产品和服务，该公司联合创始人乔纳森·格拉布（Jonathan Grubb）表示："我们喜欢带着笔记本来到Ritual Coffee Roasters，因为很多人聚集在这里，这家咖啡馆已经取代了车库曾经扮演的角色。"

格拉布同时称："要在旧金山租一间车库至少需要每月100美元的费用，很多年轻人无力承担。此外，咖啡馆更便于交谈，因此容易谈成交易。我们创建Rubyred实验室共投入了5000美元，而很多公司创建时只用了几百美元。随着技术的不断发展，创建公司已经变得越来越容易。"互联网带来了博客、市民记者和市民电影制作人等新鲜事物，当然还有很多不到30岁的企业家。

有人认为现在已经进入了第二次互联网泡沫。但与20世纪末的互联网泡沫时期有所不同，现在几乎所有的新兴公司都有自己的商业计划，当然有时它们的计划接近雷同。格拉布表示："我们同很多新兴公司一起发展。每家公司都希望成为下一个MySpace，但MySpace就是MySpace。最佳产品的成功之处在于能解决问题，而不是去模仿别人。"

目前最热门的概念无疑是Web2.0。在此之前，用户的互联网体验与看电视类似，都是在被动地接受服务提供商的内容。Web2.0则大大提高了用户的主动性，例如视频共享网站和社交网站都使用户成了内容创建者。目前较为知名的Web2.0网站包括：社交网站MySpace、视频共享网站YouTube、网络百科全书维基百科、图片共享网站Flickr、社交网站Facebook以及由社区为内容评级的新闻网站Digg等。同传统网站相比，Web2.0网站拥有无数的内容贡献者，因此可以提供更加详细的信息。

在发展前景最被看好的Web2.0公司中，包括邀请用户就所有事物发表评论的Yelp；邀请用户就所有感兴趣主题创建网页，并提供物质奖励的Squidoo以及可以帮助用户在购物时获得好友及专家意见的Zebo。这些网站及它们的很多模仿者都借助了"口口相传"的力量。这种力量自人类文明开始就存在，但Web2.0将它发挥至极致，为用户获得集体智慧提供了一个平台。

Zebo 创建于今年 9 月，目前已经拥有 500 万名常规用户。Zebo 创始人罗伊·德索扎（Roy de Souza）表示："互联网上最热门的产品和服务往往源于现实世界。如果我想购买一台新车，我肯定会征求朋友的意见。在现实生活中，人们总是会征求他人的意见，只是互联网让这一过程变得更加方便、快捷。"

　　很多新兴公司都在尝试通过新途径帮助用户在数十亿网页中"畅游"，以及同好友共享自己发现的资源。到目前为止，"del.icio.us"等社交书签网站是最佳解决方案之一，它们可以帮助用户为自己或好友保留网页。

　　每个人都有商业计划，并不意味着每个人都知道如何赢利。Web2.0 是否会演变为泡沫 2.0？大多数人认为不会，因为随着高速宽带网络的普及，新兴公司需要的启动资金越来越少，而且这些资金主要来自于企业和私募资本，而不是股票市场。新闻集团收购了 MySpace，例如，e-Bay 收购了 Skype，Google 收购了 YouTube，雅虎也收购了多家 Web2.0 网站。

　　2009 年 11 月，Google 以价值 16.5 亿美元的股票收购了 YouTube，看中的并不是后者的营收，而是网络流量。对于很多人来说，Web2.0 是快速致富的捷径：只要找到一项 Google 或雅虎还没有提供的功能，在咖啡馆里以极低的成本创建一家网站，尽量吸引大众的眼球，随后就可以等待被收购。事实上，的确有很多人通过这一模式一夜暴富。

　　美国有近一半的风险投资公司聚集在硅谷，通过资金推动创新，当然也从中获取利润。但 Embracemobile 公司联合创始人梅里尔认为，硅谷也有很多不尽如人意的地方。他说："你无法逃脱。即使你驾车到距离硅谷数英里的地方，依然无法摆脱铺天盖地的雅虎或 Google 的消息。记得一次我外出参加野营，当我独自躺在星空下时，有人走过来问我，'你是来自 Netscape 的约翰吗'？最近一段时间，大家见面后所问的第一句话往往是，'你知道 Google 收购 YouTube 的消息了吗'？"

　　风险投资者既是梦想制造者，也是梦想毁灭者。从某种意义上讲，他们的喜好可以决定很多公司和企业家的命运。在失败者身上投资往往会带来几百万美元的损失，但风险投资者对此并不在意。对他们来说，最大的惩罚是错过成功者。红杉资本高级合伙人迈克尔·莫里特兹（Michael Moritz）因成功投资 Google、PayPay 和雅虎而享誉盛名，他最近的成功案例是投资 YouTube。红杉资本一年前对 YouTube 投资 1150 万美元，据称今年获得了 4.95 亿美元的回报，投资回报率高达 43 倍。面对如此高的利润，风险投资者对失败并不看重也就不足为奇。很多风险投资者甚至认为，失败五次要好于成功一次，因为可以学到更多东西。

案例讨论题：
1. 硅谷的哪些环境特点孕育了如此多的网络公司？
2. 查阅资料分析我国的中关村与硅谷的环境差异。

思考题

1. 分析我国电子商务的政治和法律环境与外国相比的优缺点。
2. 我国网络文化环境应如何管理?
3. 简要概述我国电子商务发展的经济和科技环境。

第十一章　电子商务物流管理

本章要点

- 了解物流的定义
- 掌握电子商务与物流的关系
- 理解电子商务物流的内涵
- 掌握电子商务模式

开篇案例：EDI 在上海海关通关业务中的应用

上海是全国最大通关口岸之一。上海海关现在日处理进出口报关单 1.2 万份，征收关税占全国海关 1/4 强，进出口货物年递增约 30%。上海海关全部通关业务均使用计算机作业。上海海关在通关业务方面应用计算机管理，始于 1985 年，从刚开始时的单独业务环节处理程序发展成现在的能全面、系统地处理海关业务和采用 EDI 技术的现代化的大型数据处理系统。

其发展过程大致已经历了三个阶段：

1. 第一阶段：1985~1989 年

该阶段是计算机应用的起步阶段，海关开始在单独的业务环节上（如征税、统计、查询等方面）使用计算机作辅助处理，减轻了海关关员的劳动强度，提高了工作效率。

2. 第二阶段：1990~1994 年

该阶段上海海关全面使用了海关总署开发的 H883 报关自动化计算机管理系统，标志着上海海关彻底摆脱了手工作业的局面。计算机不仅作为一种辅助手段，而且发展成一种规范化的作业流程。计算机采集的海关业务数据通过全国海关的网络系统，汇总成国家的数据资源的一部分，为国家的宏观决策提供依据。

从信息化的角度来看该阶段只能属于 EDP（Electronic Data Processing，电子数据处理），是一种系统内部的电子数据处理系统。随着大量的原始数据的采集和录入，逐步形成了信息化处理的"瓶颈"。期间国家不同的管理部门以及不同行业、企业等各自内部系统的 EDP 也得到了蓬勃发展，又产生了不同的 EDP 之间的数据交换需求。因此，海关总署开始组织研究和开发 EDI 系统。

3. 第三阶段：1995~1999 年

海关总署将原来的 H883 系统升级为 H883/EDI 系统，并为上海海关装备了 EDI 平台使用的 AMTrix EDI 系统，使上海海关的计算机管理系统从 EDP 发展成了 EDI 系统。围绕海关业务，EDI 也在上海的外贸企业、进出口公司以及报关企业中得到应用。

作为海关 EDI 通关系统的一部分，1994 年底在上海海关开始应用至今的"海关空运快递 EDI 系统"，年均处理 200 万批国际快递物品，并全面实现无纸化作业，世界海关组织（WCO）和国际快递协会（IECC）曾联合在上海虹桥国际机场海关开现场会。向全世界推荐该 EDI 系统。

海关 EDI 通关系统荣获国家科技进步三等奖。在技术上，EDI 通关系统采用 EDIFACT 标准，其中对 EDIFACT 的报文类型 CUSEXP 的应用，还成为全球首例，使中国海关在 EDI 方面进入世界先进行列。现在上海海关的 H883/EDI 通关系统已经与 300 多家报关企业的 500 多台电脑实现联网。其 EDI 平台的 AMTrix 系统每天处理约 6000 份进出口报关单，每天处理的各类报文多达 4.3 万余份。

上海海关的 EDI 通关系统已成为上海口岸通关环节的重要组成部分。如果说海关内部的 EDP 极大地解放了生产力，提高了海关内部的工作效率的话，那么海关的 EDI 通关系统则更多地为报关等有关企业带来了实惠，真正实现了足不出户完成通关的目标。

在新的世纪里，上海海关通关业务的信息化进程又将迈出新的步伐，相信在未来的五年里，上海海关在海关总署的统一领导和具体指导下，其计算机管理系统会向更高的目标迈进，在通过 Internet 报关、无纸化作业、开放式的体系结构等多方面会取得新的进展。

资料来源：

http：//jpkc.szpt.edu.cn/dzsw/article_content.asp？id=446

讨论题：

1. 与传统的海关业务处理方式相比，EDI 的应用为上海海关带来了哪些便利与优势？

2. 以上海海关的 EDI 系统为例，讨论信息化应用对于现代物流的影响。

第一节　现代物流概述

海尔的张瑞敏说过，物流是企业的管理革命，没有现代物流，就意味着没物可流。物流以时间消灭空间，商流以空间消灭时间。物流帮助企业实现三个零的目标：零库存、零距离、零营运资本。

一、物流的定义

关于物流的定义有很多种说法，各有各的侧重。具体定义描述，如表 11-1 所示。

表 11-1　物流的定义

	给出定义的组织	定　义
美国	美国物流工程学会	物流与需求、设计、资源供给与维护有关，以支持目标、计划及运作的科学、管理及技术活动的艺术
	美国空军	物流是计划和执行军队的调动与维护的科学，它涉及与军事物资、人员、装备和服务相关的活动
欧洲	欧洲物流协会	物流是一个在系统内对货物的运输、安排及与此相关的支持活动的计划、执行与控制，以达到特定的目的
中国	中国国家科委、国家技术监督局、中国物资流通协会、国家标准《物流术语》	物流是物品从供应地向接收地的实体流动过程，根据实际需要，实现运输、仓储、装卸、搬运、包装、流通加工、配送、信息处理等基本功能的有机结合

二、物流的基本功能

物流的基本功能是指物流系统所拥有的基本功能，将这些基本功能有效地组合便能合理地实现物流系统的总目标。物流的基本功能包括：运输、存储、包装、装卸、流通加工、配送及信息管理。

（1）运输功能。运输是物流各环节中最重要的部分，是物流的关键。一般的运输方式有公路运输、铁路运输、船舶运输、航空运输、管道运输等。如果没有运输的存在，物品只能有存在价值，而没有使用价值，即生产出来的产品无法送至消费者那里进行消费。如果产品长期不被使用，不仅资金不能回笼，而且还是对空间、能源、资源的浪费。如果生产和消费失去了运输的连接，生产将失去意义。

（2）存储功能。存储功能是指商品在生产出来之后而没有到达消费者之前所进行的保管活动。通过对商品的存储活动，可以调节商品的时间需求，消除价格波动，也可以降低运输成本、提高运输效率，还可以更好地满足客户满意度和消费者个性化消费的需要。对存储活动的管理，主要目的是降低资金占用率，加快物资流动，减少物资损耗。

（3）包装功能。包装作为物流过程的一个重要环节，可分为商业包装和工业包装。工业包装是纯粹的物流过程。有人认为，包装是生产过程的终点和物流过程的起点。包装的方法取决于物流的方式，这既决定于货主对物流的要求，也决定于商品本身的物理特性和化学特性。包装不仅从运输角度满足保护物品、单元化和彼此区别等功能要求，而且也要反映物流过程中必须通过包装反映的物流信息，所以包装的设计十分重要，必须根据物流方式的不同要求进行具体的包装设计。

（4）装卸和搬运功能。装卸和搬运在某种意义上说是两个不同的概念。装卸是指物料在空间上发生的以垂直方向为主的位移。而搬运是指物料在小范围内发生的以水平方向为主的位移。尽管装卸和搬运本身不创造价值，但会对商品的使用价值的实现造成影响。装卸经常是与搬运伴随发生的，是运输、保管和包装等子系统的连结点，是缩短物品移动时间、节约物流费用的关键。

（5）流通加工功能。流通加工是产品从生产到消费之间的一种增值活动，属于产品的初加工。流通阶段的加工即物流加工的目的是提高物流系统效率，尽管它也可以创造性质和形态的使用效能，但是还应将其看成物流的构成要素为宜。随着消费者需求的多样化，开展流通加工将愈加重要。

（6）配送功能。配送功能是物流进入最终阶段，以备货、理货、配货、送货形式最终将货物送达消费者手中，来完成物流的全过程。配送几乎包含了物流的所有功能要素，是物流的一个缩影。一般的配送包括装卸、包装、保管、运输等，通过这一系列活动将物品送至客户手中。特殊的配送还要以加工活动为支撑。可见，配送的内容十分广泛。

（7）信息管理功能。物流过程是一个多环节的复杂组合，把众多的环节及其功能整合成一个有机的系统并形成一个单一的功能整体，以追求整体功能的最优化，信息是其中的关键。对物流信息的管理，要求企业建立信息系统和信息渠道，正确地选定信息点和内容及信息的收集、汇总、统计、使用方式，确保信息的可靠性和及时性。

阅读材料：海尔案例二——海尔公司的现代物流

2001年10月17日，海尔集团被中国物流与采购联合会命名为"中国物流示范基地"，授牌仪式在青岛开发区海尔物流中心举行，这是中国第一个物流示范基地，目前也是唯一的一个。

海尔集团为适应新的市场形势，自1998年开始进行流程再造，而海尔的物流改革是一种以订单信息流为中心的业务流程再造，通过对观念的再造与机制的再造，构筑起海尔的核心竞争能力，海尔物流被专家们称为"中国物流觉醒第一人"。

现代物流区别于传统物流的两个最大的特点：第一就是信息化；第二就是网络化。海尔特色物流管理的"一流三网"充分体现了现代物流的特征："一流"是以订单信息流为中心；"三网"分别是全球供应链资源网络、全球配送资源网络和计算机信息网络。"三网"同步流动，为订单信息流的增值提供支持。

海尔物流的"一流三网"的同步模式实现了四个目标：

（1）为订单而采购，消灭库存。在海尔，仓库不再是储存物资的水库，而是一条流动的河，河中流动的是按单采购来生产必需的物资，也就是按订单来进行采购、制造等活动，这样，从根本上消除了呆滞物资、消灭了库存。

（2）全球供应链资源网的整合使海尔获得了快速满足用户需求的能力。海尔通过整合内部资源优化外部资源，使供应商由原来的2200多家优化至不到800家，而国际化供应商的比例达到82.5%，从而建立起了强大的全球供应链网络。对外实施日付款制度，对供货商付款及时率100%，这在国内绝少企业能够做到，杜绝了"三角债"的出现，良好的信誉与供货商实现"双赢"。

（3）JIT的速度实现同步流程。由于物流技术和计算机信息管理的支持，海尔物流通过 3 个 JIT，即 JIT 采购、JIT 原材料配送和 JIT 分拨物流来实现同步流程。目前通过海尔的 BBP 采购平台，所有的供应商均在网上接受订单，使下达订单的周期从原来的 6 天以上缩短为 1 小时内，而且准确率 100%；除下达订单外，供应商还能通过网上查询库存、配额、价格等信息，实现及时补货，实现 JIT 采购。

（4）计算机网络连接新经济速度。21 世纪是信息网络化、经济全球化的时代。物流信息不仅对物流活动具有支持保证的功能，而且具有连接整合整个供应链和使整个供应链活动效率化的功能，所以物流信息化在现代企业经营战略中占有越来越重要的地位。

海尔在企业外部，海尔 CRM（客户关系管理）和 BBP 电子商务平台的应用架起了与全球用户资源网、全球供应链资源网沟通的桥梁，实现了与用户的零距离。目前，海尔 100% 的采购订单由网上下达，使采购周期由原来的平均 10 天降低到 3 天；网上支付已达到总支付额的 80%。

在企业内部，计算机自动控制的各种先进物流设备不但降低了人工成本，提高了劳动效率，还直接提升了物流过程的精细化水平，达到质量零缺陷的目的。计算机管理系统搭建了海尔集团内部的信息高速公路，能将电子商务平台上获得的信息迅速转化为企业内部的信息，以信息代替库存，达到零营运资本的目的！

资料来源：

霍胜军，詹丽.发展现代物流进行流程再造.家电科技，2002（11）

第二节　电子商务物流

一、电子商务与物流

20 世纪末，包括我国在内的一次电子商务浪潮并没有获得人们预想的成功，其中一个很重要的原因是，在网络上完成电子交易之后，没有一个有效的物流网络来为所有权转移之后的商品提供低成本的适时的实物转移服务。电子商务发展的历程告诉我们，电子商务的发展离不开现代物流，而电子商务又为现代物流提供了千载难逢的发展机遇，由此我们可以看出，电子商务和物流二者之间是相互影响、相互促进的。

1. 物流对电子商务的影响

（1）物流是实现电子商务的保证。物流作为电子商务的重要组成部分是实现电子商务的重要保证。由电子商务流程可以知道，离开了现代物流，电子商务过程就不完善。

（2）物流保证生产的顺利进行。无论在传统的贸易方式下，还是在电子商务方式下，商品流通之本都是生产，而各类物流活动的支持确保了生产的顺利进行。生产的全过程从原料的采购开始，便要求有相应的物流活动将所采购的材料到位，否则，生产就难以进行；在生产的各工艺流程之间，也需要有原材料、半成品的物流过程，即所谓的生产物流，以实现生产的流动性；部分余料、可重复利用的物资的回收，也需要所谓的回收物流；废弃物的处理需要废弃物物流。

（3）物流是实现"以顾客为中心"的根本保证。电子商务的出现，在很大程度上方便了最终消费者。他们不必到拥挤的商业街挑选自己所需的商品，而只要坐在家里，上网浏览、查看、挑选，就可以完成购物活动。但如果他们所购商品迟迟不能到货，抑或商家送的货并非自己所购买的产品，那消费者还会上网购物吗？物流是电子商务实现以顾客为中心理念的最终保证，缺少现代化物流技术与管理，电子商务将无法给最终消费者带来便捷，消费者必然会转向他们认为更为可靠的传统购物的方式上。

2. 电子商务对物流的影响

（1）电子商务将改变人们传统的物流观念。在电子商务的环境下，人们在进行物流活动时，物流的各种职能及功能可以凭借虚拟化的方式表现出来，通过这种虚拟化的过程，人们可以通过各种的组合方式，寻求最合理的物流途径，使商品实体在实际的运动过程中，达到效率最高、费用最省、距离最短、时间最少的功能。

（2）电子商务改变物流企业的经营形态。一方面，电子商务要求物流从社会的角度实行系统的组织和管理，打破传统物流分散的状态。这就要求企业在组织物流的过程中，不仅要考虑本企业的物流组织和管理，而且更为重要的是要考虑到全社会的整体系统。另一方面，在电子商务时代，物流企业之间存在着激烈的竞争，这就要求物流企业应相互联合，在竞争中形成协同竞争的状态，以实现物流的高效化、合理化、系统化。

（3）电子商务将改变物流的运作方式。首先，传统物流是紧紧伴随着商流来运动的，而在电子商务模式下，运作是以信息为中心，通过网络上的信息传递的，这样可以有效地实现对物流的监控，实现物流的合理化。其次，网络对物流的实时控制，是以实体物流来进行的，而在传统的物流活动中，对物流实时控制都是以单个的运作方式来进行的。

（4）电子商务将促进物流基础设施的改善和物流技术与物流管理水平的提高。电子商务的高效率和全球化的特点，要求物流也必须达到这一目标。而物流要达到这一目标，首先，良好的交通运输网络、通信网络等基础设施则是最基本的保证。其次，物流技术水平的高低决定着实现物流效率的高低，要建立一个适应电子商务运作的高效率的物流系统，加快提高物流的技术水平则有着重要的作用。最后，只有提高物流的管理水平，建立科学合理的管理制度，将科学的管理手段和方法应用于物流管理当中，才能确保物流的畅通进行，实现物流的合理化和高效化，促进电子商务的发展。

二、电子商务物流管理的内涵

电子商务物流管理，是对电子商务物流活动所进行计划、组织、指挥、协调、控制和决策等。其目的就是使各项物流活动实现最佳的协调与配合，以降低物流成本，从而提高物流效率和经济利益。电子商务物流管理的特点主要表现在以下几个方面：

（1）目的性。主要是降低物流成本、提高物流效益、有效地提高客户服务水平。

（2）创新性。电子商务物流具有新经济的特征，物流信息是其出发点和立足点。电子商务活动本身就是信息高度发达的产物，所以如何对物流活动进行在线管理，还需要各界进行创新性的努力。

（3）综合性。它覆盖的领域包括商务、物流、信息、技术等领域的管理。管理的范围则不仅涉及企业，而且也涉及供应链的各个环节。从管理的方法看，它兼容传统的管理方法和新型的网络过程管理和虚拟管理等。

（4）智能性。在电子商务物流管理中，先进的科学技术和管理方法被大量使用，实现了物流过程的智能决策与控制。

三、电子商务物流管理的内容

电子商务下的物流是伴随电子商务技术和社会需求的发展而出现的，由于电子商务所独具的电子化、信息化、自动化等特点，以及高速、廉价、灵活等诸多好处，使得电子商务下的物流管理也有别于一般物流。实施电子商务物流管理的目标并非仅仅是简单的送货和库存，而是要对整个物流系统的优化设计以及对物流全过程的科学管理，以期达到在满足电子商务销售目标的前提下实现整个物流总成本最小化。要实现对电子商务下的物流全过程的科学管理，主要应从以下几个方面着手：

（1）电子商务物流目标的管理：明确电子商务的销售目标，确定物流、配送的服务目标和成本目标。

（2）电子商务物流运作流程的管理：通过对可用的物流和配送资源进行正确评估，以及市场的预测与定位，确定最佳的物流和配送运作流程，并不断调整和优化流程。

（3）电子商务物流资源的管理：准确分析需求，合理配置物流资源。

（4）电子商务物流运作形态的管理：一方面是对物流、配送系统形态的选择，如委托第三方物流、自己承担或与其他企业合作物流；另一方面是对物流合作伙伴的评估、管理与控制。

（5）电子商务客户服务的管理：包括对市场客户的需求预测、客户信息资源的收集与分析、物流配送系统的信息跟踪与查询以及用户反馈信息的管理等。

（6）电子商务物流技术的管理：包括硬技术和软技术两个方面。物流技术水平直接关系到电子商务物流活动各项功能的完善和有效实现。只有不断更新物流技术，使其具有更好的柔性，才能适应电子商务系统发展变化的需求。

（7）电子商务物流的成本管理：制定物流、配送系统的总成本控制指标及对物流全过程的成本控制与管理等。

（8）电子商务物流质量的管理：包括对物流对象的质量、物流手段、物流方法的质量、工作质量的管理，并且要求全员参加。

小贴士：利用电子商务技术，优化物流系统

随着 Internet 的迅猛普及，企业电子商务的应用已成为必然，电子商务已成为新经济的标志。我国物流企业已普遍引入电子商务技术，电子商务为客户提供了便捷的手段，从网络搜索、网络信息发布的大众化应用，到电子支付、数字证书、电子采购、电子报关、电子销售、电子配送等专业化应用，电子商务已成为连接物流企业及企业物流的桥梁。

（1）电子商务技术可以使原材料采购部门共享采购平台。将采购一端的多个竞争者整合到一起，共享采购信息以及采购平台的基础设施。其优势是通过提高采购规模，增强议价能力，降低采购成本，降低基础设施及相关成本，满足供应商对多个客户有单一接触点的要求，降低寻找与开发供应商的成本。

（2）共同销售公司、零售店等可以共享销售平台。使销售信息集中且分类处理。其优势在于增加销售机会，降低销售成本，形成集聚效应，加强行业信息共享，降低基础设施的建设和维护成本，降低客户的购买成本，强化网中企业的实力整合。

（3）电子商务技术使企业间各部门的协同商务成为可能。协同商务被誉为下一代的电子商务系统，是一种激励具有共同的商业利益的价值网上的合作伙伴的商业战略。将具有共同商业利益的合作伙伴整合起来，通过对各个合作伙伴的竞争优势的整合，共同创造和获取最大的商业价值。花王公司应用电子商务技术在各部门间实现了信息协同和物流协同。

（4）随着企业物流竞争的加剧，供应链在企业物流管理中地位得以凸显。电子商务的应用促进了供应链的发展，使供应链可以共享全球化网络。有效的供应链管理为企业物流提供了更有力的信息支持和广阔的活动舞台，提高了企业的核心竞争力和市场占有力。以电子商务为手段的物流管理宗旨是"客户中心化"，电子商务的虚拟特性、广泛性、实时性等特性使客户的中心化成为可能。无论是共享采购平台、销售平台还是协同商务，都是为了整合并优化物流系统，为消费者提供更优质的服务。

资料来源：
姚娟. 基于电子商务的企业物流管理. 四川会计，2001（4）

四、电子商务物流的发展趋势

当今世界经济环境发生了巨大的变化，由于企业销售范围的扩大，企业和商业销售方式及最终消费者购买方式的转变，使得送货上门等业务成为极为重要的服务内容，促使了物流业的兴起。信息化、全球化、多功能化和一流的服务水平，已成为电子商务物流追求的新目标。

（1）多功能化——物流发展的方向。在电子商务全面发展的时代，物流发展进入集约化阶段，一体化的物流配送中心不仅是提供运输和仓储服务，还必须开展包括配货、

配送以及各种提高附加值的流通加工服务在内的物流项目，此外还可以按客户的需要提供其他服务。企业不再只追求单一的、孤立的效果，而是全面的、系统的综合效果。

（2）一流的服务——物流企业的追求。在电子商务下，物流业是介于供货方和购货方之间的第三方，是以服务作为第一宗旨的。从物流的现状来看，由于顾客需要的服务点不只是一处，所以物流企业既要为本地区的消费者提供服务，也要为远距离的消费者提供服务。因此，如何服务好，是物流企业管理的中心问题。配送中心离客户最近，联系最密切，商品都是通过它送到客户手中。未来的产业分工将更加精细，产销分工将日趋专业化，这将大大提高社会的整体生产力和经济效益，也是流通业成为整个国民经济活动的重要组成部分。

（3）信息化——现代物流业的必由之路。由于信息技术的不断发展，企业信息化不断普及，现代物流要求企业之间的信息能够被迅速地传递，生产资料和商品等能够快速地流动。电子数据交换技术与国际互联网的应用，对物流效率的提高来说很大程度上取决于信息管理技术，提高了信息管理科学化水平，使产品流动更加容易和迅速。在电子商务时代，要提供最佳的服务，物流系统必须要有良好的信息处理和传输系统。美国洛杉矶西海报关公司与码头、机场、海关都有信息联网。当货物从世界各地起运，客户便可以从该公司获得准确的到达时间、到泊岸位置，使收货人与各仓储、运输公司等相关部门做好准备，以便货物快速流动，安全、高效地直达目的地。又如，美国橡胶公司的物流分公司设立了信息处理中心，接受世界各地的订单，通常在几小时内便可把货送到客户手中。良好的信息系统能大大提高服务水平，赢得客户的尊敬与信赖。

（4）全球化——物流企业竞争的趋势。20世纪90年代初期，由于电子商务的出现，加速了全球经济的一体化，致使物流企业的发展初步达到国际化。它从不同的国家收集所需要的资源，加工后向各国出口。在全球经济一体化环境下，生产厂要更加集中精力制造产品、降低成本、创造价值，物流企业则花费大量时间、精力从事物流服务。

第三节　电子商务物流市场及物流模式

一、电子商务物流市场

电子商务物流市场是电子商务市场的基础，成熟的电子商务物流市场为电子商务市场提供了保障。

1. 电子商务物流市场的含义

电子商务物流市场是指在电子商务环境下，构成物流服务的各种交换关系的总和。这些交换关系主要体现在以下几个方面：

（1）市场主体之间的关系。不仅包括物流的提供者与需求者，而且包括生产者、经营者以及消费者与物流服务提供商之间的关系；以及以上各市场主体与物流软件服务商的关系。

（2）市场客体之间的关系。不仅包括与货物实体相关的物流作业服务，而且也包括物流管理咨询以及支持其他物流运作的其他服务。

（3）市场运行过程中的有关关系。其中包括物流市场的运作方式、运行机制以及不同市场态势下的有关关系。

物流作为企业商务过程中的重要环节，担负着原材料提供商与产品生产商、商家与客户之间的实物配送服务，高效的物流体系是电子商务优势得以充分发挥的保证。然而在现阶段，物流的重要作用与其自身管理的落后形成鲜明对比，这就是制约电子商务发展的"瓶颈"之一。物流管理已成为除支付认证、安全保密之外电子商务发展亟待解决的问题。

2. 电子商务物流市场的特征

电子商务市场的特征主要表现在以下几个方面：

（1）电子商务物流市场具有服务性特征。在电子商务物流市场上，各方交易的并非是商品，更不是商品所有权的让渡，而是提供一种物流服务与被服务的关系。对于委托方来说，得到的是通过提供物流服务，从而获得价值收入。与此同时，电子商务物流市场更加重视物流的系统化、标准化、服务的规范化等。

（2）电子商务物流市场具有技术性的特征。在物流业务委托代理关系的建立过程中，各方将会通过互联网络、使用各种先进的信息技术与管理进行商务往来。物流的运作方式也会更加信息化、技术化，更加重视现代化的管理方法在电子商务物流市场中的应用。

（3）电子商务物流市场具有虚拟化的特征。电子商务为物流提供了虚拟化的空间，物流的各种功能可以通过虚拟化的方式表现出来，人们可通过各种组合方式，达到物流的合理化。电子商务可使物流实现网络的实时监控，这种实时监控是体现在物流的整个流程中的。

（4）电子商务物流市场具有响应性和灵活性。电子商务使得客户的期望值越来越高，隔日送货甚至是当日送货已成为趋势，同时，由于大量货物需直接送达消费者，使得批量减少，批次增加，要求物流系统拥有更好的响应性。电子商务的业务量难以预测，要求物流部门能够更加迅速有效地组织物流。

（5）电子商务物流市场具有竞争性的特征。随着提供同样或相似的网上商店和网上交易越来越多，产品逐渐变为了商品，品牌优势正在被削减，良好的服务成为区分竞争对手的主要因素。为了保持竞争力，企业必须在不断改进服务的同时尽可能地减低物流成本，在提高工人劳动率的同时，使仓库和设备的利用率最大化。

（6）电子商务物流市场具有可视性的特征。交易伙伴之间的协作一直都是企业希望达到的目标，因为这样会降低对库存和安全储备的要求。以实时性、通用性和较低的成本而著称的互联网使交易伙伴之间的协作变得更加简便。为了满足客户对订单处理和可视性要求，供应链中的交易伙伴必须作为一个整体运作。这种点对点的供应链上的每一个要素，系统间的协作要求各个层面的一体化。

小贴士：中国邮政进军电子商务物流市场

1998 年邮电分家后，邮政业务收入急剧下滑，出现巨额亏损，中国邮政正在迫切地探求如何走出困境。信息技术的发展以及电子商务的诞生，给中国邮政创造了新的经营空间，但同时也提出了新的更高的要求，如何将这个具有极大潜力的全国性物流网络改造成充满竞争活力的电子商务物流企业，是中国邮政迫切需要解决的问题。笔者以为，中国邮政要在蓬勃发展的电子商务物流领域占有一席之地，唯有通过全面创新，培育企业的核心竞争力，才能赢得自己的生存空间。其具体包括：

（1）体制创新。实行政府职能和企业职能的完全分开，按照现代企业制度的要求对中国邮政实行战略改组与公司制改革，不断推进融资体制改革，适当时候采取国家控股等方式上市融资，实现企业经营规模的良性扩张，逐步实现业务经营向资本经营的转变，确保企业资产的保值增值，与此同时，加快管理创新的步伐，选择适合现代物流企业的先进管理模式和管理方法。

（2）服务创新。转变旧有的"让客户来适应我的服务"的错误思想，真正树立起"以客户为中心"的经营理念，为客户提供高效优质的服务，主动打破"封闭办邮"的局面，把用户请进来，主动关心不同用户的用邮需求，努力成为用户值得信赖的"信息、资金和物品的传递使者"。

（3）战略创新。中国邮政的先天优势是网点遍布城乡，与千家万户联系紧密，只需在现有基础上追加一定的投入，即可立即开展企业与消费者个人之间的电子商务方面的物流服务，而其他从事电子商务物流配送服务的专业公司、网点基本局限在各大城市，对中小城市以及广大农村地区更是显得力不从心，他们要在中国顺利发展，离开中国邮政的参与，几乎是不可能的。因此，中国邮政开拓电子商务物流市场的战略重点应先放在物流服务方面。在此基础上，逐渐参与企业与企业之间的电子商务的物流服务，最终发展成为全功能、全方位的"第三方物流"服务提供商。

（4）技术创新。加强中国邮政实物网和虚拟网等基础设施的完善，开发建设物流管理信息系统，应用 EDI、GPS、RF、EOS 等新技术，对货物进行实时动态跟踪和信息自动处理，用以网络技术为主体的现代信息技术把中国邮政分布在全国范围内的营业网点整合成一个高效率、高可靠性的"三流合一"的物流系统，不断完善中国邮政物流网络。

（5）人才创新。从事电子商务物流行业需要既懂电子商务又懂物流、既懂技术又懂管理的复合型高级人才，而中国邮政属于传统的劳动密集型产业，员工的整体技术水平和管理能力不是很高。所以，对中国邮政来讲只有一方面不惜代价引进急需的人才，迅速提高其在技术开发、应用和管理等方面的水平；另一方面加强对邮政职工的在职培训，帮助他们学习先进技术和技能。

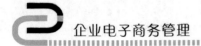 企业电子商务管理

资料来源：
丁亚猛，周建华.中国邮政应加快开拓电子商务物流市场.铜陵财经专科学校学报，2001（2）

二、电子商务物流模式

所谓物流模式，又称物流管理模式，是指从一定的观念出发，根据现实的需要，构建相应的物流管理系统，形成有目的、有方向的物流网络，采用某种形式的物流解决方案。电子商务物流管理模式主要有以下五种：自营物流、第三方物流模式、第四方物流模式、物流企业联盟模式、物流一体化模式。这些模式都各具特点，体现着物流管理创新的主旨。

1. 自营模式

企业自身经营物流，称为自营物流。自营物流出现在电子商务刚刚萌芽的时期，那时的电子商务企业的规模比较小，从事电子商务的企业大多选用自营物流的方式。

企业自营物流模式意味着电子商务企业自行组建物流配送系统，经营管理企业的整个物流运作过程。在这种方式下，企业也会向仓储企业购买仓储服务，向运输企业购买运输服务，但是这些服务都只是一次或一系列分散的物流功能。如果企业有很高的顾客服务需求标准，物流成本占总成本的比重较大，而企业自身的物流管理能力较强时，企业一般应采用自营方式。

目前，在我国，采取自营模式的电子商务企业主要有两类：一类是资金实力雄厚且业务规模较大的电子商务公司，电子商务在我国兴起的时候，国内第三方物流的服务水平远不能满足电子商务公司的要求。第二类是传统的大型制造企业或批发企业经营的电子商务网站，由于其自身在长期的传统商务中已经建立起初具规模的营销网络和物流配送体系，在开展电子商务时只需将其加以改进、完善，便可满足电子商务条件下对物流配送的要求。

选用自营物流，可以使企业对物流环节有较强的控制能力，易于与其他环节密切配合，全力专门地服务于本企业的运营管理，使企业的供应链更好地保持协调、简捷与稳定。此外，自营物流能够保证供货的准确和及时，保证顾客服务的质量，维护了企业和顾客间的长期关系。但自营物流所需的投入非常大，建成后对规模的要求很高，才能大规模降低成本，否则将会长期处于不盈利的境地。而且投资成本较大、时间较长，对于企业柔性有不利影响。另外，自建庞大的物流体系，需要占用大量的流动资金。更重要的是，自营物流需要较强的物流管理能力，建成之后需要工作人员具有专业化的物流管理能力。

2. 物流联盟

物流企业联盟是指在物流方面通过签署合同形成优势互补、要素双向或多向流动、相互信任、共担风险、共享收益的物流伙伴关系。企业之间不完全采取导致自身利益最大化的行为，也不完全采取导致共同利益最大化的行为。

选择物流联盟伙伴时，要注意物流服务提供商的种类及其经营策略。我们可以根据物流企业服务的范围大小和物流功能的整合程度这两个指标，确定物流企业的类型。物流服务的范围主要是指业务服务区域的广度、运送方式的多样性、保管和流通加工等附加服务的广度。物流功能的整合程度是指企业自身所拥有的提供物流服务所必要的物流功能的多少，

一般来说，组成物流联盟的企业之间具有很强的依赖性，物流联盟的各个组成企业明确自身在整个物流联盟中的优势及担当的角色，内部的对抗和冲突减少，分工明晰，使供应商把注意力集中在提供客户指定的服务上，最终提高了企业的竞争能力和竞争效率，满足企业跨地区、全方位物流服务的要求。

3. 第三方物流

第三方物流（Third Party Logistics，简称 TPL 或 3PL），是指在电子商务时代由物流劳务的供方（生产、流通企业）和需方（零售业、消费者）以外的第三方（物流企业）去完成物流服务的运作方式。它是由相对"第一方"发货人和"第二方"收货人而言的第三方专业企业来承担企业物流活动的一种物流形态。第三方物流公司通过与第一方或第二方的合作来提供其专业化的物流服务，它不拥有商品，不参与商品买卖，而是为顾客提供以合同约束、以结盟为基础的、系列化、个性化、信息化的物流代理服务。服务内容包括设计物流系统、EDI 能力、报表管理、货物集运、选择承运人、货代人、海关代理、信息管理、仓储、咨询、运费支付和谈判等。

第三方物流是一个新兴的领域，第三方物流模式可以帮助企业显著提高经营效率。首先，企业将自己的非核心业务外包给从事该业务的专业公司去做，从而集中精力在自己的核心业务上；其次，第三方物流企业作为专门从事物流工作的企业，有丰富的专门从事物流运作的专家，确保企业的专业化生产，降低费用，提高企业的物流水平。

目前，第三方物流的发展十分迅速，有以下几方面值得我们关注：第一，物流业务的范围不断扩大。商业机构和各大公司面对日趋激烈的竞争，不得不将主要精力放在核心业务，将运输、仓储等相关业务环节交由更专业的物流企业进行操作，以求节约和高效；另一方面，物流企业为提高服务质量，也在不断拓宽业务范围，提供配套服务。第二，很多成功的物流企业根据第一方、第二方的谈判条款，分析比较自理的操作成本和代理费用，灵活运用自理和代理两种方式，提供客户定制的物流服务。第三，物流产业的发展潜力巨大，具有广阔的发展前景。

4. 第四方物流

第四方物流（Fourth Party Logistics，简称 4PL）是对 TPL 的扩展，是由著名的管理咨询公司埃森哲公司于 1998 年提出的，他们将第四方物流定义为"一个调配和管理组织自身的及具有互补性服务提供商的资源、能力与技术，来提供全面的供应链解决方案的供应链集成商"。

第四方物流基于第三方物流，但是其与 TPL 是有区别的，"第三方物流供应商"为客户提供所有的或一部分供应链物流服务，以获取利润；而"第四方物流供应商"是一个供应链的集成商，它能整合和管理公司内部和具有互补性的服务供应商所拥有的不同

资源、能力与技术，并提供一套完整的供应链解决方案。但是，在实际运作中，大多数第三方物流公司缺乏对整个供应链进行运作的战略性特长和真正整合供应链流程的相关技术。于是，第四方物流正日益成为一种帮助企业实现持续运作成本降低和区别于传统的外包业务的真正资产转移。第四方物流依靠业内优秀的第三方物流供应商、技术供应商、管理咨询顾问和其他增值服务商，为客户提供个性化供应链解决方案，这是任何一家公司不能单独提供的。

第四方物流的发展思路：大力发展第三方物流，为第四方物流发展作铺垫；加速电子商务和物流产业的融合，建立全国物流公共信息平台；转变政府职能，做好物流基础设施建设和产业服务，加快物流标准化建设。

5. 物流一体化

物流一体化就是以物流系统为核心，从生产企业经由物流企业、销售企业直至消费者的供应链体系的整体化和系统化，它是在第三方物流的基础上发展起来的新的物流模式。这是一种物流企业之间为实现整体配送合理化，以互惠互利为原则，互相提供便利的物流配送服务的协作型配送模式。在这种模式下物流企业通过与生产企业建立广泛的代理或买断关系，使产品在有效的供应链内迅速移动，使参与各方的企业都能获益，使整个社会获得明显的经济效益。这种模式还表现为用户之间的广泛交流供应信息，从而起到调剂余缺、合理利用、共享资源的作用。在电子商务时代，这是一种比较完整意义上的物流配送模式，它是物流业发展的高级和成熟阶段。

物流一体化的发展可分为三个步骤：物流自身一体化、微观物流一体化和宏观物流一体化。物流自身一体化是指物流系统的观念逐渐确立，运输、仓储和其他物流要素趋向完备，子系统协调运作，系统化发展。微观物流一体化是指市场主体企业将物流提高到企业战略的地位，并且出现了以物流战略作为纽带的企业联盟。宏观物流一体化是指物流业发展到这样的水平：物流业占到国家国民总产值的一定比例，处于社会经济生活的主导地位，它使跨国公司从内部职能专业化和国际分工程度的提高中获得规模经济效益。物流一体化的实质是一个物流管理的问题，即专业化物流管理人员和技术人员，充分利用专业化物流设备、设施，发挥专业化物流运作的管理经验，以求取得整体最优的效果。同时，物流一体化的趋势也为第三方物流的发展提供了良好的发展环境和巨大的市场。

阅读材料：企业电子商务物流实例

1. 海尔模式——自营物流系统

自营物流系统的企业中，最典型的就是海尔集团。海尔物流特色可总结为，借助物流专业公司力量，在自营基础上外包，总体实现采购 JIT、原材料配送 JIT 和成品配送 JIT 的同步流程。1999 年海尔开始实施以"市场链"为纽带的业务流程再造，以订单信息流为中心，带动物流、商流、资金流的运作，其物流运作模式日益引起人们的关注。对海尔来讲，物流首先是使其实现三个"零"的目标，即零库存、零距离和零营运资本；其次是使其能够获得在市场竞争中取胜的核心竞争力。

2. 美的模式——剥离物流业务，组建物流公司

如果说海尔是把物流作为降低成本的机器，美的集团则把物流作为一个赚钱机器。2000年1月美的集团成立了安得物流公司，把物流业务剥离出来。安得物流公司作为美的集团一个独立的事业部，成为美的其他产品事业部的第三方物流公司，一方面能为美的生产、制造、销售提供最快捷的物流服务；另一方面也作为专业物流公司向外发展业务。美的的其他事业部可以使用安得物流，也可以选择其他的物流公司。

3. 伊莱克斯模式——全面外包物流业务

伊莱克斯将物流完全外包给第三方物流企业，第三方物流商为他们提供整个或部分供应链的物流服务，以获取一定的利润。1995年，伊莱克斯合资组建伊莱克斯中意电冰箱有限公司时，就明确了责任分工，伊莱克斯只负责产品生产，而中意冰箱厂全权负责产品的销售与售后服务工作。随后，伊莱克斯又将物流外包给了专业的物流公司。目前伊莱克斯将物流交由包括宝供物流企业集团在内的三家物流公司负责。

4. 东芝物流——独立的物流子公司

日本的企业大多数都有自己的物流公司。东芝公司为了开拓新的业务，在1974年出资建立了东芝物流（株）的独立物流子公司，主要管理东芝集团的家电产品和信息产品。随后，日本其他电子行业也陆续建立起自己的物流子公司。东芝公司的内部物流业务大概在70%左右，外部业务在30%左右，基本上实现了与社会物流公司的资源共享。日本的家电行业基本采用这种模式，内部物流为主，外部物流为辅，比如松下、索尼等。

5. 日立物流——独立的物流公司

日立物流是个例外，日立公司为此投入了大笔资金，其中固定资产投资占很大部分，拥有很多仓库以及车辆。经过多年运作，日立物流积累了很多仓库管理以及运输管理的经验，在第三方物流的业务量上具有很大的优势。目前它是一个上市的物流公司，按现在业务量来计算，已位居日本物流行业前10名之内。由此可见，日立物流已经是一家独立的物流公司，而不是物流子公司。

资料来源：

刘振兴. 论电子商务环境下企业物流模式问题. 石家庄铁路职业技术学院学报，2009（1）

本章小结

本章从现代物流的定义出发，详细阐述了物流的七种基本功能。并通过阅读材料——《海尔公司的现代物流》使读者加深对现代物流的理解。

本章从电子商务与现代物流的关系入手，通过介绍物流对电子商务的影响和电子商务对物流的影响这两个方面，引出电子商务管理的相关概念。在介绍电子商务管理时，从内涵和内容两个角度入手，最后对电子商务物流的发展趋势进行了阐述。

本章通过理论与案例相结合的方式对电子商务的模式进行了讲述。介绍主要模式的同时，辅以相应的企业实例，力争加深读者的理解。

【案例讨论】日本花王公司的电子商务物流管理案例

日本花王公司（Kao Corportation）是全球著名的日用消费品企业，2003 年其全球市场排名位居全球 500 强的第 358 位，连续 22 年递增盈利，连续 12 年增付股息，在企业沉浮无常的日本，像花王这样能持续保持发展状态的企业实在是凤毛麟角，什么奥秘造就花王如此经营业绩？ 其中的奥妙之一就在于它构筑了一个基于互联网的，从原材料到达，经生产、销售到零售店铺物流管理的一整套完善的垂直整合系统，即基于电子商务的物流管理体系，该系统使花王的产品能有效被市场所接受，同时大大提高了其竞争力。下面让我们来看一看花王公司如何以电子商务为手段，提高物流管理效率。

1. 销售方式：B2B 及 B2C 模式的订单服务

花王公司面对客户销售直接采用 B2B 及 B2C 完成。B2B 是基于 Internet 的企业对企业的销售，即花王公司直接面对零售店的销售，零售店的 POS 系统自动将销售数据实时传送到花王总部，并定时完成网上订货业务；B2C 是基于 Internet 的企业对个人的销售，即花王公司直接面对个人的销售，消费者在网上浏览、选购产品并形成网上订单，花王总部及时处理订单并形成配送计划，借助于该系统花王同时也可完成新产品推介及售后服务等活动。花王公司的 B2B 与 B2C 实施使该公司顺利加入了日本的日用品产业共同价值增值网。日用品产业共同价值增值网最早是以对抗花王公司独自的信息系统而成立的以批发流通为中心，促进生产商与批发商进行交易的组织，早期日本的家化市场是花王与日用品产业共同价值增值网二分天下。随着市场范围的扩大，二者之间逐渐融合，花王的店铺也在销售日用品产业共同价值增值网的产品。在两者合并初期，多年形成的不同的信息系统模块和不同的标准使合并举步维艰，直至采用了基于浏览器/服务器的 B2B 及 B2C 共同销售平台，二者的合并才步入正轨。花王公司订单服务共涉及花王总部、销售公司（110 所）、零售业（28 万家）和个人四个层次，作为信息的发送者零售业和个人能不受时间、地点的限制，以基于电子商务的形式完成采购和支付行动，为消费者创造便利，同时也降低了企业的销售成本。

2. 运作方式：量身定做的开放环境下的物流信息系统

花王公司的物流信息系统始于 1976 年，物流信息系统的形成是花王公司实现现代化物流管理的关键要素和核心，该系统的运行使花王公司的物流管理在日本享有较高的声誉。花王公司的物流信息系统也称为 LIS 系统（Logis TicsInforNation System），该系统主要由三部分组成，即销售计划系统、在线供应系统和生产数量管理系统。花王 LIS 的特点是工厂到销售公司的物流不是根据销售公司的订货来进行，而是由花王公司的计算机系统来自行判断库存情况，并进行连续补货。要达到由计算机自动控制和管理，其先决条件首先是能够进行高精度的销售预测，其次是对销售公司的日常管理和动态控制。高精度的销售预测是借助先进的数据库，数据库实行 24 小时同步更新，保证数据分析的真实可靠。通过联合预测补货系统 CFAR（Collaborative Forecast And Replenishment），实现零售企业的相关负责人与生产企业的相关负责人就某种产品进行各种数据的交换。该流程将这些数据放置在电子揭示板上，双方共同对这些数据进行分析，最后形成一致的商品生产和销售预测的决策，并以此为基础进一步制定商品生产、销售、规划、库存和物流等计划。对销售公司日常管理和动态控制是借助销售时点数据系统 POS（Point of Sale），POS 包含前台 POS 系统和后台 MIS 系统两大部分。在零售店完善前台 POS 系统建立的同时，后台的管理信息系统也同时建立，在商品销售过程中的任一时刻，商品的经营决策者都可以通过 MIS 了解和掌握 POS 系统的经营情况，实现了零售店库存商品的动态管理。

3. 配送方式：共享实时数据的共同配送

20 世纪 60 年代，日本经济进入高速增长期，日用消费品的需求大幅增长，在此经济背景下，1963 年 9 月由日本福冈县 12 家代理店、批发商共同出资 20 万日元，加上花王公司出资 60 万日元，共同建立了面向超市的共同销售公司，该共同销售公司同时承担所有的配送任务。花王的共同销售公司改变了以往由多家批发商分别向各个便利点送货的方式，改由一家在一定区域内的销售公司或特定批发商统一管理该区域内的同类供应商，然后向零售商统一配货，即集约化配送，集约化配送中心由共同销售公司统一管理。

共同销售公司如何实现统一配送管理？ 怎样及时捕获销售信息？ 这些均得益于花王公司电子商务的实施。该集约化配送中心有一个连接 Internet 的电脑网络配送系统，分别与供应商及零售店铺相连，重新规划所有业务流程并将其电子化，实现了配送中心对零售店快捷有效的管理。配送中心的电脑系统每天都会实时收到各个店铺发来的库存报告和要货报告，该中心把这些报告集中分析并处理，以共同配送方式完成。

4. 技术实现：以 EDI 打通整个流通链

电子商务的前身 EDI（Electronic Data Interchange）是电子商务实施中关键的技术之一，是企业的内部应用系统之间通过计算机和公共信息网络，以电子化的方式传递商业文件的过程。1993 年 10 月，花王公司开始与杰斯克合作，共同推动 EDI 系统。EDI 是生产企业与零售企业共享销售绩效信息或商品在库信息，并进行自动订货的信息系统，该业务使订货、进货、支付账款请求、电子支付等业务实现了无纸化，同时优化流程，节约了成本和时间。在此基础上，花王进一步利用 EDI 系统推动供应链管理的全面形成和发展。目前，该系统囊括的企业除了零售企业外，还包括合作生产企业、批发企业、专业物流企业、金融业等许多产业。随着供应链的不断发展和系统的深入推进，也形成了三个子系统：子系统之一是综合供应链管理机能的 EDIPACK 系统，EDIPACK 是花王公司经过 20 多年与 2000 多家企业在共同推进 EDI 经验基础上发展而成的综合 EDI 系统，通过该系统使花王与制造业、运输业、金融业、服务业、商社、批发业及零售业的信息以标准化格式进行传输和共享，该系统为花王公司的 B2B 交易提供了便利、实时的手段；子系统之二是专门适应小规模交易对象的 EDI-PACK WEB，该系统是通过 Fax 和电话等手段与小规模合作企业之间实现 EDI 连接，这些小规模合作企业只要利用 Internet 就可以与花王公司进行信息互通，便于对中小企业的管理；子系统之三是对应零售商的综合供应管理系统 EDIPACK/CR（Co-working With Retailers），该系统是花王公司与 1800 家零售企业在结成稳定交易关系的基础上形成的一种供货系统，该系统囊括了从订货到结算的全过程各种业务功能，电子化了供货方与零售企业之间的诸如订货、进货、出货、结算等的烦琐流程。

5. 流程整合：推动供应链管理

花王公司的供应链实施是在以 EDI 为核心的基础上实施的，流通链上的信息畅通使供应链管理成为可能。花王公司的供应链管理重点体现在对其销售公司和物流中心的管理。物流中心的建立思路是彻底实现商流与物流的分离，将物流管理从销售公司中独立出来，由专业物流人员负责物流管理，便于提高物流服务水准，降低物流成本，此次活动也称为 TCR（Total Creative Revolution）。整合后的销售公司在供应链中专职于物品管理，并对店铺辅以支持和指导。销售人员对店铺的订货用便携式终端 POT（Portable Order Terminal）向公司传送，在 20 世纪 90 年代后期又与东芝合作开发了笔式输入计算机 SA（Store Adviser），不仅能完成商品订货业务，还可以从总公司的主机收到商品销售的相关信息。上述两种数据传输设备的应用是电子商务自动订货系统 EOS（Electronic Order System）的前身。EOS 是企业间利用通讯网络（VAN 或互联网）和终端设备以在线联结（On-Line）方式进行订货作业和订货信息交换的系统。整合后的物流公司秉承了供应链管理理念，积极推行共同配送，充分利用已有的物流体系，不仅为同产业的其他日用品服务，也为异产业如食品等提供物流配送。物流体系中已搭建的电子商务平台使欲参与共同配送的企业低成本、高效率地进入共同配送网络。

资料来源：

姚娟. 基于电子商务的企业物流管理——日本花王公司的案例分析. 四川会计，2001（4）

案例讨论题：

1. 具体分析电子商务对花王公司的物流管理有哪些帮助？
2. 简单阐述花王公司电子商务物流管理的模式。
3. 分析花王公司的电子商务物流管理是否符合电子商务物流的发展趋势。

思考题

1. 现代物流的基本功能有哪些?
2. 电子商务对物流的影响是什么?
3. 阐述电子商务物流管理的发展趋势。
4. 分析第三方物流和第四方物流的关系。

第十二章　电子商务与业务流程重组

本章要点

- 了解业务流程重组
- 掌握电子商务业务流程重组的实施步骤
- 熟悉电子商务流程重组的组织模型和电子商务的业务流程

开篇案例：

奥的斯公司（Otis）是北美最大的电梯制造商之一。电梯销售利润极受周期的影响，而售后服务收入则比较稳定，因此服务市场一直是电梯制造商争夺的热点之一。

奥的斯公司的售后服务包括维修和保养。随着业务范围的扩大、组织规模的扩张，组织流程的种类和涉及的部门岗位也日益复杂。单靠人工方式无法解决，必须依靠信息技术，实现部分流程的自动化。计算机技术和现代通信技术使信息采集、存储、传递、处理更精确、快捷、高效。尤其在当今的信息时代，流程型组织要依靠信息技术使流程更通畅。流程型组织与信息技术关系紧密。尤其在信息技术普遍应用的社会中，信息平台为组织内部和外部各种流程的顺利畅通提供了基础。

奥的斯公司应用新兴的网络技术等信息平台来优化流程，起到了简化工作环境和提高效率的作用。

讨论题：

1. 奥的斯公司的业务流程重组是在什么样的背景下提出的？
2. 优化的业务流程重组对该公司业务有哪些帮助？

第一节　业务流程重组概述

一、"业务流程重组"概念的由来

1. 业务流程重组提出的背景

随着企业所处的商业环境发生变化，工业革命以来的商业规则已经不再适用于今天企业的发展。顾客需求、产品生命周期、市场增长、技术更新速度、竞争规律或性质等因素几乎没有一样是可以预料或保持不变的。现在有三股力量对企业的影响日益增大，即顾客（Customer）、竞争（Competition）和变化（Change），简称为"3C"。要适应这种趋势，实施业务流程重组是根本的出路。

（1）顾客。买卖双方的关系发生了重要变化，顾客选择权和决定权越来越大，个性化的需求和对交货期和价格的要求越来越高。电子商务的发展将使顾客的地位变得更加重要，因为网络使顾客的选择突破了时空的限制，全球化市场集中展现在眼前的计算机屏幕之上；传统的费时费力的购物决策也变得十分简单，顾客只要移动鼠标即可做出决定；顾客的忠诚度变得不堪一击，因为顾客选择不同的商家只需要切换一下屏幕而已。顾客在交易关系中的主导地位，以及电子商务时代顾客的多变性，对陈旧的制造模式提出了严峻的挑战。

（2）竞争。互联网使市场迅速扩展到全球，丰富的产品使市场竞争更加残酷和剧烈。国际竞争国内化，国内市场国际化将成为企业生存环境变化的一个新特征。电子商务的发展对企业与企业之间竞争的影响是十分深远的。首先，它突破了地域的议案，竞争的范围骤然扩大。其次，竞争的形式变得越来越多样化，因为传统的以降价作为主要手段的竞争方式已显得越来越难以奏效，代之而起的将是时间、质量、成本和服务等共同组成的新的竞争要素组合。最后，竞争的结果将变得越来越残酷，一些无法适应网络化生存的企业将"死无葬身之地"。

（3）变化。客户的个性化需求越来越多，产品的生命周期越来越短，新技术和新产品层出不穷。网络技术的发展加快了这种变化的速度，市场环境的变化、客户需求的变化、竞争者的变化、科学技术的变化等都是每时每刻发生着的。而且每一细小的变化都可迅速扩散至世界每一个角落。瞬息万变的时代对企业的响应速度提出了更高的要求。

传统的企业管理是以劳动分工理论为基础的科层制管理模式。科层制是向上级负责而不是向客户负责；追求局部的效率和利益而不是追求企业整体的运作效率和利益的最大化；规则因组织确定而不是因流程的需要确定。科层制造成的企业条块分割、流程割裂的局面使企业无法对客户的多元化需求做出快速响应，无法适应当今市场的变化和竞争环境。企业为了寻求持续的增长，势必借助于新的商业规则。于是，业务流程重组应运而生。

2. 业务流程重组概念的由来

业务流程重组（BPR，Business Process Reengineering）最早是在 1993 年由美国麻省理工学院的教授迈克·哈默和 CSC Index 公司的首席执行官詹姆斯·钱皮提出的，在 90 年代达到了全盛的一种管理思想。它强调以业务流程为改造对象和中心、以关心客户的需求和满意度为目标、对现有的业务流程进行根本的再思考和彻底的再设计。利用先进的制造技术、信息技术以及现代化的管理手段，最大限度地实现技术上的功能集成和管理上的职能集成，以打破传统的科层制组织结构，建立全新的过程型组织结构，从而实现企业经营在成本、质量、服务和速度等方面的根本性改善。

企业业务流程重组的着力点一般集中在四个方面：第一，建立面向客户的流程，强化和提升与客户满意度有关的业务流程，剔除对客户无价值的流程，以更低的成本、更快的速度提交客户满意的产品和服务；第二，通过规范的业务流程降低企业的经营风险；第三，通过流程重组优化企业资源配置，降低成本；第四，缩短工作完成时间，提高企业整体运作效率，提高市场响应速度。

"业务流程重组"这一概念在美国许多大企业中广为实践，如 IBM、通用电气、福特汽车、柯达电子、美国电报电话公司等都不同程度地实施了业务流程重组，不少企业获得了巨大的成功。美国企业之所以对业务流程重组如此青睐，是因为在经历了 20 世纪五六十年代的高速发展后，70 年代开始，美国企业在国际经济舞台上受到了日本、欧洲各国企业的强有力的挑战，到了 80 年代中后期，美国企业的国际竞争力明显下降，为了重整旗鼓，美国企业需要深层次思考自身竞争力不断下降的原因。而在这一时期，信息技术在世界范围内得到迅速的发展，并广泛地运用到企业生产经营管理活动的各个环节。人们发现，信息技术在提升企业竞争力方面有巨大的发展潜力，但信息技术的应用对传统的建立在亚当·斯密分工理论基础上的企业业务流程设计提出了严峻的挑战，业务流程重组的出现恰逢其时，一经提出就受到广泛关注也就不足为奇了。

二、业务流程重组的内涵

1. 流程的概念

牛津词典里流程的定义，是指一个或一系列连续有规律的行动，这些行动以确定的方式发生或执行，导致特定结果的实现；而国际标准化组织在 ISO 9001：2000 质量管理体系标准中给出的定义是"一组将输入转化为输出的相互关联或相互作用的活动"。应用到企业业务流程就是一系列活动的组合，这一组合接受各种投入要素，包括信息、资金、人员、技术等，最后通过流程产生客户所期望的结果，包括产品、服务或某种决策结果。

企业业务流程具有以下四个要素：

（1）活动。流程就是由多个不同活动组成的，活动是流程的最基本要素，流程正是不同活动发展过程的体现。原本一个人完成的工作分散成不同的活动，交由不同的人分别去执行，就形成一个流程。因此，改变活动分化，可以产生更有效的流程。

（2）活动之间的逻辑关系。活动之间的关系是构成流程的基本要素之一。所谓活动的逻辑关系就是指不同互动为了完成一定的工作而采取的连接方式。活动之间的关系不外乎三种，即串行关系、并行关系和反馈关系。串行关系是指活动之间按照时间顺序先后发生，前一活动发生并将结果传输给下一活动后，下一活动才发生；并行关系是指各个活动同时、独立地进行，最后将各自的结果归总，得到一个共同的输出；反馈关系是指活动之间的相互依赖，前一活动的结果是后一活动的开始，而后一活动的结果又是前一活动的开始，活动间相互控制，作用于同一结果。

（3）活动的实现手段。活动的实现手段是指活动的承担者完成活动所采取的具体的技术和工具，它是构成流程的基本要素之一。具体的分工决定了流程的不同形式，而分工又与社会的技术条件，即活动的实现手段存在密切的关系。完成活动的方式的改变可

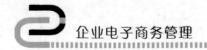

以导致实现统一目标的流程发生巨大的改变。

（4）活动的主体。活动总是由其承担者来完成的，活动承担者的素质高低和数量多少会影响分工的层次和规模。

判断某些活动是否构成一个流程，可以参考以下五条标准：

①是否有特定的输入和输出；

②是否跨越组织内多个部门；

③是否专注于目标和结果，而不是行动和手段；

④组织中的每一个人是否都理解流程的输入和输出；

⑤活动是否都是与顾客及其需求相关，活动之间是否是相互关联的。

2. 业务流程重组的含义

根据哈默与钱皮的定义，业务流程重组就是对企业业务流程进行根本性的再思考和重新设计，从而获得在时间、质量、成本和服务等方面的业绩根本性的提高。可以从以下四个方面更好地理解这一定义。

（1）专注于业务流程。业务流程重组强调关注的对象是企业的业务流程。而在传统的企业中，业务流程常常被企业内部各组织分割成不同的环节而变得支离破碎，人们熟悉企业不同的部门、科室和班组，但不熟悉完整的义务流程。企业的组织机构分工明确，职能的界限十分清楚，而流程既看不见又摸不着，因为散落在不同部门、不同人员之中也没有得到有效的管理，同时处理特定业务流程的各部门之间缺乏有效的沟通，流程进展的如何也很难有人说得清楚。业务流程重组就是要打破职能型组织模式，建立以业务流程为核心的组织模式，使各职能单元更有效地为业务流程运作提供服务性的支持。业务流程重组明确提出关注的焦点是"流程"，一切"重组"工作全部是围绕"业务流程"展开的。

（2）根本性的再思考。"根本性"表明业务流程重组关注的是事物发展的本来面目，而不在乎其"现在是什么样子"，它要求业务人员不断地回答诸如"我们为什么要处理这项业务""为什么非得由我来做而不是别人""为什么必须要用现在这样的方法来做"等问题。对这些根本性问题的分析、思考可能会让企业管理人员发现原来的业务流程设计是过时的，或者根本是错误的，是非改不可的。因此，业务流程重组必须彻底摒弃过去已有的条条框框，不能被现有的运作模式所束缚，要对根本性的问题进行深入的思考。

（3）彻底性的重新设计。"彻底性"意味着业务流程不是对原有流程的简单改良或者调整修补，而是从源头入手，抛弃所有的不合要求的做法，从根本上重新设计新的流程，创造发明全新的完成工作的方法，对企业进行彻底的改革。

（4）根本性的提高。"根本性"的提高说明业务流程重组不是追求一般要求的业绩提升或业务增长，而是要使经营绩效有显著的上升、本质的飞跃。哈默和钱皮为"显著改善"制定了一个目标，即要达到"周期缩短 70%，成本降低 40%，顾客满意度和企业收益提高 40%，市场份额增长 20%"。实际上相当一部分企业的实施结果超过了这个期望，如 IBM 信用卡公司通过业务流程重组使信用卡发放周期由原来的 7 天减少到 4 小时，工作效率提高了上百倍。

三、业务流程重组的基本原则

业务流程重组的实施必须遵从以下原则：

（1）组织设计以流程为中心。组织为流程而定，而不是流程为组织而定。根据业务流程管理与协调的要求设立部门，通过在流程中建立控制程序来尽量压缩管理层次，建立扁平式管理组织，提高管理效率。

传统的企业组织是以职能为中心进行设计的，不同的部门具有不同的职能。这种组织结构使流程消失在具有不同职能的部门和人员之中。业务流程重组就是要实现从职能管理到面向业务流程管理的转变。业务流程重组强调管理要面向产出（或服务）和顾客，将决策点定位于业务流程执行的地方，在业务流程中建立控制程序。从而大大消除原有各部门间的摩擦，降低管理费用和管理成本，减少无效劳动和提高对顾客的反应速度。

（2）用系统的观点注重整体流程最优化。在传统的劳动分工的条件下，不同的部门具有各自独立的职能，各部门都专注于本部门效率的提高，而忽视了企业的整体目标的提升。业务流程重组实际上是系统思想在重组企业业务流程过程中的具体实施，它强调整体全局最优而不是单个环节或作业任务的最优。客户与供应商是企业整体流程的一部分。现代竞争不是单一企业与单一企业间的竞争，而是一个企业供应链与另一个企业供应链之间的竞争。这就要求在进行业务流程重组时不仅要考虑企业内部的业务处理流程，还要对客户、企业自身与供应商组成的整个供应链中的全部业务流程进行重新设计。

（3）充分发挥个人和团队相结合的作用。在传统的组织结构中，基于"作业者没有决策能力"这一假设，决策者和作业者是严格分开的，造成"决策者因为不能及时掌握各种信息而无法做出正确的决策，作业者虽掌握各种信息但因没有决策权只好错失良机"的结果。业务流程重组要求充分发挥每个人在整个业务流程中的作用。重组后的企业业务处理流程要求在每个流程业务处理过程中最大限度地发挥每个人的工作潜能与责任心，流程与流程之间则强调人与人之间的合作精神。只有加强团队合作才能保证业务流程高效、有序、顺畅地进行。

（4）服务对象以客户为中心。客户既包括外部客户也包括企业内部的客户，企业营销人员面对的主要是外部客户，而财务管理、生产、库存等部门接触的主要是内部客户。在传统的组织结构下，每一个员工的工作业绩基本是由"上司"评价决定的，迫使员工以"上司满意"作为自身工作成功的目标，而忽视自身服务对象——客户的需要。业务流程重组的首要的原则是应该把传统的"以上司满意为标准"转变为"以客户满意为标准"，这是检验业务流程重组是否成功的重要条件。

（5）信息资源的一次性获取与共享使用。在传统的业务处理流程中，相同的信息往往在不同的部门都要进行存贮、加工和管理，这其中存在着很多重复性劳动甚至无效劳动。通过业务流程重组，确定每个流程控制点应该采集的信息，并通过信息系统的集成应用，实现信息在整个流程中的共享使用。

四、电子商务与业务流程重组的关系

从 20 世纪 90 年代中后期开始，建立在以网络技术为核心的现代信息通信技术基础之上的电子商务开始在全球范围内蓬勃发展，对业务流程重组的实施起到了推波助澜的作用，与电子商务发展相适应的业务流程重组开始受到关注。

1. 电子商务对业务流程重组的影响

企业的内部管理与外部管理之间关系的调整。在电子商务信息网络媒体手段下，要求企业内外保持良好的互动能力，也即内部管理、内部流程通过网络与外部环境之间的一种互动的能力。电子商务活动已经清楚地告诉我们能够大大减少采购成本，能够放大可选择的采购对象。作为供应者来说可以放大需求者的对象范围，对供应者和需求者都会产生直接的巨大的冲击和变化，因此无论你是作为采购者上网还是作为供应者上网，都必须根据电子商务活动信息规律本身的要求来重组内部的流程体系，改变自己内部的管理标准。在网络化时代，数字化时代，消费者本身的消费行为发生了变化，你如何提供个性化服务，改变大批量少品种的生产方式？如何形成企业内部与外部环境的柔性制造体系？根据用户需要，加以特别的设计，体现在你的流水线上面能够很好地处理这种个性化产品。如何保证原材料供应要求到位，已成为企业商务活动的核心。

（1）企业内部。电子商务的应用将使企业的各职能部门有机地联合起来，如销售部门得到用户的订单，即可通过内部网络把用户的需求迅速传递给设计开发、生产调度、原材料供应、财务核算、仓库管理等各个环节，从而取代了传统的通过大量人工协调的运作方式。这样做既可提高效率，又可减少各种开支，同时还可精简许多机构和人员。

（2）企业外部。电子商务通过电子化的贸易手段把贸易各方连接到一起，使得各种传统的纸质商贸单证被无纸化的"电子数据流"所取代，省去了纸质单据的处理成本，同时使得企业与企业之间、企业与用户之间的联系更加便捷，客户可以更加主动地参与到企业的运作过程中来。

（3）企业商务活动中的"三流"。信息流、资金流及物流将在很大程度上通过网络融合起来，彻底改变传统商务活动中"三流"由不同职能部门控制、由不同员工分散管理的做法，变成了"三流合一"，实现了高效、协调的运作。企业要适应电子商务发展变化，只能通过有效地实施业务流程重组来实现。

所以说，业务流程重组是电子商务发展的必要条件，没有成功的业务流程重组，就没有完整的电子商务，企业也很难真正地从电子商务中获益。换句话说，企业开展电子商务后效益的提高，一方面来自于电子商务本身；另一方面就是得益于业务流程重组。

2. 电子商务的运作需要"电子化业务流程"作为支撑

电子商务的发展趋势已经不言而喻，越来越多的企业都在探索电子商务发展的可行途径。但作为一种全新的业务运作方式，它的成功关键是要把传统优势与网络技术完美地结合起来，使企业的每一个部门、每一位员工、每一个业务伙伴和每一位客户通过网络联结起来，形成由内到外、浑然天成、合二为一的电子商务有机体。如何让这一基于网络的新生命显示出强大的生命力是每一个企业都必须思考的问题。设计出不同于传统业务运作的"电子化业务流程"是电子商务成功的重要条件。

"电子化业务流程"是适应网络市场发展要求的业务流程。因为网络空间的特殊性，企业在实施电子商务的过程中应充分考虑到运用电子化业务流程促进电子商务的发展。网络把顾客、供应商和企业整合在一起，但这只是企业开展电子商务的必要条件，关键是还要通过网络把计划、采购、销售、设计、生产等各项职能通过"电子化业务流程"来完成。

3. 业务流程重组是电子商务发展的核心环节

电子商务具有降低交易成本，减少库存、缩短生产周期、减轻对实物基础设施的依赖等优势，但这些优势的取得并不是网络和通信技术的简单体现。事实证明，只利用网络工具实现商务的电子化并不能取得这些优势。

相反，若只是投入大量电子设备和网络工具的使用，而没有业务流程重组与其相配套，只会使企业"劳民伤财"。对任何企业来说，在它现有的业务流程中都会存在着或多或少不合理的地方，如果不能够对这些不合理的流程进行彻底重组，而仅仅是将现有的业务流程通过电子商务来实现，则电子商务实施的效果可想而知。不但不能提高企业的运作效率和经济效益，反而会因为"电子化障碍"而使业务流程运作更加低效，成本反而更高。所以说，实施电子商务就是要消除业务流程中一切非价值增加部分，去掉不符合电子商务发展要求的因素，使得业务流程大幅度简化，从而大大降低运作成本，只有这样才能使电子商务的革命性力量真正得到释放。

4. 电子商务为实施业务流程重组指明了方向

电子商务是现代信息技术和商务过程高度结合的产物，是大势所趋。业务流程重组的实施要适应这一潮流并以此作为目标，以便更有效地开展电子商务服务。

在电子商务时代，传统商务方式无论从效率方面考虑，还是从成本、速度上对比，都无法与电子商务相比。电子商务是企业走向世界市场、参与世界范围内竞争的最有效途径之一。而业务流程重组以彻底的变革和创新为手段，目的也是为了提高企业适应市场、增强自身竞争力的能力。所以说，电子商务在速度、质量、成本和服务等方面的要求，实际就是业务流程重组的方向和目标。

5. 企业内联网为业务流程重组提供了理想的工具

企业内联网是指具有互联网功能的企业内部网络，是受网络防火墙保护的企业内部的互联网。企业内部互联网是企业开展电子商务的重要条件，同时也是企业实施业务流程重组的重要载体。

利用内联网实施业务流程重组的优势有以下六个方面：

（1）加强外部资源的开发和利用。内联网与互联网可以做到无缝对接，可以使企业充分利用外部资源，特别是能把合作伙伴和客户的各种信息通过网络传入企业内部的各个环节。

（2）方便企业内部的合作、沟通与协调。运用 Web 的发布技术、电子邮件、新闻组等方式可使得企业信息的分散与收集更加方便，这样易于管理，可以大大提高企业内部交流、沟通、合作和协调能力。

（3）内联网提供统一的浏览器界面，方便运用。

（4）内联网的构建投资少、技术要求不高。一套服务器和配以其他软硬件设备即可组建成企业内联网络，投资少、技术要求相对较低。对大量的中小企业来说，花少量的投资便可组建起内联网，并可通过内联网实施过去可望而不可即的业务流程重组。

（5）内联网有利于员工素质的提高，进一步推进业务流程重组的实施。内联网使得企业内部的信息和知识为员工所共享，对提高员工的工作效率和学习能力大有帮助，从而有利于提高员工的整体素质。员工通过使用内联网，会更充分地认识到业务流程重组的必要性和可行性，使得业务流程重组得到更好的实施。

（6）内联网。有利于扁平化组织结构的形成，促进团队之间的交流与合作，对创新、开放、追求速度的企业文化形成也有很大的作用。

由于内联网所具有的这些独特的优势，内联网无疑将成为未来企业实施业务流程重组的主要的信息载体，并将与电子商务的发展同步推进，相得益彰。

第二节　电子商务业务流程重组的实施

开展电子商务业务流程再造，所需变革的规模和范围意味着主要的挑战可能并不在于理解和实际流程，而是在于实施这些变革，从而取得预期的改进目标。

一、电子商务业务流程重组原则

活动有增值活动与非增值活动之分。增值作业，即是顾客从产品和服务中得到他们所需要的价值的作业。例如，客户需要的功能和质量要求、客户的个性化需求、方便性等；非增值的必要作业，即顾客不愿意为此类作业支付报酬，但是由于一些原因，它们是必要的。例如，财务核算、人力资源管理等；非增值作业，即在顾客看来是不增值工作，他们不愿为之支付报酬；从业务非增值的原因来分析，有些工作也是不需要的。例如，服务延误造成的成本、质量缺陷的成本。

企业业务流程重组的最终目的是以某种方式为客户"增加价值"。业务流程重组或优化的重点和首要的工作就是要消除非增值活动。BPR 常采用 E（清除）、S（简化）、I（整合）和 A（自动化）四种方法来消除业务过程中的非增值作业。

1. E——清除

识别和清除非增值活动。我们知道，在公司的原有流程中，存在相当数量的非增值价值活动。通常包括业务过程中的过量的产出、过量的库存、活动间的等待、不必要的运输、反复的加工、质量缺陷和工作失误、重复的活动和跨部门的协调等。

2. S——简化

在尽可能清除了非必要的非增值环节后，对剩下的活动仍需进一步简化。一般来说可从业务流、物流和信息流三方面进行考虑。业务流简化是打破部门间的壁垒，按照流程的需要设置组织和岗位，使业务流更加简捷、通畅；物流简化是通过调整任务顺序或增加必要信息的提供，减少物流的环节和等待时间；信息流简化是通过实现信息的单点输入，减少信息录入工作量，并确保信息的一致性。

3. I——整合

将原来分散的作业任务合并成一个流程作业任务，实现流程之间的单点接触，减少重复作业和作业间的传递，提高流程执行的准确性和效率；把散落于各个部门的人挑选出来并组织成团队，以团队整体的形式为流程服务。这种团队因一特定的任务而产生，也因任务的完成而解散，必要时再根据新任务的要求重新组织团队，减少交接手续，促进信息共享。整合的内容包括业务活动的整合、团队的整合和供应链的整合。从中不难看出，对企业业务流程进行重组实际上就是运用系统思想对企业中各种组织资源进行优化组合，以达到最佳效果，但它所追求的是正义最优而不是单个环节和作业任务的最优。

4. A——自动化

信息通信技术贯穿于流程重组的全过程，没有信息通信技术的强有力推动，流程重组就无从谈起。应对整合后的流程进行管理手段的自动化，以保证新流程能够有效地、持续地执行下去。一方面，企业必须采用与现代信息技术相适应的管理自动化手段，才能使新的流程运作得到有力的保障；另一方面，信息化管理对人们作业习惯的随意性也有很强的约束力，对于规范人们的管理行为，保证新流程的实施具有非常好的引导作用。一般来说，处理重复性的工作、信息的单点采集和数据分析等几个方面是管理自动化的重点。

流程重组是在以往全部管理科学研究与实践基础上，充分运用现代信息技术和网络技术进行的一场全新的管理革命。流程重组使人们重新认识企业本质和企业运营过程的结果，摆脱僵化的企业观念，使企业以更为灵活而开放的形态展现在世人面前。无论在管理理论上，还是在管理实践上，它都具有无可比拟的革命性意义。

二、业务流程重组实施的程序

一般来说，适应电子商务发展的业务流程重组的实施都要经过一些基本的环节。电子商务发展的背景下推进业务流程重组的实施必须在业务流程重组一般原则的指导下有步骤地进行，具体可以分成以下几个步骤：构建重组团队；识别现有流程并绘制流程图；选择待重组流程；重新设计流程；评估新设流程；实施改进流程等。

1. 组建实施业务流程重组的团队

企业重组是关系到整个企业命运、前途和业务的大工程，并非由一两个热心重组的人就能够完成，而是需要建立起坚实的组织结构，有组织、有计划地再造工程。由于业务流程重组涉及面很广，对各个部门和员工利益的冲击较大，必然会遭遇各方面的抵触情绪，再加上员工固有的惰性，开始之初难度相当大。因此，必须有很好的领导和组织保证。换句话说，一个重组工程组织至少应有两方面人员组成：指导委员会和重组团队。

（1）重组指导委员会由企业的高层领导所组成，它负责制定企业重组的总体战略，监督重组的进度，把握重组工程的方向。指导委员会应是重组中的首要角色，因为他们可以把握重组的方向，纠正重组中可能出现的偏差。

因而，领导者要有激情，对流程重组行动要有强烈的认同感，要有强烈的沟通和组织协调能力。重组流程是一种自上而下的行动，必须要由企业领导亲自推动，为流程重组的实施排除各种障碍。事实证明，一些企业的流程重组行动之所以流于形式、虎头蛇尾，跟领导者缺乏强有力的支持和推动有关。所以，为推进业务流程重组的顺利实施，领导者必须身体力行，要有坚定的信念，要充分发挥员工在业务流程重组中的主观能动性和创造性。但也有人认为，只有一些大型企业才需要指导委员会，而对于一般企业来说，指导委员会往往会起副作用，决定重组成败的是重组团队工作的好坏。

（2）企业重组的次要因素是重组队伍，流程重组成员中必须有合理的组成，不仅要有企业内部成员，还需要有外部成员出谋划策。外部成员一般是企业精心挑选的咨询顾问或有关专家。IBM 信贷公司在进行流程重组的工作时就从外部专门聘请流程重组的顾问，协调研究从根本上解决问题的办法。外部人员不在被重组的流程中工作，所以看问题会更客观，也敢于提出各种新见解，这使得团队的视野变得更加开阔。

团队成员的能力、水平和知识结构都十分重要，因为这在很大程度上决定了重组工作的成败。因此，在组建团队时对成员的要求很高，挑选也必须比较严格。

团队成员一般要具备下列三个方面的条件：

①团队成员应明确业务流程重组和电子商务的基本思想。团队成员必须转变传统的观念，要从过去长期建立在亚当·斯密的分工理论基础上所形成的管理理念中跳出来，打破原有职能部门的界限，实施"以作业流程为中心"的流程重组。这对重组团队中的每一个成员提出了新要求，团队中包括一些技术人员，可能他们并不熟知这些基本思想，因此，对他们进行一定的理念熏陶和电子商务业务知识等方面的培训是十分有必要的。

②团队应多吸收具有各方面专业知识的复合型人员。通过重新整合业务流程，对外部顾客来说，流程变得简单了、方便了；而内部的工作必然会变得更加复杂，如原本由几个人做的工作现在有可能需要由一个人来完成了。这对团队中的成员提出了很高的要求，既需要其具备相当的技术水平，还需要懂得一定的管理知识，并要有较强的创新能力。因此，重组团队成员要少而精，即使是外聘人员也应严格要求，宁缺毋滥。

③团队成员应具有良好的团队协作精神。业务流程重组是一项复杂的系统工程，这不是一个人或几个人各自为政就能做好的。重组流程团队成员的挑选，一方面要强调入选者具有一专多能，另一方面必须要其具有良好的团队协作精神。流程重组要求发挥团队精神、群策群力，充分利用集体智慧，需要大家为一个共同的目标前进。

2. 核心流程分析和备选流程选择

组建好团队之后，接下来就进入实质工作阶段。

一般来说，一个企业不会同时对其全部流程进行再设计，因为这样既不可行，也没有必要。待重组流程应根据企业的实际情况，分轻重缓急，有计划、有步骤地进行。流程再造小组与高层管理者利用竞争分析、价值链分析、关键成功因素分析等技术方法，对公司的各种业务流程在公司战略中的重要性进行评估，确认支持公司目标的主要流程。这些主要的流程在理论上可能是产品流程、服务流程或管理流程，依据这些流程与公司目标之间关系的重要程度，将这些主要的流程进行排序，并选出其中最重要的一个流程作为起始的重组项目，即流程重组的备选流程。选定的备选流程应该是企业的核心流程，核心流程由企业竞争优势的相关流程和活动、决策、信息及物流等组成。

由麦肯锡公司提出的核心流程技术分析法，就是从跨职能的部门与其他部门之间的联系入手，将改进工作与一系列共享的战略目标相联系，把公司的业务看作是由三到四个核心流程组成的，使核心流程消除了职能分工和地理分布造成的业务单位与公司的边界线，从而减少了对生产数量、完全成本、质量等产生的影响。核心流程的确认要求公司管理层对价值链进行重新思考，对组织结构进行重新评价。

在核心流程的确认过程中，有四条原则比较实用：

①核心流程应明确竞争的战略方向和关键问题；

②核心流程应有明确的所有者和用户；

③核心流程的定义应当被外部用户清楚理解，就像被内部职员清楚理解一样；

④核心流程之间的依赖应当分散而且最小化。

IBM公司的信贷业务，在传统业务流程下，每份贷款申请无论其数额大小，完成整个业务流程平均需要一周时间，甚至有时需要两周。而且，在申请表进入流程后就完全与销售业务代表无关，销售业务代表也就无法清楚了解其处理的进程。从市场销售的立场来看，这样的过程实在让人忍无可忍。客户可能去寻找其他的融资渠道，IBM信贷公司失去一笔又一笔的贷款业务；更为严重的后果是，客户可能因为对融资服务的不满而放弃与IBM的合作，转而与竞争对手公司进行交易，尤其是小订单的客户。对这样已经到了非改不可的业务流程，企业必须花大力气进行彻底的重组。

3. 再造流程分析和流程重新设计

在这一阶段，需要完成的工作主要包括：对备选流程的进一步分析；制定流程重组计划；对备选流程进行诊断，分析流程中存在的病状；重新设计流程；设计与之相适应的人力资源结构；选择电子商务平台等。

（1）备选流程的进一步分析。了解公司的战略目标、备选流程以及可能采用的电子商务技术工具之后，高层管理队伍下一步应当对备选流程以及它们与公司为客户提供产品和服务的关系进行深层次的评价，通过运用一致性分析方法，对每一流程中的关键行为的潜在影响进行讨论和确认。一致性分析的结果表明每一流程重组的难易程度。对每一流程的深层次分析完成之后，应当把流程按有关的标准进行优先排序，如与公司目标关系的重要程度、电子商务技术工具的可行性、重组的困难和风险程度等。通过优先排序，选出最关键的流程，决定对该流程进行重组。在决定了一个流程重组时，应当将该流程的定义和边界线描绘出来，去除流程重组中所有的模糊成分，同时应当明确资源的评价和深层次的预选问题，以进一步确认所选定的流程。

（2）制定流程重组计划。流程重组工作小组应根据核心流程的进一步分析，确定流程重组的项目计划，大致描述项目的资源要求、预算、历程以及要达到的目标。在确定流程重组要达到的目标时，需要设置高水平的"延伸目标"，通常延伸目标是以世界一流标准为基础的，或以行业领导者所设立的"最好的实践"来确定的，此外还要提供判断项目成功与否的流程属性标准。根据流程的初步分析，流程重组的行为目标可能是非常宏大的，但重新设计的流程是可以得到的。这种行为目标应当直接来自以市场为基础的公司目标，如较好的产品质量，较高的顾客与供应商满意度以及最短的送达时间。为确立流程属性，采纳流程用户需求分析是明智的，该分析包括最终流程用户需求分析，目的在于确保流程目标和属性支持所确定用户的需求。

（3）对备选流程进行诊断。诊断分析阶段应当使重组项目所有工作文件化（包括捕捉活动、资源、控制、商务规则和信息流），并认真分析现有流程的症状。

重组流程需要了解现有流程，包含活动、信息以及其他相关流程特性之间相互关系的表达，这个过程必须发展成一个深层次的流程图，并把它分解成若干个子流程，甚至进行几个层次的分解可能也是必要的。通过对现有流程的识别，绘制出流程图，为流程重组提供依据。识别流程要改变过去以不同的职能描述工作的做法，把关注的焦点放在流程上，把某一任务有关的各项活动和它们之间的关系描述出来，这就是流程图。有了流程图就可以直观地认识流程、分析流程以及对流程进行再设计。

（4）重新设计流程。开发设计的关键是充分释放重组小组的创造力，这一步工作一般是通过头脑风暴会议来完成的。通过使用一些创造性技术和启发性的语言去激发新的思维，或者采用公开论坛和非关键因素讨论的形式以引导大家产生新的设计思想。这些思想往往是一种创意而不是详细的方案，须制定一个全面的训练和教育计划以使员工能够更好地了解新职务所要求的技能和知识。这样既可以加强小组成员之间的有效合作，又可以充分发挥个人的技能和知识水平。

（5）选择电子商务平台。对电子商务平台的选择，要考虑信息技术对支持公司本身及其分布式系统结构的通信要求，并可以通过广域网与供货商、零售商以及用户相连接。出于灵活性和经济性的考虑，要求降低以主体框架为基础的系统规模，倾向于使用局域网；对于信息分享的要求取决于公司的范围，而不是决定于流程数据库的设计要求。公司按照这些方面的要求来选择电子商务平台时，应考虑与企业整体的信息系统的结构相匹配。信息服务专家以及重组小组的其他成员可以从计划、内部操作、成本、技术可行性以及系统发展等方面考虑，选择支持重新设计流程的最佳的电子商务平台方案来执行。

4. 试制与切换

制造新的业务流程模型，用直观的方式描述新的流程并在一定程度上向高层管理者展示流程和特性、工作流、职务分配、信息基础以及系统要求等，这与传统的信息系统意义上试制的思想很相似，用传统的系统行为作为试验的对象以便得到用户真实的反馈。通过使用角色扮演、文件处理测试以及工作流程设计等方法以确认流程进一步改进的机会，全部流程的各个更换将被实际演练，以便试制在传统的系统中被广泛使用。信息服务专家对于试制也是非常熟悉的，他们有资格承担这些试制工作。流程再造小组则对试制过程进行检验和评价，并向管理层提供是否采纳最终流程设计方案的判别标准。如果被采纳了，就需要对流程各个阶段的人力资源的重新组织、信息服务的开发和执行、流程程序的简化等提供整体的策略方案。

5. 对业务流程重组的评审

经过流程重组后，虽然设计出了新的流程，但这些流程是否能达到企业的目标、是不是都可行，还有待于进一步评估。主要工作包括：

①写出流程重组的代价与收益分析报告；

②评估实施新流程将会对企业竞争地位产生的影响；

③评估新流程对企业组织结构和顾客及供应商等外部因素的影响；

④为高级管理者提供可资参考的案例；

⑤向公司高级经理人员汇报流程重组的方案，使得项目得以实施。

以上知识是业务流程重组进行评审时一般要求的工作，不同的企业对此的要求是不一样的。评估工作要根据企业的目标来展开，并建立起有关成本、效益、风险等方面的评估标准，据此对前一阶段的重组行动方案做出评估，从中选出最适合的方案。

对重新设计流程的评价和诊断的有效反馈环必须存在，这样的一个反馈环，一方面提供对重设计流程行为的审计，另一方面也为新流程的进一步调整提供依据。新流程与它所使用的信息技术的协调是要有一个过程的。新流程的执行过程应该是一个不断调整的过程，直到系统最终达到可接受的行为结果为止。

6. 实施和改进

全新的流程设计好了以后接下来便是付诸实施。企业在实施业务流程重组时，应选择一些小的范围先进行实验性的运作，然后再全面实施。

一般步骤为：

（1）选择进行试点的流程。在选择试点流程时应考虑选择成功概率高而且效果明显的流程，以保证能为其他流程重组的实施提供经验。

（2）组建新流程实施的团队。在新流程中，任务是由团队来完成的，在进行试点时，组建新流程实施的团队既可检验流程的效果，又可以提出改进的建议和策略。

（3）选择新流程的服务对象和外部参与者。最好选择一些对流程重组活动有所了解的客户和供应商等，这样才会达成默契，体现出相互合作的关系。

（4）实施试点流程并提出改进意见。对实施过程中发现的不足和不符合要求的地方要进行及时的改进，条件成熟后就可以考虑在大范围内实施。

实施新流程还应做到以下四个方面：

①符合电子商务发展的要求，更好地促进电子商务的发展；

②新流程的实施需要与公司员工进行沟通，既要调动他们的积极性为新流程实施服务，又要让他们能对流程的改进以及完善提供支持；

③制定新流程的培训计划并对员工进行培训；

④制定出阶段性实施计划，定义出关键性的衡量标准以进行周期性的评估。

三、重组流程应达到的要求

经过重组后的流程应该做到以下五点：

（1）以顾客利益为中心，以提高效率、市场占有率和企业的经济效益为最终目标，改变过去把完整的业务流程分成若干任务而导致的只是满足顾客需要的做法。

（2）经营快速、高效、灵活，对市场变化能做出快速反应。

（3）通过网络的连接，使企业内部和合作伙伴之间做到信息实时共享。

（4）各种生产要素得到优化组合，形成新的以员工为中心的团队工作模式。

（5）重组企业的组织结构，建立起灵活多样的正式组织和非正式组织，彻底改变传统的以大量中层管理人员为特色的"金字塔型"的组织结构，使其成为扁平化、小型化、弹性化、虚拟化、网络化的新型组织结构。

第三节 组织模型及适合的业务流程

一、电子商务业务流程重组的组织模型

1. 业务流程重组的原则及传统业务流程的问题

业务流程重组组织结构应该以产出为中心。这条原则是说应该由一个人或一个小组来完成流程中的所有步骤，围绕目标或产出不是单个设计人员的工作。让那些需要得到流程产出的人自己来执行流程。过去由于专业化精密分工，企业的各个专业部门只做一项工作，同时又是其他部门顾客，例如行政部门进行行政工作，如果该部门需要一些办公用品就只能求助于采购部。于是采购部就需要寻找供货商，讨价还价，发出订单，验收货物然后付款等一系列工作。但是采购部门应将精力集中在生产物料需求或贵重货物购买等业务上，对于公共用品的采购，这一流程就显得没有价值了，并且流程过长，效率低下。因此，可以通过共享数据库和业务专家管理系统，由行政部门自己做出采购计划，并发出订单、验收货物。

2. 改进方案

流程的控制点是这个流程的最终负责点，因此，控制点的责任人代替了原来的金字塔型管理中的业务部门负责的管理模型，管理因此而扁平化。

扁平化管理能够在世界范围内大行其道，究其原因：

（1）分权管理成为一种普遍趋势。金字塔型的组织结构是与集权管理体制相适应的，而在分权的管理体制之下，各层级之间的联系相对减少，各基层组织之间相对独立，扁平化的组织形式能够有效运作。

（2）有助于企业快速适应市场变化的需要。传统的组织形式难以适应快速变化的市场，为了不被淘汰，就必须实行扁平化。

（3）适应现代信息技术的发展。计算机管理信息系统的出现，使传统的管理幅度理论在某种程度上不再有效。虽然管理幅度增加后指数化增长的信息量和复杂的人际关系大大地增加了管理的难度，但这些问题在计算机强大的信息处理能力面前往往都能迎刃而解。

3. 扁平化组织的特点

扁平化组织与传统的科层制组织有许多不同之处。科层制组织模式是建立在以专业分工，经济规模的假设为基础之上的，各功能部门之间界限分明。这样建立起来的组织必然难以适应环境的快速变化。而扁平化组织，需要员工打破原有的部门界限，绕过原来的中间管理层次，直接面对顾客和向公司总体目标负责，从而以群体和协作的优势赢得市场主导地位的组织。扁平化组织的特点是：

（1）以工作流程为中心而不是部门职能来构建组织结构。公司的结构是围绕有明确目标的几项"核心流程"建立起来的，而不再是围绕职能部门；职能部门的职责也随之逐渐淡化。

（2）纵向管理层次简化，削减中层管理者。组织扁平化要求企业的管理幅度增大，简化烦琐的管理层次，取消一些中层管理者的岗位，使企业指挥链条最短。

（3）企业资源和权力下放于基层，顾客需求驱动。基层的员工与顾客直接接触，使他们拥有部分决策权，避免顾客反馈信息向上级传达过程中的失真与滞后，大大改善服务质量，快速地响应市场的变化，真正做到"顾客满意"。

（4）现代网络通信手段。企业内部与企业之间通过使用 E-mail、办公自动化系统、管理信息系统等网络信息化工具进行沟通，大大增加管理幅度与效率。

（5）实行目标管理。在下放决策权给员工的同时实行目标管理，以团队作为基本的工作单位，员工自主做出自己工作中的决策，并为之负责；这样就把每一个员工都变成了企业的主人。

小贴士：戴尔案例三——戴尔的成功转型

传统企业成功向互联网和电子商务转型最成功的例子是戴尔。戴尔一开始还只是一家通过电话直销电脑的公司，尽管也很成功，但当互联网革命开始之时，其毫不犹豫地选择了把握机遇，将自己的全部业务搬到了网上去，并按照互联网的要求来对自己原有的组织和流程进行梳理，开发了包括销售、生产、采购、服务全过程的电子商务系统，并充分利用了互联网手段，为用户提供个性化定制和配送服务，大大提高了客户的满意度，奇迹般地保持了多年50%以上的增长速度，成为当今世界最大的电脑厂商之一，也对其他转型较慢的竞争对手形成了巨大的威胁和挑战。

从戴尔我们看到，企业在开展了电子商务业务后给企业内部传统的组织结构带来很大的冲击，他打破了企业传统的职能部门之间所依赖的分工与协作关系。企业的传统作业方式、信息处理方式和资金调度方式都可能不适应电子商务环境下新的要求。电子商务体系将重新处理企业的物流、资金流和信息流。电子商务企业结构的扁平化，以及决策的相对集中都要求企业实施业务流程重组，在信息流方面借助现代信息技术手段，实现高效传递。决策过程将在信息流的支持下，更快捷高效。企业的管理信息系统在为决策者提供足够的信息的同时也将与合作伙伴实现信息共享，这样才足以支持电子商务的正常运行。电子商务要求企业的各部门并行工作来完成整个营销过程。在电子商务环境下，企业组织单元间的传统边界将被打破，生产组织形式将重新整合，并开始建立一种直接服务于顾客的工作组合。

二、适合电子商务的业务流程

企业的业务流程是一个从购进原材料到交付产品给客户的连续过程。一般而言，企业的流程包括运营流程和管理流程两大类。运营流程与满足顾客需求、创造企业价值密切相关，往往反映了该企业的业务范围和价值链，通常包括订单的获取与完成流程、新产品研究与开发流程、生产计划与制造流程、物料采购流程、售后服务流程等。管理流程是为了管理控制和保证运营流程的执行。一般包括人力资源管理流程、战略管理流程、财务管理流程、信息系统管理流程等。以下我们就几个企业业务流程进行简单的分析。

在过去的几十年里，企业使用了多种电子通信工具来完成各种交易活动。银行使用电子资金转账（EFT）技术在全球范围内转移顾客的资金，各种企业使用电子数据交换（EDI）技术发出订单，寄送发票，零售商针对各种商品做电视广告以吸引顾客电话订货。

1. EDI 的概念

EDI 是英文 Electronic Data Interchange 的缩写，中文可译为"电子数据互换"，港、澳及海外华人地区称作"电子资料联通"。它是一种在公司之间传输订单、发票等作业文件的电子化手段。它通过计算机通信网络将贸易、运输、保险、银行和海关等行业信息，用一种国际公认的标准格式，实现各有关部门或公司与企业之间的数据交换与处理，并完成以贸易为中心的全部过程，它是 20 世纪 80 年代发展起来的一种新颖的电子化贸易工具，是计算机、通信和现代管理技术相结合的产物。国际标准化组织（ISO）将 EDI 描述成"将贸易（商业）或行政事务处理按照一个公认的标准变成结构化的事务处理或信息数据格式，从计算机到计算机的电子传输"。而 ITU—T（原 CCITT）将 EDI 定义为"从计算机到计算机之间的结构化的事务数据互换"。又由于使用 EDI 可以减少甚至消除贸易过程中的纸面文件，因此 EDI 又被人们通俗地称为"无纸贸易"。

从上述 EDI 定义不难看出，EDI 包含了三个方面的内容，即计算机应用、通信、网络和数据标准化。其中计算机应用是 EDI 的条件，通信环境是 EDI 应用的基础，标准化是 EDI 的特征。这三方面相互衔接、相互依存，构成 EDI 的基础框架。

EDI 具有如下优点：

（1）迅速准确。在国际、国内贸易活动中使用 EDI 业务，以电子文件交换取代了传统的纸面贸易文件（如订单、发货票、发票）双方使用统一的国际标准格式编制文件资料，利用电子方式将贸易资料准确迅速地由一方传递到另一方，是发达国家普遍采用的"无纸贸易手段"，也是世贸组织成员国将来必须使用和推广的标准贸易方式。

（2）方便高效。采用 EDI 业务可以将原材料采购与生产制造、订货与库存、市场需求与销售，以及金融、保险、运输、海关等业务有机地结合起来，集先进技术与科学管理为一体，极大地提高了工作效率，为实现"金关"工程奠定了基础。安全可靠在 EDI 系统中每个环节都建立了责任的概念，每个环节上信息的出入都有明确的签收、证实的要求，以便于为责任的审计、跟踪、检测提供可靠的保证。在 EDI 的安全保密系统中广泛应用了密码加密技术，以提供防止流量分析、防假冒、防否认等安全服务。

（3）降低成本。EDI 系统规范了信息处理程序，信息传递过程中无须人工干预，在提高了信息可靠性的同时，大大降低了成本。

由于 EDI 的这些技术性能，因此 EDI 的兴起标志着一场全新的、全球性的商业革命的开始。

2. 电子商务的业务流程

在很多情况下，一些业务流程使用传统的商务活动可以更好地完成，这些业务流程无法通过实施新技术得以改进。那些顾客愿意亲手触摸、仔细检查的产品的就很难通过电子商务来销售。为了在网上成功销售，公司必须能够将销售规划技能移植到网站上。有些商品由于其销售规划技能更适宜网络，这些商品就更容易在网上销售。

决定商品是否适用于电子商务业务流程的特征是商品的运输规格。所谓运输规格，是指影响商品包装和运输难易程度的所有特征。商品价值/重量比是指运输费用占商品售价的比例，价值重量比高的商品适用于电子商务业务流程，如飞机票。固定大小、形状和重量商品的储存和运输业比较简单，成本也不高，运输规格只是一个影响因素，珠宝业属于价值重量比高的商品，但没有不亲自挑选就下单购买的顾客，除非知名店铺销售并且能够无条件退还。诸如索尼 CD 播放器等知名品牌和商品比起不知名的商品更容易在网上销售。因为品牌的信誉降低了购买者在不能亲见商品就下单购买时对商品质量的担心。

适合电子商务业务流程的商品是销量不大而目标市场所处的地域又非常分散。如有收藏价值的漫画书。对于那些需要个人销售技巧的商品（如房地产销售）或者个人建议对估价影响很大的商品（如高档时装，股东或易变质的食物）来说，更适合通过传统商业渠道销售。如果业务流程既具有商品化的特征又需要消费者的亲自接触，这种业务就要求电子商务和传统商务的结合。例如，很多人通过互联网搜集汽车信息，Autouytel 公司在新车交易上非常成功。大多数接受 Autouytel 服务的客户此前已经在汽车经销商那儿试开了感兴趣的车，所以愿意通过 Autouytel 购买定制的新车。相反，没有人愿意不经过检查就在网上直接购买二手车。电子商务可以向买主提供汽车车型，款式和价格信息，但由于二手车车况千差万别，交易时需要传统商务为顾客提供亲自接触汽车的机会。目前的技术还不可能使顾客通过互联网进行驾驶测试。

本章小结

流程是指未完成某一目标（或任务）而进行的一系列逻辑相关的活动的有序集合。业务流程重组就是对企业业务流程进行根本性的再思考和重新设计，从而获得在时间、质量、成本和服务等方面的业绩根本性的提高。电子商务流程是指通过计算机联网和通信技术而进行一系列有关商务活动的有序集合。电子商务流程设计的原则有清除、简化、整合和自动化。电子商务业务流程重组的基本步骤有组建实施业务流程重组的团队；核心流程分析和备选流程选择；再造流程分析和流程重新设计；试制与切换；对业务流程重组评审；实施和改进重组流程。电子商务流程重组采用扁平化的组织模型。银行使用电子租金转账及时在全球范围内转移顾客的资金，各种企业使用电子数据交换技术发出订单，即送发票，零售商针对各种商品作电视广告以吸引顾客电话订货。

【案例讨论】 福特汽车公司 业务流程重组

福特汽车公司是美国三大汽车巨头之一，但是到了20世纪80年代初，福特像美国其他大企业一样面临着日本竞争对手的挑战，因而计划想方设法削减管理费用和各种行政开支。位于北美的福特汽车公司有三分之二的汽车部件需要从外部供应商购买，为此需要有相当多的雇员从事应付账款管理工作。在进行业务流程重组之前，北美福特汽车公司的应付账款部门雇员有500多人。最初，管理人员计划通过业务处理程序合理化和应用计算机系统，将员工裁减到最多不超过400人，实现裁员20%的目标。日本马自达公司在福特公司占有22%的股份，而在马自达汽车公司做同样工作的人只有5个人。尽管两个公司在规模上存在一定的差距，但5∶500的差距让福特公司震惊了。为此，福特公司决定对公司与应付账款部门相关的整个业务流程进行彻底重组。

福特汽车公司应付账款部门的工作就是接收采购部门送来的采购订单副本、仓库的收货单和供应商的发票，然后将三类票据在一起进行核对，查看其中的14项数据是否相符，绝大部分时间被耗费在这14项数据由于种种原因造成的不相符上。

业务流程重组后，应付账款部门不再需要发票，需要核实的数据项减少为三项：零部件名称、数量和供应商代码，采购部门和仓库分别将采购订单和收货确认信息输入到计算机系统后，由计算机进行电子数据匹配。最后结果是：应付账款部门的员工减少了75%，而不是原计划的20%。

从福特汽车公司的业务流程重组中可以看出，业务流程重组不能仅面向单一部门，而是作为企业全局的业务流程来处理。倘若福特公司仅仅重组财务应付账款部门，那将是徒劳无功的。正确的重组过程应将注意力放在整个物料获取的流程上，其中涉及采购、仓库和财务应付账款部门，才能获得根本性改善的成就。

类似的案例还有很多，如 IBM 信用卡公司（IBM Credit Corporation）通过业务流程重组工程，使信用卡发放周期由原来的七天缩减到四个小时，即提高生产能力 100 倍；柯达公司对新产品开发实施企业业务流程重组后，结果把 35 毫米焦距一次性照相机，从产品概念到产品生产所需要的开发时间一下缩减了 50%，从原来的 38 周降低到 19 周；一家美国的矿业公司通过流程重组实现了总收入增长 30%，市场份额增长 20%，成本压缩 12%，以及工作周期缩短 25 天的好成绩；欧洲一个零售组织将工作周期缩短了 50%，并使生产率提高了 15%；一家北美化学公司的订单传递时间缩短了 50% 还多，所节约的成本超过了 300 万美元。

案例讨论题：

1. 业务流程重组是在什么样的背景下提出的？
2. 请另选案例进行业务流程重组分析。

思考题

1. 什么是业务流程重组，它是在怎样的背景下提出的？
2. 业务流程重组与电子商务业务流程重组的原则分别是什么？
3. 请简述电子商务对业务流程重组的关系。
4. 如何实施业务流程重组？
5. 适用于电子商务业务流程重组的组织模型是什么？它具有哪些特点？
6. 什么是 EDI？为什么说它适用于电子商务业务流程重组？

第十三章　电子商务财务管理

本章要点

- 理解财务管理的概念、特点及目标
- 了解电子商务给企业财务管理带来的挑战
- 掌握网络财务的概念及优势
- 了解电子商务财务系统的开发与建设过程

开篇案例：IT 技术引领财务网络报销新革命——网络报销系统

企业发展到一定阶段必然会遇到各种"瓶颈"，阻碍企业前进的步伐，其中财务报销与日益复杂的报销流程之间的矛盾将显得尤为突出。具体表现在企业决策层领导无法掌控资金流，决策过程中无法及时获得合法数据或相关材料支持；财务人员手工录入记账凭证，重复而机械的工作耗费大量精力；财务工作无法精细，安全级别不高，无法与财务系统对接，且以现金支付报销款项存在资金安全问题；员工进行报销需经过一道道烦琐的过程，遇到特殊情况无法完成审批付款，无法提升工作效率。

针对传统费用报销的弊端，众多国内外知名企业率先在信息化建设中导入网上报销系统，实现卓越的内部财务控制，将现代内控整体提升为企业管理决策层面的控制。内部管理很重要的一块是通过对业务流程的控制来实现的，IT 技术的发展使得网络应用于企业成了可能。

网络报销系统是一个面向财务管理的内控管理系统，其费用审批的流程依据企业的组织架构、管理制度、业务体系等自定义设计，部门内部、部门与部门之间，都可以在决策、执行、监督等各个环节上通过流程实现相互监督的机制。可涵盖预算、报销、凭证、报表等，将流程管理贯穿整个财务管理的始终，将风险控制提前到事前、事中，使公司的财务管理实现实时控制和远程监管，改善管理盲区。

IT 技术的发展必将体现在企业的应用上，财务报销流程由烦琐的纸质桌面化时代向网络化时代的转变，更加进一步印证了企业腾飞不可缺少 IT 技术的应用。IT 技术与企业管理完美结合，必将破除企业发展"瓶颈"，达到互利双赢的效果。

资料来源：

http://bbs.sogou.com/301626/b-8GrtV9nyNJBAAAA.html

讨论题：

1. 网络报销系统相对于传统的报销流程有哪些优势？
2. 网络报销系统的出现体现了企业财务管理怎样的发展趋势？

第一节　财务管理概述

以计算机技术、网络技术、通讯技术为代表的信息技术与企业财务管理的融合，改变了传统意义上的时空限制，为企业在更大范围内实现信息交流、资源共享及有效的管理和控制提供了良好的环境，同时也为企业财务管理提供了一个网络平台。

一、财务管理定义

财务管理（Financial Management）是在一定的整体目标下，关于资产的购置（投资）、资本的融通（筹资）和经营中现金流量（营运资金），以及利润分配的管理。西方财务学主要由三大领域构成，即公司财务（Corporation Finance）、投资学（Investments）和宏观财务（Microfinance）。其中，公司财务在我国常被译为"公司理财学"或"企业财务管理"。

二、财务管理的特点

企业生产经营活动的复杂性，决定了企业管理必须包括多方面的内容，如生产管理、技术管理、劳动人事管理、设备管理、销售管理、财务管理等。各项工作是互相联系、紧密配合的，同时又有科学的分工，具有各自的特点。财务管理的特点有如下几个方面。

（1）财务管理是一项综合性管理工作。企业管理在实行分工、分权的过程中形成了一系列专业管理，有的侧重于使用价值的管理，有的侧重于价值的管理，有的侧重于劳动要素的管理，有的侧重于信息的管理。社会经济的发展，要求财务管理主要是运用价值形式对经营活动实施管理。通过价值形式，把企业的一切物质条件、经营过程和经营结果都合理地加以规划和控制，达到企业效益不断提高、财富不断增加的目的。因此，财务管理既是企业管理的一个独立方面，又是一项综合性的管理工作。

（2）财务管理与企业各方面具有广泛联系。在企业中，一切涉及资金的收支活动，都与财务管理有关。事实上，企业内部各部门与资金不发生联系的现象是很少见的。因此，财务管理的触角，常常伸向企业经营的各个角落。每一个部门都会通过资金的使用与财务部门发生联系。每一个部门也都要在合理使用资金、节约资金支出等方面接受财务部门的指导，受到财务制度的约束，以此来保证企业经济效益的提高。

（3）财务管理能迅速反映企业生产经营状况。在企业管理中，决策是否得当，经营是否合理，技术是否先进，产销是否顺畅，都可迅速地在企业财务指标中得到反映。例如，如果企业生产的产品适销对路，质量优良可靠，则可带动生产发展，实现产销两旺，资金周转加快，营利能力增强。这一切都可以通过各种财务指标迅速地反映出来。这也说明，财务管理工作既有其独立性，又受整个企业管理工作的制约。财务部门应通过自己的工作，向企业领导及时通报有关财务指标的变化情况，以便把各部门的工作都纳入提高经济效益的轨道，努力实现财务管理的目标。

三、财务管理的目标

企业财务管理的目标，是财务管理的一个基本理论问题，也是评价企业理财活动是否合理有效的标准。目前，我国企业理财的目标有多种，其中以产值最大化、利润最大化、股东财富最大化或企业价值最大化等最具有影响力和代表性。

（1）利润最大化。利润最大化是指企业通过对财务活动和经营活动的管理，不断增加企业利润。企业利润也历经了会计利润和经济利润两个不同的发展阶段。利润最大化曾经被人们广泛接受，在西方微观经济学的分析中就有假定：厂商追求利润最大化。这一观点认为，利润代表企业新创造的财富，利润越多则说明企业的财富增加越多，越接近企业的目标。

利润最大化的发展初期是在 19 世纪初，那时企业的特征是私人筹集、私人财产和独资形式，通过利润的最大化可以满足投资主体的要求。然而现代企业的主要特征是经营权和所有权分离，企业由业主（或股东）投资，而由职业经理人来控制其经营管理。此外，还有债权人、消费者、员工以及政府和社会等，都是企业的利益相关者。

（2）股东财富最大化。这种观点认为，企业主要是由股东出资形成的，股东创办企业的目的是扩大财富，他们是企业的所有者，理所当然地，企业的发展应该追求股东财富最大化。在股份制经济条件下，股东财富由其所拥有的股票数量和股票市场价格两方面决定，在股票数量一定的前提下，当股票价格达到最高时，则股东财富也达到最大，所以股东财富又可以表现为股票价格最大化。

股东财富最大化与利润最大化目标相比，有着积极的方面。这是因为：一是利用股票市价来计量，具有可计量性，利于期末对管理者的业绩考核；二是考虑了资金的时间价值和风险因素；三是在一定程度上能够克服企业在追求利润上的短期行为，因为股票价格在某种程度上反映了企业未来现金流量的现值。

同时，也应该看到，追求财富最大化也存在一些缺陷：一是股东价值最大化只有在上市公司才可以有比较清晰的价值反映，对非上市公司很难适用；二是它要求金融市场是有效的。由于股票的分散和信息的不对称，经理人员为实现自身利益的最大化，有可能以损失股东的利益为代价作出逆向选择。因此，股东财富最大化目标也受到了理论界的质疑。

（3）企业价值最大化。企业价值最大化是指通过财务上的合理经营，采取最优的财务政策，充分利用资金的时间价值和风险与报酬的关系，保证将企业长期稳定发展放在首位，强调在企业价值增长中应满足各方利益关系，不断增加企业财富，使企业总价值达到最大化。企业价值最大化具有深刻的内涵，其宗旨是把企业长期稳定发展放在首位，着重强调必须正确处理各种利益关系，最大限度地兼顾企业各利益主体的利益。企业价值，在于它能带给所有者未来报酬，包括获得股利和出售股权换取现金。

相比股东财富最大化而言，企业价值最大化最主要的是把企业相关者利益主体进行糅合，形成企业这个唯一的主体，在企业价值最大化的前提下，也必能增加利益相关者之间的投资价值。但是，企业价值最大化最主要的问题在于对企业价值的评估上，由于评估的标准和方式都存在较大的主观性，股价能否做到客观和准确，直接影响到企业价值的确定。

（4）相关利益者价值最大化。这种观点认为，企业的本质是利益相关者的契约集合体，利益相关者是所有在公司真正拥有某种形式的投资并且处于风险之中的人，企业利益相关者包括股东、经营者、员工、债权人、顾客、供应商、竞争者以及国家。由于契约的不完备性，使得利益相关者共同拥有企业的剩余索取权和剩余控制权，进而共同拥有企业的所有权。对所有权的拥有是利益相关者参与公司治理的基础，也是利益相关者权益得到应有保护的理论依据。

在利益相关者框架下，企业是一个多边企业的结合体，它不仅仅由单纯的股东或单一的利益相关者构成，而是由所有的利益相关者通过契约关系组成。也就是说，企业是使许多冲突目标在合约关系中实现均衡的结合点。对众多利益相关者专用性资源进行组合，其目的是获取单个组织生产所无法达到的合作盈余和组织租金。各产权主体在合作过程中，由于向企业提供了专用性资源并承担着企业的经营风险，因此都有权获得相对独立于其他利益相关者的自身利益。

（5）社会价值最大化。由于企业的主体是多元的，因而涉及社会方方面面的利益关系。为此，企业目标的实现，不能仅仅从企业本身来考察，还必须从企业所从属的更大社会系统来进行规范。企业要在激烈的竞争环境中生存，必须与其周围的环境取得和谐，这包括与政府的关系、与员工的关系以及与社区的关系等，企业必须承担一定的社会责任，包括解决社会就业、讲求诚信、保护消费者、支持公益事业、环境保护和搞好社区建设等。社会价值最大化就是要求企业在追求企业价值最大化的同时，实现预期利益相关者的协调发展，形成企业的社会责任和经济效益间的良性循环关系。

社会价值最大化是现代企业追求的基本目标，这一目标兼容了时间性、风险性和可持续发展等重要因素，体现了经济效益和社会效益的统一。

第二节　电子商务的财务管理

一、电子商务给企业财务管理带来的挑战

1. 电子商务的普及对财务管理功能的挑战

随着网络经济下电子商务的发展和普及，很多企业成为全球网络经济链中的一个节

点，企业的很多业务活动都将在网上进行，传统的财务计价、财务控制、结算方式等都面临着新挑战。网络技术的迅猛发展，国际间资本流动加快，也使得资本决策可在瞬间完成，这样就加剧了会计主体所面临的货币风险。在这种情况下，资产管理作为财务管理的主要内容也被赋予了新的内涵，以网络为基础的计算机软件和日常经营中的在线服务等无形资产所占的比重大大提高。如美国的微软公司有形资产的数量与小型企业相差无几，然而市场价值则超过美国三大汽车公司的总和。

无形资产相对有形资产来说，存在着更多不确定的因素，因而其对管理决策水平的要求也就更高。另外，传统的财务管理所提供的信息仅仅是以货币计量的财务数据，更重要的如网络创新能力、客户满意度、市场占有率、虚拟企业创建速度等反映企业竞争力方面的信息却没有，不能为企业的经营和领导决策提供全方位服务。因此，企业必须改进计量手段，扩大会计报告的信息容量，增加非货币化的信息，为信息使用者提供更加完整、全面、准确的财务信息。

2. 电子商务对财务管理模式提出的挑战

传统的企业管理没有统一的信息平台，信息传递渠道不畅，会计系统中存在着信息传递、处理的滞后，财务数据、资金结算、投资融资管理集中不起来等现象，致使决策层难以及时、准确、全面地掌握生产经营全过程的相关信息，无法实施及时有效的管理、监督和控制，从而可能导致管理措施滞后和决策不力的情况发生。

另外，随着电子商务的迅速发展，企业的原料采购、产品生产、计划与销售、银行汇兑、保险、货物托运及申报等过程均可通过计算机网络完成。企业利用互联网也可以对所有的分支机构实行数据的远程处理、远程报表、远程报账、远程查账、远程审计等远距离财务监控，还可以掌握和监控远程库存、销售点经营等业务情况。

因此，它要求网络环境下财务管理模式必须从过去的局部、分散管理向远程处理和集中式管理转变，从而实现财务管理与经营业务协同。使财务管理的能力延伸到全球经济网络的任何一个节点，实时监控财务状况，以回避信息时代产生的巨大风险。

3. 电子商务对财务软件的有效性和安全性提出的挑战

传统的财务管理软件是基于内部网络系统，只能满足财务人员在特定环境下通过内部网络实现在线管理，不能真正打破时空的限制。企业各职能部门之间的信息也大多不能相互连接，企业的财务资源配置与业务动作难以协调同步，不利于实现资源配置最优化。

在网络经济下，通过互联互通和远程技术，传统的固定办公室可以转变为互联网上的虚拟办公室，使财务管理转化为网上办公、移动办公，这样财务软件必须是基于互联网系统。只有实现从企业内部网到互联网的转变，相关人员才能无论身在何处都可以实时查询到企业的资金信息和财务状况，在线监督客户及供应商的资金往来情况，以及企业与银行、税务、保险、海关等社会资源之间的业务往来情况。

同时，在网络经济下，电子商务作为主要交易手段，财务管理和业务管理的一体化、电子单据、分布式操作使得可能受到非法攻击的点增多；电子报表、电子合同、网上订购、网上支付等无法沿用传统的有效鉴定方式，从而在辨别真伪和有效性上存在新的风险;又如,企业财务信息等重大商业机密,在传统的财务管理中,由于采用的是基于内部网络的财务软件,不需考虑来自外部的安全威胁,但在网络经济中则不同,如遭破坏或泄密,将可能造成不可估量的损失。然而,目前与网络经济相适应的法律规范和技术保障体系还比较欠缺。

在传统方式下,对于财务信息的安全性有严密的会计制度加以保证。而在网络会计方式下,电子商务使财务信息安全受到威胁,信息安全问题是困扰网络会计发展的核心问题。第一,企业内部人员可能利用企业管理制度和权限管理方面的漏洞,越权访问各类数据,甚至非法篡改、泄露及破坏敏感数据等。第二,来自网络犯罪的威胁。黑客或非法入侵者恶意破坏网络系统,窃取关键的财务数据,甚至破坏计算机系统。第三,来自网络系统的威胁。如系统本身的漏洞、软硬件故障、计算机病毒感染、黑客攻击、用户的误操作等,都可能导致系统数据丢失甚至系统瘫痪。

4. 电子商务改变了企业财务管理人才需求

在电子商务环境下,财务管理人员应该是复合型人才,既要精通财务会计知识,又要熟悉计算机软、硬件系统和网络技术,了解有关电子商务知识和电子交易的认证等知识,才能根据本单位的特点,做好预测、决策和控制等财务管理工作。目前,这样的复合型人才还非常缺乏,财务会计人员文化程度普遍较低,特别是缺乏计算机网络安全知识,这在一定程度上限制了网络财务在企业中的普及和发展。

5. 电子商务对财务法律与监督问题提出了新的要求

法律是经济良好运行的有力保障,没有完善的法律制度与监督机制,就不能保证参与者的公平竞争。因此,网络财务立法是网络财务健康发展的前提,是保证各项财会信息的真实、口径统一以及安全有效的必要措施。目前,无论是财务会计方面的法律还是电子商务方面的法律,都未给网络财务提供一个安全、规范的法律环境。同时,企业网络财务的发展,也要求财政部门、审计部门、税务部门、会计师事务所等各方面的协调。

6. 财务会计国际化问题

随着经济全球化和电子商务的发展,财务的国际化问题已是企业的必然选择。中国企业要走出国门开展国际竞争,就要强调财务管理的国际化,提供具有国际可比性的财务会计信息,如打破传统会计制度与国际会计接轨,采用国际会计准则与惯例,支持多国语言,支持多币种和电子结算等。目前,国际会计准则尚未在多数国家中推广应用,各国仍采用自己的会计准则及各具特色的财务管理方法。因此,只有财务管理制度实现国际化与规范化,网络财务管理才能够得到长足发展。

二、电子商务环境下财务管理的发展趋势

电子商务的发展使传统的财务管理方法发生变化。在互联网和电子商务的开放式环境下,资金的流动大大加快,使得财务管理的方法发生变化。企业传统的以资金运动为对象的财务管理模式存在许多局限性,无法适应现代企业经营管理的要求。

1. 财务管理手段先进化

新经济的到来，使企业的财务管理进一步信息化和数字化，计算机技术，特别是网络技术被广泛运用到财务管理之中，从而进行实时有效的财务分析，能提高财务决策的准确性。

与传统的财务管理相比，电子商务条件下的财务管理充分应用互联网技术，对企业财务进行实时管理，丰富了会计信息内容并提高了会计信息的时间价值，因而产生各种能更有效反映企业经营和资金状况的动态财务报表和财务报告。同时，通过与网上银行的连接，可随时查询企业最新银行资金信息，最大限度地加大资金流程，针对瞬息万变的市场，及时掌握第一手信息，做出反应，部署经营活动和做出财务安排。

2. 财务管理目标多元化

传统的财务管理目标以"利润最大化"、"股东财富最大化"或"企业价值最大化"为代表，它是基于物质资本占主导地位的工业经济时代物资资源的稀缺性和使用上的排他性等原因产生的，体现了股东至上的原则。

然而，在电子商务时代，人力资源、知识资源在企业资源中占主导地位，企业相关利益主体发生了改变，企业必须依赖于员工的富有创新性的劳动，才能获得生存与发展。员工的劳动已不再像工业经济社会中以可重复的劳动力，因此，新时代的企业还必须把"员工利益的最大化"纳入其财务管理目标之中。新时代企业财务管理的目标是工业经济时代企业财务管理目标的发展，而不是对原有目标的全盘否定，企业财务管理目标走向多元化，企业财务管理目标最终实现多赢目标。

3. 财务管理强调风险管理意识

电子商务条件下，客户的需求产生了许多新的变化，主要表现为个性化以及消费时机地点的随意性趋势。这些环节的不确定性最终必然反映为企业财务管理的不确定性，增加了企业财务管理的风险系数。

同时，在电子商务环境下，由于信息技术的全面介入，各种金融工具的不断创新，交易费用的降低。在经济全球化的驱使下，金融市场的配置效率将更高，资金的流动率将更强，同时企业面临的金融风险将更大，所以提高理财技术水平，增强防范风险的能力，这是财务管理面临的挑战。

阅读材料：资金管理软件：财务管理软件的未来发展方向

集团企业的资金管理是企业管理的核心，有着自身独特的业务规则，它既有一般企业财务管理的内容，又有金融机构特殊的核算业务，因此是一个"混合体"。专业资金管理软件的优势就在于对集团企业资金管理和商业银行业务流程长期地深入了解和研究，在于对集团企业客户资金管理需求的深刻认识和体会，这一点是ERP软件厂商无法比拟的。

1. 3G、电子商务等的快速发展为资金管理软件催生了新兴的巨大市场空间

目前已经应用资金管理软件产品的用户以央企中成立财务公司的特大型企业为

主。但是伴随资金管理概念外延的扩大，尤其是资本市场、信息技术及新兴商业模式的快速发展，为资金管理软件催生了新兴的巨大市场空间。包括：公共事业（水电气等）收费的资金管理，学校的资金管理，国库资金管理，银行的客户资金管理，第三方支付（如支付宝等）的结算管理，传统商务和电子商务中各商家及商家联盟（如苏宁联合银行、家装家居、婚庆旅游等企业建立的"泛家"联盟）发行的会员卡（充值卡、一卡通）结算管理和通存通兑的集中清算中心等。随着中产阶级队伍的扩大以及人们对投资理财需求的迅速膨胀，催生了信托业对委托资金管理需求的提升；另外3G、4G时代的到来，为移动商务带来了巨大的商机，手机审批、短信服务、手机支付、手机对账、手机账户查询等为资金管理市场带来了新的内涵，是尚待开发的蓝海，一些企业已先知先觉进入此市场开拓。

2. 资本管理将迎来爆发式增长期

根据赛迪软件顾问对企业用户未来几年投资资金管理软件的倾向性研究，发现传统的资金管理软件市场集团企业用户投资将保持25%左右的增长，而电子支付、软件外包市场的快速增长，5年后将带来资金管理20亿元左右的投资需求。另外，随着商业储值卡/代币购物卡结算和清算管理、公共基金管理等日趋成熟和规范化，也将为资金管理软件带来可观的市场空间。赛迪顾问预测研究表明，中国资金管理软件市场未来5年将以76.5%的年均复合增长率快速增长。到2012年，中国资金管理软件市场规模将达到24.81亿元。

从软件提供商来看，用友、浪潮、金蝶、东软等综合性软件厂商依靠客户和资金实力加入了市场竞争，但是在人才、行业知识和产品研发上还需要一定时间的积累。专业的资金管理软件商如九恒星、拜特则面临规模化扩张的压力。如果能顺利地通过IPO/融资/并购等方式扩大市场，将会在未来的市场稳定增长中保持竞争优势。

资料来源：

牟淑慧. 资金管理问题多，机会更多［OL］. 赛迪网. 2009年3月30日

三、电子商务财务管理概述

电子商务是基于现代信息技术和网络环境的各种全新商业活动的集合，它的发展为各种新的更加高效的财务管理模式提供了广阔的空间和可能。所以，改变传统财务管理模式以适应电子商务的发展成为目前企业的当务之急。

1. 电子商务财务管理的内涵

电子商务财务管理（简称网络财务）是基于网络技术，以财务管理为核心，业务管理与财务管理一体化，支持电子商务，能够实现各种远程操作，帮助企业实现财务与业务协同、远程报表、远程报账、远程查账以及远程审计等远程处理的一种全新的财务管理模式，是电子商务的重要组成部分。

2. 利用电子商务技术实现财务管理业务流程再造

业务流程再造是指基于信息技术，对企业业务流程作根本性的再思考和彻底的重设计，对流程的巨大改善，来满足不同用户对质量、速度、新颖、标准和服务等方面的需求。与传统封闭的财务管理系统不同，新的业务流程更注重财务管理流程与具体业务流程高度融合，具有极大的开放性。在电子商务环境下，财务管理更注重企业内外部的协同效应。由于企业局域网和广域网的使用，企业各部门业务人员都可以通过计算机自动输出所需的结果，并按照财务管理需要自动生成不同类型的财务报告，以满足财务管理中各种不同决策所需要的信息。而与此同时，各个业务部门也能够随时获取财务部门的信息，共享财务信息资源，从而更好地开展业务活动，真正地实现事前预测、事中控制和事后反馈，企业成为一个有机整体。

3. 网络财务管理的优势

（1）网络财务有助于企业实现协同管理。互联网的发展，对企业经营中的财务、业务协同提出了更高的要求，财务、业务系统成为网络财务的一个显著特征。财务、业务的协同主要表现在三个方面：一是组织内部的业务协同，如网上采购、网上销售、库存管理、网上服务的网上考勤、网上薪酬管理等；二是与供应链的协同，如网上询价、网上催账、客户关系管理等；三是与社会相关部门的协同，如网上银行、网上保险、网上报税、网上报关和网上证券投资等。

（2）网络财务管理有助于企业的实时动态管理。传统财务管理模式是建立在会计分期基础之上的，它侧重于事后管理，是一种静态的管理。在静态财务管理中，决策者得到的信息往往是经过基层部门进行信息过滤的信息，且滞后了一个会计周期，因此，获得的财务报表根本无法实时地反映企业实际的财务状况。在电子商务环境下，企业完全可以利用电子商务高效、快捷的信息传递特性实现动态财务管理。利用电子商务，财务管理就可以从事后的静态核算达到事中的动态核算，大大丰富了财务信息的内容，提高了信息的价值，便于企业更加科学、理性地决策。

（3）网络财务有助于企业实现高效集中化管理。近年来，随着市场竞争的日趋激烈，许多集团企业的财务管理模式开始由分布式管理转向集中式管理；证券、保险企业由于风险控制和资金管理的需要，财务软件模式转向集中式管理；一些行政单位为适应财政预算管理的变革，开始对财务实行集中式管理。可以说，集中式财务管理在某些单位来说是一种管理发展的趋势。这种管理模式在以前因网络、通信技术的限制而无法实施。随着互联网技术的发展，基于网络计算、支持集中管理模式的财务软件开始出现在市场，并越来越受到希望采取集中财务管理模式企业的喜爱。

互联网的出现，使得信息的集中成为可能，而且这种信息的集中有别于以往传统财务管理的事后信息的集中，而是一种动态实时信息的集中，进而达到信息共享、信息透明的目的。信息的集中有助于各职能部门的决策分析，实现集中化管理。通过集中化管理，能够加强对下属机构的监督与控制，有效整合企业的财务资源，降低企业运营成本，提高经营管理效率。

小贴士：利用电子银行实现优越财务管理，提高工作效率

通过网上银行对账户管理功能、自动划转、限额支付的设置，实现优越财务管理。应用电子银行对企业降低可控费用、加强成本管理有着非常重要的作用。例如，某企业在同一银行或不同银行开立具有收入、支出、清算等不同用途的账户，各地销售分公司设置收入账户，原则上只进不出，定期、定时零余额上划总部；设置成本账户，对成本费用采取额度控制，限额支付；设置零余额账户，实现先使用后划账，即当天日间透支，晚间清算结账，总额控制。支出账户可以与成本账户采用相同的模式。通过电子银行按功能设置，实现优越的财务管理。

另外，通过电子银行实时收付款，不受时间和地域的限制，可以跨区域收、付款。对于市场紧俏的资源，时间即资源，企业通过电子银行可以随时随地执行支付动作，提高企业的运行效率，同时也提高了企业的外部形象，还可以为企业赢得时间，赢得机会。现代企业越来越要求运行效率，应用电子银行可以为企业 24 小时提供服务，另外，对于有进出口结汇、买汇业务的企业，可以通过电子银行进行 24 小时外汇买卖，降低由于汇率变化带来的财务风险。

四、电子商务财务管理系统

企业财务管理信息系统应在流程再造的基础上设计，关注其与电子商务交易系统的融合，将信息需求模式分为核算导向、控制导向和决策导向，并寻找三种导向与企业现代信息技术的电算化、信息化和智能化三类支持环境的关系。

电子商务环境下的财务管理，信息系统的安全性至关重要，由于财务涉及资金问题和公司机密等问题，任何一点漏洞都可能使财务信息泄露，导致大量资金或商业秘密的流失，甚至给企业带来灭顶之灾。因此，电子商务环境下的财务管理对其传递手段和储存工具要求严格。为此，计算机人员设计了各种安全控制的方法与措施，如形成网上加密算法、分离监控与操作、在线测试应用软件、设置灾难风险控制，以及在企业内部设立与当前企业中的审计委员会相类似的内控管理机构，网监会等。

1. 电子商务财务管理系统及其构成

电子商务财务管理系统是财务管理和网络技术的结合，是以网络技术为基础全面实现各项财务管理功能的计算机系统。具体来说，通过先进的网络技术和通信技术，对外安全、高效、便捷地实现电子货币支付、电子转账结算和与之相关的财务业务电子化，实现资源共享和信息及时互动；对内有效地实施网络财务监控和管理。

计算机硬件和软件是网络财务管理系统的主要构成要素。财务管理系统的硬件主要包括计算机硬件、网络通信设备和办公设备。网络财务管理系统的正常运作除了需要有硬件作为物质基础，还需要有一套与硬件设备相配套的软件作为支持，因为软件是系统的核心。软件分系统软件和应用软件两类。

2. 电子商务财务系统的实施过程

网络财务软件是基于网络计算技术，以整合实现电子商务为目标，能够提供互联网环境下财务管理模式、财会工作方式及其各项功能的财务管理软件系统。企业应从自身发展角度出发，进行需求分析，根据需求确定要求网络财务系统完成什么工作，要达到什么目的和要求，做到有的放矢。选择适合自己网络财务软件，这才是企业明智、可行的策略。

（1）软件的开发与应用。在网络财务管理系统的实施过程中，一般都会选择一家财务软件公司合作。在软件的选择上，应充分考虑软件的可操作性和适用性。确保软件提供的功能能够有效地支持企业的业务，有些模块可以按照公司的要求和特点加以改进。在安装完成后要进行各种测试以检测软件的运行情况。

（2）购买和安装设备。由于网络财务系统的建设所需的产品都是电子信息产品，其更新换代的速度极快。在选择购买时，应考虑设备的可扩展性和兼容性。如果可能，也可以在原设备上进行扩展。

（3）数据的生成与导入。这一工作是指对原有数据进行收集、加工并输入到计算机当中。在此基础上，按照所选软件的标准进行数据对比与转化，使其能够成功导入到所选软件的数据库中。

（4）人员的培训。网络财务软件的实施，不仅仅是对财务软件的简单升级，它带来的更是财务管理方式、管理理念和方法与工具的变革。财务工作已变为一项高技术工作，它不仅需要财务人才、计算机专门人才，还需要既精通会计又熟悉计算机技术的复合型人才。而企业目前财务人员的现状是学历层次较低，知识结构单一，一般财务人员较多，高层次财务人才缺乏。所以企业不仅要重视信息技术应用和网络财务软件的选择，同时还要对财务人员开展网络财务等现代企业管理思想和方法的培训教育。

具体培训方式：首先，应该培训两名专职系统维护人员，使之能独立解决软件应用的基本问题。在基层人员的培训中，应采用分层次、分类型的办法进行。成立专门的项目小组，使之成为企业管理的骨干力量。其次，针对企业高层管理人员的培训重点放在主要模块的使用上。最后，还要完成对最终用户的培训。

3. 网络财务管理系统的开发与建设

（1）网络财务的系统规划与设计。网络设计应根据企业特点给出系统设计说明书，根据说明书就可以实现网络财务管理系统。若企业网络业务管理系统站点数量较多、位置分散，在设计整个网络时要采用多层结构来实现信息的实时传输。

这种结构使得网络可靠性高、扩展性强、吞吐量大、结构清晰，便于维护和管理。在网络设计的过程中，还要考虑选择合适的操作系统（包括网络平台的设计和应用平台的选择）、数据库管理系统、综合布线、软硬件的选择以及网络的后期管理与维护、网络安全问题的解决等。在设计整个网络时，安全问题应该放在首位。

（2）网络财务管理系统的运行、维护、测评与改进。网络财务系统不仅实现了企业内部资源的共享，克服了传统财务管理信息系统的一些弊病，使得企业内部的交流以及内部与外部的沟通变得更加及时和准确。但是，财务信息是一个企业的核心信息，其正常运行和定期维护非常重要。

在日常的运行中，应该用光盘复制好系统环境，出现异常即可自动恢复系统，并采取自动备份、病毒预防等措施。服务器可选择安装 NTServer + SQLServer 7.0，工作站安装 NTWorkstation，建立完备安全权限，确保系统安全万无一失。建立技术支持中心，建立远程维护系统，通过远程控制（PCAnywhere）和远程登录双工维护，所有机器建立 Mo2dem 远程唤醒维护系统，根据企业业务覆盖范围的大小，时时维护各地公司。在运行一段时间后，应该按照一定的标准请相关人员进行系统测评，据此提出系统今后改进的方向和措施。

本章小结

本章主要介绍了电子商务在企业财务管理方面的应用。

首先，从介绍财务管理的概念入手，进一步阐述了财务管理的特点和目标。

其次，本书介绍并分析了目前电子商务的发展和普及给企业的财务管理工作带来了怎样的挑战，主要从财务管理模式、财务软件的有效性和安全性、企业财务管理人才需求、财务法律与监督问题、财务会计国际化问题五个方面进行了概括。

再次，本章进一步阐述了电子商务环境下财务管理的主要的发展趋势。

最后，提出了本章的重点，电子商务财务管理的概念。在此基础上，讨论了在实施电子商务技术的过程中需要进行的财务管理业务流程再造，以及网络化的财务管理的优势。

电子商务的财务管理离不开财务管理系统，在讲述了电子商务财务管理的内涵的基础上系统地介绍了财务管理系统的构成与实施过程，以及具体的开发与建设过程。

【案例讨论】北京市工商局网络财务信息系统

北京市工商行政管理局，是北京市人民政府负责市场监管的行政执法机关和综合经济管理部门，现有市局机关 18 个处室，18 个区县分局和 6 个直属分局，230 个工商所；还有 9 个直属事业单位，管辖北京市辖区内的工商行政管理工作。

近年来，随着国家行政预算单位体制以及会计制度和财务制度的改革，财务收支管理逐步向国库单一账户制的方向发展。北京工商行政管理局为了实现垂直化财务管理以及对预算资金管理实行统一核算、集中支付的要求，经过慎重评估，最终选择了用友 NC 管理软件作为本单位的财务信息系统。其系统网络构架如图 13-1 所示。

1. 解决方案

（1）北工商总局财务信息处理中心：设置两台中心服务器，作为总部的中心数据服务器、应用服务器和 Web 服务器，中央服务器采用高可靠性集群并配置磁盘阵列，并采用磁带机备份，充分保证数据的安全性及系统的稳定性。

（2）主干 100M 快速以太网为大量数据传递、数据查询提供足够带宽。总局与分

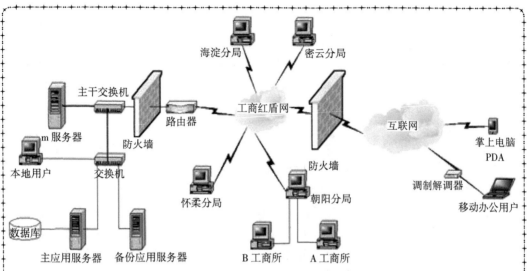

图 13-1 北京工商行政管理局财务信息系统网络构架

局、营业所采用 64K 带宽的工商红盾网。工商红盾数字数据网是北京工商行政管理局内部使用的 DDN 专线网，它能提供高性能的点到点通信，通信保密性强。

（3）区、县分局及营业所财务子网由网络服务器及若干客户机组成，完成相应分支机构的财务处理业务，客户机负责人机交互，完成数据的录入、查询等界面操作，通过工商红盾网直接访问总局服务器。

（4）支持远程办公。配置远程访问设备，可为领导层及异地分支机构提供安全、快捷的远程查询及操作功能，并提供相应的远程访问控制。

2. 专业实施

1999 年 6 月，"北京市工商行政管理局财务管理信息系统"开始实施。实施过程具体划分为以下 5 个阶段，即制订计划、试点运行、用户培训、正式运行、评审验收。实施工作中强调在各步骤建立规范和详尽的实施文档，从而更准确地反映了用户需求，更高效地完成了阶段任务，更稳健地达到了实施目标。

第一阶段：明确目标和制定实施计划。双方讨论软件实施过程潜在的各种风险，并对风险性高低做出评价，最终制定出实施计划和进度，尽可能避免出现风险。

第二阶段：试点运行。为了保证系统的运行成功，双方决定选取西城和宣武两区的工商局进行试点运行。通过试运行期间的磨合，用户熟悉了软件功能，并且在实际业务中的问题也得以及时解决。

第三阶段：用户培训。7 月初，实施小组制定了全面的用户培训计划，组织北京市工商行政管理局下属 18 家分局财务人员集中进行了培训，包括软件中一些先进的管理思想、软件功能、业务流程等；对总局系统管理员进行了数据库维护、网络安全等技术培训。

第四阶段：正式运行。8 月开始在全系统进行推广，在双方的共同努力下，9 月初，全市 18 个分局全部通过了试运行并正式投入使用。

第五阶段：审查验收。9月底，北京市工商行政管理局财务管理信息系统验收成果会在京召开。来自财政部、国家工商行政管理局、北京市各行政主管单位的领导出席了新闻发布会。北京市工商行政管理局王纪平局长和用友软件集团王文京总裁代表双方在验收报告上签字，此次验收标志着北京市工商局成功实现网络财务管理，在"电子政务"方面又迈出了可喜的一步。

3. 应用效果

北京市工商行政局财务管理信息系统正式运行以来，成功树立了行政事业单位应用网络财务软件的典范，应用效果体现在以下几方面：

（1）过去在传统的 C/S 计算模式下，软件系统升级时，需要逐机进行维护，费时费力还时常发生误操作。现在运行了这套 B/S 结构的财务管理信息系统后，整个系统的升级、重新部署、数据备份都只需在总局的服务器上完成即可，大大减轻了信息中心工作人员的日常维护工作。由于用友 NC 管理软件采用面向对象的结构化设计，软件的升级只需要通过 E-mail 或远程登录的方式，即可以热补丁的方式更新组件，轻松实现远程维护。

（2）实现了财务预算、资金控制、异地实时查询、统计、分析和监督管理等在传统桌面型财务软件中无法有效完成的功能。在不影响分局工作的前提下，总局能够随时获取有效信息，发现下级单位在财务管理中存在的问题并及时解决，充分发挥了上级单位财务监控的职能。

（3）远程穿透式查账，可以根据报表反映出来的结果追溯到业务发生的最原始单据，并且可以实现网络上自动转账、对账、汇总报表、并账。财务报表上报制度大为简化，财务报表传递周期明显缩短。

（4）细化的预算管理，使行政预算单位能够更加严格地控制预算的执行，减少了不必要的管理环节，有效提高了工作效率，节约了资源。同时为上级领导决策提供高效、准确、实时、完整的财务信息，使决策层对下级单位的财务信息有更深层和更全局性的把握。

（5）通过构建 Intranet，工商总局、分局和营业部门之间可以使用电子邮件系统进行相互沟通，向无纸化办公迈出了可喜的一步。用友 NC 管理软件与 Lotus Domino 开发的办公自动化系统进行了很好的整合，实现了票据审批、资金预算控制等财务工作流的管理。

资料来源：

http：//www.yesky.com/20020423/1608226_1.shtml

案例讨论题：

1. 工商银行是否适合建设网络财务系统？为什么？

2. 网络财务系统为工商银行财务管理解决了哪些问题？

思考题

1. 什么是财务管理？财务管理有哪些特点？财务管理的目标是什么？
2. 电子商务的出现给企业的财务管理带来哪些挑战？
3. 电子商务财务管理的内涵及优势是什么？
4. 简述网络财务管理系统的实施过程。

第十四章　移动电子商务

本章要点
- 理解移动电子商务
- 了解移动电子商务具体应用及发展

开篇案例：诺基亚公司启动移动商务

2009 年，诺基亚中国公司正式启用了由北京亿美软通科技有限公司开发设计的"亿美彩赢商务彩信"服务和"SDK 短信平台"产品。通过高效便捷的移动商务解决方案，诺基亚公司实现了总部与全国各地渠道代理商之间的顺畅沟通和企业信息的及时传达。

据诺基亚相关负责人介绍，目前诺基亚在中国手机市场上实行多元化的渠道销售体系，拥有包括直供零售商、全国代理商、省级直控分销商和诺基亚专卖店在内的多层级的销售队伍。如何让全国各级经销商在最短时间内实现对公司总部信息的共享一直是个难题，以往依靠邮件进行信息交流，虽然可以联系到相关人员，但是由于接收邮件受到环境限制，不具备便携性，信息不能及时有效传达，沟通效率低运营成本不能有效控制。

通过诺基亚公司与亿美软通的技术合作，"亿美彩赢商务彩信"服务，为诺基亚公司带来了全新的渠道体系管理和信息发布方式：每逢新品推广时期，公司相关部门通过"亿美彩赢通"，将新品图文、产品功能介绍、宣传推广活动方案等信息编辑成彩信，在第一时间内发送给全国各地的经销商。凭借彩信图文并茂、及时收发的优势，大大提高了沟通效率。此外，诺基亚公司还定期发布彩信期刊，向经销商传递市场信息动态，传播企业文化，将渠道服务和品牌建设水平提升到一个新高度。

彩信以其形式新颖、内容丰富、传递及时等特点，有效地提高了诺基亚公司与经销商之间的信息共享效率，实现了商务信息的快速准确传播，压缩了沟通和管理成本，成为有力的宣传和管理手段。

除了彩信方面的移动商务应用，诺基亚公司还启用亿美 SDK 短信开发引擎，将短信功能加入 CRM 系统，通过短信平台发布新品上市通知、促销通知和订货通知等，帮助诺基亚公司实现了总部与外地分公司、办事处、经销商之间高效、便捷的信息沟通。

移动商务服务的推出，为诺基亚公司推进营销战略和进行渠道建设提供了有力的帮助，并收到了良好的反馈。各地经销商表示与公司总部的信息沟通更加及时、顺畅。亿美软通相关负责人也表示："移动商务让更多的企业客户全面借助 3G 技术提高工作效率，完善业务流程、降低运营成本。随着移动商务面向社会的深入推广，将在各行业实现普及式的应用，成为企业必备的沟通、管理工具。"

讨论题：

1. 诺基亚公司在哪些方面应用了移动商务？
2. 移动商务给诺基亚公司带来了哪些帮助？

第一节　移动电子商务概述

进入 20 世纪 90 年代末，西方泡沫化经济的恶性膨胀，导致刚刚兴起的电子商务一时跌入低谷，议论纷至沓来，争论连绵不断。然而，科学技术的迅速发展并没有妨碍人们对新经济中诞生的这一模式的不断探索，他们对电子商务的热情不仅丝毫没有减弱，相反还孵化出一种新的电子商务模式，这就是被人们称为当今世界自由经济的宠儿——移动商务。

与电子商务的其他模式相比，移动商务特点鲜明，运用普遍，受局限小，是未来电子商务的主要发展方向和新的商务主流。不少专家甚至断言，移动商务标志着商务时代的开始，它将主宰所有电子商务工具及其衍生产品。认真分析当今世界移动商务发展的现状及运用优势，对我们充分利用这一充满活力的商业模式，促进新经济的健康发展显得十分必要。

一、移动商务的定义

移动电子商务就是利用手机、PDA 及掌上电脑等无线终端进行的 B2B、B2C 或 C2C 的电子商务。它将互联网、移动通信技术、短距离通信技术及其他技术完善地结合，使人们可以在任何时间、任何地点进行各种商贸活动，实现随时随地的线上线下购物与交易、在线电子支付以及各种交易活动、商务活动、金融活动和相关的综合服务活动等。

计算机世界资讯的统计数据显示，2007 年中国手机网民数超过 5000 万户，与 2006 年相比激增 167%，为移动商务的快速发展奠定了基础。受此带动，2007 年中国移动信息化市场规模达到 147 亿元人民币，同比增幅高达 31.3%。计算机世界资讯总经理曲晓东在接受采访时说："通信技术的快速发展使得移动信息化应用成为可能。目前，手机网民的数量已经是传统 PC 用户的五至六倍，未来的增长空间非常巨大。在此基础上，原有的商业模式也随之改变，移动商务已成为商界主流。"

二、移动商务的特点

移动商务从本质上归属于电子商务和信息商务的类别，是由技术发展与市场变化而出现的新商务模式。由于移动商务与电信服务的关联性特征，因此它在业务模式、商业收益点等许多方面不同于无线商务。移动商务将随着移动通信的不断普及和发展，成为未来 5 年中国电子商务增长的新领域和创富运动的新行业。

移动商务的特点：

（1）先进的移动通信技术；

（2）不受时间和地点的限制；

（3）可识别性；

（4）可定位；

（5）易于实现定制化。

三、移动商务基本结构

移动商务基本结构定义了几个功能层，从而简化了设计和开发过程，便于商家和用户制定经营策略并建立移动商务应用。从开发商和供应商层面看，基本结构包括了 3 个功能：服务供应商；内容供应商；应用开发商。主要是体现其不同的需求和作用。从用户层看，则包括 4 个功能层：移动商务应用（站前服务管理）；无线用户设施（浏览器、手机）；无线中间体（包括内置的 WAP）；无线网络设施（LAN、蜂窝系统卫星）。这四个功能层的作用是：

（1）移动商务应用：许多新的应用如超前服务管理、移动盘存等将有可能成为现实，部分现有的电子商务应用经过改进也可运用于移动环境。

（2）无线用户设施：新型移动商务应用的设计须考虑用户设施，包括浏览器、移动装置的能力。

（3）无线中间体：由于中间体能够包含许多网络应用功能，同时提供统一的、便于使用的界面，所以，它对于开发新的移动商务应用将起到极其重要的作用。

（4）无线网络设施：在移动商务中，服务质量是至关重要的，而服务质量的实现主要取决于局域网（LAN）、蜂窝系统、卫星网络资源和能力。

四、第三代移动商务的功能

1. 移动商务短信平台功能

（1）来访信息查询。可按时间、地域和访问栏目查询来访手机号及留言，此功能的运用可为企业主自动锁定目标受众，便于企业促销、宣传活动的高效开展，为企业省钱省力。

（2）通信簿功能。具备用户分组、号码添加、号码查询、通信信息导出功能，用户可随时随身进行通信簿管理和功能使用，方便、快捷。

（3）短信功能。短信群发与移动实名功能联合使用，移动实名能为企业锁定需求目标，而短信发送功能则能为需求用户发送需求信息，实施精确营销，花费少、效果好。

（4）抽奖功能。此功能为企业客户维护和开发而设计，企业在某一时间和地域进行宣传活动时，可按时间、地域、中奖人数、奖项等条件进行设置，进行抽奖活动，给中奖者送出大礼，有效地维护了老客户和强有力地吸收了新客户。

（5）留言功能。用户发送"移动实名+留言栏目号+内容"进行留言。此功能让用户和企业进行着亲密接触及有效的交流，使企业第一时间获得用户的反馈和建议。

2. **移动商务 WAP 平台功能**

（1）展示功能。在企业 WAP 上展示图文并茂的信息，可让您的客户进行全方位的了解，向客户传播企业的形象、实力等。

（2）陈列功能。通过企业 WAP 上完善的产品介绍，可以让您的产品突破时间、空间的限制走进客户生活。

（3）导购功能。为用户提供在线咨询和帮助，让企业和访问客户亲密交流，用户直接可以在线订单。

（4）移动办公功能。通过企业 WAP 上的移动邮局收发电子邮件，以"迅捷、安全、高效"的显著功能，提高办公效率。

（5）营销功能。企业 WAP 上的短信群发、准告的服务优势，让企业的品牌快速、精确定位地传播，是企业开展"移动定向营销"的最佳选择。

（6）支付功能。使手机变成新的金融及身份辨识工具，通过 WAP 上的无线支付功能，为企业、个人提供更安全、更可靠的个性化的服务。

（7）掌上娱乐。WAP 上更多的游戏、动漫、时尚、生活等休闲娱乐世界，更便捷的操作方式，让您随时随地畅享移动所带来的无限生活的乐趣。

数字魔方通过将传统 ERP 管理软件与手机软件的集成构建了移动办公平台，只要您有一部能上网的手机，不管您在哪里，您都可以随时随地地了解企业发生的每项业务及现在的运转情况。

3. **基于 Webservice 的移动商务平台**

采用目前最先进的 SOA 和 Webservice 技术，不仅可以提供以上所有的功能，而且可以支持工作流、地图定位、商业智能等最先进的商务理念。数码星辰的移动商务系统就是这类系统的典型代表。

小贴士

在英国的贝德福德地区，警察手中的黑莓手机可以完成议案讨论、任务分派、传递信息，还可以在执勤时，实时进入警察局的数据库，随时查看调用资料，如身份 ID、车牌、疑犯信息等内容。

我国杭州市的城管执法局也有类似的运用。城管人员在外执法过程中，可通过数字魔方的移动办公平台登录系统，便可以实时立案、查询案件的处理状态、处理方式以及结果。杭州市城管执法局介绍，移动城管的日使用人数达到 800 余人，年办案件为 5 万件，占案件总量的一半以上。移动商务手段，让他们实现了执法的数字化。

五、移动商务技术系统框架

尽管无线应用协议目前尚未统一，但正在向已有的各种互联网协议（WAP）靠拢，因此，它是移动商务的核心。在 WAP 得到广泛认可并进入使用阶段之后，移动商务日趋成熟，为人们所逐步认识的技术系统框架包括：

（1）数据加密层。根据所传数据信息流的安全优先级别，对数据采用不同程度上的加密处理，以保证在较短的系统响应时间内为用户提供可靠的加密服务。

（2）可移动网络。采用智能代理技术，为整个系统提供具备较强适应能力、可移动、可嵌入的网络支撑环境。系统中需要移动运行的模块被封装在多个职能代理中，利用现有网络的运算能力和信息资源实现可移动的网络支撑。

（3）系统软件模块。在系统的软件模块支撑平台上，通过统一的框架接口和标准的通信协议，将不同的软件模块封装成统一接口的软件插件，通过插件的组合实现系统功能的动态调配。

（4）可嵌入式应用层。可嵌入式应用层是电子商务应用的核心，由 WAP 无线应用网关、信息定制模块、安全认证模块、网上支付模块、电子商务集成管理模块、智能导航信息分布模块等组成。

六、移动商务的发展

随着移动通信技术和计算机的发展，移动电子商务的发展已经经历了 3 代。

（1）以短信为基础的访问技术。第一代移动商务系统是以短信为基础的访问技术，这种技术存在着许多严重的缺陷。其中最严重的问题是实时性较差，查询请求不会立即得到回答。此外，由于短信信息长度的限制也使得一些查询无法得到一个完整的答案。这些令用户无法忍受的严重问题也导致了一些早期使用基于短信的移动商务系统的部门纷纷要求升级和改造现有的系统。

（2）基于 WAP 技术。第二代移动商务系统采用基于 WAP 技术的方式，手机主要通过浏览器的方式来访问 WAP 网页，以实现信息的查询，部分地解决了第一代移动访问技术的问题。第二代的移动访问技术的缺陷主要表现在 WAP 网页访问的交互能力极差，因此极大地限制了移动电子商务系统的灵活性和方便性。此外，由于 WAP 使用的加密认证的 WTLS 协议建立的安全通道必须在 WAP 网关上终止，形成安全隐患，所以 WAP 网页访问的安全问题对于安全性要求极为严格的政务系统来说也是一个严重的问题。这些问题也使得第二代技术难以满足用户的要求。

（3）基于 SOA 架构的 Webservice、智能移动终端和移动 VPN 技术。新一代的移动商务系统采用了基于 SOA 架构的 Webservice、智能移动终端和移动 VPN 技术相结合的第三代移动访问和处理技术，使得系统的安全性和交互能力有了极大的提高。第三代移动商务系统同时融合了 3G 移动技术、智能移动终端、VPN、数据库同步、身份认证及 Webservice 等多种移动通信、信息处理和计算机网络的最新的前沿技术，以专网和无线通信技术为依托，为电子商务人员提供了一种安全、快速的现代化移动商务办公机制。

数码星辰的移动商务软件是新一代移动商务系统的典型的代表。它采用了先进的自适应结构，可以灵活地适应用户的数据环境，并可以适应于包括移动办公、移动 CRM、移动物流、移动银行、移动销售、移动房地产等所有的商务应用，具有现场零编程、高安全、部署快、使用方便、响应速度快的优点。该系统支持 GPRS、CDMA、EDGE 所有制式的 3G 网络。

七、移动商务的安全

在网络安全威胁日益严重的今天，移动商务系统的安全是一个不容忽视的重要问题。实现移动电子商务最重要的一个问题就是如何保证政府和企业网络和信息的安全。由于移动商务要经过运营商的移动网络，这就有可能发生信息泄密或受到黑客攻击的问题。所以移动商务应用必须要首先解决好移动接入的安全问题。移动商务的安全主要包括全接入安全和移动商务系统的安全。数码星辰为移动应用的安全提供防火墙+隔离网闸+VPN+CA 认证+病毒防护的解决方案，在数据完整性、信息的保密性、网络的安全性以及信息处理的每一个步骤均作了周密的设计，既可以保证移动商务应用的移动安全，又可以保护移动商务系统自身的信息和设备安全。

扩展阅读

权威机构数据显示，我国手机网民超过 1.5 亿，而且增速在 30% 以上。随着 3G 牌照发放，手机上网的普及率将大大提升。移动商街是暨 20 世纪 80 年代广东经济依靠沿海城市地理资源快速大战之后的又一个成功支柱。

用友移动商街及移动实名的应用，为东莞润源中频电炉厂的营销带来了新的思路。润源公司以前在互联网上也开展营销，但是由于竞争激烈，好产品往往卖不上好价钱。叶道平总经理介绍说，传统互联网上的电子商务平台，前两年刚开始用时效果还不错，用到后来，竞争压力越来越大，产品"价格低，难做"。加之中频电炉行业的客户多来自钢铁、重型机械、汽车或与之相关的领域，全球金融危机直接导致了钢铁需求疲软，中频电炉行业也随之低落，生意更是难做。如何在竞争激烈、产业低迷的情况下，实现企业的订单增多，效益增强，品牌提升，是包括像润源公司这样的众多的广东中小型企业面临的生死攸关的问题。

随着 3G 的快速发展，现代商业向移动互联网迁移的趋势日益明显，移动电子商务成为电子商务最活跃的领域。根据艾瑞咨询发布的《2008~2009 年中国移动电子商务行业发展报告》数据表明，2008 年中国移动电子商务市场交易规模为 2.1 亿元，2009 年预计交易规模将达 6.4 亿元，同比增长高达 205%。艾瑞还预计 2012 年移动电子商务交易规模将达到 108 亿元，移动增值市场将达到近 2800 亿元，发展潜力巨大。各行业对移动电子商务的需求越来越强烈，尤其是中小型企业，对具有便捷、经济、及时等特点的移动电子商务需求更大。用友移动商街平台及移动实名和移商旺铺等的应用，就是顺应市场需求，从众多移动电子商务应用中脱颖而出的典型代表。

移动商街改变了东莞润源中频电炉厂只使用传统电子商务营销的做法。传统的电子商务平台效果在以前还确实不错，但到目前由于过度竞争，而成为产品低价的魔咒市场。而移动商街给润源中频电炉厂带来了一个全新的市场和营销模式。

东莞润源中频电炉厂总经理叶道平表示："移动商街成功为我们接到了订单。"叶道平应朋友之邀，参加了用友移动在东莞地区的中小型企业移动商务推进工程会议，并在会议上第一次了解到了移动商街平台。在考虑到移动商街的品牌聚集效应和巨大的人气，他尝试着注册了"中频电炉"的移动实名，并在用友移动东莞代理掌中科技公司的帮助下，用该移动实名，开设了移动商铺。

清远"义乌商贸城"和东莞润源中频电炉厂等华南客户，已经首先在移动商街得到了实惠。大批中小企业业务推广，品牌扩张，为突围找到了信心和最好的方式。

清远"义乌商贸城"是当地政府亲手挂牌的"创业带动就业孵化基地"，被政府寄予了厚望。为粤北新经济发展带来了勃勃生机。而构建了一个基于手机平台的商贸城——移动商街更加给当地经济带来了活力和觊觎。

第二节　移动电子商务的应用

一、移动商务两大应用模式

移动商务的应用模式根据与商业活动相关的通信主体进行分类包括 BTOM（Business to Mobile user）、MTOM（Machine to Machine）两大类。前者强调企业等商业组织与手机用户消费者之间的沟通及其在商业活动中的应用，是人与组织或人与人之间的通信。后者强调在商业活动中通过移动通信技术和设备的应用变革既有商务模式或创造出的新商务模式，是机器设备间的自动通信。

B2M 商务模式是在移动商务中以移动终端用户（手机用户、具通信功能的 PDA 用户等）为商务参与者，通过移动通信解决方案实现企业与最终用户以及企业内部人员之间的实时信息沟通，进而提高效率、降低成本的新商务模式。B2M 以最终消费者为中心，将消费者中的手机用户细分为营销和服务的主要目标，以适时、随地的沟通创造没有疆界、不停顿的商务机会。B2M 目前已有着广泛的应用，如移动营销（M-marketing）、移动客户服务（M-customer service）、移动办公自动化（M-OA）、移动客户关系管理（M-CRM）等。

M2M 商务模式是通过移动通信对设备进行有效控制，从而将商务的边界大幅度扩展或创造出较传统方式更高效率的经营方式抑或创造出完全不同于传统方式的全新服务。M2M 以设备通信控制为核心，将原来低效率或甚至不可能的信息传输应用于商业中以获得更强的竞争力。M2M 的商务模式目前应用方兴未艾，主要有移动物流管理（M-logistic management）、移动支付（M-POS）、移动监控（M-monitoring）等。

二、移动商务发展的基础

随着电子商务能力的逐步提高，无线技术的不断涌现，移动商务正如春风扑面而来。据分析，2009年，全球70%的无线用户通过移动电话接入Internet进行数据应用。通过便携式无线装置从事商务和经营的移动商务即将在社会和经济生活中占据主导地位。无线通信不仅包括移动电话，而且个人数字助理（PDA）类的产品也在此列，因此出现了推动移动商务发展的诸多因素。

1. 无线设备数量的激增

随着Facebook、Twitter等社交网站的流行，越来越多的人使用无线设备登录互联网。加上原本就有的实时新闻、搜索引擎、下载音乐或影片、收发邮件和即时通讯等移动服务，未来可上网的无线设备将会越来越多。

根据IDC的预估，移动上网用户数随着全球网络用户的数目而提升。2009年，全球网络用户总数达16亿人，2013年此数目可望达到22亿人，其中，拥有可上网的固定式和移动式设备合计数目最多的国家是美国，而中国大陆的移动上网设备数目最多，约为8500万台。预计到2013年，全球可上网设备将达到27亿台。

2. 无线协议标准的支持

正如传输控制协议/网间协议（TCP/IP）和通用浏览器推动了Internet的发展一样，同样的因素将促进异构无线装置的互联和通信。移动网络运营商将依赖于各种互不兼容的无线接入标准，但凭借移动装置提供无线业务的通用通信技术和一体化接口标准（即无线应用协议WAP）仍将向用户展示其魅力。

WAP标准包括微型浏览器、类似JavaScript的脚本程序、接入功能以及会话、传送和安全通信规范。这些规范能够实现接口独立和互操作应用。大多数无线手机和设备制造商以及部分服务、基础设施提供商都将采用WAP标准。例如，美国市场上销售的30%的移动电话将安装微型浏览器，并使用WAP作为专用协议栈。

但是，WAP也有其局限性，如网站必须专门用WAP进行格式化，网络管理部门工作负荷较重等。因此，在找到更好的方法代替HTML之前，WAP很可能只是完成接入电子商务信息的过渡性措施。

3. 充足的带宽

现有的接入技术，包括时分多址、码分多址和全球移动通信系统在内，传输速率只有9.6~19.2kbps，比桌面PC的拨号速度慢很多。尽管移动商务可以在这些传输速率上实现，但低速度影响了商家和用户更广泛地加入移动商务的行列。然而，2009年，第三代（3G）无线技术的投入使用，其传输速率可达2Mbps，可支持多媒体传输。这样，话音、数据、单向或双向视频的综合传输有可能使移动商务在任何无线装置上运行。

三、移动商务应用

移动电子商务（M-commerce），它由电子商务（E-commerce）的概念衍生出来，现在的电子商务以PC机为主要界面，是"有线的电子商务"；而移动电子商务，则是通过手机、PDA（个人数字助理）这些可以装在口袋里的终端与我们谋面，无论何时、何地都可以开始。有人预言，移动商务将决定 21 世纪新企业的风貌，也将改变生活与商业的地形地貌。

　　移动电子商务就是利用手机、PDA 等无线设备进行 B2B 或 B2C 的电子商务，以前这些业务一贯是在有线的 Web 系统上进行的。

　　移动电子商务是指通过手机、PDA、掌上电脑等手持移动终端从事的商务活动。与传统通过电脑（台式 PC、笔记本电脑）平台开展的电子商务相比，拥有更为广泛的用户基础。目前，中国互联网用户为 3.5 亿，而截至 2009 年 10 月 20 日，据工业与信息化部数据显示，中国手机用户总用户数为 71983.8 万户，其中移动分组数据用户（即俗称手机上网用户）35659.1 万户，并具有数量众多的 PDA。随着 3G 牌照的发放，爱立信曾经对腾讯科技表示，预测 2011 年移动宽带用户数将超越固定宽带用户数。因此它具有更为广阔的市场前景。

　　移动互联网应用和无线数据通信技术的发展，为移动电子商务的发展提供了坚实的基础。目前，推动移动电子商务发展的技术不断涌现，主要包括：无线应用协议（WAP）、移动 IP 技术、蓝牙技术（Bluetooth）、通用分组无线业务（GPRS）、移动定位系统（MPS）、第三代移动通信系统（3G）、移动电子商务提供的服务。

　　目前，移动电子商务主要提供以下服务：

　　（1）银行业务：移动电子商务使用户能随时随地在网上安全地进行个人财务管理，进一步完善互联网银行体系。用户可以使用其移动终端核查其账户、支付账单、进行转账以及接收付款通知等。

　　（2）交易：移动电子商务具有即时性，因此非常适用于股票等交易应用。移动设备可用于接收实时财务新闻和信息，也可确认订单并安全地在线管理股票交易。

　　（3）订票：通过互联网预订机票，车票或入场券已经发展成为一项主要业务，其规模还在继续扩大。互联网有助于方便核查票证的有无，并进行购票和确认。移动电子商务使用户能在票价优惠或航班取消时立即得到通知，也可支付票费或在旅行途中临时更改航班或车次。借助移动设备，用户可以浏览电影剪辑、阅读评论，然后订购邻近电影院的电影票。

　　（4）购物：借助移动电子商务，用户能够通过其移动通信设备进行网上购物。即兴购物会是一大增长点，如订购鲜花、礼物、食品或快餐等。传统购物也可通过移动电子商务得到改进。例如，用户可以使用"无线电子钱包"等具有安全支付功能的移动设备，在商店里或自动售货机上进行购物。

　　（5）娱乐：移动电子商务将带来一系列娱乐服务。用户不仅可以从他们的移动设备上收听音乐，还可以订购、下载特定的曲目，并且可以在网上与朋友们玩交互式游戏，还可以游戏付费，并进行快速、安全的博彩和游戏。

　　（6）无线医疗（Wireless Medical）产业的显著特点是每一秒钟对病人都非常关键，在这一行业十分适合于移动电子商务的开展。在紧急情况下，救护车可以作为进行治疗的场所，而借助无线技术，救护车可以在移动的情况下同医疗中心和病人家属建立快速、动态、实时的数据交换，这对每一秒钟都很宝贵的紧急情况来说至关重要。在无线医疗的商业模式中，病人、医生、保险公司都可以获益，也会愿意为这项服务付费。这种服务是在时间紧迫的情形下，向专业医疗人员提供关键的医疗信息。由于医疗市场的空间非常巨大，并且提供这种服务的公司为社会创造了价值，同时，这项服务又非常容易扩展到全国乃至世界，我们相信在这整个流程中，存在着巨大的商机。

（7）移动应用服务提供商（MASP）：一些行业需要经常派遣工程师或工人到现场作业。在这些行业中，移动 MASP 将会有巨大的应用空间。MASP 结合定位服务技术、短信息服务、WAP 技术，以及 Call Center 技术，为用户提供及时的服务，提高用户的工作效率。

移动电子商务作为一种新型的电子商务方式，利用了移动无线网络的优点，是对传统电子商务的有益的补充。尽管目前移动电子商务的开展还存在安全与带宽等很多问题，但是相比于传统的电子商务方式，移动电子商务具有诸多优势，得到了世界各国普遍重视，发展和普及速度很快。

目前中国移动电子商务市场可以分为以下两个部分：虚拟商品，主要是依附于各运营商旗下的 SP 所提供的，收费图铃、游戏下载或其他资讯类业务；实体商品，目前国内主要有立即购移动商城在涉足这一领域。

第三节　移动商务的发展前景

一、我国移动商务发展现状

专家预计，中国未来手机购物会有一个高速增长期，用户只要开通手机上网服务，就可以通过手机查询商品信息，并在线支付购买产品。根据艾瑞咨询发布的《2008~2009 年中国移动电子商务行业发展报告》数据表明，2008 年中国移动电子商务市场交易规模为 2.1 亿元，2009 年随着 3G 商用时代到来，以及无线与传统电子商务企业的纷纷试水，交易规模达 6.4 亿元，同比增长约 205%。艾瑞预计 2012 年移动电子商务交易规模将达到 108 亿元，发展潜力巨大。

目前国内移动电子商务处于刚起步阶段，但是传统电子商务的成功发展以及中国拥有的庞大移动用户基础为移动电子商务的发展提供了良好的环境。但发展起步阶段尚有些不足之处亟待完善：

（1）诚信问题需解决。诚信问题是移动电子商务发展的最大障碍，传统电子商务在发展中也存在相关问题。2007 年，互联网服务投诉中，网购被骗位居首位。2008 年，在政策层面，北京市率先出台的《电子商务监管意见》，目的就在于规范解决电子商务的诚信问题。

移动电子商务解决这个问题可以借鉴传统电子商务，如通过电子认证手段对商家和用户进行身份的认证，但是移动电子商务相比传统电子商务更有优势，因为终端号码的唯一性并且号码能对应真实的身份，通过对终端的有效管理，就可以降低诚信风险。

（2）须建立安全、灵活的移动支付机制。移动电子商务属于新事物，商业模式还需要逐渐完善，而构建安全、灵活的移动支付机制是完善商业模式的关键环节。目前移动支付的资金来源有三种：一是从话费里直接扣除；二是手机与银行卡绑定，由银行账户支付；三是采用预存等方式在移动服务商那里建立专门账户。

为此，首先，要构建安全、高效的移动支付机制，各电信运营商以及银行之间必须加强联系和合作，消除支付障碍，在提供高速网络服务的同时不断增强客户终端的功能。电信运营商和银行还要降低移动支付的手续费，从而使移动用户更方便地选择购物或者支付。其次，可将原有的各个不同支付服务、支付方式进行系统化整合。

（3）创造条件培养用户消费习惯。移动电子商务前期市场培育是艰难的，用户习惯的培养是痛苦的。但是移动电子商务要想长期健康发展，对用户使用习惯的培养就势在必行。

应用数据挖掘技术不仅可以分析出用户的独特需求，更可以通过对用户偏好信息的关联分析，找到甚至连用户自身都没有意识到的潜在偏好。在了解用户需求的基础上，网站可以根据挖掘出来的信息向用户提供相关服务——改变传统被动、缺少个性的"Pull"信息服务模式，采用"Push"方式，利用服务器按照客户预先设定的触发事件和发送要求，在条件满足时自动向客户发送消息。

（4）利用 RFID 技术推广应用。RFID 技术就是以电子标签代替条形码，作为商品的识别技术。与条形码依靠被动式的手工依次读取方式相比，RFID 是一种非接触式的自动识别技术，可以瞬间自动读取大量标签的信息。RFID 技术无疑会对移动电子商务的推广应用带来一次革命机遇。RFID 可以为每一件货品提供单独的识别身份，然后通过无线数据传输让计算机网络随时掌握各式各样货品的详细信息。这样一来在商品从生产、运输到销售的过程中，供应商、商家和用户都可以从这些重要的数据中受益。

对移动电子商务平台，应不断完善以下几个方面：

（1）优化功能：加强平台基础建设，开发多元化的创新盈利模式，根据企业自身实力及优势选择创新方式，不断完善平台服务功能，实现商家、用户规模的逐步扩展及使用黏性的不断提高。此外，平台提供商还应加强自身 WAP 网站建设，在营销模式、推广方式上有所创新，逐步摆脱短信广告的单一模式。

（2）精准营销：重视用户体验，为细分用户市场提供个性化服务，重视用户体验和业务运营。移动电子商务平台提供商在加强拓展用户规模的同时，还需加强用户需求、消费行为、消费偏好的研究，从而开拓细分市场，为用户提供个性化服务，实现精准营销。

（3）提高认知：广泛挖掘互动媒体资源，与线下资源互补。在市场培育期，在推广方式上应加强与传统媒体的合作，并注重广告投放效果与监测，从而吸引中小企业积极加入其中。如可通过线下活动提高自身曝光率，通过免费公益信息服务增强用户认知，培养用户使用习惯等。

（4）加强合作：与终端厂商定制合作，拓宽业务推广渠道。

小贴士

下一个五年中，类似 PC 功能的手机等新一代终端，将很快催生出一个全新的市场。中国下一个最大的机会是移动互联网，现在所有的互联网模式都将很快向移动商务迁移。

"中国三亿网民促进了互联网的成长，而在下一个五年，与苹果、Iphone 等类似的新一代终端，包括类似 PC 功能的手机，会很快代替传统的 PC 市场。而对于中国来讲，将很快催生出一个完全新的市场。也就是说，现在所有的互联网模式都将很快向移动商务迁移。"在"2009 APEC 经济体高官论坛暨全球经济成长中国峰会"上，好资本中国基金管理公司董事程磊做出了上述市场预测。

程磊说，在中国有一个非常大的特点，对很多人来说，电子邮件并不是他工作的第一个介质，而是个人的短信息，包括手机。因此下一个最大的机会是移动互联网，包括移动商务，它能给人们带来很多简单、方便的生活方式，并直接催生电子化服务。

下一个五年中，程磊并不认为互联网技术上会有太多的进展，但一些新模式将会出现，这些模式不是从国外拷贝过来的，而是完全针对中国本土市场开发出来的，包括一些解决方案，因为随着互联网的活动越来越复杂，可能对于大多数人来讲，不可能掌握那么多的电脑技能，都变成电脑专家一样。程磊预测，随着人们的生活从线下向线上迁移，会出现一些新的解决方案，让人们用最简单的办法，通过手机终端或者电脑终端在一两分钟之内完成非常复杂的交易。

移动电子商务发展处于导入期，重点是用户培育和商业模式探索。移动电子商务培育期，产业链各环节应通过有效的市场推广提高用户认知，通过合理的商业模式吸引更多商家参与其中，各平台提供商应根据自身定位及资源优势特点，进行细分市场和差异化经营，抓住机遇，以致在 3G 商用时代的起始阶段占据"制高点"。

二、全球移动商务业务[①]

1. 移动购物

移动业务的推出使人们的交易方式可以跨越时间和空间的障碍，并且创造出更多的交易机会。

（1）移动零售。德国的移动运营商 Mannesmann 公司在法兰克福推出了一项 GSM 增值业务——d2Blumen 业务。Mannesmann 公司与 Fleurop 公司合作，Fleurop 公司拥有全球的花店网络，申请这项业务的用户可以接入业务呼叫中心订花，并通过信用卡付费。

还有的运营商推出了利用手机订购比萨饼的业务，与在互联网上订购相比，这项业

---

① 王雪飞，陈英杰. 全球移动商务业务纵览（二）〔J〕. 2000（11）

务更具有吸引力，因为上网买比萨饼要受到 PC 机的限制，而且从开机到确认发送订单的步骤相对更复杂。

目前，世界范围内有不少国家都开展了移动零售业务，但成功开展的案例很少。影响移动零售业务快速发展的主要障碍是具有微型浏览器的手机还没有打开市场，应用也比较少。拿上面提到的比萨饼的例子来说，这项业务至今无法采用基于 Web 的模式向用户提供。

一旦移动零售业务与定位技术相结合，移动零售将获得巨大的商业机会。比如用户利用手机叫出租车或订购比萨饼，业务提供方或厂家可以立即知道用户的位置并提供所需业务。

随着业务更加个性化的提供，定位问题的解决，再加上简单的购买方式，不受时间空间限制的特性。移动零售业务将比互联网零售业务有更为广阔的发展空间。最主要的几种零售商品将是书、CD 和日用杂货。

（2）移动票务。通过移动电话订票、买票将成为最受用户欢迎的一项业务。尤其在中国这样人多、机制不完善，长期存在买票难的国家。在很多国家开展的 WAP 应用中，移动票务都是最先被推出的。不过要实现业务的完全自动化还有很长一段路要走。首先要实现的第一步就是为用户与票务发行方提供"一钮通"的连接方式。另外，旅游市场和经常外出办公的商务市场将会成为 WAP 应用中最先崛起的市场领域。与订电影票的模式类似，人们可以使用 WAP 手机订购火车、飞机、汽车或者轮船票。移动票务将成为移动商务发展的重要推动力。挪威的 Telenor Mobil 公司已经开始提供正式的业务，目前用户可以利用 GSM 手机查询和购买各影剧院的票。另外，德国的 Intershop 公司和 Danet consultants 公司（属于德国电信）也在国内开始试验移动票务应用，目前的业务仅包括票务预订，以后还将提供电影回顾和移动付费等应用。

现在，已经有一些航空公司开始向他们的常客提供电子机票，经常乘坐班机的客户只需使用航空公司专为他们制作的智能卡在机场通过验证后即可获取登机牌。

现在的主要问题是交通部门和航空公司的传统系统已经根深蒂固，这些系统基本上不支持电子机票，要提供移动票务有很大难度。在业务的实现中蓝牙技术将起到重要的作用，因为它可以直接实现机对机通信。

（3）移动明信片。这项业务允许用户通过普通手机、WAP 手机或互联网上的移动门户网站发送明信片或其他数字图片信息。芬兰的 Sonera 公司已经推出了此项业务。这项业务的用户可以是个人用户，他们希望将自己的照片如同明信片一样发送给亲戚、朋友、图片社、调查公司、新闻媒体等。这项业务要求将移动技术与用户电子技术完美结合，业务对象相对比较窄，估计市场会比较有限。

2. 移动拍卖

拍卖服务在因特网上蓬勃发展，越来越多的拍卖站点不断涌现，为商家到客户、客户到客户、商家到商家的拍卖提供服务。而网上拍卖向移动延伸是现有商业模式的自然发展。移动拍卖是用户通过短消息了解最新竞标情况，使用户能够以一种几乎实时的模式参与拍卖过程。不过短消息对时间的敏感度比较差，理想的方案应该是在 WAP 终端上采用 USSD 技术，可以确保交互作业维持在线状态。

Xypoint 和 Wireless Service 公司联合创建了一个用于拍卖的移动商务平台——Web-Wireless。此平台与标准 Web 浏览器协作，浏览器开启一个通知参数，以便用户能够获得有关在线拍卖价格的短消息告示。用户必须拨打以表明其愿意付出的价格。预计移动拍卖业务最多需用户每月付 10 欧元的费用。BTCellnet 从 2000 年开始在其 Genie 移动人口网站上提供移动拍卖。

由于无线设备为拍卖提供了理想的环境，一旦 e-Bay、QXL 和其他公司开始正式集成附加的分配渠道，拍卖就将很快地在移动领域里发展起来。

3. 移动广告

广告已经成为有线互联网上不可或缺的应用内容，但在移动互联网上却尚未普及。目前移动广告的应用水平很有限，仅实现通过免费的小区广播频道发送新闻以及内容提供商名称。移动广告的形式应该是一对一的。由于移动设备是当前唯一不依赖于位置的工具，因此通过移动设备实现个人化广告很有意义。

中国香港的 Sunday 公司是目前已经运营移动广告业务的例子之一。比如，当用户正在一家购物中心内，希望了解这家公司的商品广告时，用户可以呼叫一个号码并用手机接收特殊的广告服务。多数用户都很乐意用移动电话以话音或文本消息的形式接收广告，因为这样可以即时买到便宜货。

美国 Wired Digital 公司的移动广告业务通过 AvantGo 公司（一家内容经营者）的 Palmpilot 网络向掌上电脑用户提供希尔顿酒店的广告，用户虽然不过 6000 人，但收效令人满意。随着新协议的诞生，移动电话的功能在不断扩展，移动网络上的可用带宽也在增加，富有目的性的广告能够被轻松发送。而且，也可以在移动人口网站上做广告。

4. 移动娱乐

（1）移动游戏。目前实际上还没有移动游戏。由于 GSM 能力的限制，目前市场上还没有能够通过移动网络实现的多用户游戏。人们只能用 GSM 电话进行简单的单人游戏，如 Snake 等。将来的移动游戏可以为装有外部闪存槽的个人数字处理机开发。一些著名的游戏开发公司，如日本的任天堂、Sony、Sega 等，这些公司的游戏设备预计在 2 年内都可以连接到无线网络。任天堂在 2000 年上半年用其 Game Boy 游戏设备在通信网络上下载游戏。用户还将能够同其他游戏者互换游戏数据以及用游戏设备发送电子邮件。

（2）移动音乐。便携式 MP3 播放器的出现将很快把音乐设备同移动电话综合起来。而三星公司已经开发了一种电话 MP3，能够将音乐的标题储存在本地的移动设备里。韩国的一家消费电子公司 HanGo 推出一种能够存储 4.86GB（或 81 小时）音乐的 MP3 便携式播放器。Orange 公司在 2000 年初将广播电话引入市场。

将来用户可能会拥有存储在移动设备上的音乐许可证，可以下载更多的音乐曲目。随着 GPRS 和新计费机制的到来，按曲目付费将取代按分钟计费。移动电话厂商和常规的电子公司融合，将为移动音乐带来可观的发展前景。

（3）移动视频。美国的"分组视频公司"是极少通过无线网络提供实时流式视频的提供商。该公司可以在现有 CDMA 网络上提供 5 帧/秒的图像。尽管已经有厂商展示了相关产品，不过由于技术的限制，移动视频业务并不会有大的发展。不过人们还是有在旅途当中收看视频内容的需求，对内容的要求就是长度小、带宽低，如新闻条、体育热点、天气、娱乐、占星等。

5. 移动远程信息处理

移动远程信息处理业务使外出人员和车辆能够随时获得所需异地信息或车辆导航信息的业务。由于当前仅有极少数豪华轿车装备了 GPS 车载导航系统，提供驾驶指导信息是一项非常实用的移动商务应用。目前车载导航系统主要是通过 GPS 技术和插入车内系统的光驱来实现的。摩托罗拉开发了一种 GSM 移动接收器系统，能够通过小区广播接收最新的交通信息。

法国的 Webraska 则提供实时地图、逐街指南服务等，驾驶员只需按电话键输入地址，即可得到最近的加油站信息，不过只适用于 WAP 手机。德国和芬兰的一些公司也提供类似的服务。

德国的 Debis Systemhaus 公司开发了为商业外出人员提供的"PTA 数字助手"，它收集了所有的交通信息，可以提供旅馆房间和音乐会票的预留、选择最便宜的租赁汽车公司以及指引用户选择行驶路线。这项服务是基于智能代理技术的，需通过 GSM 网络连接到移动电话。

诺基亚已经建立了一个叫做"智能交通产品"的部门专门从事远程信息处理。诺基亚认为到 2010 年，每辆汽车都至少会装有一个 IP 地址。诺基亚认为远程信息处理包括应用卡车和轿车为防止发生抛锚所进行的自行诊断服务检查，当车辆发生突然故障时所提供的抛锚服务，当车辆在无人地区抛锚时所提供的紧急呼叫，以及有关汽车准确位址的定位信息。目前美国也通过卫星网络为 Chrysler（克莱斯勒）汽车用户提供类似的服务。

6. 移动安全服务

移动电话带有集成的 SIM 卡，是用于 PKI 系统专用密钥数字签名的理想工具。因此，移动设备可以成为一种安全工具，例如，用于电子商务和移动商务中的安全支付。在大楼的接入中，无线终端至少可以有两种方法成为安全设备：一是通过移动电话的 GSM 部分接入；二是将蓝牙技术用作认证机制。芬兰的 Sonera 公司已经实现利用 GSM 开启公司停车场的大门的设想。

本章小结

移动电子商务就是利用手机、PDA 及掌上电脑等无线终端进行的 B2B、B2C 或 C2C 的电子商务。随着移动通信技术和计算机的发展，移动电子商务的发展已经经历了三代：第一代移动商务系统是以短信为基础的访问技术；第二代移动商务系统采用基于 WAP 技术的方式；新一代的移动商务系统采用了基于 SOA 架构的 Webservice、智能移动终端和移动 VPN 技术相结合的第三代移动访问和处理技术。新一代移动商务功能主要有：移动商务短信平台功能；移动商务 WAP 平台功能；基于 Webservice 的移动商务平台。移动商务的特点：先进的移动通信技术；不受时间和地点的限制；可识别性；可定位；易于实现定制化。移动商务的应用模式根据与商业活动相关的通信主体进行分类包括 BTOM、MTOM 两大类。目前国内移动电子商务处于刚起步阶段，但是传统电子商务的成功发展以及中国拥有的庞大移动用户基础为移动电子商务的发展提供了良好的环境。但发展起步阶段尚有些不足之处亟待完善。

【案例讨论】NTTDoCoMo 公司 I-mode 模式

日本 NTTDoCoMo 公司在 1999 年 2 月正式推出 I-mode 业务，以其开放的技术平台和诱人的分成方式极大地刺激了日本移动互联网市场的发展。I-mode 取得的空前成功开启了移动互联营利的新时代，使移动互联业务成为电信运营商一个非常重要的新业务和新收入的增长点，成为新世纪照亮电信市场的第一缕曙光。世界各大电信运营商已经被 ARPU 值不断下降的噩梦困扰了很久，现在他们纷纷借鉴 I-mode 的发展模式，应用的范围也从移动数据业务延伸到固定数据业务，比如 L-mode 业务。

I-mode 是建立在日本第二代移动通信上的无线互联业务，其发明人松本真理女士起初只是为了满足用户日益增加的移动上网需求，主要针对普通用户，并非什么专家或"网虫"。

I-mode 的基本服务主要有三大方面：一是通过 I-mode 菜单来检索信息，仅进行简单的操作即可访问各种网站，通过 I-mode 的菜单列表，用户仅用一台移动电话就能获取自己所需的信息和办理各种手续；二是通过 I-mode 可以自由收发电子邮件，不仅 I-mode 用户之间可以进行电子邮件的收发，也可以向互联网上有电子邮箱的用户发送邮件，还可以接收来自互联网上的邮件；三是通过 I-mode 查看网页，只要输入网址，就可浏览所有支持 I-mode 的互联网网站。I-mode 业务还包括娱乐游戏服务、火车票、机票和音乐会门票的预订服务；与证券公司、信用卡公司、保险公司和银行等有关的信息服务；手机银行服务；查阅交通地图；航班信息、旅馆信息、股票价格、新闻、天气预告；移动食谱、房屋租借服务等。I-mode 丰富多彩的业务和使用的方便性吸引了各个年龄层次的人们，I-mode 业务的迅速普及也使日本在移动数据业务的发展上处于全球领先地位。

1992 年成立的 NTTDoCoMo 凭借 I-mode 成为世界上无线服务提供商中排名第 3 的企业，并开始向世界其他地区扩张。I-mode 业务之所以能取得成功，有以下几点非常关键的地方值得我们在移动商务中借鉴：

启示一：合作共赢，促进整个产业链发展。I-mode 首创了移动互联网信息使用收费的模式，I-mode 代内容提供商收取信息费，与内容提供商进行利润分成，分成比例一般是 9∶91，也就是信息费中的 9% 将作为手续费归 NTTDoCoMo 所有。合理的收费模式使内容提供商获得了一定的收入，激励内容提供商不断提供完善和新颖的内容，促进了信息源的发展，也降低了内容提供商的运营风险。

此外从建立互联网产业生态圈的角度上看，I-mode 商业合作模式解决了制约移动互联业务发展的瓶颈问题和相关产业链的薄弱环节，主要集中在手机终端与内容两个方面。I-mode 商业合作模式不仅为 NTTDoCoMo 创造了价值，还为内容提供者、终端制造商带来了巨大的经济利益，最终形成了多家共赢的局面，这为 I-mode 的生存和发展创造了良好的生态环境。

启示二：行业标准的制定。为了构建整个产业链条的统一标准，NTTDoCoMo 召集主流系统设备制造商、终端制造商、内容提供商共同制定了 I-mode 标准，涉及系统设备方面、终端设计方面，还有统一开放的 I-mode 技术平台等。企业发展的最高阶段，是标准阶段，谁掌握了标准，谁就有发言权。

启示三：终端对业务的支持。NTTDoCoMo 通过定制手机终端、提供手机补贴、将手机与终端进行捆绑销售、与终端厂商在资本与技术上深入合作，获得了终端提供商的有力支持，使 I-mode 业务的开展畅行无阻。

启示四：丰富的内容设计。NTTDoCoMo 不断推陈出新，服务项目很丰富，例如，与一二百家银行合作，用户通过网上银行购买股票、转账，甚至在手机屏幕上还可以看到实时更新的股市行情。NTTDoCoMo 于 2001 年 1 月开始建设下载音乐的网站，最初还只能下载一些小插曲，现在据说已经和数十家音乐公司合作了。同时，NTTDo-CoMo 对内容质量的把控也值得借鉴，内容绝对要新鲜的，每天必须进行内容的更新。此外内容是有深度的，不仅仅局限以短消息（SMS）为载体，能朝着更有深度的地方发展。还有鼓励用户多次上网，如用手机打联网游戏等。

案例讨论题：

1. I-mode 的基本服务主要有哪些？
2. I-mode 业务的成功给我们带来哪些启示？

思考题

1. 什么是移动电子商务？
2. 移动电子商务具有哪些特点？
3. 移动电子商务经历了哪些发展阶段？
4. 移动电子商务主要应用是什么？
5. 中国阶段移动电子商务发展状况如何？怎样制定下一步发展方案？

第十五章　物联网概述

本章要点

- 了解物联网的含义
- 了解物联网的发展、应用以及现状
- 了解物联网与电子商务的联系

开篇案例：

2009 年 12 月 17 日消息，工信部发布公告正式批准了 62 个国家新型工业化产业示范基地，其中，江苏无锡高新技术产业开发区获批为物联网示范基地。

在 2009 年初，无锡新区与中科院上海微系统所提出"感知中国"的概念，并合作共建了无锡物联网产业研究院。据无锡市一位政府官员透露，无锡建设传感中心包括两个层面的意思：一层是物联网产业集群的中心，也就是大批物联网的研发、生产企业及机构集聚无锡；另一层意思则是把无锡率先打造成一个物联网的应用示范城市。

截至目前，国内三大运营商中国移动、中国电信、中国联通均与无锡市政府签约，将进驻无锡设立研发机构，无锡物联网基地也已聚集中科院等领头研发机构以及无锡矽鼎等一大批物联网终端和内容应用企业。

第一节　物联网概述

电子商务的出现和快速发展改变了经济发展规律和市场结构，对企业的生产成本和交易成本产生了巨大影响。为了应对这些变化，企业的组织管理势必要做出相应的改变。

一、物联网是什么

中国移动总裁王建宙 2009 年 8 月 24 日在台湾演讲中阐述了其对"物联网"这一概念的理解。王建宙在演讲中解释说，"物联网"的运用广泛，例如，在家电上装传感器，就可以用手机通过网络控制；还有诸如远程抄表、物流运输、移动 POS 等应用。而结合云计算，"物联网"将可以有更多元的应用。王建宙又举例说，在羊身上装一个二维条形码，便可以通过手机得知羊从生产到变成羊肉的过程。

工信部总工程师朱宏任在中国工业经济运行 2009 年夏季报告会上表示，物联网是一个新概念，到现在为止还没有一个约定俗成的、大家公认的概念。总体来说，物联网是指各类传感器和现有的互联网相互衔接的一个新技术。在 2009 年 1 月 28 日，美国奥巴马总统就职以后，奥巴马总统在和工商领袖举行的圆桌会议上提出了相应的智慧地球的概念，其中也包括这些专家建议美国要形成智慧型的基础设施，奥巴马政府对此给予了积极的回应。应该说，物联网就是这些所谓智慧型基础设施中间的一个概念。

物联网（The Internet of Things），顾名思义就是"物物相连的互联网"。从这里面我们可以分离出两层意思：第一，物联网的核心和基础仍然是互联网，是在互联网基础之上的延伸和扩展的一种网络；第二，其用户端延伸和扩展到了任何物品与物品之间，进行信息交换和通信。物联网的定义是通过射频识别（RFID）装置、红外感应器、全球定位系统、激光扫描器等信息传感设备，按约定的协议，把任何物品与互联网相连接，进行信息交换和通信，以实现智能化识别、定位、跟踪、监控和管理的一种网络。

简单地说，就是你看着手里拿的杯子，就能通过感应识别装置来对杯子上的电子编码进行解码，从而告诉你这个杯子的所有信息，包括生产、销售、价格、作用、使用注意事项等。看过《阿凡达》的读者可能知道，剧中潘多拉星球的所有生物都有所联系，生物可以通过星球上的树来"上传"和"下载"信息，就是一种全星球生物统统联网的状态，也许詹姆斯·卡梅隆在构思《阿凡达》的时候也利用了物联网这一概念。

二、物联网的发展

物联网在中国的前身叫做传感网，早在 1999 年就提出来了。中科院早在 1999 年就启动了传感网的研究和开发，与其他国家相比，我国的技术研发水平处于世界前列，具有同发优势和重大影响力。

2005 年 11 月 27 日，在突尼斯举行的信息社会峰会上，国际电信联盟（ITU）发布了《ITU 互联网报告 2005：物联网》，正式提出了物联网的概念。

2009 年 2 月 24 日，IBM 大中华区首席执行官钱大群在 2009 年 IBM 论坛上公布了名为"智慧地球"的最新策略。这个概念是 IBM 在 2008 年提出的。针对中国经济的状况，钱大群表示，中国的基础设施建设空间广阔，而且中国政府正在以巨大的控制能力、实施决心和配套资金对必要的基础设施进行大规模建设，"智慧地球"这一战略将会产生更大的价值。IBM 还提出，如果在基础建设的执行中，植入"智慧"的理念，不仅仅能够在短期内有力地刺激经济、促进就业，而且能够在短时间内为中国打造一个成熟的智慧基础设施平台。这里的"智慧地球"指的其实就是物联网。

物联网是在计算机互联网的基础上，利用 RFID、无线数据通信等技术，构造一个覆盖世界上万事万物的"Internet of Things"。在这个网络中，物品（商品）能够彼此进行"交流"，而无须人的干预。其实质是利用射频自动识别（RFID）技术，通过计算机互联网实现物品（商品）的自动识别和信息的互联与共享。

物联网概念的问世，打破了之前的传统思维。过去的思路一直是将物理基础设施和

IT 基础设施分开，一方面是机场、公路、建筑物，另一方面是数据中心、个人电脑、宽带等。而在物联网时代，钢筋混凝土、电缆将与芯片、宽带整合为统一的基础设施。在此意义上，基础设施更像是一块新的地球。故也有业内人士认为物联网与智能电网均是智慧地球的有机构成部分。

不过，也有观点认为，物联网迅速普及的可能性有多大，尚难以轻言判定。毕竟RFID 早已为市场所熟知，但新大陆等拥有 RFID 业务的相关上市公司的定期报告显示出业绩的高成长性尚未显现出来，所以，对物联网的普及速度存在着较大的分歧。但可以肯定的是，在国家大力推动工业化与信息化两化融合的大背景下，物联网会是工业乃至更多行业信息化过程中，一个比较现实的突破口。而且，RFID 技术在多个领域多个行业进行了一些闭环应用。在这些先行的成功案例中，物品的信息已经被自动采集并上网，管理效率大幅提升，有些物联网的梦想已经部分的实现了。所以，物联网的雏形就像互联网早期的形态局域网一样，虽然发挥的作用有限，但昭示着的远大前景已经不容置疑。

这几年推行的智能家居其实就是把家中的电器通过网络控制起来。可以想见，物联网发展到一定阶段，家中的电器可以和外网连接起来，通过传感器传达电器的信号。厂家在厂里就可以知道你家中电器的使用情况，也许在你之前就知道你家电器的故障，某一天突然有维修工上门告诉你家中空调有问题，你还惊异地不相信。

物联网的发展，必然带动传感器的发展，传感器发展到一定程度，变形金刚会真的出现在我们的面前。

阅读材料：海尔案例三——海尔"物联网冰箱"

海尔推出世界首台"物联网冰箱"

2010 年 1 月 23 日上午，在青岛举行的海尔集团科技大会上，海尔发布了世界上首台"物联网冰箱"。海尔因此成为全球第一个，也是目前唯一推出"物联网冰箱"的世界品牌。

与目前市场上的普通冰箱相比，海尔"物联网冰箱"是世界冰箱史上一款里程碑式的革命性产品。其不仅可以储存食物，而且可以网络连接，实现了冰箱与冰箱里的食品进行对话的功能。譬如，它知晓储存其中的食物的保质期、食物特征、产地等信息，并会及时将信息反馈给消费者，让消费者对冰箱里的食品做出必要的反应。同时，海尔"物联网冰箱"还能与超市相连，让消费者足不出户就知道超市货架上的商品信息，还能够根据主人放入及取出冰箱内食物的习惯，制定合理的膳食方案，给消费者提供健康、营养的生活方案，并因此给消费者的生活带来全新的享受与体验。

此外，海尔"物联网冰箱"还是一个独立的娱乐中心。据海尔"物联网冰箱"的欧洲设计师弗朗西斯科介绍，这款冰箱还带有网络可视电话功能、浏览资讯、播放视频等多项生活与娱乐功能，让原本属于生活电器的冰箱成为一个娱乐中心。

"物联网"时代是人类继计算机、互联网之后的全新时代。所谓物联网，是指用射频自动识别技术，使得物体和物体之间能够识别。从使用上看，物联网冰箱与冰箱里的食品实现了自由对话，提高了人类对食品的管理与应用；从技术上看，它是各类传感器和现有的"互联网"相互衔接的一种新技术，是对"互联网"技术的延伸。现在，物联网已开始不断地改变着我们的生活方式和消费习惯。海尔抓住物联网时代的先机，推出了全球首台"物联网冰箱"，为全球消费者创造了一种颠覆性的生活方式。

目前，我国对"物联网"技术的研发水平已经处于世界前列。在一些先行的成功案例中，物品的信息已经能够被自动采集并上网，其管理效率大幅提升，有些"物联网"的梦想已经部分地实现了。所以，"物联网"的雏形就像早期的电脑与互联网一样——当电脑与互联网出现之前，没有多少人会对计算机和互联网感兴趣。但现在，计算机和互联网已经成为现代生活的必备元素了，没有人说会离得开它。这也从侧面昭示出"物联网"代表着未来的趋势。

作为一款跨时代的超级冰箱，海尔"物联网冰箱"拥有广阔的发展前景。原因是其虽然代表着家电业的发展趋势，但由于海尔冰箱已经掌握了可以规模化推广的独立的芯片技术，所以，产品的成本比市场上曾经出现过带娱乐功能的冰箱至少低一半。因此，海尔"物联网冰箱"具备了量产的条件，可大规模生产推广。

此次海尔推出世界上首台"物联网冰箱"，不仅反映了其始终通过技术创新引领潮流的实力，同时也彰显出世界第一品牌的领袖风范。从行业上看，创业仅25年的海尔冰箱却在全球布局了29个三位一体的本土基地，并以此作为资源整合的窗口，使其拥有了强大的研发实力，此次在全球推出首台"物联网冰箱"就是最好的说明。

目前，全球科技将进入一个前所未有的创新密集时代，物联网技术作为发达国家重点发展的新兴战略性产业，已经成为一个国家争夺经济科技制高点的战略重点，海尔率先在全球推出物联网冰箱既是自身创新能力的验证，也体现了世界第一品牌带动产业升级的社会责任意识。

资料来源：

百度博客

三、物联网的原理

物联网是在计算机互联网的基础上，利用 RFID、无线数据通信等技术，构造的一个覆盖世界上万事万物的庞大网络。

物联网中非常重要的技术是射频识别（RFID）技术。射频识别技术（RFID，Radio Frequency Identification Decisions），是 20 世纪 90 年代开始兴起的一种自动识别技术，是目前比较先进的一种非接触识别技术，通过射频信号自动识别目标对象并获取相关数据，识别工作无须人工干预，可工作于各种恶劣环境。RFID 技术可识别高速运动物体并可同时识别多个标签，操作快捷方便。以简单 RFID 系统为基础，结合已有的网络技术、数据库技术、中间件技术等，构筑一个由大量联网的阅读器和无数移动的标签组成的，比 Internet 更为庞大的物联网成为 RFID 技术发展的趋势。

RFID 技术的基本工作原理并不复杂：标签进入磁场后，接收解读器发出的射频信号，凭借感应电流所获得的能量发送出存储在芯片中的产品信息（Passive Tag，无源标签或被动标签），或者主动发送某一频率的信号（Active Tag，有源标签或主动标签）；解读器读取信息并解码后，送至中央信息系统进行有关数据处理。

RFID 是能够让物品"开口说话"的一种技术。在"物联网"的构想中，RFID 标签中存储着规范而具有互用性的信息，通过无线数据通信网络把它们自动采集到中央信息系统，实现物品（商品）的识别，进而通过开放性的计算机网络实现信息交换和共享，实现对物品的"透明"管理。

四、物联网的开展步骤

物联网的实际应用需要各行各业的参与，并且需要国家政府的主导以及相关法规政策上的扶助，物联网的开展具有规模性、广泛参与性、管理性、技术性、物的属性等特征，其中物联网最为关键的问题是技术上的问题。亿博物流咨询介绍，物联网技术是一项综合性的技术，是一项系统，目前国内还没有哪家公司可以全面负责物联网的整个系统规划和建设，理论上的研究已经在各行各业展开，而实际应用还仅局限于行业内部。关于物联网的规划和设计以及研发关键在于 RFID、传感器、嵌入式软件以及传输数据计算等领域的研究。

一般来讲，物联网的开展步骤主要如下：

（1）对物体属性进行标识，属性包括静态和动态的属性，静态属性可以直接存储在标签中，动态属性需要先由传感器实时探测；

（2）需要识别设备完成对物体属性的读取，并将信息转换为适合网络传输的数据格式；

（3）将物体的信息通过网络传输到信息处理中心（处理中心可能是分布式的，如家里的电脑或者手机，也可能是集中式的，如中国移动的 IDC），由处理中心完成物体通信的相关计算。见图 15–1。

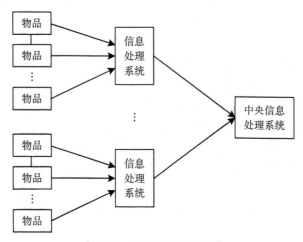

表 15–1　物联网的开展步骤

五、物联网的应用

物物互联指的是每一个存在的物品，都可以通过某种方式接入网络，并形成交流和互联。在一棵树上加个传感器也能接入网络，表面上看这个事情似乎特别科幻，过于理想化。在 2005 年突尼斯 WSIS 会议的报告上，提出了物物互联的 4 个主要的技术：RFID，传感器，嵌入式智能；纳米技术。接入的网络标准如此复杂，即使技术进步，即便在最乐观的估计中，也得在 2020 年，才可能初见端倪。

小贴士

体验微型"物联网"

南京邮电大学现有的"物联网"是"南京邮电大学无线传感器网络研究中心"的"作品"。

走进这个藏在南邮三牌楼校区有线楼二楼的研究中心，桌子上放置着电脑、芯片、集成模块等，但外人还真看不出这个实验室和一般无线电实验室有什么区别，有哪些神奇之处。

"把你的手放到这里。"研究中心主任、博士生导师王汝传教授指着一个夹子说。

记者刚把手放进夹子，远端办公室的电脑里就显示了：体温 36.8 摄氏度、血氧饱和度为 96.3。

不是只有与夹子通过无线通信网络相连的这台电脑上才可以看到这些信息。记者在办公室内其他的电脑上也可以同步看到这些信息。

"在和我们校园网联网的任何一台电脑上，都可以查到这个信息。"王汝传说，夹子是传感器，通过传感器和网络，我们的身体自己就"开口说话"了。

他介绍，中心正在和医院进行合作，这样，医生坐在办公室里也可以了解病人的体征。"这个传感器还可以嵌入到手表里，家里如果有老人，可以让老人带上这个手表，即使你在外面上班、在外面出差，手表也可以随时掌握老人的体征，通过手机或电脑告诉你。"

据介绍，该中心在王汝传的带领下，已经形成了一支有着 40 多人的科研团队，大部分传感器都能和南邮校园网进行连通，在南邮内部形成了一个局域的物联网。

"这是一套智慧家居。"王汝传指着一套 3 室 1 厅的房屋模型说，通过电脑操作，房模里的电视机、电源等会按要求开关。

"把你的手机号码告诉我。"王汝传说，在电脑上输入了记者手机号码后，记者手机上立马收到了一条短信：现在房间温度 30.91 摄氏度。王汝传介绍，这已经不是南邮内部的物联网了，它还与移动通信网络相连接。"将来我们的物联网就是这个模样。除了温度，湿度、一氧化碳浓度、甲醛浓度，传感器都可以识别，你在任何地方，家里的信息都可以通过网络，让你随时掌握。"

传感器不仅可以采集简单的数据，还可以采集画面和图像。实验室的不同位置放

置了不少这样的传感器，只要有人经过，电脑上就显示此人的身影。

"以前，为了拍摄、了解野生动物的活动，动物学家、摄影家常常是蹲在草丛里一守就是几个月。如果在草丛里安装上若干个采集图像的传感器，动物们自然就会'跑'到你的镜头里来，发到你的电脑里。"中心副主任黄海平博士介绍。

资料来源：

谈洁.物联网：让东西"说话"——对话南京邮电大学校长、博士生导师杨震教授.南京日报

不过在技术问题之外，最主要的还是观念的变革。20 年前人们很难想象插根网线就可以把两个人联系起来一起聊天、一起视频，但是现在互联网已经渗透到了人们的生活之中，今天的人们已经很难想象离开了互联网生活将会如何的一团糟。技术总会进步的，只要人们改变观念去接受，也许某一天物联网也会像互联网这样融入人们的生活。

业内人士指出，物联网的应用有三个层次：一个是传感网络，即以二维码、RFID、传感器为主，实现"物"的识别；二是传输网络，即通过现有的互联网、广电网、通信网或者下一代互联网，实现数据的传输和计算；三是应用网络，即输入输出控制终端，包括手机等终端。

一些天才的应用解决者已经想出了几个当今容易令人接受的物联网的应用。

（1）黄色箭头。Counts media 发布的这个黄色箭头，是一个地理学 blog 项目。工具是一种手掌大小的贴纸，每一个上面都有唯一的数字代号以及显要的黄色箭头标签。将这些贴纸贴在街道、纪念碑、风景区，用这个数字代号发送文字的信息就能获取内容。

（2）Nokia sensor。Nokia 发布的一款手机应用。手机可以通过蓝牙方式发现一定范围内另外的手机，并且可以向它发送图片、声音等信息。

（3）实物超链接。将 Internet 扩展到实际存在的物体，并且在实际生活中存在。由于现在的 Internet 是一个电子虚拟的网络，实物超链接就是可以通过手机等设备，通过无线方式可以识别并显示在 Internet 中的实物，这个实物可以认为是链接到 Internet 的一个超链接，所以叫实物超链接。实物超链接可以使用一种称为二维码的编码和识别技术。

（4）Grafedia。街道上的超链接。简单地说，Grafedia 就是写在墙上、大街上、马路边等任何你愿意涂抹的地方的一种超链接，它可以链接到图片或者声音或者视频。看到这里你一定很纳闷，显然我们不可能拿着鼠标在大马路上点击出一幅幅美女图。如果你想看到这些文字后面所链接的多媒体文件，你就需要用手机或者邮件发一条信息到你所看到的加了下画线的"文字"@grafedia.net。

从以上的应用假设可以看出，初步能够实现的这些应用都是基于互联网的，从互联网上搜索"物"的信息。那么会不会有更深层次的应用呢？我们知道，互联网浏览器检索信息的功能其实是通过终端从服务器下载信息实现的。那么物联网是不是也可以下载东西呢？会不会有一天我们可以从一个站点直接下载想要的实物呢？比如，我饿了想吃

KFC 的汉堡，那么我通过互联网打钱给 KFC 点餐，KFC 就直接把我点的汉堡像用 QQ 传文件一样传给我，那我坐在一台机器前面就可以等到从一个端口出来的汉堡。听起来天方夜谭，但是在 2004 年 6 月，美国和奥地利的科学家曾实现了原子间的量子态隐形传输。那么从这方面来看，传输一个汉堡似乎只是一个量变的过程。

> **小贴士**
>
> 美国哈佛大学和佐治亚技术研究所的科学家对更复杂的原子和光子间量子态隐形传输进行了尝试，并获得了成功。研究中，他们分别利用一束强激光轰击一团铷原子，生成了具备这团铷原子量子态的单个光子。随后，科学家将该光子传送过 100 米长的光缆，又生成了携带同样量子态的另一团铷原子，实现了原子与光子间的量子态隐形传输。哈佛大学的研究人员指出，实验中最复杂的任务是将单个光子从激光中分离出来，他们利用了晶体，根据光子的极性、反射率和吸收率实现了这一点。

那么汉堡是不是也是这样传送的呢？要解决汉堡的传送，首先要解决三个问题：第一，汉堡是由物质组成的，如果用光速把汉堡移动到另一个地点，那么，就必须将它"唯物质化"。经物理学家计算，单单突破原子核内部的限定力，就必须把汉堡加热到 1 万亿摄氏度——这比太阳内部的热度还要高几百倍。第二，发射仪器必须在目的地将汉堡重新组合起来，为了知道如何组合，它就需要获得汉堡所有原子结构的精确信息。第三，精确描述汉堡的原子结构是最棘手的问题，从根本上来说是不可能的。因为根据海森伯测不准原理，我们不可能获得一个粒子的全部信息。

毕竟科学是建立在想法之上的，先有了想法才有发展成科学的可能。我不能说将来一定会实现汉堡甚至更大物体的传送，可是我们也不妨期待，有一天打开水龙头，流出来的不是水却是一个个美味的汉堡。

六、物联网面临的问题

物联网作为一个新兴概念出现，在被大加赞赏之余也必然会有一些亟待解决的问题存在。只有解决了这些问题，物联网才能真正从理论层面进入到应用层面。

1. 国家安全问题

中国大型企业、政府机构，如果与国外机构，进行项目合作，如何确保企业商业机密、国家机密不被泄露？这不仅是一个技术问题，而且还涉及国家安全问题，必须引起高度重视。

2. 隐私问题

在物联网中，射频识别技术是一个很重要的技术。在射频识别系统中，标签有可能预先被嵌入任何物品中，比如人们的日常生活物品中，但由于该物品（比如衣物）的拥有者，不一定能够觉察该物品预先已嵌入有电子标签以及自身可能不受控制地被扫描、定位和追踪，这势必会使个人的隐私问题受到侵犯。因此，如何确保标签物的拥有者个人隐私不受侵犯便成为射频识别技术以及物联网推广的关键问题。而且，这不仅仅是一个技术问题，还涉及政治和法律问题。这个问题必须引起高度重视并从技术上和法律上予以解决。造成侵犯个人隐私问题的关键在于射频识别标签的基本功能：任意一个标签的标识（ID）或识别码都能在远程被任意地扫描，且标签自动地、不加区别地回应阅读器的指令并将其所存储的信息传输给阅读器。这一特性可用来追踪和定位某个特定用户或物品，从而获得相关的隐私信息。这就带来了如何确保嵌入有标签的物品的持有者个人隐私不受侵犯的问题。

3. 商业模式

物联网商用模式有待完善。

中国移动通信研究所所长于蓉蓉表示，"要发展成熟的商业模式，必须打破行业壁垒、充分完善政策环境，并进行共赢模式的探索"。

华为战略规划部部长朱广平指出"应用物联网技术让企业面临改造成本问题，新的商业模式将改变改造成本高的现状"。

4. 物联网的政策和法规

物联网不是一个小产品，也不只是一个小企业可以做出来、做起来的，它不仅需要技术，它更是牵涉到各个行业、各个产业，需要多种力量的整合。这就需要国家的产业政策和立法上要走在前面，要制定出适合这个行业发展的政策和法规，保证行业的正常发展。

我们都知道，汽车业是经济发展中的一个重大行业。很长一段时间里，中国汽车行业的政策制定，把持在一些利益集团手中。像一汽、上汽这些汽车制造厂，很大程度借着国有企业、重要产业的名义，影响了国家政策的制定，把持了这个行业，导致新的力量无法进入中国汽车业。这些获得利益的集团却不思进取，根本不努力进行研发，把合资作为发展的唯一道路，结果是为外国企业赚了钱，自己的汽车业没有发展起来，而中国消费者十多年一直买远远高于国际市场的汽车。而产业政策一变，奇瑞、吉利、比亚迪这些企业进入汽车业，中国汽车业马上高速度发展起来，新车型不断推出，价格也大大降低。

"二战"后，美国在经济上一度并不特别强大，但是到了20世纪90年代，美国的信息高速公路计划，不但是政府进行投资，而且在产业政策上给予了很多支持，导致美国的信息产业高速度发展，现在全世界基于PC和互联网的信息产业完全控制在美国人手中，不但获得了巨大利益，甚至政治利益、文化的传播、价值观的传播都起了巨大作用。

因此，对于复杂的物联网，必须要有政府的政策支持。政府必须要有专门人和专门的机构来研究和协调，物联网才能有真正意义的发展，否则，它只能小有成就，而不会大有作为。

5. 技术标准的统一与协调

我们都知道互联网发展到今天，有一件事解决得非常好，就是标准化问题解决得非常好，全球进行传输的TCP/IP协议、路由器协议、终端的构架与操作系统，这些都解决得非常好，因此，我们可以在全世界任何一个角落，使用每一台电脑链接到互联网中去，可以很方便地上网。物联网发展过程中，传感、传输、应用各个层面会有大量的技术出现，可能会采用不同的技术方案。如果各行其是，那结果是灾难的，大量的小而破的专用网，相互无法连通，不能进行联网，不能形成规模经济，不能形成整合的商业模式，也不能降低研发成本。因此，尽快统一技术标准，形成一个管理机制，这是物联网马上就要面对的问题。开始时，这个问题解决得好，以后就很容易；开始解决不好，积重难返，那么以后问题就很难解决。

这个问题和第一个问题又相关联，如果政府没有专门的部门来管理和协调，没有相应的政策和法规，何来标准的统一与协调？

6. 管理平台的形成

物联网是什么？我们经常会说 RFID，这只是感知，其实感知的技术已经有了，虽然未必说成熟，但是开发起来并不难。但是物联网的价值在什么地方？在于网络，而不在于物。传感是容易的，但是感知的信息，如果没有一个庞大的网络体系，不能进行管理和整合，那这个网络就没有意义。因此，建立一个全国性的、庞大的、综合的业务管理平台，把各种传感信息进行收集，进行分门别类的管理，进行有指向性的传输，这就是一个大问题。一个小企业甚至都可以开发出传感技术，开发出传感应用。但是一个小企业没有办法建立起一个全国性高效率的网络。没有这个平台，各自为政的结果一定是效率低，成本高，很难发展起来，也很难收到效果。

这个平台，电信运营商最有力量与可能来建设，也可能在这个过程中，会有新的管理平台建设与提供者出现。我也相信，这个平台的建设者会在未来的物联网发展中，取得较好的市场地位，甚至是最大的受益者。

7. 安全体系的建立与形成

物联网目前的传感技术主要是 RFID，植入这个芯片的产品，是有可能被任何人进行感知的，它对于产品的主人而言，有这样的一个体系，可以方便地进行管理。但是，它也存在着一个巨大的问题——其他人也能进行感知。比如产品的竞争对手，那么如何做到在感知、传输、应用过程中，这些有价值的信息可以为我所用，却不被别人所用，尤其不被竞争对手所用。这就需要在安全上下工夫，形成一套强大的安全体系。现在应该说，会有哪些安全问题出现，如何应对这些安全问题，怎么进行屏蔽都是一些非常复杂的问题，甚至是不清晰的。但是这些问题一定值得注意，尤其是这个管理平台的提供者。安全问题解决不好，有一天可能有价值的物联网会成为给竞争对手提供信息方便的平台，那么它的价值就会大大地打折扣，也不会有企业愿意和敢于去使用。

8. 应用的开发

物联网的价值不是一个可传感的网络，而是必须各个行业参与进来进行应用。不同行业，会有不同的应用，也会有各自不同的要求。这些"必须"根据行业的特点，进行深入的研究和有价值的开发。这些应用开发不能依靠运营商，也不能仅仅依靠所谓物联网企业，因为运营商和技术企业都无法理解行业的要求和这个行业具体的特点。很大程度上，这是非常难的一步，也是需要时间来等待。一个物联网的体系基本形成，需要一些应用形成示范，更多的传统行业感受到物联网的价值，这样才能有更多企业看清楚物联网的意义，看清楚物联网有可能带来的商业价值，也会把自己的应用与业务和物联网结合起来。

第二节　物联网与电子商务[①]

回顾现在的电子商务网络营销，在产品的生产、仓储、物流配送的进程等与产品流通相关的各个环节都存在较大的改进空间。网络营销过程中，遇到最多的客户投诉很多就集中在对产品质量的质疑、物流配送服务的质量上。而物联网将帮助网络营销实现对产品全程的可视化数据展现，让用户能够了解从产品生产、仓储到物流配送整个流程环节，对于提升用户的满意度和放心购物起到积极的作用。网络营销过程中的流程控制需要变革，而基于追求完美用户体验的变革将永远获得用户的拥护和支持。物联网是电子商务的产物，是电子商务的一种延伸，是传统物流与电子商务的结合。物联网是物流行业的发展趋势，对电子商务是一种促进。今天的物联网值得我们继续关注。

一、物联网对电子商务的影响

虽然物联网在今天或许还只是一个概念，但在各国政府的重视和 IBM 等一大批企业的推动下，成为现实只是一个时间问题。物联网的实现，在电子商务上有着多方面的应用，对电子商务企业经营管理、消费者购物等方面将具有十分重要的推动作用。

1. 物流服务质量的提升

如果说当年人们所说的制约电子商务发展的三大因素还剩下什么没有解决的话，可能就要属物流了。在网络营销过程中，遇到的客户投诉很多就集中在物流配送服务的质量上。虽然和前几年相比，现在的物流网络已经有很大的改善，但在物流服务质量上还有很多不尽如人意的地方，比如送错目的地、物流状态网络上查询不到、送货不及时等现象时有发生。这其中主要是由于企业和消费者对物流过程不能实时监控所造成的。

物联网通过对包裹进行统一的 EPC 编码，并在包裹中嵌入 EPC 标签，在物流途中通过 RFID 技术读取 EPC 编码信息，并传输到处理中心供企业和消费者查询，实现对物流过程的实时监控。这样，企业或消费者就能实现对包裹的实时跟踪，以便及时发现物流过程中出现的问题，有效提高物流服务的质量，切实增强消费者网络购物的满意程度。

2. 完善产品质量监控

在网络购物逐渐被人们接受的今天，仍有许多消费者对这种"看不见、摸不着"的购物方式望而却步。究其原因，除了对网络安全、购买习惯等因素外，对产品质量的不

---

① 周建良. 物联网在电子商务中的应用［J］. 电子商务，2009（12）

放心是一个主要的原因。相比而言，消费者觉得在实体店那种"看得见、摸得着"的购物比较踏实。消费者的这种对网络购物商品质量的疑问在物联网中将得到有效的解决。从产品生产（甚至是原材料生产）开始，就在产品中嵌入 EPC 标签，记录产品生产、流通的整个过程。消费者在网上购物时，只要根据卖家所提供的产品 EPC 标签，就可以查询到产品从原材料到成品，再到销售的整个过程，以及相关的信息，从而决定是否购买。彻底解决了目前网上购物中商品信息仅来自于卖家介绍的问题，消费者可以主动了解产品信息，而这些信息是不以卖家的意志而改变的。

3. 改善供应链管理

通过物联网，企业可以实现对每一件产品的实时监控，对物流体系进行管理，不仅可以对产品在供应链中的流通过程进行监督和信息共享，还可以对产品在供应链各阶段的信息进行分析和预测。通过对产品当前所处阶段的信息进行预测，估计出未来的趋势或意外发生的概率，从而及时采取补救措施或预警，极大地提高企业对市场的反应能力，加快了企业的反应速度。

二、物联网对电子商务物流的影响

RFID 技术在物流领域中应用于物料跟踪、运载工具和货架识别等要求非接触数据的采集和交换。基于 RFID 技术的电子商务物流功能主要体现在以下几个方面：

1. 仓储管理

将 RFID 系统用于智能仓库货物管理，有效地解决了仓库里与货物流动有关信息的管理，它不但增加了一天内处理货物的数量，还监督这些货物的一切信息。射频卡贴在货物通过仓库的大门边上，读写器和天线放在叉车上，每件货物均贴有条码，所有条码信息都被存储在仓库的中心计算机里，该货物的有关信息都能在计算机里查到。当货物被装走运往别处时，由另一读写器识别并告知计算中心它被放到哪个拖车上。这样管理中心可以实时地了解到已经生产了多少产品和发送了多少产品，并可自动识别货物，确定货物的位置。

2. 生产线自动化

用 RFID 技术在生产线上实现自动控制和监视，能提高效率、降低成本。在此，我们举个例子说明用于汽车装配流水线的情况。德国宝马汽车公司在装配线上应用射频卡以尽可能大量地生产用户订制的汽车。宝马汽车的生产是基于用户提出的要求式样而生产的：用户可以从上万种选项中选定自己喜欢的颜色、引擎型号及轮胎式样等，这样一来，装配线上就会配上百种式样的宝马汽车，如果没有一个有高度组织的、复杂的控制系统，是很难完成如此复杂的任务的。宝马公司在其装配流水线上配有 RFID 系统，他们使用可重复使用的射频卡，该射频卡上带有详细的汽车所需的各种要求，在每个工作点处都有读写器，这样可以保证汽车在各个流水线位置处能毫不出错地完成装配任务。

3. 分析和预测

企业通过 RFID 技术对物流体系进行管理，不仅可以对产品在供应链中的流通过程进行监督和信息共享，还可以对产品在供应链中各阶段的信息进行分析和预测。企业通过对物流信息进行分析，可以了解物流过程的各环节，发现各环节存在的不足，从而提出改进措施。通过对产品当前所处阶段的信息进行预测，估计出未来的趋势或意外发生的概率，从而及时采取补救措施或预警。作为分析和预测的信息来源，RFID 数据采集功能在电子商务物流中显得尤为重要。基于 RFID 技术的电子商务物流体系，对数据采集以及数据分析与预测具有强大优势。

三、物联网对移动电子商务中的影响

物联网的出现无疑给移动电子商务的推广应用带来一次革命性机遇。物联网可以为每一件货品提供单独的识别身份，然后通过无线数据传输让计算机网络随时掌握各式各样货品的详细信息。同时，物联网的出现也为移动电子商务的发展提供了良好的技术支持平台，在此基础上，这种全新的商务模式的优势才能得到充分的体现。

1. RFID 手机在移动电子商务中的应用前景

移动电子商务因其快捷方便、无所不在的特点，已经成为电子商务发展的新方向。美国旧金山负责跟踪移动通信产业发展状况的特利菲亚公司的总裁约翰·狄菲尔说："移动商务市场从长远看具有超越传统电子商务规模的潜力。"无线电子商务超过传统有线互联网电子商务的能力，是因为移动电子商务具有一些无可匹敌的优势。美国冠群电脑公司移动电子商务产品管理总监谢涛玲认为："只有移动电子商务能在任何地方、任何时间，真正解决做生意的问题。"此外，手机支付作为新兴的费用结算方式，由于其方便性而日益受到移动运营商、网上商家和消费者的青睐。手机支付尽管只是最近几年才发展起来的支付方式，但因其有着与信用卡同样的方便性，同时又避免了在交易过程中使用多种信用卡以及商家是否支持这些信用卡结算的麻烦。消费者只需一部手机，就可以完成整个交易，深受消费者，尤其是年轻人的推崇。因此，全球采用手机支付的消费者不断增加。

移动电子商务在未来巨大的市场前景和手机支付的迅速发展为 RFID 手机的发展提供了广阔的市场空间。RFID 技术以及物联网的发展为手机支付解决了技术上的难题，二者的良好结合必然会促进移动电子商务迅速地取代传统的电子商务。

2. 发展限制因素及建议

目前，制约物联网发展的几个主要问题还都没有得到很好的解决，例如成本过高、缺乏统一标准、识别率欠佳、隐私担忧等。

根据科尔尼公司的预测，使用 RFID 技术的成本大约为每个配送中心 40 万美元，每个店铺 10 万美元，另需要 3500 万~4000 万美元用于整合系统。然而，RFID 手机用户将会产生的庞大数据流量才是真正的阻碍。据估计，如果零售业的 RFID 工程实施起来的话，每天会产生 7TB 以上的数据流量，现有的无线网络系统无法处理这些如同海啸般涌来的数据。而这些数据还必须条理清晰、及时有效，所以需要代价高昂的投入。

当今市场竞争越发体现在标准之争，谁掌握了标准就等于攫取了产业链中最为丰厚的利润。RFID 技术作为 21 世纪最具发展潜力的技术之一，其标准之争正进入白热化阶段。

对于消费者隐私权的潜在影响也阻碍了 RFID 技术的发展进程。人们购买商品的情况很容易被一些机构或个人通过手机或其他无线读取器在远距离不接触的情况下获取。这对于个人隐私无疑是一大威胁。解决这些问题还需要时间、技术、社会关注等多方面的支持和保障，也许会为此经历一个长期的过渡阶段。实现 RFID 技术的大规模的应用，首先，要解决成本问题，只有 RFID 标签降到 3 美分以下才有可能应用于单件包装消费品。此外，RFID 阅读器也是一笔不小开支，这都需要技术的不断进步。其次，就是制定标准问题，标准是新的企业和国家的核心竞争力来源，标准是利益分配的工具，涉及标准的拥有者、管理者和使用者，涉及企业利益、产业利益和国家利益。标准是一种产业和经济的秩序，往往也是产业存在的技术方案。我国要想在 RFID 产业应用中占有一席之地就必须尽快制定本土标准，积极参与国际标准的制定和研究。

我国的移动电子商务服务仍然还有很长的路要走。

本章小结

本章内容比较前沿，分别从物联网的意义、发展过程、原理、开展步骤、应用以及当前的问题向读者初步介绍了物联网，随后又介绍了物联网与电子商务应用的联系。

【案例讨论】可口可乐测试 RFID 自动装饮料机

近日，可口可乐着手测试一台 RFID 自动装饮料机。Freestyle 可提供 100 多种饮料，据该公司称这将改革整个饮料自动出售行业。Freestyle 采用 RFID 技术来识别 30 多个调料桶，判断各类调料的剩余量，并将相关数据传送给可口可乐，使公司及时了解哪一种饮料什么时候用完。

"我们认为 Freestyle 将给饮料自助行业带来一场革命"，可口可乐的通讯主管 Ray Crockett 称。这台设备不仅为消费者提供多种可口可乐饮料选择（从苏打水到调味水），还能让公司实时了解到分布在美国各个饭店里饮料出售机的状况。

历经几年设计的 Freestyle 系统采用 RFID 技术确保各个调料桶的正常安装，防止假冒。"如果可口可乐需要召回某个调料桶，设备可以立即停止出售含这种调料的饮料"，公司 JET 项目组主管 Gene Farrell 称。

RFID 自动装饮料机 Freestyle。开发这套系统时，可口可乐考虑过几种方案来帮助公司追踪调料桶。每种饮料都是由几种配料组成。举个例子，可乐是由浓缩调味、加甜剂、水和碳酸盐组成。当顾客下单时，机器将这些成分以适当的比例混合，并注入顾客的杯子里。

调料是饮料的重要成分，追踪这些调料桶，确保它们的正确放置或使用是机器成功运作的关键。"最初，JET Innovation 项目组考虑对每个桶粘贴条形码"，Farrell 称。然而条码应用有如下几种限制：首先，调料桶装机前，员工必须手工扫描每一张标签，这增加了额外的工作量；其次，条形码无法读取或记录使用数据、追踪调料桶的使用情况或根据要求进行升级。

当调料桶在可口可乐工厂完成生产和灌装后，被粘贴一张无源 RFID 标签（公司拒绝透露标签的频段和标准，称为商业秘密），工厂的一台阅读器接着对标签写入数据，如调料类型和数量。

当员工对 Freestyle 装桶时，一台 RFID 阅读器读取标签 ID 码及其他标签数据。如果机器配备的电脑确认标签 ID 码的有效性后，它解锁设备门，桶要安装的位置开始闪灯；员工接着打开门，将空桶移出，换上新桶。新桶安装时，机器内部一台 RFID 阅读器读取标签 ID 码；如果桶安装位置出错，机器将无法运行。

据 Farrell 称，单台 Freestyle 出售机含多台 RFID 阅读器，然而他拒绝透露确切数量。RFID 设施是这套系统最难开发的硬件部分之一。如何在这么狭小的地方保证标签不交叉读取，是一个充满智慧的设计，也是公司的商业秘密。Farrell 补充称，"这台设备有多项设计需要申请专利"。

选择饮料时，消费者在机器前端触摸屏上选择饮料的类型。每一次调料桶被使用时，出售机的阅读器在标签上写入相关数据，从而让系统计算出调料桶里剩余量。

而且，Freestyle 配备有蜂巢和电缆以太网功能，可与可口可乐位于亚特兰大的 Freestyle SAP 数据管理系统通讯，向公司提供商业分析，机器可以将消耗最多的饮料类型、时间和地点数据上传，还可以接收网络指令。举个例子，如果一个调料桶需要召回，网络指令机器立即停止出售含这种调料的饮料。

"可口可乐还计划在供应链管理采用 RFID 标签"，Farrell 称。在包装点，发货前 RFID 阅读器可以确认装载调料桶的箱子。这项技术还可以被用于调料桶循环项目。

如果测试成功，可口可乐计划在全美推广这套设备。当然，在决定任何具体计划之前，公司会先研究测试数据和表现。

资料来源：CIO 时代网

案例讨论题：
1. 试用本章所学内容解释 Freestyle。
2. 由可口可乐公司的 Freestyle，你还可以想到哪些物联网应用？

思考题
1. 什么是物联网？
2. 物联网有哪些应用？试思考一种实际应用体现。
3. 物联网如何促进电子商务的发展？

第十六章　泛在网络

本章要点

- 掌握泛在网络定义及特点
- 了解泛在网络的技术架构
- 了解各国泛在网络研究进展
- 了解中国泛在网络发展策略

开篇案例：星巴克射频标签技术（RFID）的应用

风靡全世界的咖啡连锁店——星巴克咖啡（Starbucks），在配送过程中导入了 RFID 技术，以用来追踪货车配送鲜品时货车隔间的冷藏或冷冻温度，以确保配送到各个连锁店的食品能保持新鲜。星巴克率先在全美 12 家第三方物流配送点采用由 Sensitech 提供的 "ColdStream CL Closed Loop 方案"，这套系统使用 Sensitech 研发的 "Teplate Tale RF 915" 的内建感应器动态卷标。当货车离开仓储仓库时，卷标便开始记录温度变化，每隔 10 分钟感应卷标会记录货车内每一夹层的温度，而货车回到物流中心后，RFID 感应器会读取卷标，将所记录的一天温度变化转码为专有维读码，并通过以太网（Ethernet）或 Wi-Fi 传送回读取器内。Sensitech 除了提供技术外，也提供温度变化的分析报告，并以每周或每月的方式定期送给 Starbucks 及合作的物流业者参考。若报告中发现温度变化异常，Starbucks 就必须追查是否为非机器性的问题，如货车开启的时间过长，食品进口时停留在船坞上太长时间等因素。

讨论题：

1. 射频技术的应用给星巴克带来了怎样的好处？
2. 该应用体现了怎样的泛在思想？

第一节　泛在网络概述

一、泛在网络定义

当前，随着各种无线技术的融合发展，催生出丰富多彩的业务应用，无线通信已步入了融合发展的新阶段。全球电信业正在经历一场业务创新革命，用户需求的升级和技术业务的创新改变了电信业的发展轨迹，带来了前所未有的结构性变革和商业模式挑战。目前，以无所不在、无所不能为特征的泛在网络正日渐清晰，成为全球性的研究热点，并逐步走进人们的日常生活中。

在未来，我们只要拥有一个终端，就可以享受由各种接入方式提供的网络服务，就可以拥有比任何个体计算机更加强大、更加迅速的运算能力，可以拥有更加人性化、智能化的社会服务体系，这就是网络发展的终极——泛在网络。

1991 年 Xerox 实验室的计算机科学家 Mark Weiser 首次提出了"泛在运算"（Ubiquitous Computing）的概念，描述了任何人无论何时何地都可以通过合适的终端设备与网络进行链接，获取个性化信息服务的全新信息社会。由此衍生出了泛在网络、环境感知智能和普适计算等概念。

浅显地讲，泛在网络就是指无所不在的网络，可以随时随地提供接入网络的服务，从直观上来说就是可以不受环境限制地打电话、上网、看电视等。从这个意义上讲，当 3G 网络完善之后，泛在网络就可以普及，但实际上这是片面的。因为泛在网络所包含的通信，不只是人与人之间的通信，还包括人与物、物与物之间的通信。

二、泛在网络的特点

泛在网络特点是泛在性、异构性、环境感知性、自组织、自愈性，开放性、透明性、移动性、宽带性、多媒体、协同性、对称性、融合性。泛在网络服务方式包括移动信息服务、个性化信息服务、信息服务网格、流媒体信息服务等。

（1）无论在何处使用，无论使用模式是固定的还是移动的、是有线的还是无线的，U 网络都能提供永远在线的宽带接入。

（2）U 网络不仅能够链接通用的大型计算机和个人电脑，也能链接移动电话、PDA、游戏机、汽车导航系统、数字电视机、信息家电、RFID 标签以及传感器等各种信息设备，这些设备通过 IPv6 协议链接到网络中。

（3）U 网络能够实现对信息的综合利用，不仅能处理文本、数据和静态图像，还能传输动态图像和声音。它能够实现安全的信息交换和商务交易，满足用户的个性化需求。

（4）泛在业务环境是一个拥有许多机制的业务环境，通过各个异构网络的协同支持不同网络的无缝链接。

（5）泛在智能终端及传感器网络能够进行环境感知和上下文信息采集，支持信息空间与物理空间的融合。

（6）网络空间、信息空间和物理空间实现无缝链接，软件、硬件、系统、终端、内容、应用实现高度整合，基础通信网、应用网和射频感应网走向融合。

（7）网络将如同空气和水一样，自然而深刻地融入人们的日常生活及工作之中，人们可以在不意识到网络存在的情况下，随时随地通过适合的终端设备上网并享受服务。

（8）网络将不再是被动地满足用户需求，而是主动感知用户场景的变化并进行信息交互，通过分析用户的个性化需求而主动提供服务。

三、泛在网络业务环境

泛在网络研究跨越多个领域，为了协同泛在环境的业务资源，需提供相应的互操作平台以实现分布式的业务环境。一些中间件在业务层提供互操作的支持，提供一致的调用接口和使用方式。SOA（面向服务的体系结构）将资源看做粒度各异的服务，通过系统中间件的控制功能将简单小型的服务或任务合并起来完成复杂的目标，并提供高度的透明度。

标签是 U 网络中最基本的信息工具，基于标签技术的电信类应用是 U 网络中的主流应用，RFID 是 U 时代标签技术的发展方向。泛在网络环境化设备包括终端、网关、传感器、施效器。其中传感器与施效器是使业务环境具有泛在前摄性、不可见性、上下文感知和环境交互性特征的基础，增强了用户之间、用户与环境之间、环境设备之间的信息协调与交互能力，保证系统以友好和无障碍的方式向用户提供服务。

泛在系统需融合广域移动通信系统，以发挥不同业务系统的优势。多异构网的融合将出现复杂的商业关系及频繁的接入过程，值得信赖的身份管理以及鉴权授权非常有必要。未来业务和应用将主要处理与用户有关的数据，对个人数据信息隐私安全的保护和管理将决定用户对系统的接受度。随着泛在设备规模的增大，并因为其固有的不可靠性和动态性，融合后的泛在业务环境系统，对各节点的管理、控制、恢复、优化将不可能再以集中式处理。为了实现系统生存性、健壮性、扩展性等方面的目标，自治控制的模型方法被引入。自治计算、自治通信逐步得到产业推广，泛在业务系统将不断涌现出自愈、自管理、自发现、自规划、自调整、自优化等一系列新的特征。

四、泛在网络广泛的应用领域

泛在网络强调应用为先导，没有应用，无以成泛在。"4A"化通信能力仅是 U 社会的基础，更重要的是建立泛在网络之上的各种应用。建设无处不在的网络社会，首先是要建立起能够实现人与人、人与计算机、计算机与计算机、人与物、物与物之间信息交流的泛在网络基础架构，然后在泛在网络基础之上加载让人们生活更加便利的各种应用。在融合的过程中会衍生出一系列新型无线应用，比如在 3G 平台上，结合 RFID 技术能够开发出电子支付、物流监控、交通管理、工业控制等业务应用，手机、PDA、笔记本电脑等逐渐成为融合无线技术的重要应用载体。

大量的设备、多样性的电信技术、定位和感知系统、位置感知或上下文感知的应用等是实现"以用户为中心的业务"的关键因素。而通用的信息接入（包括业务交互、媒体转换），能灵活控制的泛在设备（包括通信终端、家电、传感器、可穿戴电脑等）和个人通信（支持个人移动性和终端移动性）构成了移动泛在融合业务环境的基础，能提供更多的业务应用。泛在网络研究和应用的加速展开，以及 RFID、传感器网络等感知和识别技术与通信网络技术的深度融合，都将推动信息通信从人与人之间扩展到人与物之间以及物与物之间，无缝衔接、U 服务的新特性也将促成新的开放型业务模式的诞生。

U 网络的新特性也使得传统行业应用的界限更加开放，使得行业应用从以往多局限于内部流程信息化的应用扩展到行业外部，进而形成了一个同时具备行业特性和公众消费特性的新应用形态。目前在汽车制造、消费品、零售等同物流相关的行业，U 应用已经呈现出这一特性。经过数年的构想和积淀，U 业务的应用局面正在逐步打开，并正在得到越来越广泛的技术运营和市场支持，越来越多的智能设备出现在人们周围，并能够通过有线或无线的方式互联，对业务系统影响越来越显著。

M2M、传感器网络、近程通信都支持泛在网络的应用。传感器网络（Sensor Network）是由使用传感器的器件组成的、在空间上呈分布式的无线自治网络，它常用来感知环境参数，如温度、震动等。如应用于环境保护，可以有效地帮助人们及时发现或预警河道或山区及森林中各种生态灾难。M2M（Machine to Machine）指机器到机器的无线数据传输，有时也包括人对机器和机器对人的数据传输，有多种技术支持 M2M 网络中的终端之间的传输协议。M2M 的应用包括：工业应用，如工序自动化；家庭应用，如电气设备控制、门锁管理系统、加热系统控制等；远程测量，如对电力和煤气等公共能源等进行测量管理；安全监督，如环境与天气监控；公共交通服务，如道路使用管理、超速拍照、电子收费、变更交通信号等；车队、舰船的快速管理，如路线规划、调度管理、货物跟踪；车内远程信息处理，如交通信息、定位、行驶导航、行驶安全、车辆状况诊断；求诊医学，如通过遥测、电话、电视等方式进行远程问诊、诊断等；维修维护以及销售与支付等。近程通信 NFC 和 RFID 是新兴的短距离连接技术，近程通信 NFC 和 RFID 应用包括：近距离接触探索，对此 NFC 提供了丰富的功能；近距离接触通信，如用于交换音乐、影像文件和通信簿等；近距离接触即走，如用 NFC 技术制作无接触智能卡或读卡器；近距离确认，如用于移动支付等。

五、泛在网络的起源及发展历程

1990 年，施乐实验室的计算机科学家马克·威瑟尔（Mark Weiser）基于对用户使用计算机的模式的观察，革命性地提出未来的计算模式将是泛在（或无所不在、普适）的，即用户拥有的计算设备将嵌入其生活空间中，协同地、不可见地为用户提供计算、通信的服务，首次提出"泛在计算"（Ubiquitous Computing）的概念。在此基础上，日本野村综合研究所提出"泛在网络"概念，此后，日、韩开始发展泛在网络。2004 年 2

月，韩国推出了 IT839 战略。2004 年 3 月，韩国公布了其 U-Korea 战略，这个战略旨在使所有人可以在任何地点、任何时间享受现代信息技术带来的便利。为了实施 U-Korea 计划，在其经过修订的 U-IT839 计划中，确定了 8 项需要重点推进的 IT 业务，其中 HSPDA/WCDMA、WiBro、RFID 等无线技术应用占了主导地位。U-IT839 计划的核心是通过融合各种通信网络和业务应用，为公众提供无所不在的"泛在网络"服务。2004 年 3 月，日本总务省召开"实现泛在网络社会政策座谈会"，并于 2004 年 5 月向日本经济财政咨询会议正式提出以发展 Ubiquitous 社会为目标的 U-Japan 计划构想。希望能在 2010 年，在日本构建一个任何时间、任何地点、任何人、任何物都可以实现通信的"泛在网络"环境，并出台了具体的实施计划，泛在网络得到了广泛的研究和应用。日、韩"泛在网络"概念一经提出，便在全球产生了很大的影响。美国、欧洲等地也相继启动了与"泛在网络"概念类似的计划。欧盟提出了环境感知智能（Ambient Intelligence）、北美提出了普适计算（Pervasive Computing）等说法。2005 年 2 月，新加坡资讯通信发展局发布名为"下一代 I-Hub"的新计划，标志着该国正式将 U 网络构建纳入国家战略。2008 年国际电联提出了"泛在网络"的研究课题，并宣布将从标准化的角度，高效系统地推进无所不在的网络从设想变为现实，从局部应用变为规模推广。

U 网络借助于技术的进步而逐步打开了应用局面，呈现出星火燎原之势。其中，全球 U 网络相关的标准化工作所取得的进展，起到了催化剂的作用。经过多年的摸索，人类无所不在的梦想的实现之路终于有了较大的突破。在技术层面，越来越多的相关标准已经或是正在酝酿出台，关键的标签技术有了重点发展方向，关于 U 网络架构的辩论也越辩越明。

在应用层面，无所不在相关战略正受到越来越多国家和地区的青睐，具体的服务也开始从更重生活辅助业务的大众市场拓展至提升整个社会经济运行效率的更多行业应用，U 服务的新特性也促使电信业迎来新的开放型业务模式。2009 年 2 月巴塞罗那举行的移动世界大会上展现的全球宽带无线移动通信系统软硬件及终端与应用最新进展，反映了宽带泛在网络发展的阶段进展与亮点。2009 年 3 月全球 IPTV 大会提出互联网与电信网催生的 P4P 技术，将使泛在网络　（水网、电网、煤气网、医疗网等试用网）与互联网融合应用。2009 年，基于标准化工作的更广泛、更深入推进，U 网络正向纵深发展。

第二节　泛在网络的技术架构

泛在网的技术架构包括三个层次的内容：一是无所不在的基础网络；二是无所不在的终端单元；三是无所不在的网络应用。基础网络就是链接终端单元和网络的通道，通过这个通道，终端单元和网络应用才能够有效互动，实现泛在网的巨大效能。终端单元是泛在网的神经末梢，它们形态多、手段多样、功能多样，可以是手机，可以是笔记本电脑，也可以是 PDA。这些终端单元实现信息的感知、传送以及响应网络应用控制中枢

（或控制网络）所发出的控制指令。泛在网的巨大效能和对人类生活的深刻影响正是依赖于网络应用所体现的巨大效能而实现的。

泛在网络不是一个新的网络，是在原有网络上叠加了一些新的网络能力，从而提供一些新的服务。泛在网络的架构，包括 UN 延伸层，UN 接入层，UN 核心层和 UN 服务层。如图 16-1 所示。

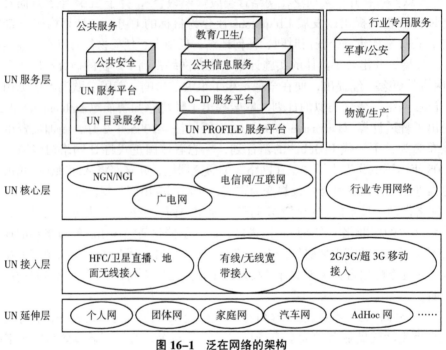

图 16-1 泛在网络的架构

一、UN 延伸层

传统网络人与人之间的通信方式是人使用的终端通过网络进行通信，在标准上终端与网络之间的接口称为 UNI（用户网络接口）。泛在网络的延伸层是在传统网络的基础上，从原有网络用户终端点向"下"延伸或扩展，扩大自然界通信的对象，即通信的对象不仅仅局限于人与人之间的通信，还扩展到人与现实世界的各种物体。但无论如何，这些通信方式最终还是为消费者服务，因此泛在网络可以延伸到个人的活动、团体的活动、家庭的活动、用户在汽车中的活动以及一些用户特殊的通信活动中，进而产生泛在网络延伸层的个人网、团体网、家庭网、汽车网和 AdHoc 网多种不同的场景。

1. 个人网

个人网是基于消费者个人所在的环境组织的网络。从目前来看，在消费者的移动设备中，手机、PC、PDA、MP3、耳机等都是与个人捆绑最紧的设备，因此这些设备和它们的一些延伸设备构成的网络，就是个人网。目前，个人网可预见的服务主要是基于 RFID 的应用和基于 RFID 技术的近场通信（NFC）的应用，可以获得如下服务：

（1）接触通过（Touch and Go）。手机中嵌入 RFID 芯片，如门禁管理、车票和门票等，用户将储存着票证或门控密码的手机靠近读卡器即可。

（2）接触支付（Touch and Pay）。非接触式移动支付，手机靠近嵌有 NFC 模块的 POS 机进行支付，并确认交易。

（3）接触连接（Touch and Connect）。把两个 NFC 设备相连接，进行点对点（Peer-to-Peer）数据传输，例如下载音乐、图片互传和交换通信录等。

（4）接触浏览（Touch and Explore）。用户可将 NFC 手机接入靠近街头有 NFC 功能的智能公用电话或海报来浏览交通信息等。

2. 团体网

目前，各个企业/政府或团体组织都有自己的局域网络，虽然局域网络并不是一个新的名词，也不是因为泛在网络的出现而出现，但是从网络的形态上和结构上，也是网络末端的一种延伸场景。团体网用户的各种 ICT 服务本书不再重述。

3. 家庭网

随着技术的不断进步，家用电器的范畴不断扩大，家用电器向数字化、智能化、网络化的方向发展，其中音、视频娱乐设备最为普及。利用 UWB 技术为这些设备提供高速无线链接，无须使用电缆即可建立家庭多媒体网络。各种设备在小范围内组成自组织式的网络，相互传送多媒体数据，并可以通过安装在家中的宽带网关接入互联网，包括机顶盒、DVD 和数码摄像机与数字电视的无线连接，数码照相机与电视机、打印机之间的连接等。电信运营商所提及的家庭网络侧重于"基于电信网络（或 NGN），Internet（或 NGI）提供面向家庭的多种业务"的概念，其主要含义是家庭网络不仅是一种网络技术，更重要的是一种业务和服务。网络结构上，家庭网与团体网类似，也是通过家庭网关延伸到用户的家庭内部。

4. 汽车网

人们已经不再满足于汽车只是人的行动能力的扩展，而是希望能够在更广阔的范围内扩展人的能力。现在，人们对汽车的要求越来越高，即希望汽车比以前更安全、更高效（对付交通阻塞）、更清洁、更节能、更舒适、更便利、更自动、更智能。这就必然要求汽车必须加速智能化、网络化。通过汽车内部各种信息化的物体构成的网络，可以为用户创造良好的网络环境，使得用户可以在汽车内获得的各种应用，如汽车办公、汽车娱乐、汽车导航、智能交通等服务，从而提高人民的生活质量。

5. AdHoc 网

AdHoc 网与上面叙述的几种网络场景不尽相同，它是指在一种特殊场景下的用途。例如，可能是战争时的一种用途，每个士兵都带着一个通信终端，他们之间在需要的时候可以临时组织成一个网络，进行信息的交互；也可能是在高速公路上发生拥塞时，前后汽车之间为了交换一些路况信息而自动组织的网络，需要的时候，这个临时组织的网络还可以连接到公众网络，通报一些事故或呼叫一些紧急服务；一些环境调研方面也会得到应用。从以上使用场景可以看出，这些场景的网络具有一些共同的特点：一是网络是临时建立而不是预先配置；二是网络的路由和拓扑是参与建立这个网络的节点自己组

织的；三是在需要与公众网通信时可以与公众网合成为一个互通的网络。

二、UN 接入层

UN 接入层的接入技术包括 HFC/卫星直播/地面无线接入，有线/无线宽带接入，2G/3G/超 3G 移动接入等，与现有的公众网络接入技术没有太大的区别。未来的新技术更多的应该提供不同的接入技术之间的移动性能力，即异构网的移动性，包括游牧能力和实时切换能力等。

三、UN 核心层

UN 核心层包括现有的公众电信网、互联网、广电网、NGN/NGI 以及专用服务网，因此这个层面的网络不仅包括各自服务的网络，还包括这些网络的基础设施。未来泛在的网络要实现人与人、人与物、物与物之间的通信能力。因此很难估计未来有多少物体将要参与到这种泛在的通信中，对泛在网络的带宽将是一种挑战；此外，解决泛在网络的不同通信主体之间的连接性也是未来对网络基础设施的一大需求。

四、UN 服务层

UN 服务层包括两个子层：一是 UN 的服务平台；二是 UN 的服务。目前，大家认为的公众网络主要包括电信网、互联网、广电网和将来的 NGN/NGI。各个行业网络主要还是各自为自己的专业用户服务，各个行业网之间互不相通。未来泛在网络的目标是更好地向用户提供服务，因此各个网的社会资源要开放面向社会和用户，各个网之间要能够实现资源共享、业务要互通。具体体现在如下几个方面：

（1）服务的融合。例如，手机支付就是金融和电信行业的服务融合。

（2）面向社会、传统的专用网。不仅为行业专用用户服务，而且也面向全社会的普通消费者。

（3）更好的服务。要求各个网络之间要具备互通的能力和网络的延伸能力，使网络不仅仅是提供人与人之间通信的能力，而是使网络能够获得社会、环境每个角落有用的信息，高效地为人类服务。

1. UN 的服务平台

UN 的服务平台是未来提供行业服务融合的平台，它要提供行业资源共享和服务互通的功能。目前还不清楚 UN 服务平台究竟应该包括哪些准确的功能，但是根据 UN 服务的需求，可以预见最少应该包括如下功能：

（1）O-ID 服务平台。泛在网络与传统网络主要的区别就是在原有网络人与人通信功能的基础上要提供人与物、物与物的通信。那么要实现"物"的通信，首先要给它一个标识，这样在通信过程中彼此才知道对方是谁。目前，关于"物"的标识有各种编码体系，例如 ISO/IEC 15418 中发展策略定义了两类数据或应用标识符：EAN/UCC 的应用标识符（约 100 多个）主要应用于零售和流通领域；美国国家标准 ANSIMH10.8 数据和应用标识符（约 400 多个）服务的范围涵盖制造业领域、多种业务流程、多种社会和经济活动等；EPC 编码（全球产品电子代码）主要用于物流领域，是 EAN/UCC 在原有全球统一编码体系基础上提出的，它对实体及实体的相关信息进行代码化，通过统一并规范化的编码建立全球通用的信息交换语言；泛在标识符（Ucode）是日本泛在识别技术的最基本元素，它赋予现实世界中任何物理对象唯一的标识，其标识对象比 EPC 编码更加广泛；NPC 编码（全国产品与服务统一代码）是按照 GB18937《全国、产品与服务统一标识代码编制规则》强制性国家标准的要求编制的全国产品与服务统一标识代码。目前，这些标识符主要是用于各自的专网，未来不同的专网之间要开放资源和实现服务的互通，就需要在这些网络之上有一个实现这些标识互通和/或唯一标识的一个平台。

（2）UN 目录服务平台。泛在网络实现人与物、物与物的通信，目标还是为用户服务，使用户方便地了解社会和客观环境，因此网络使用"物"的标识实现了相应的通信能力后，可能需要获得该"物"的一些信息。"物"的一些动态信息除可以通过延伸网中的传感器网络传送之外，还需要在网络中存储这些"物"的一些静态信息，UN 目录服务平台可以完成这方面的功能。

（3）UNPROFILE 服务平台。泛在网络中，包括电信网、互联网、广电网、金融网、教育网、公安网等各种服务网络。随着社会的进步，原有的公众服务网络要提供更好的服务。而一些专用网络也要逐步向普通消费用户开放并提供服务，每个服务网络都有其自身的用户，但是对于一个自然人他可能既是这个网络的用户，也是另外一个网络的用户，因此在向这个自然用户提供行业融合性服务时，泛在网络就需要协调和了解这些网络中存储这个自然用户的专业用户数据。从目前看，这些行业服务网之间相互独立，每个网络都有自己专业用户的数据库，泛在网络的 UNPROFILE 服务平台将起到桥梁或统一数据库的作用，虽然 UNPROFILE 服务平台可能不会存储自然用户所有的用户数据，但是通过它网络可以接入或获得所有服务网络的用户数据。

2. UN 服务网

UN 服务网将提供 UN 公众服务和行业专用服务，UN 公众服务将面向所有的普通用户，而行业专用服务将面向行业的专业用户。UN 的公众服务网将向用户提供公共安全服务、公共信息服务、公共教育、公共交通、公共卫生/医疗等方面的服务，以及使用 UN 公共服务平台提供行业融合性服务、行业专用服务，可能涉及军事、公安、能源等方面。专用服务网也不是绝对的只面向行业专用用户，随着政府服务和社会服务水平的提升，越来越多的专用网络将提供更多的公众服务。

阅读材料：云计算

泛在网络架构中有一个非常重要的概念就是云计算。"云计算"（Cloud Computing）是分布式处理（Distributed Computing）、并行处理（Parallel Computing）和网格计算（Grid Computing）的发展，或者说是这些计算机科学概念的商业实现。其最基本的概念，是通过网络将庞大的计算处理程序自动分拆成无数个较小的子程序，再交由多部服务器所组成的庞大系统经搜寻、计算分析之后将处理结果回传给用户。透过这项技术，网络服务提供者可以在数秒之内，达成处理数以千万计甚至亿计的信息，达到和"超级计算机"同样强大效能的网络服务。

许多跨国信息技术行业的公司如 IBM、Yahoo 和 Google 等正在使用云计算的概念兜售自己的产品和服务。现在许多人已经用上了 Google Doc 和 Google Apps，用上了许多远程软件，应用如 Office 字处理而不是用自己本地机器上安装这些应用软件。现在有这样的说法，当今世界只有五台计算机，一台是 Google 的，一台是 IBM 的，一台是 Yahoo 的，一台是 Amazon 的，一台是微软的，因为这五个公司率先在分布式处理的商业应用上捷足先登引领潮流。

Sun 公司很早就提出说"网络就是计算机"是有先见之明的。在未来，我们只要拥有一个终端，比如电脑或者是手机，就可以享受由各种接入方式提供的网络服务，就可以拥有比任何个体计算机更加强大、更加迅速的运算能力，可以拥有更加人性化、智能化的社会服务体系，这就是网络发展的终极——泛在网络。

第三节　泛在网络的未来发展趋势

泛在网络发展的一个重要动力就是无线技术的成熟，包括 3G、Wi- Fi、WiMAX、UWB、Bluetooth、NFC、ZigBee、RFID、Mobile- TV、GPS、GIS 等。

20 世纪末，全球众多国家和地区推出了旨在通过 ICT 技术提高国力的电子兴国战略，如日本的 E-Japan（电子日本）战略，韩国的 E-Korea（电子韩国）战略，欧洲的 E-Europe 战略等。2004 年，日本在两期 E-Japan 战略目标均提前完成的基础上，政府提出了下一步"U-Japan"战略，成为最早采用"泛在（Ubiquitous）"一词描述信息化战略并构建无所不在的信息社会的国家。"泛在网络（Ubiquitous Network）"日益受到更多国家和相关国际组织的重视，韩国紧随日本确立了 U-Korea 总体政策规划，并于2006 年在 IT-839 计划中引入 "泛在的网络" 概念，将 IT-839 计划修订为 U-IT839 计划，增加了 RFID，USN 新的"泛在"内容。欧盟也启动了"环境感知智能（Ambient Intelligence）"项目 ARTEMIS（Advanced Research and Technology for Embedded Intelligence and Systems，嵌入式智能系统先进研发项目与技术）。"无所不在的网络"在部分国家已经从战略远景变为了现实，一些先导应用已经开始服务于社会、经济、生活的许多领域。从日、韩等试点城市的部署到成熟的设备和产品解决方案，再到令人惊奇的丰富应用的推出，向人们展示出了一个真实的、基于泛在网络的信息社会。当前，泛在的网络应用和服务已经开始在许多产业的众多领域大大提升自动化水平并带来了革命性的变化，如实现政府管理、金融服务、后勤、环境保护、家庭网络、医疗保健、办公大楼等领域的自动化以及信息化。移动、宽带、互联网的广泛应用更使得无所不在的网络社会不断深化。

2007 年 9 月，在日内瓦召开的全球多媒体研讨会（NGN Multimedia Workshop）上，泛在网络这一主题使人耳目一新。伴随着 ITU 从服务于电信产业发展向服务于信息社会的战略转型，ITU-T 也从之前零散地涉及部分非电信类技术发展到今天涉足全新的、覆盖范围更广的信息领域研究。

ITU-T 在标准化领域对于泛在网络的支持和推动，表明了 ITU-T 向服务于信息社会的战略转型已经取得了实质性的进展。在技术、标准以及应用的合力推动下，泛在网络正朝着人类社会走来。

日、韩等国分别提出的泛在网络计划，得到了各国（地区）的关注，这说明未来的网络世界将是一个汇集了有线、无线网络信息的网络社会。通过泛在网络的建设，可以带动包括数字化消费电子产业在内的多个行业的快速发展，使各项科学技术将更加人性化，进而解决与之相关的社会问题。

一、日本 U-Japan 计划

日本政府首先提出了 IT 基本法，然后又提出了 E-Japan 战略，该战略希望能推动本国的整体 ICT 基础建设。在 E-Japan 战略基础之上，日本正式提出了以发展泛在网络社会为目标的 U-Japan 构想。如图 16-2 所示。希望在 2010 年，日本建设"4U"泛在网络，即支持 Ubiquitous（互联每个人和每件设备）、Universal（互联每个人和每件设备）、User-oriented（一起为了用户）和 Unique（独具匠心）。其中，Ubiquitous 提供简便易用的任何时间、任何地点与任何设备和任何人员的网络互联，实现了人—人互联、人—机互联和机—机互联。Universal 包含了简单易用和互操作两层含义，简单易用保证任何人不需思考地使用相关设备，老年人也能加入泛在网络社区中；互操作旨在克服时代和地点的障碍，保证交流的畅通。

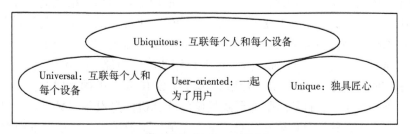

图 16-2 U-Japan 计划

二、韩国 U-Korea 战略

2004 年，韩国信息通信部制订了 U-Korea 的核心计划——IT839 计划，该项计划采取了更为务实的技术路线，拟建立 8 种业务，3 个基础设施和 9 个增长引擎（如图 16-3 所示）。

8 种业务包含 WiBro 业务（即无线宽带业务），DMB 业务（即数字多媒体广播业务），家庭网络信息业务，远程信息业务，基于 RFID 业务，WCDMA 业务，地面 DTV 业务和 Internet 电话业务。预计在 2010 年，远程信息业务，基于 RFID 业务和 Internet

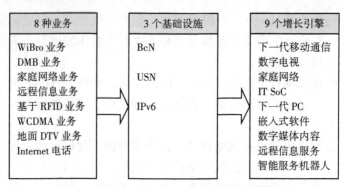

图16-3   U-Korea 的核心计划——IT839 计划

电话业务会成为新的经济增长点。

3 个基础设施包括宽带融合网络（BcN）、泛在传感器网络（USN）和 IPv6。作为下一代网络，宽带融合网络集成了通信、广播和互联网上的多媒体业务，它将成为世界上首个引入泛在业务环境的宽带网络，其战略目标：到 2010 年，BcN 将覆盖数目为 2000万，带宽为 50~100Mbit/s 的具有服务质量保证用户。泛在传感器网络技术识别、管理接入到宽带网中的 RFID 标签和泛在传感器信息，其战略目标：到 2010 年，使韩国民众享受到 U-生活新体验，诸如有效管理的产品、食物、交通、环境和医疗保健。IPv6 技术旨在解决 IPv4 地址不足问题，其战略目标：到 2010 年，实现全部的 IPv6 网络业务提供。

9 个增长引擎包括下一代移动通信，数字电视，家庭网络，IT SoC，下一代 PC，嵌入式软件，数字媒体内容，远程信息服务和智能服务机器人。下一代移动通信保证为用户提供快速、透明的多媒体信息访问手段，甚至使用卫星通信网络通信。数字电视不仅提供高清晰度电视，还提供包括通信在内的智能的、个性化的、可实现的付费业务。家庭网络提供家庭网络设备和软件，包括家庭网关、信息家电和组网技术，这是为消费者服务提供的基础技术之一。IT SoC 指的是无存储的集成电路，它不仅是下一代 IT 产品的增长引擎，而且决定了 IT 产品的成败，预计到 2010 年，韩国将成为世界三大芯片提供商之一。下一代 PC 指的是以服饰形式提供的计算机信息设备，具有信息处理和联网能力的设备。嵌入式软件是内嵌在信息家电、车辆、工业设备、医疗设备和 IT SoC 中的软件，到 2010 年，韩国将成为第二大嵌入式软件提供商。数字媒体内容鼓励文化、教育、医疗保健等其他生活领域数字化内容的开发，特别是提供多平台的在线游戏引擎的开发，到 2010 年，在线游戏和移动媒体内容将产生 2400 亿元的产品。远程信息服务鼓励开发基于位置和移动通信网络的交通、紧急救援、远程自动搜查和互联网的多媒体服务。智能服务机器人指的是泛在机器人伴侣（URC），它可以提供随时随地的服务。

三、新加坡"下一代 I-Hub"计划

1992 年，新加坡先后提出了"智能岛"计划（IT2000 计划），"21 世纪资讯通信技术蓝图""连城"（conneeteel city）等国家信息化发展计划，旨在加大信息通信技术的发

展力度。2005 年，新加坡启动了"下一代 I-Hub"的新计划，其实质是建立泛在网络，拟通过一个安全、高速、无所不的网络。为了实现 I-Hub 计划，新加坡进行了 6 项战略规划，具体如下：

（1）建设融合网络的基础设施。提供多通道平台，实现有线网络和无线网络的融合、数据和话音、广播和通信业务的融合。鼓励采用 IPv6 和 FTTH（光纤到户）技术。

（2）提供位置感知服务。综合利用 WLAN（无线局域网），蜂窝移动通信网，GPS，UWB 和 RFID 等技术，推动位置感知网络的部署。在此基础上，可开发大量的潜在应用，例如远程信息服务、移动游戏、可视化的物流系统和病人的健康状况跟踪等应用。

（3）研发新的输入/输出设备。研制新的输入/输出技术，如话音驱动的远程信息服务，将用户身体和电子技术无缝集成起来。

（4）研发新的运算设备。推动经济型适合于"泛在生活"环境的终端设备，使终端设备完全地或部分地集成多媒体功能，并具有较长的电池寿命、优美的外形。

（5）推动安全的新媒体软件、内容和应用研发。推动安全技术研发，保证新媒体软件、内容和应用的安全性。潜在的用户包括学校、医疗机构、物流、建筑、政府部门、娱乐产业等垂直用户。

（6）建立推动泛在计算的产业联盟。新加坡 IDA（信息通信发展管理局）将作为推动产业联盟建立、市场化运作的主角，潜在的产业联盟之间能在不同的区域内的多运营、多平台环境之间相互漫游、相互操作和相互协作。

四、中国台湾地区 U-Taiwan 战略

U-Taiwan 战略的核心概念是泛在网络社会，是通过融合数据网络、智能感知网络、人机互动、创新服务和安全保证，为公众提供随时、随地获取创新、安全和贴心的服务框架，如图 16-4 所示。在融合数据网络方面，光网络、无线通信、虚拟计算等技术正在逐渐进入公众生活，客观地需要不同网络实现互通，提供网络间的无缝互联。在感知网络中，通过不同的设备（如 RFID 等传感器）获取如位置等环境信息，为网络提供丰富的环境信息，实现丰富的业务。在人机互动方面，提供公众获取信息的便利手段，尤其是针对高龄或非 PC 人群，开发声控或简单操控智能设备是非常必要的。在创新服务

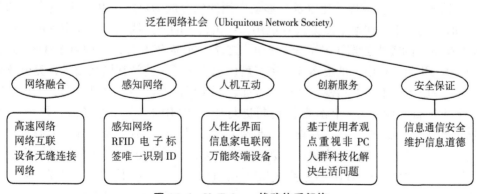

图 16-4 U-Taiwan 战略体系架构

方面，从用户观点出发，规划符合用户需求的创新服务。在安全保证方面，通过技术手段保护公众的隐私、著作权、垃圾邮件、垃圾信息等信息道德标准，确保公众放心使用各种创新服务。

五、美国"智慧的地球"科技战略

美国政府提出了"智慧的地球"科技战略概念，即把新一代 IT 技术充分运用在各行各业之中。如把感应器嵌入和装备到电网、铁路、桥梁等各种物体中，并连接形成"物联网"。在此基础上，将各种现有网络进行对接，实现人类社会与物理系统的整合，从而使人类以更加精细和动态的方式管理生产和生活，达到"智慧"状态。例如，2009年 4 月初于美国拉斯韦加斯举行的 CTIA 无线通信展期间，美国 Vitality 公司推出了配备无线功能的药瓶盖"GlowCaps connect"。该产品可作盛装药片等普通药瓶的瓶盖使用，同时，也具有完善的网络提醒功能。到预先设定的时间，盖子上的小灯就会亮，提醒用户吃药时间到了。如果此时用户不打开瓶盖，瓶盖就会发声。如若用户再不打开瓶盖，该信息就会经由家庭设置的网关装置，通过互联网发送至服务器，服务器在收到信息后会拨打电话通知用户。由于其具有联网功能，服务器还可以以电子邮件通知用户指定的联系人，或在药物快用完时自动向药房发送信息。可以预见，这种"智慧"状态将伴随大量"聚合服务"应用的产生，而"人—物"应用，"物—物"应用还会不断被开发、被集成，这也预示着聚合服务市场潜力十分巨大。

六、中国泛在网络研究进展

目前，中国的泛在网络研究已经逐渐展开，U—北京、U—青岛研究项目就是其中的典型代表。在 WWRF2004 北京会议上，我国专家们提出了移动泛在业务环境（MUSE）的概念。2004 年 12 月，由中国电信、中国网通、中兴通讯、U T 斯达康、华为等公司联合发起成立了中国固网和无线终端联盟。我国在推进的新一代宽带无线移动通信，将宽带移动通信、宽带无线接入及 RFID/NID/UWB 等 WPAN/WBAN 技术有机集成融合于一体，有效构建有中国特色的个性化/个体化宽带泛在/普适无缝连接的 NGBWMC 网络，新一代宽带无线移动通信的目标支持宽带泛在网络的发展。3G 令各种行业内部应用、传统固定网应用，实现移动化以及与移动应用的融合成为可能。3G 牌照的发放和全业务运营时代的到来，加速了以提供 U 应用为终极目标的"无线城市"在中国的发展，为无所不在服务的提供创造了"固定+移动"之路。2008 年 8 月，中国首个 TD"无线城市"在厦门开通。在中国的奥运通信中，就已经使用了一些泛在网络技术，充分体现了U 网络中应用无处不在的精髓。在标准方面，国家标准委已经联合科技部、工信部以及上海标准化研究院等 14 个部委，共同进行中国 RFID 标准的研究，并形成《中国RFID 发展技术白皮书》。在芯片设计与制造方面，目前已经有上海华虹、上海复旦微电子、上海贝岭等企业涉足；在 RFID 测试技术方面，科技部也正在联合建设国家的电子标签测试，提供最新的 RFID 技术测试和应用测试，为行业应用提供示范和服务。

泛在网络是以人为本的网络，其节点具有动态性、智能性，且多种接入方式和多种承载方式融合在一起以实现无缝接入。如何让这个网络支撑高能量、高强度地应用，是我们需要解决的问题。学术界和工业界也在研究项目上付诸切实的行动，以解决移动泛在融合面临的问题。欧盟第六框架设立了一个重大主题"Ambient Intelligence"，即周边智能化，意图多方位多角度地探讨和解决信息基础设施在实现泛在环境时可能遇到的种种问题。各种移动泛在子系统在接入、控制和业务层面都表现出非常大的差异性，实现异构网络间的互通与融合，达到对于网络资源的控制与共享仍需解决一些难点问题，如泛在网络的安全问题。世界各地对移动泛在网络的安全问题进行了很多研究，欧盟的信息社会技术（IST）系列研究项目最具代表性。制定在全球范围内兼容的统一标准，是泛在网络的可用性和互通性的体系保障。统一标准的确立，需要考虑不同地区的运营需求、用户喜好、产业环境等多方面因素。从全球范围来看，标准的不同体现着利益博弈。只要不同标准之间实现兼容、开放，就能够实现全球漫游。目前，以ITU67echnology Panorama技术广角 TMSTT August 2009 为代表的国际标准化组织已经把泛在网络的标准化从概念框架的描述推向实施细节的制订层面。

七、中国泛在网络发展策略

面对全球无线网络融合发展的大势，中国政府部门、电信企业和产业各方应积极配合，实施U-China战略，共同创造泛在网络业务环境，建立泛在网络标准化机构，逐步打开应用局面，推进中国泛在网络建设，建设"无处不在的网络中国"。

1. 实施U-China战略

在中国实施U-China战略，建设"无处不在的网络中国"，将其融入中国信息化发展的大框架下。中国政府部门及电信企业和产业各方应当抓住国家信息化全面推进的良好机遇，大力推进包括各种无线技术应用在内的信息技术的开发、应用和推广，加快信息通信基础设施建设的步伐，用创新的网络技术和丰富多彩的业务应用迎接"泛在网络"时代到来。中国政府部门要及早确定中国发展泛在网络的战略目标，从满足社会的各类需求的角度出发考虑未来信息化社会的构建框架，制订发展规划和实施策略，组织产学研单位加强相关技术、产品、标准的研究。通过加强市场监管，为新技术、新应用发展创造良好的政策和市场环境。

2. 推进新"三网融合"

面对无线网络融合发展的大势，为了让泛在网络真正实现网络无处不在和应用无处不在，现有的电信网、互联网和广电网之间，固定网、移动网和无线接入网之间，基础通信网、应用网和射频感应网之间都应该实现融合。新的"三网融合"将从不同的领域、不同的角度和不同的侧面加速推进，为泛在网络社会奠定坚实的网络基础。移动泛在的融合需要考虑有基础设施集中式组织系统与无基础设施自组织系统在控制、管理、业务提供、优化方面相结合的问题。随着IP技术的不断发展和通信网络的全面演进，移动网络与固定网络最终将在NGN架构上实现融合，而无线广域网、无线城域网、无线局域网和无线个域网等不同层次的无线技术将彼此互补、融合发展。

3. 建立泛在网络标准化机构

为了加快中国的泛在网络技术标准研究，有必要由国家主导建立一个泛在网络标准化机构。泛在网络在全球正从设想变成现实，从局部应用变为规模推广，需要多方面的支持，技术的标准化是泛在网络大规模应用的重要推动力。通过标准制定将市场上各自为政的利益主体聚集起来，形成合力，朝着共同的方向进行技术创新、产品开发、大规模生产，引导泛在网络产业健康有序地发展。

4. 创造泛在业务环境

泛在业务环境包括丰富多彩的业务创造、充分适配的业务提供、网络的融合与协同、泛在智能的终端环境。要创造这样的网络环境，需要实现网络的无缝连接和覆盖，实现人机对话的通信、机器与机器之间的通信。关于人机界面的发展，触摸屏、指纹识别、语音命令已进入我们日常生活，而未来全息技术下的键盘、屏幕等，也将陆续被研发出来。机器与机器之间的通信技术也在不断改进。

5. 逐步打开应用局面

网络就是 U 时代的"实体"，应用是 U 时代的"灵魂"。泛在网络是通过网络、技术、标准等领域的进步来实现的，泛在网络的建设目标是为用户提供更好的应用和服务体验。为此，首先，建立好无所不在的基础网络；其次，设计无所不在的终端平台；最后，开发无所不在的网络应用。这些应用能够提高生产效率，提高生活品质，为现有的数字化内容开拓更加广阔的传播空间；也能引发出新的终端使用形态，扩展原来的 IT 价值链，形成增值应用；还能创造出一系列新的数字服务领域，从而满足人们对诸如医疗保健、教育、娱乐、家政服务等方面的更高要求。

6. 企业、政府成应用重点

建设"无处不在的网络中国"在政策方面不仅需要政府的积极引导，还需要更多的企业、研究机构与政府配合，共同推进无处不在的网络建设。企业、政府是泛在网络发展过程中主要的受益者和推动力。企业和政府形成了关键性需求，会推动无缝移动业务应用不断向前发展。在政府应用中，特别强调安全性，要正确处理好公众移动网和专网之间的关系，根据实际业务需要，把不同的应用分别部署在公网和专网之上。在企业应用中，移动无线局域网能够实现企业无线局域网络和公众广域网的融合。

7. 科学规划无线频谱

频谱资源是无线应用发展的基础，没有频谱资源的支持，任何无线应用都难以展开。因为无线频谱资源的有限性，各种无线通信技术在构筑"泛在网络"时需要科学的无线频率规划，这样才可让各种无线技术的发展有章可循，不出现互相干扰的现象，在构建"泛在网络"的过程中充分发挥出各自的作用。因此，在无线融合发展的过程中，需要做好统筹规划，处理好频率划分问题。现在无线通信正在向更高速的方向发展，在这个过程中，把挖潜和向高频段拓展相结合。一方面利用从频分到时分、码分、空分再到 OFDMA 的技术进步，挖掘现有频段无线技术的发展潜力，推出 LTE、WiMAX、UWB 等新应用；另一方面通过技术研究，让无线电频谱的使用率越来越高，从 HF、VHF、UHF 一直到到 C、X、Ku、Ka、Q 等，不断向更高频段发展。大大拓展了无线频谱可用资源。

8.推进"无线城市"健康发展

建设"无处不在的网络"不仅要依靠有线网络的发展，还要积极发展无线网络。其中 WiFi、3G、ADSL、FTTH、电子标签、无线射频等技术都是组成"无处不在网络"的重要技术，要对这些技术进行积极的开发和应用。一个能够实现良性健康发展的"无线城市"，首先需要一个切实可行的运营模式，从而依靠整个产业链的共赢源源不断地获得持续发展的动力；其次"无线城市"的业务和应用，必须能够提供泛在网络服务。"无线城市"的业务网络的基础环境会屏蔽掉网络的异构性和底层的细节性差别，用户频繁地在许多不同的异构网络之间迁移，感受的却是统一无缝的网络。

当前，随着网络技术的 IP 化、内容的数字化与网络化，电信网、互联网、广电网及固定网、移动网、无线接入网等各个层面的网络融合正在不断加快和走向深入，行业、网络、应用、终端等各个层面的融合也已经取得突破性进展，无线通信已步入到融合发展的新阶段。随着各种无线技术的融合发展，催生出丰富多彩的业务应用，用户需求的升级和技术业务的创新改变了电信业的发展轨迹，带来了前所未有的结构性变革和商业模式挑战。目前，全球电信业正在经历一场业务创新革命，泛在网络的话题在业内迅速升温。

未来的移动通信网络将逐渐向一个综合的网络体系平滑演进，为泛在移动宽带服务提供一个全新的支撑平台。未来网络的主导发展趋势必定是以 IP 核心网为平台进行网络的融合与演进。未来，泛在网络的服务趋于多样的行业化，行业的专用核心网与公众基础设施将趋于融合，针对用户生活、工作、社会化活动的网络环境将出现，社会安全的各种监控式服务将进一步扩大应用范围。在未来的泛在网络环境中，泛在的周边设备与协同网络的充分融合将为人们呈现模式新颖的个性化业务。终端设备也将具备智能型接口及环境感知能力，使用户的使用更加简单和方便。泛在设备将更普遍地分布在用户周边，以固定或移动方式部署，具有不同等级的智能与功能，它的范围涵盖各种智能终端、智能家电、网关设备、传感器设备、车载设备、可穿戴设备等。这些周边泛在设备将通过有线或无线连接形成网络，形成泛在服务的物理环境基础，而通信的触角将从人与人之间的传统通信概念向人与机器、机器与机器之间进行拓展。一个以用户为中心，具备丰富的环境和上下文感知能力，能提供便捷、高效的信息支持和业务服务，提供面向用户最佳个性化体验的泛在网络时代将会呈现在我们的面前，实现人们任意时间、任意地点，使用任意工具，与任何客户端（包括人、手机、电脑、电视、冰箱、电子音响及任何设备或物品）无线连接并交换信息的业务体验，由此人类将迈进网络和应用无所不在的"泛在网络"时代。

本章小结

泛在网络就是指无所不在的网络，可以随时随地提供接入网络的服务。本章以该定义为出发点，介绍了泛在网络的几大特点。

本章介绍了泛在网络的特点及业务环境，重点介绍了泛在网络广泛的应用领域。泛在网络研究应用跨越多个领域，为能够实现人与人、人与计算机、计算机与计算机、人与物、物与物之间信息交流，泛在网络基础架构之上可以加载让人们生活更加便利的各种应用。此外，本章还简要阐释了泛在网络的起源和发展。

同时，介绍了泛在网络的架构，包括 UN 延伸层，UN 接入层，UN 核心层和 UN 服务层。并具体描述各层的相关技术及应用领域。

在本章的最后，介绍了目前各国泛在网络的发展趋势，日本、韩国等国家相应提出了自己的计划和战略，并详细地阐述了中国泛在网络的研究进展和发展策略，旨在让读者全面地了解泛在网络在全世界范围内的发展进程。

【案例讨论】泛在网络下的数字图书馆未来

数字图书馆是新世纪发展教育、科研、工程等国家战略的重要组成部分，是评价一个国家信息基础设施水平的重要标志之一。它也是一个庞大的系统工程，涉及理论研究、技术基础、政策法规、人文文化等方方面面。数字图书馆提供信息服务时既要关注用户需求，还要注意泛在网络环境的构建与利用，并且要考虑泛在网络环境下数字图书馆的长远发展。

2001 年 2 月，美国总统信息技术咨询委员会的数字图书馆研究小组（PITAC/DL）向布什总统提交了名为"数字图书馆：普通访问人类知识"的报告。在此报告中描绘了"任何公民无论何时何地都能利用任何与互联网相链接的数字设备来检索所有人类知识。通过互联网，他们能访问世界各地包括传统图书馆、博物馆、档案室、大学、政府机关、专业组织甚至个人的数字资源中的知识"。在这一设想中，数字图书馆成为普遍访问全人类知识的工具、形成广泛存在的知识环境。

考虑数字图书馆长远的研究和发展，NSF 认为今后的研究重点不应该再放在早期数字图书馆计划的研发项目上，而是要创建"泛在"知识环境。也就是说，要建立一个多语言、多媒体、移动的、语义的数字图书馆知识网来检索人类知识，服务范围从信息服务转向知识服务，要以前所未有的规模和速度来推动知识进步，这也就是 NSF 提出的"后数字图书馆"。我们可以看出，作为美国构建信息服务与知识基础设施的一个重要组织部分，后数字图书馆要转移数字图书馆当前的研究方向，把研究重点放在对数字图书馆的长期成功起关键性作用的挑战任务上，以"泛在"知识环境的大思想来取代面向课题研究，使图书馆信息服务业界人们的目光看得更远、更高、更广。

一、泛在图书馆的基本特点

泛在图书馆的基本理念是图书馆在任何时刻，任何地点都是可存取的。今天的图书馆已经成为传递特定信息资源、服务和教育的信息门户，这些资源和服务可以包括书目指导、目录、数据仓库、数字图书馆、远程学习、数据库、政府文件、指南、馆际互借、文献传递、特藏、虚拟教室、虚拟参考咨询、虚拟旅行和其他特殊项目。随着信息技术的快速发展，演化中的泛在图书馆将在信息时代表现出以下 6 个基本特点：

1）基于网络：泛在图书馆利用互联网和万维网传递信息资源和服务。

2）24*7：泛在图书馆每天 24 小时、每周 7 天连续提供服务，没有时限，也不存在地理上的局限。

3）开放获取：开源软件已经成为软件工程和 IT 领域的发展趋势，开放获取也应该成为泛在图书馆 21 世纪的主要特点之一。除了为特殊用户提供基于密码保护的信息资源和服务以外，泛在图书馆应该为全球用户提供开放获取的资源，特别是开放获取期刊中的学术性信息。没有这个特点，泛在图书馆就失去了它在 21 世纪的主要吸引力。

4）多种形式：泛在图书馆应该能够动态的、无缝的提供异质信息。现代网络技术为图书馆通过多种格式提供信息提供了解决方案，这些格式包括文本、PDF、图像、幻灯片、音频和视频等。

5）多语种：泛在图书馆应该能够为全球范围内不同文化背景的用户提供多语种支持，这样用户就可以毫无困难地存取这些信息，无论他们的英语水平怎么样。而且，泛在图书馆作为知识信息社会的动力发动机，自然的应该包括多语种支持这个特点。

6）全球化：21 世纪的泛在图书馆应该成为世界范围内知识和信息的门户，这意味着它要为全球用户提供服务，无论他们的年龄、性别、肤色、种族、宗教、语言能力、计算机技术和信息素质如何。

二、泛在图书馆的建设方法

目前，主要有三种建设泛在图书馆的方法。

第一种方法是直接购买世界范围内主要厂商的先进的全套产品，如计算化的集成图书馆系统，数字图书馆工具，网络数据库和其他必备的图书馆自动化产品，来建立一个分布式的泛在图书馆信息架构。这是普通图书馆为提升分布式信息系统最经常使用的方法。

第二种方法是利用当前已经成熟的计算机技术和网络技术来建立基于网络的图书馆分布式信息系统。大部分图书馆都利用这种方法来设计、开发、拓展和维护他们特殊的基于网络的图书馆应用，如网络门户、书目指导、电子资源、信息素质教育项目、知识共有、用户调查、虚拟教室等。

第三种方法是与主要的技术先锋如 Adobe、Google、Microsoft、Yahoo 等合作，设计和开发最先进的泛在图书馆项目。这种方法是高校图书馆、研究型图书馆和国家图书馆的最佳选择，这类图书馆拥有百万册的图书和其他印刷资料，声频、视频记录，手稿，地图，照片等，这些资源很自然的成为设计和开发泛在图书馆的主要信息资源，这类项目的举例如 Google 的 Google Printed Library Project 项目和欧洲数字图书馆项目（European Digital Library Project）。

三、基于网络的泛在图书馆信息框架的未来

下一代互联网、The UltraBand Network 网络和 The WiMax Technology 技术将会为泛在图书馆通过更加动态的渠道，以更快的速度为全球用户提供信息资源、服务和教育奠定坚实的基础。除了传统的台式机，笔记本、便笺本、手持阅读设备、掌上电脑、高清晰电视和手机等都可以用于存取、定位、传递泛在图书馆提供的信息、服务和教育。

泛在图书馆的建设中，在第一层使用 JavaScript、XSL（Extensible Stylesheet Language）和 XHTML（Extensible Hypertext Markup Language）技术，在第二层利用 Web Services 和 DOM（Document Object Model）等中间件处理服务器方面的问题，在第三层广泛使用 XML 技术定义网页内容、数据操作和管理。另外，UltraBand 网络，每秒钟可以传输 5~40 兆字节的数据；WiMax 技术，代表主要城市 802.16 无线网络标准，可以使较小城市或郊区的泛在图书馆用户动态远程的存取泛在图书馆信息资源、服务和教育。

资料来源：
张文秀，朱庆华.泛在网络下的信息服务

案例讨论题：
1. 泛在网络的实现对于传统图书馆有什么革命性的意义？
2. 列举除图书馆外，泛在网络还能在社会的哪些领域中产生重要影响。

思考题
1. 泛在网络的定义及特点是什么？
2. 泛在网络有着怎样的业务环境及应用领域？
3. 简要描述泛在网络的技术架构。
4. 各国的泛在网络发展趋势是怎样的，我们国家从中可以得到怎样的启示，试总结中国可以借鉴的发展策略。

主要参考文献

［1］王学东. 电子商务管理［M］. 北京：高等教育出版社，2006.6

［2］晏维龙，应晓昆等. 电子商务 ABC［M］. 南京：江苏人民出版社，2000.5

［3］谢克群. 国内外电子商务成功案例［J］. 经验交流，2000（4）

［4］黄建康. 电子商务使海尔集团赢得竞争优势［J］. 审计与经济研究，2000（6）

［5］田冠军. 价值链管理和信息化策略——对戴尔模式的分析［J］. 中国管理信息化（财会版），2009（13）

［6］杨路明等. 电子商务对传统旅游价值链的影响［J］. 中国流通经济，2008（4）

［7］胡林荣等. B2B 电子商务企业价值链研究［J］. 企业经济，2008（1）

［8］蒋晓，杨琦峰. 论电子商务价值过程的知识管理［J］. 特区经济，2005（4）

［9］卢丽芳. 面向顾客价值链的信息化管理——沃尔玛成功案例启示［J］. 闽西职业技术学院学报，2007（3）

［10］海清. 耐克的营销组织变革［J］. 中国商界，2007（2）

［11］双德会. 构建网络型企业组织结构［N］. 中国经营报，2001.2.14

［12］姜蓉. Masa Maso：如何在网上把衣服卖贵［J］. 商业评论，2010（2）

［13］湛广. 电子商务时代的民航营销与服务对传统理念与模式的颠覆［J］. 空中商务，2006（20）

［14］刘维林等. 中国联通移动电子商务营销策略研究分析［J］. 时代经济，2008（17）

［15］胡理增等. 网络营销［M］. 北京：中国物资出版社，2005.9

［16］庄嘉琳. 戴尔公司的案例谈电子商务时代的客户关系管理［J］. 龙岩师专学报，2004（4）

［17］雷胜军，詹丽. 发展现代物流进行流程再造［J］. 家电科技，2002（21）

［18］姚娟. 基于电子商务的企业物流管理［J］. 四川会计，2001（4）

［19］丁亚猛，周建华. 中国邮政应加快开拓电子商务物流市场［J］. 铜陵财经专科学校学报，2001（2）

［20］刘振兴. 论电子商务环境下企业物流模式问题［J］. 石家庄铁路职业技术学院学报，2009（1）

[21] 牟淑慧. 资金管理问题多，机会更多［OL］. 赛迪网，2009.3.30

[22] 谈洁. 物联网：让东西"说话"——对话南京邮电大学校长、博士生导师杨震教授［N］. 南京日报，2009.9.8

[23] 周建良. 物联网在电子商务中的应用［J］. 电子商务，2009（12）

[24] （德）埃勒特著，吕廷杰 孙道军译. 移动多媒体商务：3G 时代的制胜之道［M］. 北京：中国广播电视出版社，2007.10

[25] 吕廷杰. 电子商务教程［M］. 北京：电子工业出版社，2000.10

[26] 闫强，胡桃，吕廷杰. 电子商务安全管理［M］. 北京：机械工业出版社，2007.5

[27] 胡桃，吕廷杰，尹涛. 电子商务及其在电信行业中的应用［M］. 浙江：浙江大学出版社，2006.9

[28] 吕廷杰. 网络经济与电子商务［M］. 北京：北京邮电大学出版社，2001.5

[29] 曼纽尔·卡斯特. 网络社会的崛起［M］. 北京：社会科学文献出版社，2001.8

[30] 戴建中. 电子商务概论［M］. 北京：清华大学出版社，2009.9

[31] 司林胜. 电子商务管理分析［M］. 重庆：重庆大学出版社，2007.9

[32] （美）阿瓦德著，干红华 蔡晓平译. 电子商务：从愿景到实现（第 3 版）［M］. 北京：人民邮电出版社，2009.1

[33] （美）施奈德著，成栋译. 电子商务［M］. 北京：机械工业出版社，2008.7

[34] 李琪. 电子商务概论［M］. 北京：高等教育出版社，2009.3

[35] 姜红波等. 电子商务概论［M］. 北京：清华大学出版社，2009.2

[36] 周广亮，韩庆林. 电子商务案例分析［M］. 北京：经济科学出版社，2007.9

[37] 吴应良. 电子商务概论（第二版）［M］. 广州：华南理工大学出版社，2006.8

[38] （美）特伯恩等著，王理平等译. 电子商务：管理新视角（第 2 版）［M］. 北京：电子工业出版社，2003.1

[39] （美）特班等著，严建援等译. 电子商务管理视角（第 4 版）［M］. 北京：机械工业出版社，2007.3

[40] 杨坚争. 电子商务基础与应用［M］. 西安：西安电子科技大学出版社，2008.7

[41] （美）克里希纳默西著，李北平等译. 电子商务管理：课文和案例［M］. 北京：北京大学出版社，2005.3

[42] 闫涛蔚等. 电子商务营销［M］. 北京：人民邮电出版社，2003.9

[43] 中华人民共和国商务部. 中国电子商务报告（2006~2007）［R］. 北京：清华大学出版社，2008.8

[44] 覃征. 电子商务战略［M］. 北京：清华大学出版社，2007.2

[45] 田杰等. 电子商务：模式系统及其运营［M］. 北京：中国传媒大学出版社，2009.10

[46] 陈拥军，孟晓明. 电子商务与网络营销［M］. 北京：电子工业出版社，2008.6

[47] 刘枚莲. 电子商务环境下的消费者行为建模与模拟研究［M］. 上海：上海财经

大学出版社，2008.8

[48] 杨坚争. 国际电子商务［M］. 北京：电子工业出版社，2009.1

[49] 谢康，肖静华，赵刚. 电子商务经济学［M］. 北京：电子工业出版社，2003.7

[50] 吴健. 电子商务物流管理［M］. 北京：清华大学出版社，2009.5

[51] 刘萍. 电子商务物流［M］. 北京：电子工业出版社，2010.1

[52] 黄京华. 企业电子商务系统关键成功因素研究［M］. 北京：清华大学出版社，2009.2

[53] 骆念蓓. 电子商务管理［M］. 北京：对外经济贸易大学出版社，2009.8

[54] 张灵莹. 电子商务视角企业战略管理［M］. 北京：社会科学文献出版社，2005.8

[55] 娄策群，桂学文，王学东. 武汉城市圈电子商务发展报告［R］. 北京：科学出版社，2009.8

[56] 李琪. 电子商务图解［M］. 北京：高等教育出版社，2001.12

[57] 王健. 电子商务——企业角度［M］. 北京：高等教育出版社，2007.2

[58] 娄策群，王伟军，程蕾. 电子商务政策法规［M］. 武汉：华中师范大学出版社，2008.11

[59] 姚国章. 电子商务与企业管理［M］. 北京：北京大学出版社，2003.9

[60] 黄建康. 企业电子商务管理与战略［M］. 南京：东南大学出版社，2004.1

[61] 曾子明. 电子商务安全与支付［M］. 北京：科学出版社，2008.9

[62] 李海刚. 电子商务管理［M］. 上海：上海交通大学出版社，2009.1

[63] 魏明侠. 电子商务信用机理研究［M］. 北京：经济管理出版社，2007.4

[64] 陈德人. 中国电子商务案例精选（2007 年版）［M］. 北京：高等教育出版社，2007.4

[65] 刘震宇. 电子商务网络成长的研究［M］. 北京：科学出版社，2008.2

[66] 俞立平，曹进文. 企业电子商务与网络营销［M］. 北京：科学出版社，2004.7

[67] 田玲. 电子商务中客户关系管理的研究［M］. 北京：知识产权出版社，2009.5

[68] 吴清烈. 电子商务管理［M］. 北京：机械工业出版社，2009.7

[69] 黄志平. 电子商务管理案例分析［M］. 武汉：武汉理工大学出版社，2006.8

[70] 张润彤，石声波. 电子商务管理［M］. 北京：首都经济贸易大学出版社，2009.1

[71] 易先平，陈波. 信息化的产物——虚拟企业的运营模式分析［J］. 商业研究，2001（12）

[72] 徐诚. 电子商务的风险及其规避［J］. 统计与信息论坛，2001（11）

[73] Janice Reynolds. The Complete E-Commerce Book：Design，Build and Maintain a Successful Web-Based Business［M］. CMP Books，2004.3

[74] Jimingx Liu. E-Commerce Agents：Marketplace Solutions，Security Issues，and Supply and Demand［M］. Springer，2001.5

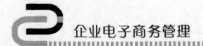

［75］ Wolfgang Jank，Galit Shmueli. Statistical Methods in E－Commerce Research ［M］. Wiley－Interscience，2008.9

［76］ PSB Academy. E－Commerce Fundamental ［M］. Pearson Custom Publishing，2007.10